Bescherelle

CHRONOLOGIE

L'HISTOIRE DES RELIGIONS

De la Préhistoire à nos jours

Sous la direction de Marielle Chevallier

Cyrille Aillet
Agrégé d'histoire,
maître de conférences
en histoire des mondes
musulmans médiévaux
à l'université Lyon-2

Marielle Chevallier
Agrégée d'histoire,
professeure au lycée
La Folie Saint James à Neuilly

Cécile Gaillard
Professeure certifiée
d'histoire-géographie
au lycée René-Cassin
à Montfort-sur-Meu

Axelle Guillausseau
Agrégée et docteure en histoire,
professeure de chaire supérieure
au lycée Michelet à Vanves

Louis Hourmant
Docteur de l'École pratique
des hautes études, chargé
de la valorisation de la recherche
à l'Institut européen en sciences
des religions

Guillaume Joubert
Professeur certifié
d'histoire-géographie
au collège Charles-Gounod
à Saint-Cloud

Stéphanie Laithier
Agrégée d'histoire
et diplômée de l'Université
hébraïque de Jérusalem,
chargée de recherche et d'étude
à l'École pratique des hautes
études-Institut européen
en sciences des religions

André Ropert
Agrégé d'histoire,
professeur ayant enseigné
en classes préparatoires
aux grandes écoles à Caen

Hatier

Conception graphique : Laurent Romano

Édition : Aude Marot

Mise en page : Laurent Romano

Cartographie : Légendes cartographie

Iconographie : Brigitte Célérier et Hatier Illustration

Relecture : François Capelani

ISBN 978-2-401-04567-5

Avant-propos

Écrire une chronologie est toujours un défi, à cause de la difficile sélection des dates et des événements qui y figurent, *a fortiori* lorsqu'il s'agit d'histoire des croyances religieuses. Si le terme de « religion » recouvre des réalités différentes selon les civilisations, les religions ont en commun de proposer une explication à l'organisation du monde et d'ordonner les relations entre l'homme et la nature. Pris au sens large, le terme désigne l'ensemble des manifestations sociales relatives au sacré. Définie comme une activité symbolique et collective, la religion suppose des rites dont la fonction est d'assurer la médiation avec l'invisible.

Ce que nous avons voulu faire

Cette chronologie de l'histoire des religions se propose de dresser un panorama des systèmes religieux (croyances, pratiques rituelles, institutions) dans le temps, depuis ce qui peut être interprété comme les plus anciennes formes de croyances au Paléolithique jusqu'à l'apparition de nouvelles religions à l'époque contemporaine.

La sélection des dates vise à mettre en évidence le dynamisme des religions et leur interaction au cours de l'histoire tout en soulignant l'importance du contexte social et politique dans lequel elles se déploient.

Comment l'ouvrage est organisé

L'ouvrage comprend cinq parties correspondant à la Préhistoire et aux quatre grandes périodes historiques : Antiquité, Moyen Âge, Temps modernes, époque contemporaine. Chaque partie débute par une courte introduction et une frise chronologique.

Chaque date est consacrée au récit d'un événement et de ses enjeux. Les encadrés permettent de le replacer dans un contexte plus large, d'insister sur la biographie d'un acteur ou la place d'une institution. Les dossiers proposent une approche thématique des principaux systèmes religieux.

Pour finir, l'ouvrage propose un index qui permet une lecture croisée, facilitée par de nombreux renvois, et des recherches plus ponctuelles.

À l'issue de ce travail de grande ampleur, nous tenons à remercier tous ceux qui nous ont apporté leur concours, leur soutien et leurs conseils, et nous vous souhaitons, à vous qui découvrez cet ouvrage, une très bonne lecture.

Les auteurs

Sommaire

La Préhistoire
De – 800000 à – 3000

L'Antiquité
De 3000 av. J.-C. au Ve siècle av. J.-C.

Le Moyen Âge
Du Ve siècle au XVe siècle

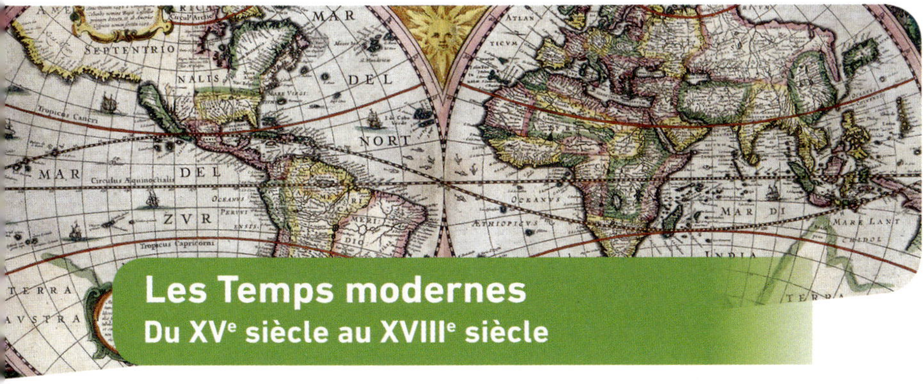

Les Temps modernes
Du XVe siècle au XVIIIe siècle

L'époque contemporaine
Du XVIIIe siècle à nos jours

La Préhistoire

de – 800000 à – 3000

À quel moment l'homme s'est-il mis à « croire » ? Quelles traces avons-nous de l'émergence d'une première forme de spiritualité chez les premiers hommes ? À ces questions, il est difficile de répondre avec certitude. De nombreuses traces matérielles, dont les plus anciennes remontent au Paléolithique supérieur, peuvent néanmoins être perçues comme le signe de préoccupations métaphysiques.

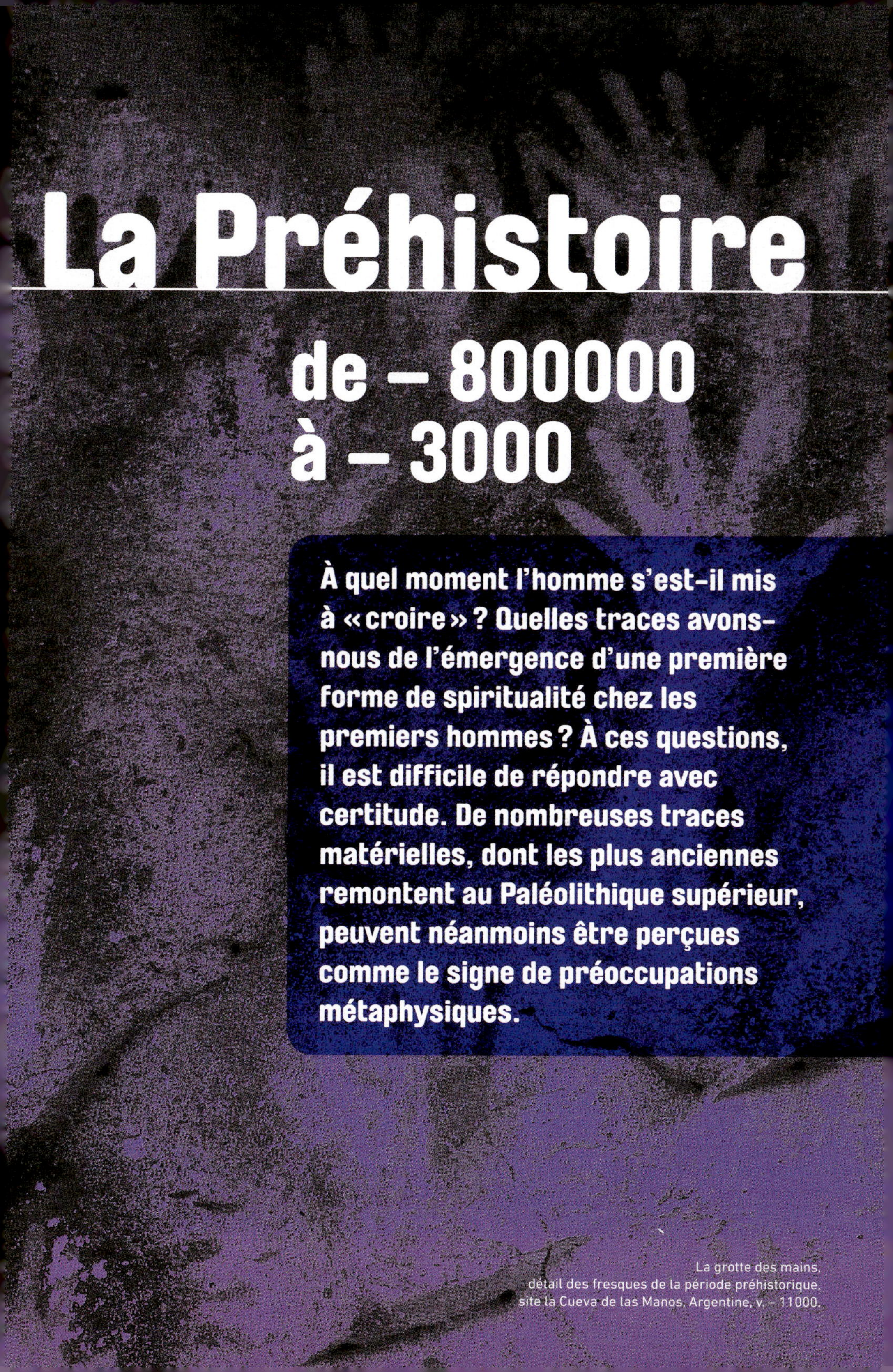

La grotte des mains,
détail des fresques de la période préhistorique,
site la Cueva de las Manos, Argentine, v. – 11000.

L'expérience du sacré

En 1917, le théologien allemand Rudolf Otto introduit le concept de « numineux » pour désigner l'intuition, propre à l'homme, de la présence du surnaturel. Cette rencontre avec le « sacré », expérience écrasante et terrifiante, serait née du sentiment d'insécurité face aux forces naturelles. La croyance surgit ainsi d'un dépassement du rationnel, par l'expérience du *nûmen*, la puissance agissante de la divinité.

La conscience de la mort

Très tôt, les hommes se sont interrogés sur un « au-delà » de la vie terrestre.
Ces questionnements ont pris la forme de soins particuliers apportés aux dépouilles des défunts. L'enfouissement des corps et les dépôts funéraires permettent de se concilier ce qui échappe à l'entendement : la mort.
Peu à peu, le culte des ancêtres prend de l'importance. Au mode de vie des peuples de chasseurs-cueilleurs des débuts de l'humanité jusqu'au Néolithique, sont associées des formes de chamanisme. Le chaman est l'intercesseur privilégié permettant la communication avec le monde des esprits dont la croyance est largement diffusée dans toutes les aires civilisationnelles.

Les premiers indices d'une spiritualité

Au Néolithique, en Europe, des représentations anthropomorphes et zoomorphes témoignent d'une spiritualité et de cultes rendus à des divinités de la fertilité, proches de celles connues au Proche-Orient. Peu à peu, les indices d'une spiritualité naissante s'étoffent : pierres dressées et représentations zoomorphes illustrent des préoccupations d'ordre métaphysique.

v. – 3 000
Début de la construction
de Stonehenge

–800 000 // –10 000 –8000 –6000 –4000 –2000

- 2,5 Ma / -10 000
Paléolithique

Mésolithique

Néolithique

v. – 500 000
Maîtrise du feu

v. – 8000
Agriculture
et sédentarisation

v. – 3000
Écriture

v. – 400 000
Premières sépultures
de Néandertaliens
en Espagne

Il y a 400 000 ans

À l'aube de l'humanité, la **spiritualité** s'éveille

L'homme de Néandertal est le premier à inhumer ses morts et à les accompagner d'offrandes, indiquant la présence de croyances et de rites chez des populations très anciennes.

Les premières sépultures

Il n'existe pas de seuil marquant l'accès à une certaine spiritualité, mais plutôt un faisceau d'indices, répartis sur de très longues périodes de temps.

Dans une grotte de la Sierra de Atapuerca, au nord de l'Espagne, ont ainsi été retrouvés les corps d'une trentaine de défunts déposés dans un puits de treize mètres de profondeur et accompagnés d'un biface taillé en quartz rouge. Cette découverte pourrait être la preuve de la plus ancienne pratique funéraire rituelle, il y a plus de 400 000 ans chez les Néandertaliens.

Les manifestations d'un autre monde

Les premiers hommes auraient-ils donné un sens à la vie humaine différent de celui accordé aux animaux, preuve que, au-delà des contingences matérielles, ils commencent à s'interroger sur le monde qui les entoure ?

Bien plus tardivement, il y a 100 000 ans, nos ancêtres directs, les *Homo sapiens* du Paléolithique moyen, portent en terre leurs morts en les parant d'objets, comme cette mandibule de sanglier volontairement déposée près du corps d'un homme trouvé à Skhul en Israël. Pour les spécialistes, ce reste animal serait le témoignage d'une croyance en l'existence d'un autre monde invisible.

Excalibur, le biface en quartz rouge

Ce fragment en pierre taillée a été découvert parmi trente cadavres d'hominidés à la Sima de los Huesos, l'un des deux sites fouillés de la région d'Atapuerca. Il est considéré comme la première offrande funéraire connue de l'histoire de l'humanité.

Des mythes et des divinités

Les vestiges archéologiques qui accompagnent les sépultures nous renseignent ainsi sur la naissance d'une pensée symbolique. Les traces laissées sur les objets sont intentionnelles, même si on ne peut parler encore d'art sacré.

En Europe, il y a moins de 40 000 ans, les dessins peints ou gravés dans les grottes sont aussi des indices de l'existence d'une spiritualité, de rites et de croyances. Les animaux représentés étaient-ils des divinités honorées par les premiers hommes ou les manifestations de mythes ? Autant d'hypothèses à élucider… (► p. 21).

Préhistoire

−800 000 | −600 000 | −400 000 | −200 000 // −10 000

Paléolithique — Mésolithique

Maîtrise du feu

La grotte de Qafzeh

Cette cavité, située à trois kilomètres de Nazareth, en Israël, est l'unique sépulture double connue à ce jour. Elle contient deux squelettes distincts, celui d'une jeune femme et d'un enfant, témoignant de la pratique d'inhumations volontaires chez les *Homo sapiens*, au même titre que celle de Skhul, située à une cinquantaine de kilomètres de la grotte de Qafzeh.

Sépulture de la grotte de Qafzeh, env. 90 000 ans avant notre ère (Israël).

« Pour les préhistoriens, c'est seulement vers 300 000 ou 400 000 ans avant notre ère que naît le sens du sacré, quand apparaissent des objets conçus uniquement pour des rituels. »

Yves Coppens, *Le Point*, 2011.

Comment reconnaître les ossements d'une sépulture volontaire ?

Il est difficile de déterminer si un squelette a été enseveli de façon fortuite ou délibérée. Les préhistoriens ont toutefois établi plusieurs critères. La pratique funéraire peut se déduire de différents éléments : l'ordonnancement donné aux ossements (ordre anatomique), la préservation intentionnelle du corps des attaques animales et des intempéries, le remblaiement de la tombe avec des sédiments distincts de la pleine terre, le dépôt d'une dalle ou d'une pierre pour la protéger, le traitement réservé à certains ossements. Les objets placés à côté des corps montrent la volonté d'accompagner le défunt après la mort. Ainsi, la tombe 6 de la Ferrassie en Dordogne regroupe la plupart de ces indices : le corps d'un enfant a été retrouvé sous une dalle gravée de plusieurs écuelles et son crâne était entreposé à un mètre de son squelette.

3000-1600 av. J.-C.

Les hommes du Néolithique bâtissent Stonehenge

Dans la plaine de Salisbury, au sud de l'Angleterre, une immense structure circulaire composée de blocs de pierres témoigne de pratiques cérémonielles et mortuaires qu'on retrouve dans le monde entier à la même époque.

Une histoire exceptionnelle

Le site de Stonehenge est sans doute le monument mégalithique le plus célèbre du monde. Ces pierres se dressant seules sur une lande de terre déserte fascinent.

Ce lieu a une histoire qui s'échelonne sur au moins deux millénaires, entre 3000 et 1600 environ av. J.-C. Les fouilles ont révélé que Stonehenge fait partie d'un ensemble de plusieurs monuments dressés dès le Néolithique comme autant de repères terrestres et célestes dans le paysage.

Des sépultures collectives

Le plus ancien de ces monuments est un talus circulaire d'environ 110 mètres de diamètre délimité par un fossé, datant de 3000 av. J.-C. À l'intérieur de ce cercle, les archéologues ont trouvé des restes de corps humains et des traces d'un complexe funéraire caractéristique des peuples récemment sédentarisés qui vivent à la même époque sur le pourtour de l'océan Atlantique.

Stonehenge, comme la majeure partie des monuments mégalithiques existants dans le monde, est, à l'origine, une forme de sépultures collectives, contemporaine des débuts de l'agriculture en Europe occidentale.

Des rituels et des croyances

La constitution d'un espace nettement séparé de l'environnement profane témoigne de l'existence de croyances, mais aussi de rituels. Au centre du talus, d'immenses blocs de grès disposés en fer à cheval protègent une pierre servant d'autel, sur lequel des offrandes aux divinités étaient sûrement déposées. Sur ce site, les habitants du village voisin situé à 4,5 kilomètres se réunissaient sans doute lors de grandes cérémonies célébrées selon les saisons.

Le complexe s'ouvre sur un monolithe, la Heel Stone, située à l'extérieur du cercle de pierres, précisément à l'endroit où le soleil se lève le jour du solstice d'été. Des constructions semblables, bâties de 6500 av. J.-C. jusqu'aux alentours de l'an mil, sont visibles à travers le monde, de Madagascar à l'île de Pâques.

Le complexe funéraire de Stonehenge

Construit à la même époque que les pyramides d'Égypte, ce cercle de pierres a suscité beaucoup d'interrogations. Pour les historiens de la fin du Moyen Âge, Merlin aurait construit le monument qui aurait ensuite servi de sépultures aux premiers rois anglais. Mais les Celtes – qui n'occupent l'Europe que vers l'an 1200 av. J.-C. – ne peuvent pas être les bâtisseurs de Stonehenge et le monument n'est donc pas le berceau de la mythologie druidique.

La naissance des religions au Néolithique

Il y a 10 000 ans, la révolution néolithique bouleverse les modes de vie : les hommes se sédentarisent et deviennent agriculteurs-cueilleurs. Ce basculement s'accompagne de transformations spirituelles majeures. Le monde invisible auquel les hommes préhistoriques croyaient est à présent gouverné par des dieux qui prennent forme humaine. De nombreuses figurines féminines reconnaissables à leurs formes généreuses représentent la volonté de contrôler la fertilité. La figure du bovin est également omniprésente, emblème de l'élevage et donc de la maîtrise sur l'environnement. Les religions apparaissent alors.

–8000 –6000 –4000 –2000

Néolithique

Agriculture et sédentarisation

Écriture

L'art pariétal et le sacré

Il y a 40 000 ans, l'*Homo sapiens* se substitue aux descendants de l'*Homo erectus* en Europe. Pendant la plus grande partie du Paléolithique supérieur, de 35000 à 12000 ans avant le temps présent, les hommes préhistoriques décorent les grottes de productions graphiques désignées sous le nom d'art pariétal.

Une impressionnante unité stylistique

Des fresques visibles dans toute l'Europe

Pendant près de 25000 ans, l'art pariétal s'épanouit en Europe, principalement dans des espaces correspondant aujourd'hui à la France, à l'Espagne, mais aussi au Portugal, à l'Italie et à la Russie. Les techniques utilisées sont partout similaires : les hommes du Paléolithique gravent la roche à l'aide d'un burin en pierre, en os ou en bois dur.

L'*Homo sapiens* fabrique sa peinture à partir de charbon de bois et d'argile, ce qui lui permet de réaliser des fresques d'une grande unicité de tons. Des camaïeux de rouge, ocre et noir recouvrent les parois des grottes.

La découverte de la grotte de Lascaux

Le 8 septembre 1940, dans le village de Montignac en Dordogne, le jeune Marcel Ravidat repère, cachés sous les ronces, deux orifices successifs qui semblent plonger dans les profondeurs de la terre. Quatre jours plus tard, accompagné de trois camarades, il commence l'exploration de la cavité. Émerveillés, les jeunes gens découvrent une grotte ornée de splendides peintures représentant chevaux, cerfs et aurochs. Informé, l'instituteur du village Léon Laval prévient le spécialiste français de la Préhistoire, Henri Breuil, connu sous le nom de l'« abbé Breuil ». Présent dès le 21 septembre à Montignac, ce dernier photographie et dessine méticuleusement toutes les scènes qui ornent la grotte de Lascaux. Interrompue par l'Occupation, l'étude des fresques ne commence réellement qu'en 1949. On estime aujourd'hui la date de la réalisation de la décoration à il y a 18500-17000 ans environ.

La grotte de Lascaux

Considérée comme l'une des plus importantes découvertes archéologiques du XXe siècle, la grotte de Lascaux est classée au patrimoine mondial de l'Organisation des Nations unies pour l'éducation, la science et la culture (Unesco) depuis 1979. Fermée au public pour des raisons de protection, elle a été reproduite afin de pouvoir être visitée.

Des représentations animales avant tout

Dans toutes les grottes, les dessins de chevaux, bisons et bœufs sauvages sont prédominants. Les hommes du Paléolithique consommant surtout des rennes, comme l'attestent les os découverts sur le sol des cavernes, l'on en a déduit qu'il ne s'agit pas de scènes de chasse. Ni les dangers de la vie quotidienne, ni des bêtes féroces, tels qu'ours ou mammouths, ne sont figurés ici. Et les représentations humaines sont quant à elles rares et incomplètes.

Des signes et des motifs

Outre les animaux, on trouve sur les parois des dessins de sexes féminins, généralement interprétés comme des symboles de fertilité, ainsi que des traces de mains. Certaines sont dites « positives » quand la main est trempée dans des pigments, puis posée sur la paroi, et d'autres « négatives » quand le contour de la main est dessiné selon la technique du pochoir. L'absence des phalanges de certains doigts a pu être interprétée comme des mutilations rituelles, symbole de reconnaissance pour un groupe en charge de la grotte, ou comme un code, ancêtre du langage.

Sur certains panneaux, des figures irrégulières appelées « macaronis » ont été dessinées avec la pointe des doigts ou un instrument à dents sur une surface argileuse. Certains spécialistes y voient les prémices de productions artistiques, d'autres préfèrent imaginer une première forme d'écriture ou un mode de calcul.

Les Vénus paléolithiques

Des statuettes représentant des femmes, dont la partie centrale du corps et les attributs sexuels (seins, ventre, fesses, cuisses et sexe) sont particulièrement soulignés, ont été retrouvées partout en Europe, sur une période similaire à celle de l'art pariétal. Ces figurines ont pu être portées comme des bijoux mais aussi utilisées comme des objets de culte rendus à une déesse de la fertilité.

La Vénus de Tursac
Découverte en Dordogne en 1959 dans une zone éloignée de l'habitat, cette statuette était protégée par des os d'animaux. Le galet a été soigneusement poli pour faire apparaître les fesses et le ventre volumineux d'une femme, peut-être enceinte.
Pierre et calcite ambrée, 8,1 × 3,9 × 2,3 cm, v. 25000 ans avant notre ère (Musée d'Archéologie nationale, Saint-Germain-en-Laye).

Les significations de l'art pariétal

Des panthéons animaliers ?

Au XIXe siècle, les peintures rupestres étaient considérées comme le témoignage d'un divertissement artistique des hommes du Paléolithique. Toutefois, la difficulté d'accès aux grottes, souvent enfouies à plus de 100 mètres sous terre, ainsi que l'homogénéité des représentations à travers les lieux et les époques invalident cette théorie.

On pense aujourd'hui que ces scènes animalières grandioses seraient les manifestations de mythes jusque-là transmis oralement. Pour essayer de les déchiffrer, les scientifiques se sont basés sur les pratiques religieuses des peuples d'Océanie qui représentent des personnages surnaturels sur les roches. Par analogie, les figures dessinées dans les cavernes préhistoriques seraient la mise en image de panthéons animaliers.

Animaux-protecteurs ou hallucinations de sorciers ?

En s'inspirant des recherches menées sur les rites nord-américains (► p. 304), les paléontologues ont supposé que les animaux peints dans les grottes pourraient être des divinités honorées par les premiers hommes. Ces images auraient pour fonction de protéger et de représenter le groupe. On parle alors d'animaux-totems.

D'autres spécialistes se sont concentrés sur l'étude des cultes sud-américains et asiatiques dans lesquels des sorciers en transe entrent en contact avec des esprits naturels (animaux, bois, sources, etc.). Des pratiques rituelles similaires auraient pu se dérouler dans les cavernes préhistoriques et les dessins seraient les résultats des divagations des chamans.

La salle du Crâne de la grotte Chauvet-Pont d'Arc, en Ardèche

Cette cavité, découverte par des spéléologues en 1994, a révélé les plus anciennes peintures préhistoriques connues à ce jour, datant d'il y a plus de 30 000 ans. Dans cette salle, les archéologues ont retrouvé un crâne d'ours entreposé sur un bloc rocheux. Cette mise en scène accrédite la thèse de rites perpétrés dans ce qui serait l'antre d'un sorcier.

La première carte du ciel ?

Dans les années 1990, l'astro-archéologue Chantal Jègues-Wolkiewiez avance une autre théorie. Ayant reconstitué avec l'aide d'un astronome la voûte céleste à l'époque du Paléolithique, elle constate que les animaux qui figurent dans la grotte de Lascaux se superposent avec les constellations. L'on serait ainsi en présence de la première carte dessinée du ciel.

Un mammouth de la grotte de Rouffignac

Datant d'il y a 13 000 ans, les 158 mammouths constituent 60 % des animaux représentés dans cette grotte du Périgord. Ici, les hommes du Paléolithique ont utilisé une pierre proéminente de la paroi pour marquer l'œil de l'animal. Le mouvement de la roche donne ainsi plus de relief à la gravure.

L'art rupestre

L'art rupestre désigne les représentations effectuées sur des rochers en plein air. Au début des années 1990, la découverte de plus de 5 000 gravures sur des roches extérieures, dans la vallée de Côa au Portugal, remet en cause l'idée selon laquelle la religion du Paléolithique serait indissociable du monde souterrain. Datant de 22000 à 10000 avant le temps présent, ces représentations d'animaux distribuées sur une vingtaine de kilomètres nous portent à croire que nous sommes en face d'un authentique sanctuaire en plein air. L'exposition préférentielle des gravures à l'est, c'est-à-dire au soleil levant, et la proximité des représentations animales par rapport à l'eau suggèrent une vénération de la rivière ou des astres.

L'Antiquité

De 3000 av. J.-C. au Ve siècle av. J.-C.

Le développement de l'agriculture, la domestication animale et la sédentarisation transforment les conditions matérielles d'existence des hommes. Les religions, avec leurs divinités, leurs prêtres et leurs lieux dédiés, apparaissent et organisent la vie des sociétés. Les formes religieuses sont multiples, des polythéismes à l'apparition progressive du monothéisme.

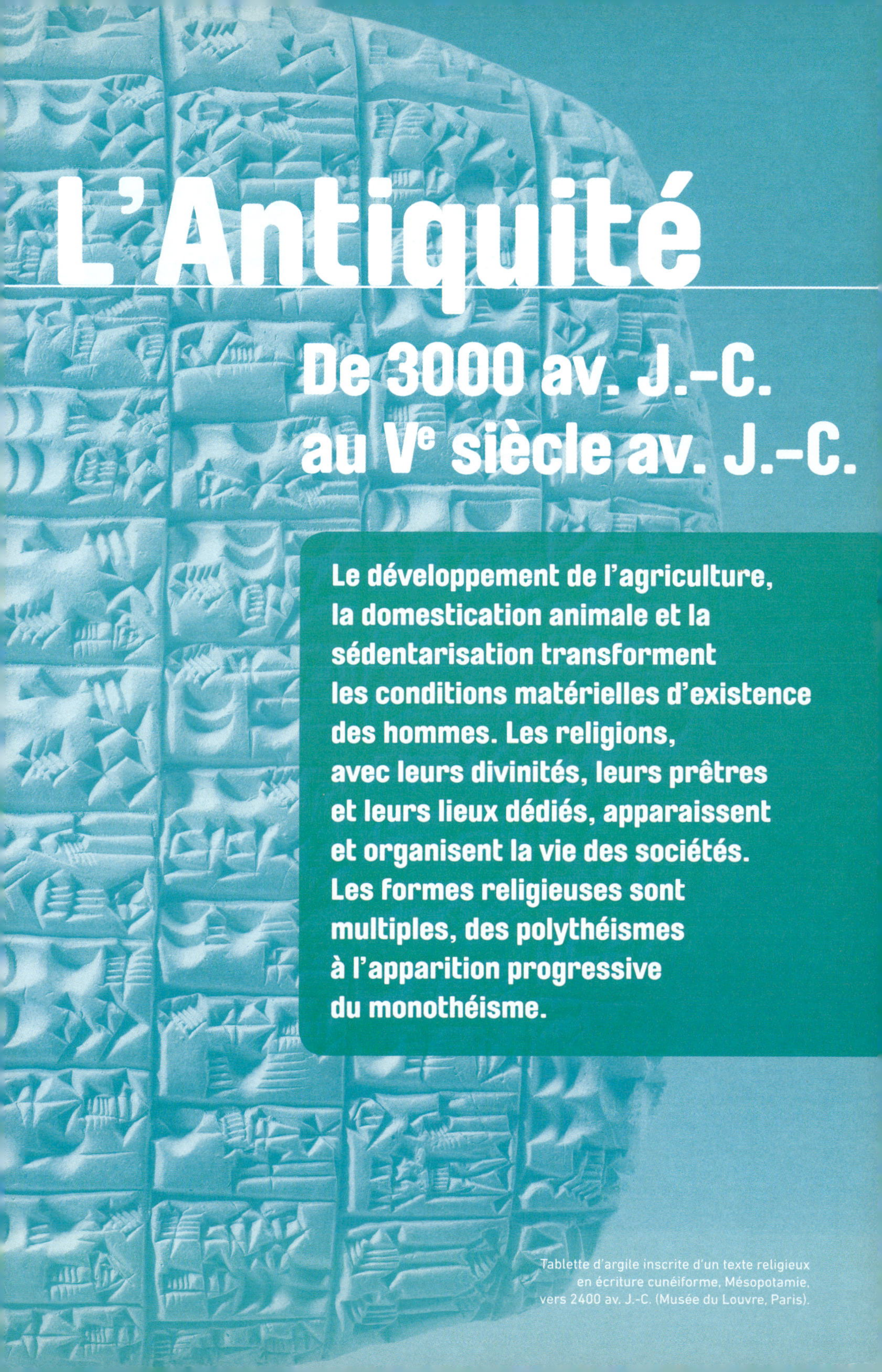

Tablette d'argile inscrite d'un texte religieux en écriture cunéiforme, Mésopotamie, vers 2400 av. J.-C. (Musée du Louvre, Paris).

Les religions polythéistes

À la fin du Néolithique, les esprits auxquels croyaient les premiers hommes sont remplacés par des divinités multiples, liées aux forces de la nature, qu'il convient de se gagner. Ainsi apparaissent les premières religions polythéistes centrées sur les offrandes et les sacrifices, présidés par une caste de prêtres, gages du maintien de l'ordre naturel et de l'organisation sociale.

Dans les premières cités État au IVe millénaire av. J.-C. du Proche-Orient, les croyances communes autour de divinités poliades unifient les populations et renforcent les systèmes politiques par la filiation divine des souverains. Ces religions produisent des mythologies et des cosmogonies visant à expliquer la création du monde et la place de l'homme dans l'univers. Dans la vallée de l'Indus, le védisme, apparut au IIe millénaire av. J.-C. dans les populations aryennes de l'Est, est à l'origine du brahmanisme et de l'hindouisme qui proposent une voie vers la délivrance du cycle des réincarnations.

L'émergence du monothéisme

Si l'on peut déceler les premières expressions du monothéisme en Égypte sous le règne d'Akhenaton (XIVe siècle av. J.-C.) et en Iran avec l'apparition du zoroastrisme (VIIe siècle av. J.-C.), c'est au VIe siècle av. J.-C., après la destruction du premier Temple de Jérusalem et durant l'exil en Babylonie que, confronté à des divinités étrangères, le yahvisme, religion des Hébreux, évolue vers la croyance en un Dieu unique, créateur et transcendant, à l'origine du judaïsme.

Au Iᵉʳ siècle, après Abraham et Moïse, Jésus, « fils de Dieu », incarne une nouvelle rupture. Le christianisme met plus d'un siècle à se distinguer du judaïsme avant de s'imposer dans l'Empire romain au IVᵉ siècle ap. J.-C. Le monothéisme donne une origine au monde, explique l'existence du bien et du mal et annonce la fin des temps. Entre l'origine mythique et la fin des temps, jour de la résurrection et du Jugement dernier, l'humanité se prépare pour le salut. L'intervention divine dans le temps des hommes prend plusieurs formes : prophétisme, incarnation. Ces expériences sont rapportées dans des livres saints (Torah, Évangiles) qui servent de référence. Les religions du Livre exigent une adhésion de leurs adeptes ; elles instaurent une différence entre ceux qui croient et ceux qui ne croient pas.

En Asie, de nouvelles voies vers le salut

Parallèlement, en Inde au VIᵉ siècle av. J.-C., en réaction à l'hindouisme, le jaïnisme et le bouddhisme proposent une nouvelle voie vers la délivrance de l'âme. Le bouddhisme, à prétention universelle, se diffuse sous différentes formes dans toute l'Asie jusqu'au Japon. En Chine, Confucius (Vᵉ siècle av. J.-C.) se propose de restaurer le mandat céleste garant de l'ordre social. Le confucianisme, avec le taoïsme et le bouddhisme qui se diffuse à partir du Iᵉʳ siècle, sont les trois courants spirituels qui dominent le pays jusqu'à nos jours.

v. 2100 av. J.-C.
Intronisation de Ur-Nammu

v. 1350 av. J.-C.
Cycle de Baal

722 av. J.-C.
Conquête du royaume d'Israël par les Assyriens

–2500 –2000 –1500 –1000

Installation des Hébreux en Égypte – 1200

Début de la dynastie des Zhou occidentaux – 1046

v. 1930 av. J.-C.
Premier temple consacré à Amon

v. 1210 av. J.-C.
Première mention du nom d'Israël

776 av. J.-C.
Organisation des premiers jeux panhelléniques

v. 600 av. J.-C.
Apparition du zoroastrisme

586 av. J.-C.
Destruction du Temple de Salomon à Jérusalem

516 av. J.-C.
Reconstruction du Temple de Jérusalem

v. 507 av. J.-C.
Réforme du jaïnisme

479 av. J.-C.
Mort de Confucius

v. 400 av. J.-C.
Composition du *Ramayana*

v. 30
Mort de Jésus de Nazareth

70
Destruction du second Temple de Jérusalem

325
Premier concile œcuménique à Nicée

–500 | An 1 | 500

– 539 Intégration de l'Empire babylonien au domaine perse

– 27 Fin de l'Empire romain

– 333 Fondation d'Alexandrie par Alexandre le Grand en Égypte

Fin de la domination romaine en Égypte 500

Fin de la civilisation celte 100

220 Fin de la dynastie des Han

224 Début de l'empire sassanide

Fin de l'Empire romain d'Occident 476

v. 525 av. J.-C.
Naissance du bouddhisme

273 av. J.-C.
Propagation du bouddhisme en Inde

167 av. J.-C.
Révolte des Maccabées

136 av. J.-C.
Le confucianisme devient culte d'État en Chine

242
Avènement du manichéisme

380
Adoption du christianisme comme unique religion dans l'Empire romain

406
Traduction par Kumarajiva de textes bouddhistes

438
Promulgation du code de Théodose

v. 2100 av. J.-C.

Ur-Nammu fait graver son intronisation par le dieu-Lune Nanna

Berceau de la civilisation au Proche-Orient, Sumer voit se développer l'agriculture, les villes, l'État, l'écriture, ainsi que les mythes et les dieux. Une stèle découverte dans les années 1920 à Ur rend compte du caractère divin du pouvoir royal et de la piété du souverain.

Ur-Nammu, « roi de Sumer et Akkad »

Région située au sud de la Mésopotamie, Sumer regroupe un ensemble de cités-États qui s'organisent vers le milieu du IVe millénaire av. J.-C. À la fin du IIIe millénaire, le roi Ur-Nammu fonde la IIIe dynastie d'Ur qui constitue un apogée de la civilisation sumérienne. Il fait d'Ur, riche port situé dans l'estuaire de l'Euphrate (actuel Irak), la capitale de Sumer. Grand bâtisseur, il dote la cité de monuments considérables. Le souverain édicte aussi le plus ancien code de lois connu.

Dieux et cités

Pour les sociétés agricoles des grandes vallées alluviales du Proche-Orient au IIIe millénaire, la protection des dieux n'est pas seulement garante de l'abondance des récoltes. Chaque cité a son dieu qui légitime le pouvoir royal, comme en témoigne la stèle découverte à Ur.

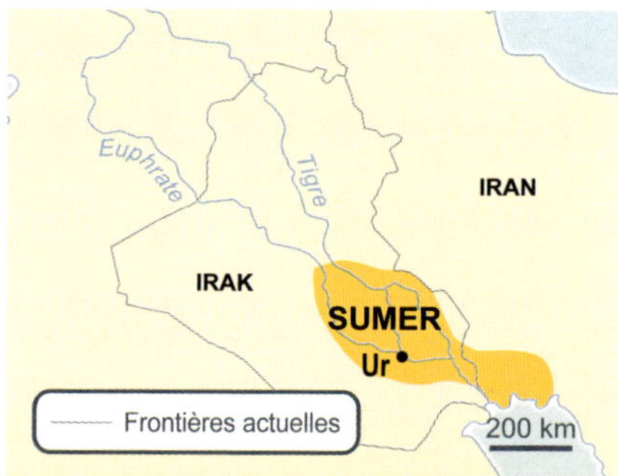

Sumer, le « pays entre les fleuves » Tigre et Euphrate

Un manifeste politique

La scène représentée sur cette stèle montre l'intronisation d'Ur-Nammu par le dieu-Lune Nanna. C'est de la protection de celui-ci que dépendent la prospérité du royaume et l'avenir de la dynastie ; en conséquence, le roi accomplit les rites de la dévotion. Ur-Nammu est le reflet terrestre de Nanna. À la fois roi et prêtre, il se pose en garant et organisateur du culte et veille à l'érection du temple qu'il contribue symboliquement, sur la stèle, à construire.

Ce temple sera l'immense pyramide à degrés, la ziggourat (► p. 43), dont les ruines subsistent à Ur et que les Sumériens conçoivent comme le passage entre Terre et Ciel.

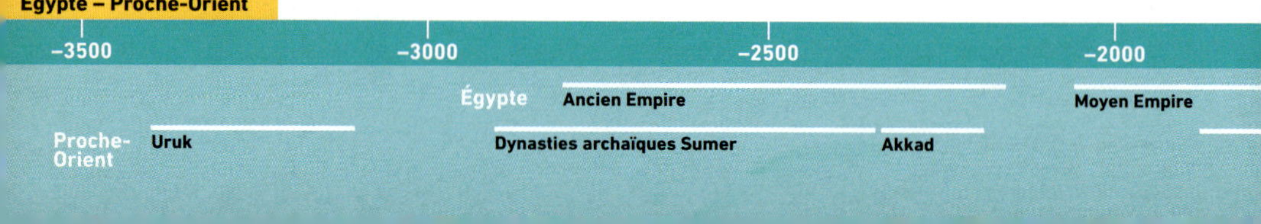

Ur-Nammu se présente devant le dieu-Lune Nanna

Le souverain (à gauche) accomplit un geste rituel, une libation dans un vase d'où jaillissent une palme et deux régimes de dattes, symboles de prospérité. En échange, Nanna lui confère les instruments du pouvoir, un sceptre et une couronne. En bas, suivant le dieu, le roi portant des outils marche vers le chantier de la ziggourat.

Bas-relief (détail), calcaire, v. 2100 av. J.-C. (University of Pennsylvania Museum of Archeology and Anthropology, Philadelphie) et fragment calcaire, v. 2100 av. J.-C. (Musée du Louvre, Paris).

Les dieux de l'ancienne Mésopotamie

Nées d'une divinisation des forces de la nature et de cultes de la fertilité propres aux civilisations agricoles, les mythologies mésopotamiennes conçoivent des divinités que l'on retrouve sous des noms divers, selon les peuples et les époques, et qui associent de manière anthropomorphique principes masculin et féminin. Ainsi, le dieu-Lune Nanna est présenté comme le fils des divinités du vent Ninlil et Enlil, ce dernier dominant le panthéon sumérien à partir du milieu du IIIe millénaire av. J.-C. Nanna est lui-même le père d'Utu, le dieu-Soleil, et d'Inanna, déesse de l'amour et de la fertilité. Celle-ci devient au début du IIe millénaire la principale divinité mésopotamienne sous le nom d'Ishtar.

v. 1930 av. J.-C.

Sésostris Ier fait élever à Karnak le premier temple consacré à Amon

Karnak, sur le site de Thèbes (aujourd'hui Louxor) en Égypte, abrite un ensemble de temples et d'annexes qui en fait le plus grand complexe religieux de l'Antiquité. En identifiant Amon, le dieu de Thèbes, au soleil, Sésostris Ier fait de Karnak le plus haut lieu de la religion de l'Égypte ancienne.

L'avènement des dynasties thébaines

Durant la période troublée qui suit la fin de l'Ancien Empire (XXIIe siècle avant notre ère), l'Égypte est divisée entre le Sud (Haute-Égypte) et le Nord (Basse-Égypte) et dévastée par des invasions de nomades.

Au milieu du XXIe siècle, le gouverneur de Thèbes, en Haute-Égypte, se proclame pharaon, chasse les envahisseurs et réunifie le pays. Ainsi commence le Moyen Empire, qui voit se succéder les XIe et XIIe dynasties et au cours duquel s'opère un glissement du centre de gravité du royaume du nord (Memphis) vers le sud (Thèbes).

La promotion d'Amon

Les divinités thébaines montent alors en puissance à côté des grands dieux traditionnels (► p. 37) : Montou, dieu de la guerre et protecteur de la cité, s'impose avant d'être supplanté par Amon, dieu mystérieux – son nom signifie « le caché » –, puissance fécondante créatrice de vie. Avec son épouse Mout (« la mère ») et leur fils Khonsou (« le voyageur »), dieu de la Lune, ils forment la triade thébaine.

Signe de cette promotion, Sésostris Ier (1962-1928 av. J.-C.), deuxième pharaon de la XIIe dynastie, consacre à Amon le temple qu'il fait édifier à Karnak pour le jubilé de sa 30e année de règne.

La fusion entre Amon et Rê

Dès lors, le culte d'Amon va profondément s'implanter en Égypte. En voulant faire de la cité d'Amon, Karnak, la réplique d'Héliopolis en Basse-Égypte, centre sous l'Ancien Empire du culte du dieu-Soleil Rê, Sésostris Ier amorce la fusion des deux divinités. Ainsi naît Amon-Rê le créateur et le garant de toute vie, le dieu suprême du panthéon égyptien.

Cet amalgame en un principe divin ouvre la voie à la constitution d'un hénothéisme (► p. 35) qui prend corps 600 ans plus tard avec la tentative d'Amenhotep IV de promouvoir Aton (► p. 34).

Égypte – Proche-Orient

-3500 | -3000 | -2500 | -2000

Égypte : Ancien Empire ; Moyen Empire

Proche-Orient : Uruk ; Dynasties archaïques Sumer ; Akkad

La chapelle blanche

Seul vestige du temple de Sésostris Ier à Karnak, la chapelle a été démantelée lors d'aménagements postérieurs, notamment à l'époque d'Amenhotep III (v. 1390-v. 1352). Le bâtiment est reconstitué par les archéologues en 1937-1938.

L'Égypte ancienne

Les textes des pyramides

Gravés à l'intérieur des pyramides royales de l'Ancien Empire, les textes des pyramides sont les plus anciennes formulations religieuses de l'Égypte ancienne (IIIe millénaire av. J.-C.). En décrivant la survie du roi dans l'au-delà, ils préfigurent le récit du Livre des morts du Moyen Empire (► p. 37).

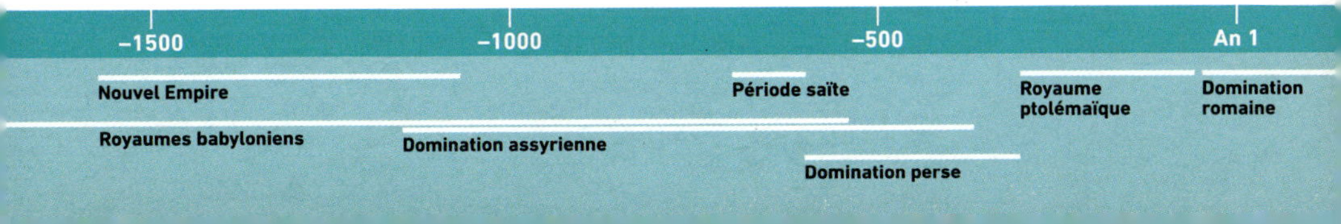

V. 1350 av. J.-C.

Le cycle de Baal conte le mythe fondateur de la principale divinité du Proche-Orient

Six tablettes d'argile de 2 000 lignes – dont 1 500 nous sont parvenues – gravées en langue sémitique, découvertes à Ougarit (Syrie actuelle) en 1930, racontent l'ascension du dieu Baal à la royauté divine. Son culte révèle un fond symbolique commun à tout le Proche-Orient antique.

Une guerre de succession

Baal, dieu de l'orage et fils du créateur du monde, El, a deux frères : Yam, dieu de la mer, et Mot, dieu de la mort. Alors qu'El désigne Yam comme son successeur, Baal conteste cette décision. D'abord vaincu et fait prisonnier, il finit par tuer Yam et se proclame « roi des dieux ». Mais Mot s'oppose à Baal et l'entraîne aux enfers où il disparaît, avant que sa sœur et fiancée, la déesse Anat, obtienne qu'il soit ramené à la vie. Après un ultime affrontement stérile, Mot finit par reconnaître la domination de Baal et retourne aux enfers.

Le récit s'achève avec la construction du palais de Baal qui fonde la royauté du dieu de l'orage, lui-même pourvoyeur de la royauté sur Terre.

Une lutte cyclique entre la vie et la mort

De ce mythe naît une opposition sans cesse renouvelée entre les forces fécondantes incarnées par Baal et celles de la destruction personnifiées par Mot. La fin des pluies et la sécheresse sont ainsi perçues comme la victoire de Mot sur Baal.

Dieu de la fertilité, protecteur des troupeaux et des récoltes, maître des éléments, Baal est le principal recours des agriculteurs, des éleveurs et des marins.

Un dieu tutélaire présent dans tout le Proche-Orient antique

Le culte de Baal, célébré depuis le IIIe millénaire av. J.-C., se retrouve dans toutes les régions peuplées par les Sémites. Associé à sa fonction ou au lieu où le dieu est honoré, son nom se lit dans les inscriptions phéniciennes et cunéiformes, mais aussi chez les auteurs grecs et latins qui l'identifient à Apollon pour les premiers, à Saturne pour les seconds.

Baal comptait un temple important à Émèse (actuelle Homs) en Syrie ainsi qu'à Palmyre – détruit en 2015 par l'organisation État islamique. Signe de l'importance et de la longévité de son culte, un grand prêtre de Baal devient en 218 empereur de Rome sous le nom d'Elagabal et impose temporairement le dieu aux Romains.

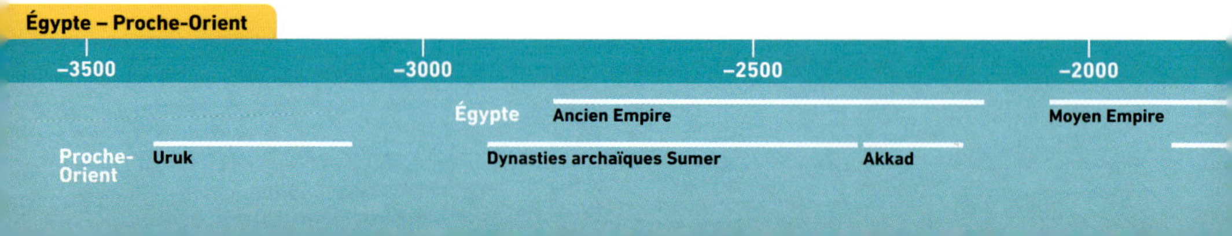

Le culte de Baal chez les Hébreux

Dieu suprême des habitants de Canaan (rive orientale de la Méditerranée), Baal a été honoré également par les Hébreux. En effet, quand les Israélites font la conquête de cette région (► p. 40), ils se heurtent à des populations polythéistes qui sacrifient au dieu de l'orage. Dans la Bible hébraïque (► p. 100), le nom de Baal désigne les diverses divinités cananéennes (Dagon, Moloch) que la religion juive considère comme de faux dieux. Plus de 30 versets y mentionnent Baal et les tentations qu'il suscite. À l'émergence du christianisme, Baal finit par s'identifier au démon, comme l'atteste le nom Belzébuth – de Ba'al Zebûb, « le Baal des mouches » – attribué au diable.

La stèle du Baal au foudre

Dans les textes découverts à Ougarit, Baal est le « Seigneur de la Terre » et le « Chevaucheur des nuées ». Il est représenté ici tenant dans la main droite un bâton ou une masse et, dans la gauche, un éclair stylisé avec une pointe de lance. Son casque cornu laisse à penser qu'il a un lien étroit avec le taureau, symbole de fertilité.

Stèle d'Ougarit, bas-relief en calcaire, 142 × 50 × 28 cm, XVe-XIIIe siècle av. J.-C. (Musée du Louvre, Paris).

Le culte de Baal à Carthage

Fondée en 814 av. J.-C. par les Phéniciens qui y apportent leur religion, Carthage a pour dieu principal Baal Hammon. Il lui est associé un double féminin (sa parèdre), Tanit, déesse de la fertilité chez qui l'on retrouve des caractères de l'Ishtar mésopotamienne (► p. 29). Les sacrifices de jeunes enfants à une troisième divinité, Baal Moloch, relatés au Ier siècle avant notre ère par l'historien grec Diodore de Sicile, sont vraisemblablement une légende. Après la conquête romaine, Baal est assimilé à Jupiter, tant à Carthage qu'en Orient.

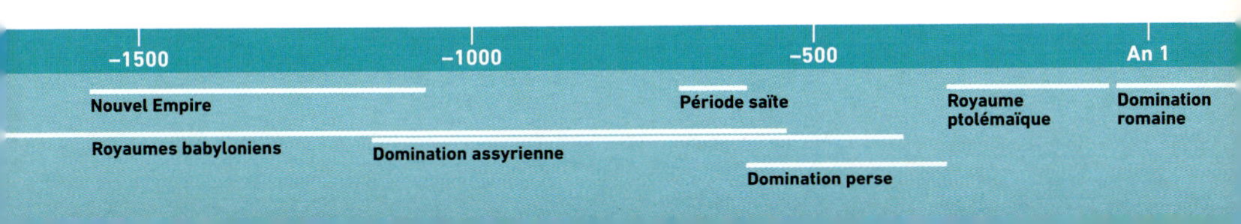

V. 1350 av. J.-C.

Amenhotep IV impose le culte du dieu solaire Aton

Dixième pharaon de la XVIIIe dynastie, Amenhotep IV engage une véritable révolution religieuse en promouvant le culte exclusif d'Aton. Il fait de ce dernier le dieu universel, « l'Unique sans pareil », symbolisé par un disque solaire.

La promotion d'Aton

Amenhotep IV, dont le nom se réfère au dieu de Thèbes, Amon (► p. 30), règne de 1355/1353 à 1338/1337 av. J.-C. Peu après son avènement, il fait construire à Karnak le Gematon, sanctuaire dédié à Aton.

En conflit avec le tout-puissant clergé d'Amon, le pharaon abandonne le culte de cette divinité jusque-là dominante, au profit de celui exclusif d'Aton. Il déserte Thèbes, la capitale, pour en fonder une autre 300 kilomètres plus au nord, Akhetaton (« l'horizon d'Aton »). Et, plus symbolique encore de ce basculement, il prend lui-même le nom d'Akhenaton (« celui qui aide Aton »).

Dans les années 1340 av. J.-C., le pharaon dépossède le clergé d'Amon de ses biens, fait détruire les images des anciens dieux et marteler leur nom, y compris celui de son père Amenhotep III qui contenait le hiéroglyphe « Amon ».

Dieu solaire, Aton, par sa renaissance quotidienne, devient le créateur de toutes choses. De nouveaux temples sont construits en son honneur, sans plafond pour permettre aux rayons solaires d'y pénétrer.

Une révolution religieuse éphémère

Mais la désorganisation due aux confiscations et à la remise en cause des bases millénaires de l'État semble avoir déclenché une crise économique et politique. Celle-ci se mesure aussi à la perte d'influence de l'Égypte qui ne soutient plus ses alliés et perd ses possessions asiatiques de Syrie et de Canaan (rive orientale de la Méditerranée), conquises au début de la XVIIIe dynastie.

La doctrine religieuse d'Akhenaton finit par provoquer une réaction violente qui prend la forme, dès la fin de la XVIIIe dynastie, d'un effacement systématique : tous les vestiges de l'époque amarnienne – qualificatif venant de Tell el-Amarna, nom arabe d'Akhetaton – sont détruits. Trois ans après la mort d'Akhenaton, son fils Toutânkhaton revient à Thèbes, restaure la suprématie du dieu Amon et les privilèges de son clergé, et prend le nom de Toutânkhamon.

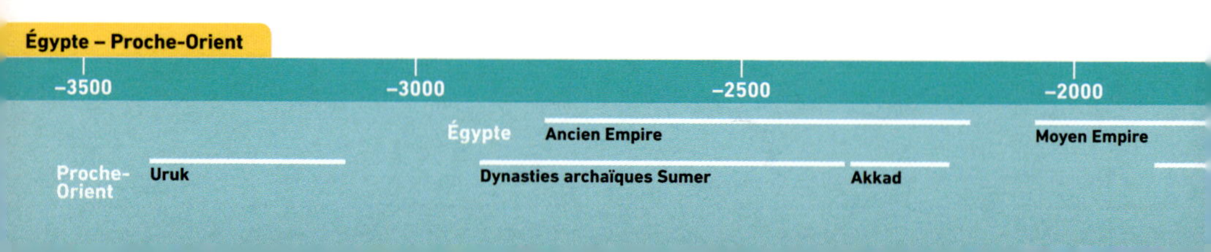

Akhenaton célèbre le culte d'Aton

Sur cette dalle découverte dans sa tombe en 1891, le pharaon apparaît le visage très étiré en longueur, le ventre proéminent, les lèvres épaisses. Cette représentation est caractéristique de l'art amarnien.

Panneau en calcaire peint (détail), 53 × 48 × 8 cm, XIVe siècle av. J.-C. (Musée égyptien, Le Caire).

L'art amarnien

Style artistique développé sous le règne d'Akhenaton, l'art amarnien se caractérise par une stylisation déformant les personnages humains et proche de la caricature. Sans postérité, il a laissé des chefs-d'œuvre, tel ce buste de la reine Néfertiti, épouse d'Akhenaton.

Buste en calcaire peint, v. 1350 av. J.-C. (Neues Museum, Berlin).

Hénothéisme ou monothéisme ?

Aton a tous les attributs d'un dieu unique et universel, « père et mère de toute création ». Le psychanalyste Sigmund Freud, dans son livre *L'Homme Moïse et la religion monothéiste* (1939), a vu dans son culte les racines du monothéisme juif. Cette thèse est néanmoins très critiquée dans la mesure où l'unicité de Dieu n'apparaît clairement dans le judaïsme qu'aux VIIe-VIe siècles avant notre ère.

Akhenaton a délaissé les anciens cultes, réduisant sans les réfuter les dieux traditionnels au statut de divinités secondaires. Cette approche, qui suppose l'acceptation d'une pluralité de dieux subalternes aux attributions spécialisées, n'a pas la rigueur de l'unicité divine du monothéisme. Elle est qualifiée d'hénothéisme et correspond mieux aux réalités du culte atonien.

–1500 –1000 –500 An 1

Nouvel Empire **Période saïte** **Royaume ptolémaïque** **Domination romaine**

Royaumes babyloniens **Domination assyrienne** **Domination perse**

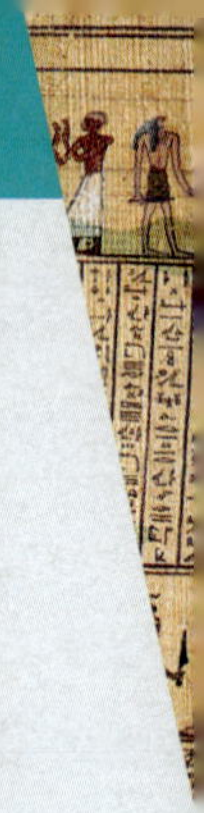

La religion de l'Égypte ancienne

Les Égyptiens, présentés par l'historien grec Hérodote comme « les plus religieux de tous les hommes », partagent une même conception de la création du monde et de l'ordre cosmique dont le pharaon est le garant. Les croyances forment un ensemble composite qui a évolué en plus de 3 000 ans d'existence.

Les croyances

Les cycles cosmiques

La religion égyptienne n'offre pas de grands récits mythologiques, mais trois cycles mythiques centrés sur des grands dieux : solaire, horien et osirien.

Très tôt, les croyances s'organisent autour de ces cycles : celui quotidien du soleil et de l'alternance du jour et de la nuit ; celui de la crue annuelle du Nil, vitale car elle conditionne les récoltes ; enfin celui de la vie elle-même, où la mort n'apparaît pas comme une fin.

Chaque jour, Rê, divinité solaire, traverse le ciel sur une barque et s'enfonce le soir dans le monde souterrain des ténèbres où il affronte le serpent Apophis avant de renaître victorieux le matin. Osiris, né aux origines du monde de l'union du Ciel et de la Terre, est le premier pharaon. Victime de la jalousie de son frère Seth, il est assassiné, mais son corps mis en pièces est reconstitué par sa sœur et épouse Isis qui le ressuscite. Leur fils Horus, vainqueur de Seth, succède à Osiris sur Terre tandis que ce dernier devient le souverain du royaume des morts.

Le pharaon

Fils d'Horus et d'une mortelle, favori d'Amon-Rê (► p. 30), le pharaon (*per-âa* en égyptien, littéralement « grande maison ») tire son pouvoir d'une essence divine créatrice d'un ordre harmonieux (*Mâat*). Il est l'intermédiaire entre le monde des hommes et celui des dieux. Les reliefs gravés sur les temples représentent presque toujours le roi face aux dieux et aux déesses, les prêtres n'apparaissant que rarement. En pratique, ce sont pourtant ces derniers qui remplissent les obligations du souverain envers les divinités.

La pesée de l'âme d'un défunt, en présence d'Osiris et d'Isis
Mélange de formules magiques et de description de l'au-delà, le Livre des morts des anciens Égyptiens est l'un des éléments essentiels de notre compréhension de la religion de l'Égypte antique. Il regroupe les écrits transcrits sur les sarcophages ou sur des papyrus accompagnant la momie du défunt. Il en existe de nombreuses variantes, la forme la plus ancienne étant les Textes des pyramides (4500 av. J.-C.) décrivant l'ascension du pharaon après sa mort en direction de Rê.
Papyrus funéraire de Nesmin, IVe siècle av. J.-C. (Musée du Louvre, Paris).

Un panthéon foisonnant et complexe

À des traditions préhistoriques (peut-être d'origine totémique) multipliant les divinités à têtes animales sur des corps humains, s'est greffée une généalogie divine qui donne naissance à une mythologie complexe rendant compte de l'ordre du monde.

Le panthéon égyptien comprend une multitude de dieux anthropomorphes et zoomorphes, symbolisant différents aspects de la vie, des émotions humaines et du monde physique : figures inquiétantes comme celle de Seth, consolatrices comme celle d'Isis. Chaque divinité a son domaine de compétence.

La religion égyptienne est iconique. Les dieux sont représentés matériellement dans la pierre, le bois, le métal ou sur les papyrus. Figurations métaphoriques, les statues sont habitées par leur *bâ* qui révèle la capacité de toute divinité à manifester sa puissance. Le rite de « l'ouverture de la bouche » lui permet magiquement de respirer, manger et parler.

Des divinités poliades

Chaque culte a une origine bien déterminée géographiquement. Les dieux locaux, protecteurs d'une cité, sont nombreux mais, quand une ville devient capitale dynastique, certains peuvent acquérir un rôle prédominant qui les installe aux côtés des trois divinités principales, Rê, Osiris et Isis.

Sous l'Ancien Empire, Ptah, dieu de Memphis qui a participé à la création du monde, prend une importance qui le met en concurrence avec Rê. Au Moyen Empire, c'est Montou, dieu de la guerre et protecteur de Thèbes, qui s'impose un moment avant d'être supplanté par Amon (► p. 30). Sous la dynastie grecque des Lagides (IIIe-Ier siècles av. J.-C.), le dieu Sérapis combine les attributs d'Osiris aux fonctions d'Hadès, souverain des enfers dans la mythologie grecque.

La déesse Isis

À l'origine, Isis est une déesse locale. Au début du IIe millénaire, associée à Osiris, elle constitue avec lui et leur fils Horus une famille divine. Selon le mythe, Isis redonne vie à son époux Osiris après que celui-ci ait été démembré par son frère Seth. Isis met au monde Horus et l'élève en secret. Et c'est encore elle qui aide son fils à vaincre Seth et ainsi à reconquérir l'héritage paternel.

Isis symbolise à la fois la fidélité conjugale et l'amour maternel. De nombreuses images d'Isis tenant son enfant sur ses genoux sont conservées dans les maisons ou offertes dans les temples.

Le culte

Une caste de prêtres

Caste hiérarchisée et privilégiée où l'hérédité est souvent la règle, les prêtres sont organisés en collège sous l'autorité de supérieurs (les grands prêtres). Ayant en charge les rituels sacrés, ils sont astreints à une stricte discipline (bains rituels, épilation, interdits alimentaires, obligations vestimentaires) de manière à rester « purs ». Ils sont instruits des mystères divins et sont les seuls, avec les fonctionnaires royaux (les scribes), à maîtriser la lecture des hiéroglyphes.

Les prêtres ont une fonction sociale centrale en tant qu'interprètes des oracles auxquels les Égyptiens ont recours avant de prendre toute décision (mariage, opération commerciale, voyage, etc.). Les fonctions de juge et de notaire s'ajoutent peu à peu aux compétences du clergé.

Les temples

Consacrés à un dieu en particulier, les temples égyptiens sont à proprement parler la demeure de la divinité : celle-ci a en effet besoin d'une insertion terrestre pour être active. Lieux de cérémonies rituelles quotidiennes, les temples sont également des espaces d'étude et de travail pour les prêtres. Ils abritent des bibliothèques qui conservent des livres sur rouleaux de papyrus, portant sur des matières diverses : rituels, traités théologiques, manuels de magie, d'astrologie, de médecine ou d'interprétation des songes, recueils juridiques, de sagesse, contes et même romans épiques.

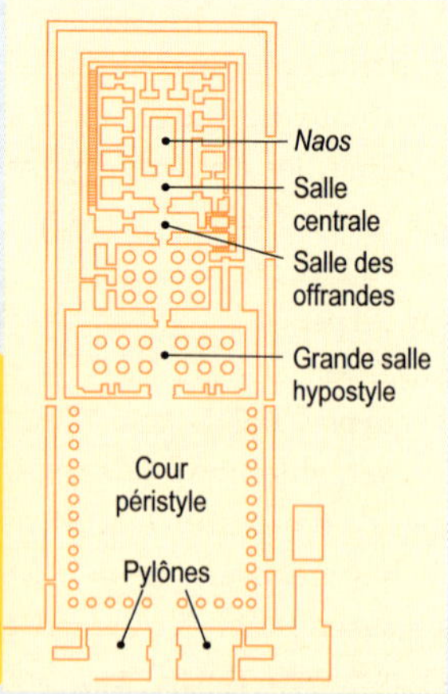

Plan du temple d'Horus à Edfou (IIIe-Ier siècle av. J.-C.)

Le modèle achevé du temple égyptien tel qu'il apparaît au Nouvel Empire (1580-1085 av. J.-C.) comporte une allée d'accès bordée de sphinx. Une enceinte de briques entoure le bâtiment de pierres, où l'on pénètre en franchissant une porte encadrée de pylônes monumentaux. Une cour à portiques donne accès à une salle hypostyle – dont le plafond est soutenu par de puissantes colonnes. Au fond, dans le sanctuaire (*naos*), lieu le plus sacré du temple, séjourne la divinité.

Le complexe funéraire de Gizeh
Les trois grandes pyramides sont les tombes des pharaons Khéops (la plus haute), Képhren et Mykérinos (IVe dynastie, 2660-2400 av. J.-C.). Les petites pyramides sont attribuées aux reines.

Les rituels funéraires

La survie dans l'au-delà

L'idée qu'après le décès l'âme pouvait renaître et accéder au royaume des morts est fondamentale dans les croyances égyptiennes, au point d'apparaître comme la préoccupation principale des vivants. D'abord réservés aux seuls pharaons qui se font édifier des tombeaux monumentaux (pyramides sous l'Ancien et le Moyen Empire, hypogées – tombeaux souterrains – de la vallée des Rois sous le Nouvel Empire), les rites assurant la survie dans l'au-delà finissent par concerner l'ensemble du peuple.

La première étape du voyage vers le royaume des morts est l'embaumement du corps, l'âme ayant besoin de ce support (la momie) pour en franchir le passage. La seconde étape, spirituelle, est la pesée du cœur du défunt. Celle-ci se déroule à l'entrée dans l'autre monde, en présence d'Osiris, et constitue la condition essentielle de l'accès au repos éternel. Si le cœur est alourdi de péchés, l'âme est dévorée par un monstre et plonge dans le néant. L'ensemble des rituels et le guide du voyage sont consignés dans le Livre des morts, placé auprès de la momie du défunt.

La momification

Au Moyen Empire, les rituels funéraires se généralisent et les tombes privées se multiplient. Leur décoration, les inscriptions et la présence des corps momifiés sont pour nous des sources d'information essentielles.

Ainsi, les anciens Égyptiens croient en l'existence d'une âme (*bâ*) et d'une énergie vitale (*ka*). La mort les sépare et, pour assurer la survie spirituelle de l'une et de l'autre, il faut assurer une base terrestre concrète passant par la conservation du corps, d'où la pratique de l'embaumement. Métaphoriquement, celle-ci consiste aussi en la reproduction par les prêtres-embaumeurs du geste d'Isis reconstituant le corps d'Osiris, sous l'égide d'un dieu protecteur, Anubis.

Préalablement éviscérés, les corps sont tout d'abord baignés de natron (mélange de sels de sodium). Maintenus ainsi 70 jours, ils sont ensuite enduits d'aromates et de baumes, remodelés, puis entourés d'un réseau serré de bandelettes. Placés dans un sarcophage, ils peuvent alors, selon la croyance, être réintégrés par le *bâ* et le *ka*, et survivre dans l'au-delà si l'âme a franchi l'épreuve de la pesée.

v. 1210 av. J.-C.

La stèle de Mérenptah mentionne pour la première fois le nom d'Israël

Découverte en 1896, la stèle commémore la victoire militaire du pharaon Mérenptah sur une coalition d'ennemis. Les « Israélites » y sont évoqués au sein d'une liste de peuples de Canaan vaincus, révélant leur existence à la fin du XIIIe siècle avant l'ère chrétienne.

Les Hébreux selon la Bible

Le texte biblique (► p. 100) retrace les pérégrinations du peuple hébreu sous la direction des patriarches Abraham, Isaac et Jacob – devenu Israël, « celui qui a lutté avec Dieu » – à travers le Croissant fertile, entre mer Méditerranée et golfe Persique. La promesse divine a garanti à Abraham une descendance nombreuse, liée à Dieu par une alliance éternelle, tandis que les douze fils de Jacob donnent naissance aux douze tribus d'Israël (► p. 44).

Réduits en esclavage en Égypte, les Hébreux reviennent vers le pays de Canaan (rive orientale de la Méditerranée) sous la conduite de Moïse, en vertu de la promesse divine faite à leurs ancêtres. Sur le mont Sinaï, Moïse reçoit de Dieu les Tables de la Loi. Citées à deux reprises dans le texte biblique (Exode et Deutéronome), ces Dix Paroles (Décalogue), instructions morales et religieuses, constituent le fondement éthique et rituel du judaïsme.

Les traces historiques des premiers Hébreux

La Bible situe les Hébreux dans l'espace, mais pas dans le temps. Cependant, et bien que le caractère historique des patriarches ne soit pas attesté, les récits qui les mettent en scène présentent de nombreuses données renvoyant au contexte assyro-babylonien des VIIIe-VIe siècles av. J.-C. (► p. 52 et p. 56). C'est, selon les spécialistes, la période probable de mise par écrit de ces événements.

La stèle de Mérenptah suppose la présence d'un Israël dans le pays de Canaan au XIIIe siècle avant notre ère. Cette source peut être rapprochée d'un départ du peuple hébreu d'Égypte vraisemblablement à la même époque, massivement ou en plusieurs vagues migratoires.

Des fouilles archéologiques ont par ailleurs mis à jour l'existence, au XIIe siècle av. J.-C., dans le centre de Canaan, de communautés d'agriculteurs en voie de sédentarisation et sur les campements desquels aucun os de porc n'a été trouvé. Cette découverte contribue à singulariser les Israélites parmi les peuples de la région.

Hébreux

–2000 –1500 –1000

Installation des Hébreux en Égypte

Monarchie unifiée

Royaume d'Israël

Royaume de Juda

Stèle de la victoire de Mérenptah
Sous une scène représentant Amon-Rê accompagné de Mout et Khonsou (► p. 30) qui remettent au pharaon le cimeterre de la victoire, vingt-huit lignes de hiéroglyphes célèbrent la gloire de Mérenptah. À l'avant-dernière, il est écrit : « Israël est détruit, sa semence n'est plus ».

Granit, 318 × 163 × 31 cm, v. 1210 av. J.-C. (Musée égyptien, Le Caire).

« Écoute Israël, l'Éternel est notre Dieu, l'Éternel est un. »

Sh'ma Israël, Déclaration de foi d'Israël (Deutéronome, 6, 4).

L'affirmation progressive du monothéisme

La tradition juive présente Abraham comme le premier homme parvenu au monothéisme. Plus probablement, la croyance monothéiste résulte d'une longue maturation au cours de laquelle s'est d'abord affirmé un dieu principal parmi d'autres divinités (► p. 35). Le texte biblique mentionne la persistance de pratiques polythéistes ou syncrétistes, régulièrement dénoncées par les prophètes. Plusieurs inscriptions datées des VIIIe et VIIe siècles présentent par exemple la déesse Ashera comme l'épouse de Yahvé. La religion d'Israël est néanmoins la première tradition monothéiste identifiée. Désigné par des noms divers (Eloha, Elohim, Adonaï), le Dieu unique est le créateur du Ciel et de la Terre ; il intervient dans le monde des hommes dont il est l'origine. Ce principe de l'unicité de Dieu a pour corollaire celui de l'unité de l'humanité.

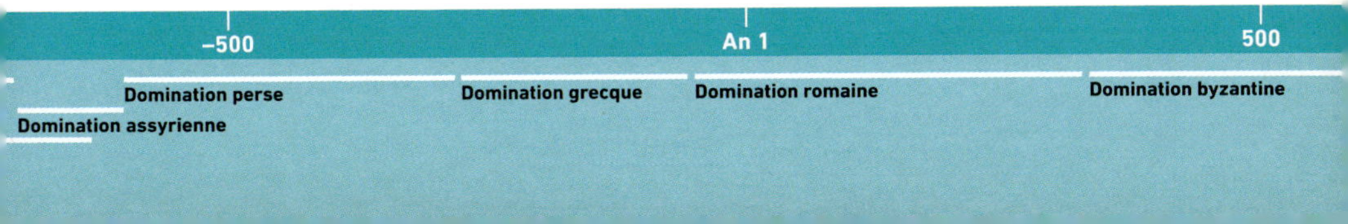

1125-1104 av. J.-C.

L'Enuma elish raconte l'épopée babylonienne de la création du monde

« Enuma elish » (« Lorsqu'en haut ») sont les premiers mots d'un poème dont le texte presque complet, gravé sur sept tablettes cunéiformes, a été retrouvé au XIXe siècle en Irak. Vraisemblablement écrit sous le règne de Nabuchodonosor Ier, cet écrit fait de Babylone la résidence du roi des dieux, Mardouk.

Les origines de l'univers

Au commencement, l'univers n'était qu'une étendue d'eau d'où Apsû (l'eau douce) et Tiamat (l'eau salée) engendrèrent une multitude de dieux. Mais ceux de la troisième génération se montrent si irrespectueux qu'Apsû décide de les anéantir. L'un d'eux, Ea, ayant percé ses intentions, endort Apsû et le tue. Désireuse de venger Apsû, Tiamat crée une armée de monstres terrifiants commandés par Kingu. Pour les combattre, Ea propose alors aux dieux de désigner son fils aîné Mardouk comme chef.

Mardouk, dieu créateur du monde et des hommes

Au cours du combat qui s'ensuit, Mardouk tue Tiamat, fend en deux sa dépouille, en suspend une moitié pour constituer le Ciel et fait de l'autre la Terre. Dans le Ciel, Mardouk dispose les constellations, le Soleil, la Lune. Sur la Terre, il crée les montagnes, les fleuves et fonde Babylone, le centre du monde où le dieu réside à l'Esagil (le temple bas) et à l'Etemenanki (la tour à étages).

Pendant ce temps, Ea a tué Kingu et, de son sang répandu, Mardouk crée l'humanité pour le servir et libérer les divinités de la charge du travail.

Des mythes durables

Le poème met ainsi en place une Babylone mythique, dont la fondation est directement attribuée à Mardouk. En affirmant cette prééminence, il légitime les ambitions hégémoniques de Nabuchodonosor Ier qui règne sur l'empire babylonien de 1125 à 1104 av. J.-C. Mais le texte brasse également un ensemble de mythes mésopotamiens dont il fait la synthèse : création du monde, combat entre les dieux, triomphe d'un dieu suprême.

Les Assyriens, vainqueurs de Babylone en 728 av. J.-C., reprendront le récit au profit de leur dieu Assur ; les Perses en transmettront le texte. Au Ve siècle de notre ère, le philosophe néoplatonicien Damascios le Diadoque s'en fait encore l'écho.

La ziggourat de Babylone

L'Etemenanki était une ziggourat (pyramide à degrés) symbolisant le lien entre le Ciel et la Terre, monument religieux type des Mésopotamiens pendant trois millénaires. Rien n'en subsiste, mais une représentation sur une stèle et une tentative de reconstitution, visible au Pergamon Museum de Berlin, en font un bâtiment d'environ 90 mètres de côté. Doté de sept étages, il était surmonté de la demeure du dieu. L'Etemenanki était le plus haut monument de Babylone. La Bible le mentionne pour en faire le symbole de l'orgueil de l'homme qui veut égaler Dieu : c'est le mythe de la tour de Babel.

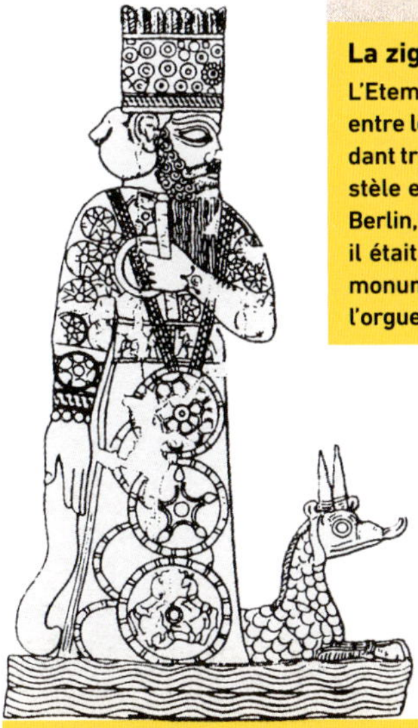

Le dieu Mardouk

Le dragon rouge Mushussu, corps de serpent surmonté d'une tête cornue et doté de pattes de lion et d'aigle, est associé à Mardouk, ainsi que la planète Jupiter.

Dessin d'après un cylindre-sceau babylonien (British Museum, Londres).

Mardouk, à la tête du panthéon mésopotamien

D'abord divinité agraire subordonnée au roi des dieux Enlil (► p. 29), Mardouk supplante ce dernier jusqu'à s'identifier à lui quand il se voit investi du combat contre Tiamat. Divinité suprême, Mardouk rétablit la concorde entre les dieux et distribue leurs attributions. À chaque nouvelle année, ceux-ci viennent lui rendre hommage. Mardouk est le garant de l'ordre et de la paix sur Terre : s'il se lève de son trône, la guerre et le chaos se déchaînent.

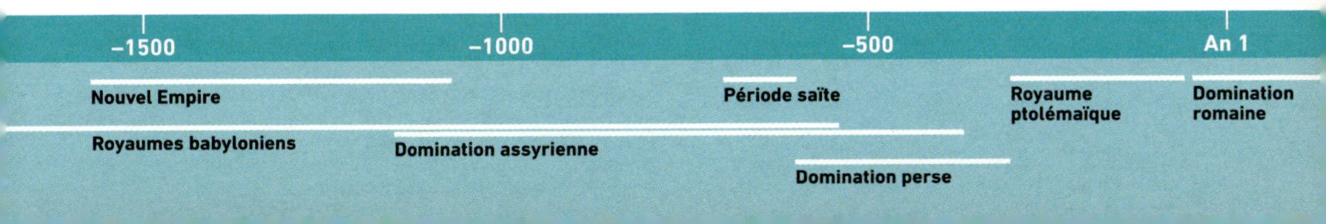

v. 964 av. J.-C.

Salomon fait de Jérusalem un centre politique et religieux majeur

Les douze tribus d'Israël se rassemblent à la fin du XIe siècle av. J.-C. autour du roi Saül. Puis David, de la tribu de Juda, unifie le royaume et lui donne Jérusalem (« la cité de David ») pour capitale politique et spirituelle. Il y transfère l'Arche d'alliance renfermant les Tables de la Loi. À sa mort vers 970 av. J.-C., son fils Salomon reçoit la couronne.

L'affirmation de la maison de David

La lignée davidique tient un rôle central dans la religion juive, le Messie annoncé dans les Livres des prophètes (► p. 100) étant supposé en être issu.

La tradition biblique insiste sur la dimension pacifique et prospère du règne de Salomon. Ce dernier est également présenté comme l'initiateur de la construction du Temple de Jérusalem. Assorti d'un palais royal, ce sanctuaire est érigé sur le mont Moriah, défini dans la Genèse comme le théâtre de la ligature d'Isaac. Lieu dans lequel la présence divine (*shekina*) se manifeste particulièrement, le Temple accueille des offrandes rituelles (le plus souvent des animaux sacrifiés et cuits) ainsi que trois fêtes de pèlerinage annuelles (Pessah, Chavouot, Souccot). Le service sacerdotal est assuré par la tribu de Lévi.

La centralité de Jérusalem

Bien que Jérusalem ne soit vraisemblablement pas la capitale d'un vaste empire, elle n'en acquiert pas moins une envergure inédite en devenant le centre de la vie politique et religieuse des Israélites. Si, en raison des divisions, d'autres lieux de culte sont ensuite érigés, à Dan ou à Béthel par exemple, Jérusalem et son Temple demeurent les référents majeurs de la mémoire et de la tradition religieuse juives.

Pourtant, l'unité politique des tribus ne résiste pas à la succession de Salomon. Deux royaumes distincts se forment alors : Israël, dont la capitale est Sichem, puis Samarie ; Juda, avec Jérusalem, où la lignée de David se maintient (► p. 52).

La stèle de Tel Dan

Ce fragment de stèle a été découvert à Tel Dan (Israël) en 1993. L'inscription mentionne, en araméen, la « maison de David ». Elle constitue la première identification archéologique de l'existence du roi David.

Basalte, IXe siècle av. J.-C. (Musée d'Israël, Jérusalem).

Hébreux

-2000 | -1500 | -1000

Installation des Hébreux en Égypte

Monarchie unifiée

Royaume d'Israël

Royaume de Juda

Le Temple de Salomon

Reprenant le plan du sanctuaire mobile des Hébreux et abritant l'Arche d'alliance, le Temple est l'une des constructions les plus remarquables de l'Antiquité. Démoli en 586 av. J.-C. (► p. 56), il est reconstruit dans des dimensions plus modestes et consacré en 515 av. J.-C., puis agrandi et embelli par le roi Hérode au Ier siècle av. J.-C. De nouveau détruit en 70 (► p. 98), sa disparition a fait l'objet d'un deuil profond. Le Mur occidental, appelé aussi mur des Lamentations, en est le principal vestige.

Reconstitution du Temple de Salomon (Charles Chipiez et Georges Perrot, *Le Temple de Jérusalem et la maison du Bois-Liban restitués d'après Ézéchiel et le Livre des Rois*, Hachette, 1889).

« Salomon commença à bâtir la maison de l'Éternel à Jérusalem, sur le mont Moriah ; là [le Seigneur] était apparu à son père David qui avait fixé l'emplacement lui appartenant dans l'aire d'Ornan, le Jébuséen. »

Bible, II Chroniques, 3,1.

Le Messie (en hébreu *mashia'h*, « qui est oint »)

Le terme, qui apparaît à plusieurs reprises dans la Bible, désigne d'abord une personne chargée d'exécuter une mission divine : un prêtre, un prophète ou même un roi. Il est ensuite associé plus spécifiquement à la dynastie davidique. C'est à l'époque du second Temple que le judaïsme devient une religion messianique dans laquelle la figure du rédempteur prend une dimension eschatologique. L'ère messianique sera caractérisée par l'avènement d'une société pacifiée et unie dans la croyance en un seul et même Dieu, par la restauration du royaume de la maison de David et par le retour de tous les juifs sur la terre d'Israël.

776 av. J.-C.

Les premiers Jeux panhelléniques sont organisés à Olympie

Les cités de la Grèce antique pratiquent de nombreuses compétitions sportives à caractère religieux. Les plus prestigieuses sont les Jeux olympiques qui se déroulent tous les quatre ans dans le Péloponnèse en l'honneur de Zeus.

Des origines mythiques

C'est au sophiste Hippias d'Élis, contemporain de Socrate (► p. 72), que l'on doit de dater à 776 av. J.-C. la création des Jeux olympiques. Toutefois, les premières compétitions semblent plus anciennes et se rattacher à des récits mythiques. Le héros Pélops, qui a donné son nom au Péloponnèse et qui fut roi d'Élis, aurait ainsi remporté une fameuse course de chars dont le souvenir est commémoré.

Des jeux sacrés

C'est la cité d'Élis, dont dépend le sanctuaire d'Olympie, qui est en charge des Jeux olympiques. Avant leur ouverture, une trêve est proclamée : elle protège tant les organisateurs que les participants à la compétition. La manifestation, à caractère sacré, reflète ainsi l'unité religieuse et culturelle du peuple grec dans un ensemble politiquement fractionné.

Néanmoins, les Jeux sont réservés aux seuls Grecs jusqu'aux conquêtes d'Alexandre. Les femmes en sont également exclues, sous peine de mort, et doivent se contenter de Jeux héréens, ainsi nommés en l'honneur de la déesse Héra.

Le déroulement des jeux

Les Jeux olympiques se déroulent pendant cinq jours, en été. Après un premier jour consacré uniquement aux manifestations religieuses (procession, sacrifices à Zeus, serment de respecter les règles), les épreuves s'enchaînent. Le pentathlon regroupe lancers du disque et du javelot, saut, lutte et course d'un « stade » – la longueur de la piste d'Olympie est de 192,27 mètres. S'y ajoutent les courses de chars et de chevaux, puis le pugilat, mélange de lutte et de boxe, le pancrace, sport de combat où tous les coups sont permis, et une course de 400 mètres de guerriers en armes.

Il n'y a pas de classement aux épreuves et, jusqu'à la fin des Jeux en 393 ap. J.-C., seul le vainqueur est récompensé d'un rameau de l'olivier sacré situé dans l'enceinte du temple.

Méditerranée – Occident

–2000 –1500 –1000

Grèce — Période mycénienne — Grèce archaïque

Rome

Celtes

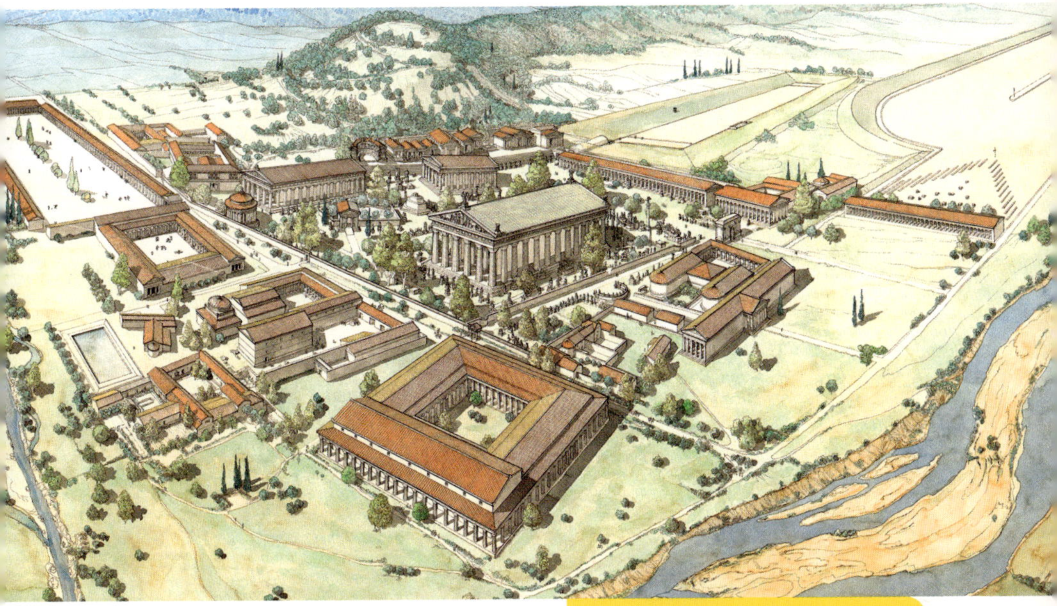

Le sanctuaire d'Olympie

Le sanctuaire regroupe le temple de Zeus ainsi que les installations sportives (stade, hippodrome, etc.). Les lieux sont consacrés et fermés d'une enceinte ; seuls les prêtres et leur personnel y résident.

Reconstitution du sanctuaire d'Olympie, aquarelle de Jean-Claude Golvin (Musée départemental Arles Antique).

Plus de onze siècles de Jeux olympiques !

Le prestige des Jeux olympiques est si considérable que l'espace d'une olympiade (quatre années) sert alors de système de datation. D'autres compétitions sont par ailleurs organisées sur leur modèle dans plusieurs cités sous l'égide de différents dieux : les Jeux pythiques à Delphes en l'honneur d'Apollon, les Jeux isthmiques à Corinthe en l'honneur de Poséidon et les Jeux néméens à Némée puis à Argos en l'honneur de Zeus néméen et d'Héraclès. Ce renom se prolonge à l'époque romaine ; au Iᵉʳ siècle, l'empereur Néron participe lui-même à la course de chars. C'est en 393 que l'empereur chrétien Théodose Iᵉʳ, en ordonnant l'interdiction des cultes et des rituels païens (► p. 110), y met fin. Les Jeux olympiques ressuscitent en 1894 à l'initiative du Français Pierre de Coubertin : les premiers de l'époque moderne se tiennent à Athènes en 1896.

Une épreuve de pancrace

Sur cette scène, l'arbitre frappe un concurrent qui essaie de crever l'œil de son adversaire.

Coupe à figures rouges, céramique, diamètre : 31,8 cm, v. 490-480 av. J.-C. (British Museum, Londres).

-500 | An 1 | 500

Grèce classique | Grèce hellénistique

Royauté romaine | République romaine | Empire romain

Hallstatt | La Tène

La religion gréco-romaine

Pour les Grecs et les Romains, les dieux, anthropomorphes et immortels, sont dotés de pouvoirs surnaturels et de fonctions spécifiques. Il convient de s'attirer leurs bonnes grâces par l'exécution de rites tant individuels que collectifs rendus dans le cadre du culte à la divinité protectrice de la cité.

La religion des Grecs

Des mythes composites

Sur fond de croyances communes à l'ensemble des peuples de langues indo-européennes, les mythes grecs empruntent aux grands systèmes religieux de la Méditerranée orientale (égyptien, mésopotamien, égéen). L'effort pour donner une cohérence à la multiplicité de ces récits et ordonner le monde divin apparaît au VIIIe siècle av. J.-C. dans les poèmes homériques, l'*Iliade* et l'*Odyssée*. À la même période, Hésiode fixe, dans sa *Théogonie*, la version dominante de l'histoire des généalogies divines sur la base d'une cosmogonie.

Au commencement, Chaos sort de l'abîme, suivi de Gaïa (la terre), Tartare (l'abîme) et Éros (le désir). Gaïa engendre seule Ouranos (le ciel) et, s'unissant à lui, fait naître une série de créatures monstrueuses : les Titans, les Cyclopes et les Hécatonchires. Mais le Titan Cronos se révolte, châtre son père avant de s'unir à sa sœur Rhéa. Craignant de subir le sort d'Ouranos, il dévore à leur naissance chacun de ses enfants. Seul le dernier, Zeus, en réchappe et, avec l'aide de Rhéa, renverse son père. Sous sa suprématie se constitue la première génération des dieux olympiens.

Les dieux de l'Olympe

Installé au sommet du mont Olympe, en Thessalie, Zeus se partage l'ordonnancement du monde avec ses deux frères, Poséidon, le maître de la mer, et Hadès, celui du monde souterrain. À eux s'ajoutent leurs sœurs Déméter, en charge des moissons, et Hestia, du foyer. Une deuxième génération de divinités va suivre, engendrée par Zeus avec son épouse et sœur Héra (Arès, Héphaïstos), mais aussi avec d'autres déités (Aphrodite, Athéna, Hermès) et parfois même des mortelles (Apollon, Artémis, Dionysos).

Procession en vue d'un sacrifice

Escorté de musiciens jouant de la lyre et de la flûte, un agneau est amené à un autel en vue d'être sacrifié. Les inscriptions en grec indiquent que la cérémonie se déroule en l'honneur des Charites, divinités personnifiant la beauté et reprises par les Romains sous le nom de Grâces.

Tablette de Pitsa (détail), peinture sur bois, v. 540 av. J.-C. (Musée national archéologique d'Athènes).

Une religion vécue au quotidien

Dans la Grèce antique, il n'existe ni culte organisé, ni classe de prêtres. Ces derniers sont élus ou tirés au sort parmi les citoyens. Le fidèle entre au temple après s'être lavé pour se purifier, et sa prière afin d'obtenir la faveur du dieu est accompagnée d'une offrande (libation sous forme liquide répandue sur l'autel de la divinité), souvent modeste.

Dans le cas de cultes civiques, l'offrande peut consister dans le sacrifice d'un ou plusieurs animaux – jusqu'à une centaine : l'hécatombe. Il existe également des lieux de culte panhelléniques où tous les Grecs se retrouvent (► p. 46).

À Delphes, on vient consulter l'oracle : Apollon répond aux questions par la voix d'une prêtresse inspirée, la Pythie, installée sur un trépied. Certains sanctuaires sont le théâtre de « mystères », cérémonies de nature initiatique où sont révélés des secrets sacrés. Les plus célèbres sont ceux d'Éleusis, près d'Athènes, où rites et dévoilement s'inscrivent dans le culte de Déméter, Hadès et son épouse Perséphone.

Enfin, le culte peut s'accompagner de représentations, de chants et même être l'occasion d'excès : c'est le cas en l'honneur de Dionysos, dieu associé au dérèglement et à l'ivresse.

Un exemple de culte civique : Athènes

Selon la légende, Athéna aurait offert à la cité naissante un olivier, qui allait fonder la prospérité agricole de l'Attique. En remerciement, la ville lui aurait fait allégeance et pris son nom. Tout acte public accompli dans la cité se fait dès lors sous la protection de la déesse. L'Acropole est le lieu consacré au culte d'Athéna avec ses temples, l'Érechtéion et le Parthénon. En son honneur est instituée la fête des Panathénées qui, chaque année, réunit toute la population d'Athènes, qui monte en cortège à l'Acropole. À cette occasion, les femmes portent le *péplos*, longue pièce de tissu cousue par des jeunes filles vierges et utilisée pour recouvrir la statue de la déesse.

La religion des Romains

Les origines

La religion romaine originelle a les mêmes racines protohistoriques que les croyances grecques, mais sans en avoir la richesse mythologique. Elle combine la légende des origines de Rome au culte d'une triade divine : Jupiter, dieu suprême, Mars, dieu guerrier, et Quirinus, forme divinisée de Romulus, le fondateur de la ville. Il s'y ajoute de nombreuses divinités secondaires chargées de fonctions spécifiques.

Les origines légendaires de Rome

Les Romains tenaient pour historique la légende de la fondation de leur ville. Selon celle-ci, la vestale Rhéa Silvia, fille du roi de la ville d'Albe la Longue, descendante du héros troyen Enée, lui-même fils de la déesse Vénus, rompt ses vœux et se laisse séduire par le dieu Mars. Elle donne naissance à des jumeaux, Romulus et Rémus, qui sont abandonnés dans un couffin sur le Tibre. Recueillis et allaités par une louve, ils trouvent refuge chez une paysanne. En 753 av. J.-C., un présage indique à Romulus de fonder une ville sur la colline du Palatin. Il creuse à cet effet un sillon, le *pomerium*, délimitant l'enceinte d'un espace consacré où sera établie la cité. Rémus ayant franchi par dérision la ligne sacrée, il est tué par son frère. Devenu premier roi de Rome, Romulus est transporté au ciel après sa mort et devient le dieu Quirinus.

L'hellénisation des dieux romains

Si les Romains subissent très tôt l'influence religieuse des cités grecques d'Italie du Sud et de Sicile, ils ne s'approprient les grands récits mythologiques grecs qu'après la conquête des royaumes hellénistiques d'Orient aux IIIe et IIe siècles av. J.-C. On assiste alors à une assimilation des dieux romains aux divinités helléniques.

Ainsi, le mythe de Cronos dévorant ses enfants est appliqué à Saturne, antique dieu agraire latin. Jupiter est identifié à Zeus, Neptune à Poséidon, Mars à Arès, Junon à Héra, Minerve à Athéna, Vénus à Aphrodite, Cérès à Déméter, etc. La Rome impériale hérite de la capacité assimilatrice de croyances ou de mythes étrangers qui caractérisait la religion grecque.

Les vestales

Collège de six prêtresses entretenant le feu sacré symbolisant la grandeur de Rome, les vestales sont choisies enfants par le grand pontife, le plus haut dignitaire de la religion romaine. Entourées d'honneurs, elles sont punies de mort si elles violent leur vœu de perpétuelle virginité.

Statue de vestale, copie d'un original provenant de la Maison des vestales, forum romain, 193-211 ap. J.-C.

Les divinités du foyer

Sur le plan domestique, les Romains attendent protection des divinités du foyer, les Lares et les Pénates, auxquelles s'ajoutent les âmes bienveillantes des ancêtres, les Mânes. Leur culte se déroule dans une chapelle (le laraire) composée d'un autel abritant le feu sacré de la maison et des statuettes des Lares ou des représentations sous forme de fresque.

Laraire de la maison des Vettii, Ier siècle av. J.-C (Pompéi).

Le culte civique

La religion romaine est d'emblée une religion civique. Les dieux sont des protecteurs bienveillants de la cité qu'il convient de respecter. Ils sont honorés selon des rites précis – le principal étant le sacrifice d'un animal – obéissants à un calendrier annuel. Ces solennités sont accomplies par des prêtres issus de l'élite romaine et organisés en collèges. Être prêtre est une dignité qui n'interdit pas des fonctions civiles. Certains ont cependant une spécialité, tels les augures et les haruspices qui pratiquent la divination ou les vestales, un ordre de prêtresses consacrées à Vesta. Avec l'instauration de l'Empire sous Auguste en 27 av. J.-C., le caractère civique de la religion romaine s'affirme dans le culte impérial (► p. 90).

De nouvelles aspirations

Dès le IIe siècle, on perçoit une indifférence croissante à l'égard de la religion gréco-romaine. Tandis que les milieux cultivés se tournent vers la philosophie (stoïcisme, épicurisme), le peuple romain est sensible aux religions orientales qui promettent le salut après la mort. Certaines sont anciennes, tels les cultes d'Isis ou de Cybèle (► p. 84), d'autres sont nouvelles comme le christianisme (► p. 92) ou le culte au dieu perse Mithra. Quand l'empereur Théodore Ier impose la religion chrétienne en 380 (► p. 110), les croyances traditionnelles sont déjà pratiquement mortes.

722 av. J.-C. Le royaume d'Israël est conquis par les Assyriens

Après un peu plus de 200 ans d'indépendance, le royaume israélite du Nord (appelé aussi royaume de Samarie ou Éphraïm) est renversé et ses habitants dispersés, entraînant la disparition d'une large part du peuple hébreu.

La chute d'Israël

À partir du milieu du VIIIe siècle av. J.-C., le royaume d'Assyrie devient la puissance dominante du Moyen-Orient. Le roi Sargon II soumet définitivement la capitale du royaume d'Israël (► p. 44) en 722 av. J.-C. Une grande partie de sa population est déportée vers d'autres provinces de l'empire, tandis que, conformément à leur pratique, des communautés assyriennes s'installent sur le territoire vaincu. Les habitants demeurés sur place se mêlent aux populations allogènes et constituent un peuple nouveau, les Samaritains. C'est ainsi que se seraient perdues, par dilution, les dix tribus qui peuplaient le royaume d'Israël.

Le texte biblique présente l'anéantissement du royaume d'Israël comme une sanction divine face à la débauche de sa population adepte d'idolâtrie. En effet, à côté d'un dieu principal de dimension « nationale », d'autres divinités y étaient vénérées, notamment le dieu Baal (► p. 32). Des sanctuaires existent par ailleurs dans plusieurs localités, à Samarie, Bethel et Dan.

La résistance d'Ézéchias

Une partie de la population se réfugie dans le royaume de Juda (► p. 44), au sud, où le roi Ézéchias organise la résistance face aux avancées assyriennes. Il fait construire le tunnel de Siloé, assurant en cas de siège le ravitaillement de Jérusalem en eau depuis la source de Gihon.

Ézéchias fait également fermer des lieux de culte périphériques et réaffirme la suprématie des traditions hébraïques ancestrales sur les cultes importés par les Assyriens. Ainsi est maintenue une forme d'indépendance religieuse du royaume de Juda. L'incorporation dans l'appareil administratif et cultuel de ce dernier des déportés du Nord assure la transmission de leurs traditions religieuses, retenues ensuite dans le canon biblique, tel que le cycle de Jacob dans la Genèse ou le récit de l'Exode (► p. 100).

> « J'ai assiégé et conquis la ville de Samarie […]. J'ai emmené prisonniers 27 290 de ses habitants […]. J'ai rebâti la ville […] et j'y ai installé des gens que j'ai fait venir des pays de mes conquêtes. »
>
> *Annales du roi Sargon II*, VIIIe siècle av. J.-C.

Hébreux

–2000 | –1500 | –1000

Installation des Hébreux en Égypte

Monarchie unifiée

Royaume d'Israël

Royaume de Juda

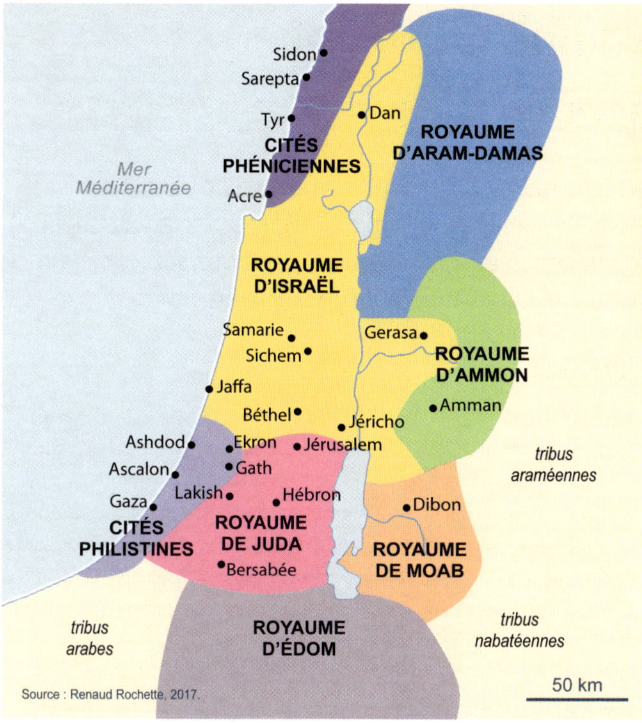

Le royaume de Juda et le royaume d'Israël (vers 850 av. J.-C.)

Suite à leur scission (► p. 44), les tribus de Juda et de Benjamin constituent le royaume du Sud, tandis que les tribus des dix autres fils de Jacob composent le royaume du Nord, anéanti par les Assyriens et dont la tradition juive a conservé la nostalgie.

Les Samaritains

Contre la tradition juive, les Samaritains se définissent comme des descendants des tribus issues de Joseph, celles d'Éphraïm et de Manassé. Leur culte est centré autour du mont Garizim (situé près de la ville de Naplouse) et ils ne reconnaissent que le Pentateuque (► p. 100) comme texte sacré. Dans la communauté, une fonction prépondérante est accordée aux prêtres qui sont les interprètes de la Loi. Les Samaritains ne sont plus aujourd'hui que quelques centaines, avec le plus fort taux d'endogamie au monde.

Hébreux, Israélites, juifs

« Hébreux » (*Ivrim*) est le terme le plus ancien ayant servi à désigner les ancêtres des juifs, en lien avec le nom d'Abraham (« celui qui a traversé ») (► p. 40). Par la suite, dans l'Égypte qu'ils ont quittée, les descendants de Jacob (Israël) sont appelés les « enfants d'Israël » (*Bnei Israel*) ou « Israélites », dénomination que l'on retrouve dans le texte biblique. C'est après la scission des tribus en deux royaumes qu'apparaît le terme « Judéens » ou « juifs » (*Yehoudim*) dérivé du prénom de l'un des fils de Jacob, Juda (Yehouda), et attaché aux habitants du royaume fondé par les tribus de ce dernier et de Benjamin. « Israélites » se rapporte alors seulement à leurs voisins du Nord, avant d'être utilisé indifféremment dans les deux territoires. À l'époque moderne, « Israélites » et « juifs » sont parfois employés de façon synonyme.

–500 | An 1 | 500

Domination perse | **Domination grecque** | **Domination romaine** | **Domination byzantine**

Domination assyrienne

v. 600 av. J.-C.

Zoroastre réforme le mazdéisme

Aux VIIe-VIe siècles av. J.-C., Zoroastre (Zarathoustra en persan) accomplit un travail de rénovation des vieilles croyances religieuses iraniennes et en particulier du mazdéisme, religion des empires perses jusqu'au triomphe de l'islam au VIIe siècle ap. J.-C. Ses textes sacrés sont réunis dans l'Avesta.

Un personnage mal connu

La biographie de Zoroastre relève plus de la légende que de faits avérés. Il serait né en Bactriane (entre le nord-est de l'Iran et l'Afghanistan actuels). La date même de sa naissance est controversée, le milieu du VIIe siècle avant notre ère étant le plus souvent retenu, ce qui en fait un contemporain de Bouddha (► p. 58) et Mahavira (► p. 62) en Inde, de Confucius (► p. 64) et Lao Tseu (► p. 65) en Chine.

Un message de salut

Le mazdéisme, ancienne religion iranienne, tire son nom de la divinité suprême, Ahura Mazda (le Seigneur de la sagesse), qui règne sur deux groupes de divinités secondaires incarnant l'un les forces du bien, l'autre les forces du mal. Aux hommes est promise l'immortalité de l'âme.

Zoroastre précise et enrichit la doctrine, l'infléchissant dans un sens monothéiste en faisant d'Ahura Mazda le dieu créateur du monde et de l'homme. Il conserve la nature dualiste du mazdéisme où s'affrontent le bien et le mal, qu'il personnifie en deux esprits jumeaux, fils d'Ahura Mazda : Spenta Mainyu (le jour, la vie) et Angra Mainyu (la nuit, la mort, appelé aussi Ahriman).

L'homme, habité par ces deux esprits, mais doté par Ahura Mazda du libre arbitre, doit choisir. S'il s'adonne au bien, il sera reçu après sa mort dans la maison des Chants où il connaîtra la félicité éternelle. L'homme mauvais, lui, devra passer par la maison du Druj (ou mensonge). Une fois sa peine subie, il se verra ouvrir le paradis. À la fin des temps, Ahura Mazda vaincra définitivement le mal.

S'agissant des pratiques cultuelles, Zoroastre refuse les cérémonies et les sacrifices traditionnels ; il ne retient que le culte du feu, symbole d'Ahura Mazda.

Le zoroastrisme, religion de la Perse ancienne

Le mazdéisme réformé n'est pas véritablement institué religion officielle dans l'empire perse achéménide (VIe-IVe siècles av. J.-C.). Ce n'est qu'avec la dynastie sassanide, à partir du IIIe siècle de notre ère, que le zoroastrisme devient religion d'État en Perse.

Empire perse – Afghanistan

–1000 –900 –800 –700 –600 –500 –400 –300

Mèdes

Dynastie des Achéménides

Royaume Séleucide

Darius Ier reçoit la soumission des peuples vaincus

L'influence zoroastrienne dans l'empire achéménide apparaît dans le bas-relief et l'inscription du roi Darius Ier (522-486 av. J.-C.) à Behistun, où la « vérité » combat le « mensonge » tandis qu'un symbole divin protège le souverain. Au-dessus de la scène, la présence symbolique de l'oiseau Vareghna (une figure humaine entourée d'ailes) exprime à la fois la gloire du roi et l'inspiration divine qu'incarne son *fravashi* (ange gardien). Le mazdéisme – et plus encore sa version zoroastrienne – ne représente pas la divinité.

Bas-relief, 25 × 15 m, 521 av. J.-C. (Province de Kermanshah, Iran).

L'Avesta

L'Avesta est le recueil de textes sacrés du mazdéisme dont une partie, les *Gathas*, est attribuée à Zoroastre lui-même et représente l'exposé de sa doctrine. Seul un quart de l'Avesta a été conservé : les originaux ont brûlé dans l'incendie de Persépolis, suite à la victoire d'Alexandre en 331 av. J.-C., tandis que d'autres copies ont disparu après la conquête musulmane du VIIe siècle.

La réputation faussée de Zoroastre

Peut-être parce que les prêtres zoroastriens portaient le nom de « mages », Zoroastre est vu, dans le monde gréco-romain antique, comme un magicien et un pratiquant de l'occultisme. Cette réputation le suit durant le Moyen Âge européen, dans les milieux de l'ésotérisme et de l'alchimie. Au XVIIIe siècle, il est convoqué comme l'un des inspirateurs de la franc-maçonnerie : le prêtre adversaire de la Reine de la nuit dans *La Flûte enchantée* de Wolfgang A. Mozart se nomme ainsi Sarastro. Sur un mode plus parodique, Friedrich Nietzsche en fait son porte-parole dans *Ainsi parlait Zarathoustra* (1883-1885).

-200 | -100 | An 1 | 100 | 200 | 300 | 400 | 500

Empire parthe

Dynastie des Sassanides

586 av. J.-C.

Le Temple de Salomon est détruit et une partie de la population judéenne déportée

Au début du VIe siècle av. J.-C., le roi de Babylone Nabuchodonosor II écrase les révoltes du royaume de Juda. Face à l'exil et à la destruction du Temple, le peuple hébreu, menacé dans son existence, affirme son identité religieuse.

La destruction du Temple

Alors que la puissance assyrienne faiblit (► p. 52), Josias, roi de Juda, initie une restauration religieuse afin d'éradiquer définitivement les cultes idolâtres. Présenté dans la Bible comme le restaurateur du monothéisme, il est considéré par la critique historique comme le véritable promoteur du Dieu unique (► p. 41).

Cependant, le royaume de Juda ne résiste pas à l'expansion de l'empire de Nabuchodonosor II. Plusieurs vagues de déportation des élites du royaume amputent la tête de l'État. En 586 av. J.-C., Jérusalem est prise et le Temple détruit. Désormais privés de leur indépendance territoriale et de leur centre religieux, les Judéens risquent l'assimilation au sein du vaste empire néo-babylonien.

La naissance de diasporas

Les exilés maintiennent leur cohésion grâce aux prêtres et aux prophètes. Ils entretiennent l'espoir de survie de la nation d'Israël et gardent des liens avec leurs frères demeurés dans le royaume de Juda. Toutefois, lorsque le roi perse Cyrus II, qui a pris possession de l'empire babylonien, autorise en 538 av. J.-C. les Judéens à retrouver leur patrie et à reconstruire le Temple de Jérusalem, certains d'entre eux demeurent en Mésopotamie. Un autre foyer de la diaspora judéenne se développe aussi en Égypte.

> « *Sur les rives des fleuves de Babylone, là nous nous assîmes, et nous pleurâmes au souvenir de Sion, aux saules qui les bordent, nous suspendîmes nos harpes.* »
>
> Bible, Psaume 137, 1-2.

L'affirmation d'une identité religieuse

L'exil à Babylone est un moment fondateur dans l'histoire du judaïsme. Les expatriés découvrent dans l'épreuve la présence inconditionnelle de Dieu, y compris hors de son territoire « national ». Le monothéisme d'Israël est réaffirmé, tandis que certaines pratiques antérieures, comme la circoncision et le repos du *shabbat*, ou nouvelles, tel le culte de la synagogue, sont codifiées. Enfin, une partie importante des textes bibliques commence à être réunie et mise en forme (► p. 100) par des scribes.

Hébreux

–2000 | –1500 | –1000

Installation des Hébreux en Égypte

Monarchie unifiée

Royaume d'Israël

Royaume de Juda

La prise de Jérusalem par Nabuchodonosor II

Après 30 mois de siège, alors que la famine fait rage, les troupes babyloniennes enfoncent les remparts de la ville. Le Temple est pillé et détruit, et une partie importante de la population est massacrée.

Enluminure de Jean Fouquet dans Flavius Josèphe, *Antiquités judaïques*, v. 1470-1475 (BnF, Paris).

Les diasporas juives

La dispersion du peuple juif (*diaspora* en grec, *galout* en hébreu) remonte à l'exil babylonien et à la chute du premier Temple. Un deuxième grand mouvement de diaspora se produit ensuite au Iᵉʳ siècle ap. J.-C. : la destruction de Jérusalem et du second Temple par les Romains en 70 (► p. 98) entraîne le départ massif des juifs et leur installation dans plusieurs régions de l'empire, où ils rejoignent parfois des communautés préalablement constituées. L'éloignement de leur centre spirituel n'a cependant jamais entraîné de rupture avec les traditions religieuses, lesquelles sont soigneusement transmises.

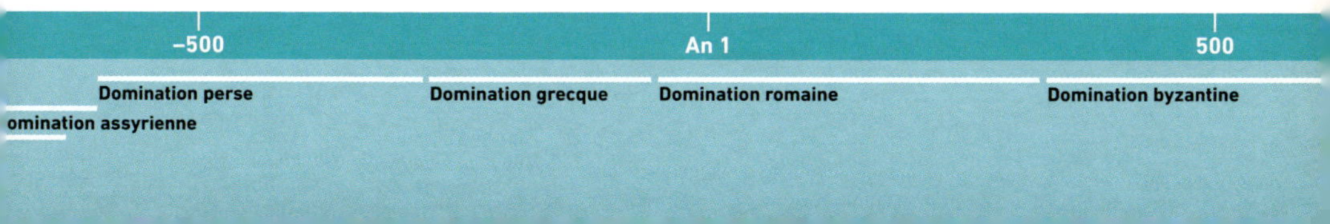

v. 525 av. J.-C.

Le Bouddha propose un nouveau moyen de libération intérieure

Lors d'un sermon public à Sarnath, le Bouddha Gautama établit le premier jalon de son enseignement, fondement du bouddhisme. Celui-ci se structure autour de trois piliers, les « trois trésors » : le Bouddha, le *dharma* et le *sangha*.

Le Bouddha (« l'Éveillé »)

Siddharta Gautama, aussi connu sous le nom de Shakyamuni, aurait vécu entre 563 et 483 av. J.-C. dans le nord-est de l'Inde actuelle, région encore à l'écart du monde brahmanique qui donnera naissance à la religion hindouiste (► p. 66). La tradition rapporte qu'il serait né à Lumbini, dans un milieu princier de la caste des guerriers (*kshatriya*). À l'âge adulte, Gautama quitte son foyer pour mener une vie de renonçant pendant plusieurs années. Méditant sur la condition humaine, il accède à la pleine compréhension de la nature et des causes de la souffrance.

Devenu l'« Éveillé » (*buddha* en sanskrit), Gautama délivre son premier sermon à Sarnath, près de Bénarès (Varanasi aujourd'hui). Il y explique comment se libérer de la souffrance pour atteindre l'état d'« extinction » (des désirs) ou *nirvana*. Ce sont les « quatre nobles vérités », socle du *dharma*, la loi ou enseignement bouddhique.

Le *dharma* (« l'enseignement »)

Ces vérités fondatrices ont trait à la nature de l'insatisfaction existentielle, à ses causes, à la possibilité d'y mettre fin et enfin à la méthode ou voie à huit dimensions (« l'octuple sentier ») permettant d'atteindre le *nirvana*. Cette prédication, appelée « mise en branle de la roue de la Loi », est considérée par les bouddhistes comme l'élément fondateur de leur religion.

Grâce à la protection de souverains locaux, le Bouddha mène ensuite pendant près de quarante ans, jusqu'à sa mort, une vie de prédicateur itinérant dans les États de Kosala et Magadha, diffusant le *dharma*.

Le *sangha* (« la communauté »)

Si le message du Bouddha n'a pas disparu avec sa mort (► p. 78), c'est grâce à la fondation d'un ordre monastique (le *sangha*), garant de la perpétuation de ses enseignements, transmis oralement puis mis par écrit quelques siècles plus tard.

Cet ordre, d'abord uniquement masculin puis ouvert aux disciples femmes, est régi par une discipline stricte de plus de 200 règles (► p. 80) toujours en vigueur aujourd'hui.

Inde

−1500 −1000 −500

Période védique

Invasion perse

« Je prends refuge dans le Bouddha, je prends refuge dans le dharma, je prends refuge dans le sangha. »

Mots par lesquels un laïc ou un moine fait vœu de suivre les enseignements du Bouddha.

Bouddha assis de style gréco-bouddhique

Le style gréco-bouddhique est né de la rencontre entre le monde indien et la culture hellénistique des royaumes indo-grecs postérieurs aux conquêtes d'Alexandre le Grand. Le geste de la main correspond à la posture de la prédication.

Ier-IIe siècle (Musée national de Tokyo).

Le modèle du renoncement au monde

L'itinéraire du Bouddha Gautama, comme celui de Mahavira dans le jaïnisme (► p. 62), se conforme à un modèle indien de renoncement au monde qui a perduré de l'Inde antique jusqu'à aujourd'hui : il s'agit d'abandonner ses devoirs sociaux, de se retirer dans un lieu isolé pour se mettre en quête de la sagesse intérieure au moyen d'une ascèse rigoureuse qui emprunte ses méthodes à la tradition du yoga (► p. 68).

Les 8 étapes de la vie du Bouddha

1. Descente du ciel Tushita, un des paradis bouddhistes.

2. Entrée dans la matrice de sa mère, Maya.

3. Naissance.

4. Sortie de la maison (le jeune prince Gautama rencontre un vieillard, un malade, un convoi funéraire et enfin un renonçant, ce qui lui fait prendre conscience du caractère inéluctable de la souffrance et le détermine à mener une vie ascétique loin de son foyer).

5. Soumission des démons (après des années d'ascèse extrême, Gautama repousse les tentations des démons).

6. Réalisation de l'Éveil (accédant au *nirvana*, Gautama s'affranchit du cycle des renaissances).

7. Mise en branle de la roue de la Loi (première prédication du Bouddha devant cinq disciples à Sarnath).

8. Atteinte de la complète extinction (le Bouddha meurt en laissant à ses disciples son enseignement et son corps transformé en reliques).

An 1 — 500

Empire maurya

Royaumes indo-grecs

Empire kouchan

Empire gupta

516 av. J.-C.

La reconstruction du Temple est achevée et une restauration religieuse profonde est mise en œuvre

Après la prise de sa capitale par Cyrus le Grand en 539 av. J.-C., l'empire babylonien passe sous la domination des Perses. Cette période est marquée pour les Judéens par l'affirmation conjointe de la place du Temple de Jérusalem et de la Torah.

La province perse de Yehoud Medinata

L'ancien royaume de Juda (►p. 53), dont les limites ont été réduites, est désormais une province de l'empire achéménide, Yehoud Medinata, dont les habitants sont les *Yehoudim* (juifs). Progressivement les exilés (► p. 56) reviennent, mais des tensions éclatent avec ceux des Judéens qui ont échappé à la captivité, notamment à propos de la reconstruction du Temple qui est achevée en 516 av. J.-C. La province se transforme en théocratie, administrée conjointement par la dynastie des grands prêtres et un gouverneur désigné par les Perses.

Les réformes de Néhémie et Esdras (Ezra)

La tradition biblique situe au milieu du ve siècle l'installation à Jérusalem de deux personnages dont le rôle est décrit comme majeur. Le premier, Néhémie, représentant du pouvoir perse, met en œuvre des réformes sociales, politiques et religieuses. Instigateur du relèvement des murailles de Jérusalem, il participe au renforcement de la loi religieuse. Le second, Esdras, veille à l'application stricte des prescriptions de la Torah (► p. 100) désormais au cœur de la vie religieuse. Tous deux s'attachent à limiter les influences étrangères, afin de réduire les risques de réactivation des cultes idolâtres.

Les fondations de la religion juive

La Grande Assemblée des savants juifs travaille à la fixation du canon du livre sacré. De nombreux récits bibliques datant de cette époque témoignent en effet des évolutions religieuses initiées durant l'exil. L'élaboration biblique du thème de la lutte entre le bien et le mal, ainsi que du Jugement dernier, révèle ainsi l'influence du zoroastrisme découvert à Babylone (► p. 54). Le culte est centré sur le Temple ; le courant sacerdotal s'affirme.

Hébreux

−2000 −1500 −1000

Installation des Hébreux en Égypte

Monarchie unifiée

Royaume d'Israël

Royaume de Juda

Pourim (ou fête des Sorts) : le souvenir d'Esther

Célébrée le 14 du mois d'*adar* (février-mars), la fête de Pourim commémore la délivrance inespérée, par Esther et son cousin Mardochée, des juifs de l'empire perse menacés d'extermination par Haman, ministre du roi Assuérus (Xerxès Ier). La fête se caractérise par la lecture du *Livre d'Esther*, la distribution de friandises aux enfants, de dons ou de nourriture aux nécessiteux, le partage d'un repas copieux ainsi que le port de déguisements en souvenir du travestissement d'Esther.

Fresque représentant des scènes du *Livre d'Esther*, v. 245-256 (Synagogue de Doura Europos, Syrie).

Hébreu et araméen

Durant la période perse, l'araméen tend à remplacer l'hébreu comme idiome usuel des juifs, bien que celui-ci demeure en usage dans la liturgie et la littérature religieuse. Ces deux langues sémitiques ont connu des évolutions spécifiques – comme le confirment les strates successives de l'hébreu perceptibles dans le texte biblique –, mais aussi des influences mutuelles. L'araméen est la langue du Talmud (► p. 102), également utilisée pour rédiger les contrats de mariage religieux et les actes de divorce. Selon la tradition juive, chacune des lettres de l'alphabet hébraïque peut être interprétée et possède une valeur numérique et symbolique.

La synagogue

L'existence de la synagogue (en hébreu, *beit knesset*, « maison de l'assemblée ») est largement antérieure à la destruction du second Temple. Elle a probablement vu le jour lors de l'exil à Babylone (► p. 56) et s'est maintenue au-delà, en Judée comme dans les diasporas. Lieu d'étude et de lecture de la Torah, elle est aussi un espace communautaire auquel sont adjoints de multiples services collectifs. L'organisation intérieure change selon les époques et les lieux, mais présente néanmoins certains invariants : une salle de prière avec une armoire sainte dirigée vers Jérusalem et dans laquelle sont rangés les rouleaux de la Torah (► p. 101), une estrade pour la lecture publique du texte sacré et une lumière éternelle qui symbolise la présence divine.

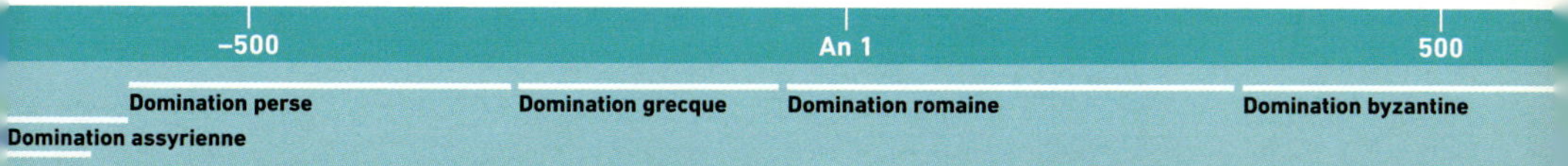

v. 507 av. J.-C.

Mahavira, le dernier *tirthankara* jaïn, atteint l'illumination

Le jaïnisme est l'une des plus anciennes religions de l'histoire : elle remonte à l'âge du bronze. Aux VIe-Ve siècles av. J.-C., l'ascète indien Mahavira en réforme certains principes et structure sa communauté monastique.

Un ascète et un prédicateur

Selon la tradition jaïne, le prince Vardhamana (nom profane de Mahavira) est né vers 549 av. J.-C. à Kundapura, au nord-est de l'Inde. C'est dans cette même région que naît également le Bouddha Gautama (► p. 58), son probable contemporain, avec lequel il partage un certain nombre de ressemblances biographiques.

Comme ce dernier en effet, il quitte sa famille vers l'âge de 30 ans afin de mener une vie d'ascète. Il va jusqu'à se dépouiller de tout vêtement, jugeant que la nudité, ainsi que de longs jeûnes, permettent de se détacher du monde. Après douze ans de méditation, il atteint l'illumination et est alors qualifié de *jina* (« vainqueur » en sanskrit) et appelé Mahavira (« Le Grand Héros »). Il se consacre ensuite à la prédication et constitue autour de lui une communauté monastique et ascétique de moines et moniales. Il meurt à l'âge de 72 ans vers 477 av. J.-C.

Le réformateur de la doctrine jaïne

Mahavira est un réformateur religieux qui s'inspire de doctrines jaïnes antérieures pour édifier un système métaphysique et cosmologique complexe. Pour les jaïns, il est l'un des vingt-quatre *tirthankara* (« passeurs de gué ») qui enseignent la voie de la libération définitive, c'est-à-dire de l'émancipation du cycle des naissances et des morts (*samsara*). Généralement, seuls les deux derniers *tirthankara*, Parshva et Mahavira, sont considérés comme des personnages historiques.

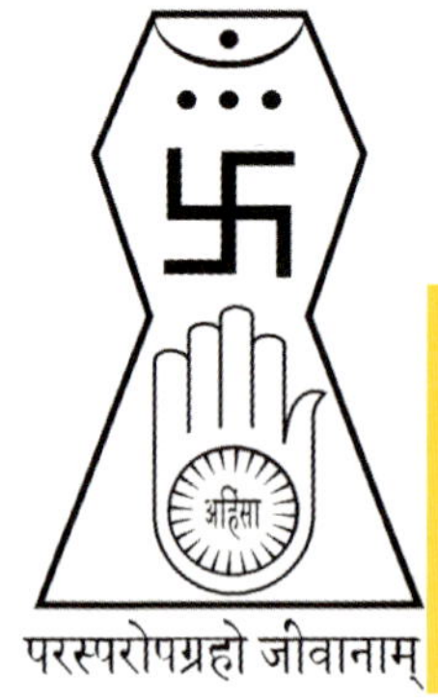

Aux principes anciens du jaïnisme – la non-violence, l'honnêteté, la sincérité et le non-attachement aux choses du monde –, Mahavira ajoute la chasteté. Il pousse le principe de non-violence (*ahimsa*) jusqu'à ses plus extrêmes limites : le respect de toute vie impose aux adeptes un végétarisme total, les moines se couvrant la bouche afin de ne pas avaler par mégarde le moindre insecte.

Les premier et dernier *tirthankara*, Rishabhadeva et Mahavira

Nudité et forme en V accentué du buste sont caractéristiques de la représentation des *tirthankara* et permettent de la distinguer de celle des bouddhas.

Sculpture en pierre, Orissa (Inde), XIe-XIIe siècle (British Museum, Londres).

« *Aucun être sensible, vivant, respirant ne doit être tué, ni traité avec violence, ni maltraité, ni tourmenté, ni chassé.* »

Mahavira, *Acharanga Sutra*, Ve-IVe siècle av. J.-C.

La communauté jaïne à travers les siècles

Aux premiers siècles de notre ère, la communauté jaïne se divise en deux confessions, les *digambara*, ascètes errants pratiquant la nudité, et les *shvetambara*, organisés sur le modèle communautaire. Au Moyen Âge, le jaïnisme se diffuse en Inde, avant de voir son influence régresser au XIIe siècle, tout comme celle du bouddhisme (► p. 79), face à une réaffirmation de la dévotion hindoue (► p. 66). De nos jours, les jaïns (environ 10 millions dans le monde) vivent principalement dans l'ouest du sous-continent indien.

Les jaïns ne vénèrent aucune divinité mais prient les sages et les saints de leur religion. Leur respect de la vie interdit la nourriture animale et le port de tissus issus d'animaux. En outre, tous les éléments étant considérés comme des êtres vivants, les moines ne peuvent recourir au feu (y compris l'électricité), ni boire de l'eau « vivante » – elle doit être « tuée », autrement dit bouillie, par des laïcs. Certaines de leurs pratiques les plus extrêmes sont controversées sur le plan juridique : ainsi le jeûne jusqu'à la mort (*santhara*) dont le statut légal a été suspendu en 2015 par la justice indienne.

Le symbole sacré des jaïns représente la paume d'une main (le principe de non-violence) au milieu de laquelle se trouve une roue (*chakra*), un *svastika* (le cycle de la vie) surmonté de trois points (les trois joyaux du jaïnisme : vision juste, connaissance juste, conduite juste) et d'un demi-cercle entourant un point (la délivrance de l'âme hors du cycle des renaissances).

An 1 — 500

Empire maurya
Royaumes indo-grecs
Empire kouchan
Empire gupta

479 av. J.-C. Le maître chinois Confucius meurt dans sa ville natale

En proposant un système rituel et une doctrine capable de remédier à la décadence spirituelle de son époque, Confucius apparaît comme le premier « éducateur » de la Chine. Sa pensée a profondément marqué la civilisation chinoise.

Un sage dans une Chine en proie à l'instabilité

Né en 551 av. J.-C., Confucius – en chinois Kongzi ou Kongfuzi, littéralement « maître Kong » – a occupé de hautes charges dans l'administration de l'État de Lu (actuelle province du Shandong) avant d'être exilé en 496 av. J.-C. En quête d'un poste auprès d'un souverain, il parcourt pendant 12 ans une Chine déchirée par les conflits entre principautés, signe selon lui de la perte de la « voie » (*dao*).

Prônant le respect de la nature et de ses dieux, de l'histoire, des ancêtres, des rites, Confucius s'appuie sur les *Cinq Classiques*, les plus anciens textes de la culture chinoise dont certains remontent au xe siècle av. J.-C.

Restaurer le mandat du Ciel

Pour Confucius, la société est un organisme vivant dont il faut améliorer le fonctionnement en trouvant les moyens d'une harmonie. Pour ce faire, il entend restaurer le mandat céleste, concept formalisé pour la première fois sous la dynastie des Zhou pour désigner l'approbation que le Ciel apporte aux souverains sages et vertueux.

Ce mandat, temporaire, est selon Confucius le garant de l'équilibre du corps social car l'empereur ne peut légitimer sa prééminence qu'en se comportant avec la vertu (*ren*) nécessaire. Ainsi naîtra un ordre équilibré, où chacun assumera ses devoirs car c'est dans la pratique de la vertu que réside la conformité à la loi du Ciel.

Le confucianisme, un humanisme ?

L'homme est au centre de la pensée confucéenne. Il se définit par son appartenance à la société, établie selon un ordre hiérarchique immuable. La conformité à ce dernier s'acquiert par un long apprentissage de gestes et d'attitudes codifiés qui visent à encadrer les relations entre les individus. L'éducation à la civilité est possible car l'homme est perfectible et l'étude est présentée comme la première des vertus pour atteindre le *dao*.

Après la mort de Confucius en 479 av. J.-C. à l'âge de 72 ans, ses disciples (► p. 74) transmettent son enseignement par la rédaction des *Entretiens* et assurent un culte quasi religieux autour de sa mémoire.

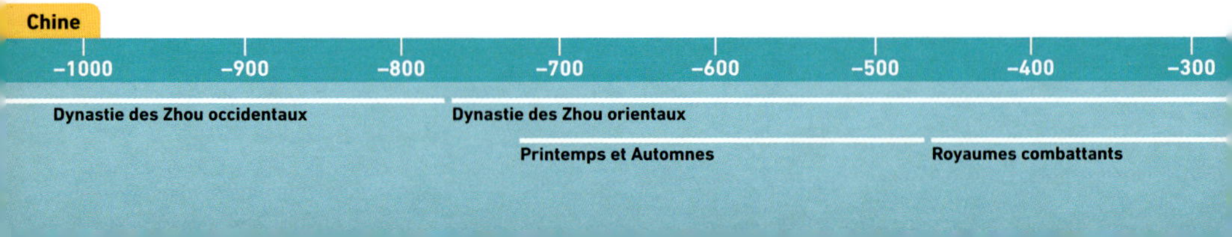

La tombe de Confucius

Dans le cimetière où repose la dépouille de Confucius à Qufu, un temple est bâti à la mémoire du maître dès 478 av. J.-C. Tous ses descendants sont inhumés dans ce même lieu, soit 100 000 tombes. Le cimetière est détruit et reconstruit à de nombreuses reprises. L'ensemble est classé au patrimoine mondial de l'Organisation des Nations unies pour l'éducation, la science et la culture (Unesco).

Le taijitu : symbole de la dualité du *yin* et du *yang*

Dans la cosmologie traditionnelle chinoise, l'univers est perçu comme un continuum formé de diverses combinaisons à partir d'une substance, le *qi*, que l'on pourrait traduire par « énergie » ou « souffle ». De la différenciation de ce *qi* originel naissent le couple des opposés *yin* et *yang*, et tous les êtres vivants.

Le taoïsme

Entre le VIIIe et le IIIe siècle av. J.-C., de nombreux courants de pensée s'affirment à côté du confucianisme (les « cent écoles »), parmi lesquels le taoïsme. Doctrine religieuse et philosophique, celui-ci s'appuie sur la pensée de deux sages, Lao Tseu (VIe-Ve siècle av. J.-C.) et Tchouang-tseu (IVe siècle av. J.-C.), et fait appel aux croyances populaires les plus anciennes. Réflexion sur la place de l'individu dans l'univers, le taoïsme se présente comme un chemin de vie visant à réentendre l'ordre du monde structuré par des énergies opposées et complémentaires (le *yin* et le *yang*). Consentir au rythme de la nature implique le renoncement à l'individualité et la pratique d'exercices spirituels et physiques. Au début du IIIe siècle de notre ère, le taoïsme devient une religion au panthéon peuplé de divinités multiples, de saints et autres figures (dont les Huit Immortels), encadrée par un clergé et codifiée par un rituel.

-200 | -100 | An 1 | 100 | 200 | 300 | 400 | 500

Dynastie Qin | Dynastie des Han

L'hindouisme

Si les historiens distinguent trois phases dans l'histoire de la religion védique, dont l'hindouisme constitue le stade ultime, les hindous en ont une vision indifférenciée. Pour eux, le *sanatana dharma* (« la Loi éternelle ») est plus largement un mode de vie, auquel un non-hindou de naissance ne saurait pleinement adhérer.

Du védisme à l'hindouisme

La révélation védique (1500-600 av. J.-C.)

L'hindouisme est ancré dans une tradition religieuse très ancienne de l'Inde du Nord, appelée védisme en référence au *Veda* (« le savoir » en sanskrit). Ce savoir sacré aurait été révélé par les dieux à des sages mythiques, les *rishi*.

Le *Veda* fait l'objet de quatre recueils de normes religieuses et sociales, depuis la manière d'accomplir les rituels jusqu'aux relations entre les différents ordres qui structurent la société.

La composition du canon, sous la forme des Védas rédigés en langue sanskrite, s'est échelonnée sur plus d'un millénaire. Celle du Rig-Veda, le plus ancien, est estimée entre 1500 et 900 av. J.-C. (comme l'Avesta, ► p. 55). Transmis oralement d'une génération de brahmanes à une autre, les Védas sont restés inaltérés depuis plus de 3 000 ans, fait unique dans l'histoire des religions.

Les Védas, premiers textes sacrés

Le Rig-Veda	« Véda des strophes » : ensemble de 1 028 hymnes récités pour convoquer les divinités.
Le Yajur-Veda	« Véda des formules » : utilisé dans la liturgie.
Le Sama-Veda	« Véda des mélodies » : recueil de strophes pour les chants sacrés.
L'Atharva-Veda	« Véda des formules magiques » : ensemble d'incantations et de charmes.

Le brahmanisme (VIe-Ier siècle av. J.-C.)

À partir du VIe siècle av. J.-C. sont rédigés les grandes épopées comme le *Ramayana* (► p. 70) ainsi que les Upanishad, enseignements spéculatifs qui visent à éclairer l'ordre universel (*dharma*). Ces derniers se présentent comme l'achèvement des Védas, dans lesquels le cosmos est un Absolu (*Brahman*) impersonnel, l'unique réalité (Être-Conscience-Félicité suprême).

Le sage, qui renonce au monde social et aux passions, a la possibilité de rejoindre l'Absolu. La libération du cycle indéfini des vies successives (*samsara*) est conditionnée

La triade suprême de l'hindouisme

Au sommet du panthéon hindou se trouve une triade (*trimurti*) de trois grands dieux de rang égal : Brahma, Vishnou et Shiva. Chacun d'eux représente un aspect du *Brahman*, respectivement la création, la conservation et la destruction. Les autres dieux populaires sont Krishna (le huitième avatar de Vishnou), Ganesh (le dieu à tête d'éléphant), Hanuman (le dieu à tête de singe) ou encore Durga (parèdre féminine de Shiva).

Grottes d'Elephanta, ve-vie siècle (île de Ghanapuri au large de Mumbai, Inde).

par la conduite (*karma*) de chacun, selon le principe de la rétribution des bonnes et mauvaises actions. Contemporaine de l'émergence du bouddhisme (► p. 58) et du jaïnisme (► p. 62) en Inde, la religion brahmanique exprime une aspiration individuelle au salut.

L'hindouisme (depuis le début de l'ère chrétienne)

À partir de l'ère chrétienne, l'évolution du brahmanisme donne progressivement naissance à l'hindouisme, religion de type hénothéiste, c'est-à-dire qui affirme l'unité du divin au-delà de ses manifestations multiples (► p. 35). Parfois, l'Un est conçu comme Principe divin impersonnel (position du vedanta non dualiste de Shankara, ► p. 148) ; parfois, il est adoré en tant que Personne divine, en particulier dans deux grands courants de dévotion (*bhakti* ► p. 220) : le vishnouisme, où le culte de Vishnou est centré sur Rama et Krishna, principaux avatars du dieu, et le shivaïsme, où la dévotion s'adresse à Shiva ou à Kali, la « Mère divine », aspect féminin et extériorisé de Shiva.

Un panthéon complexe et foisonnant

Le panthéon de la religion védique est le reflet de la tripartition sociale de l'Inde ancienne : des dieux souverains comme Mitra ou Varuna incarnent à la fois la fonction sacerdotale (magico-religieuse) et la fonction royale (juridico-religieuse) ; des dieux de la force vitale comme Indra ou Rudra symbolisent le pouvoir guerrier ; enfin, des dieux de la fécondité comme Agni personnifient la prospérité. Les divinités hindoues, parfois issues de cultes locaux, vont peu à peu supplanter ou absorber les grands dieux védiques.

Une religion au cœur de la société

Les *varna*

L'organisation de la société indienne en *varna* – littéralement « couleur », au sens figuré « rang » – est mentionnée dans le Rig-Veda. Selon ce texte, l'homme cosmique, Purusha, a été sacrifié et démembré par les dieux : de sa bouche sont nés les brahmanes chargés de l'accomplissement des rites, de ses bras les *kshatriya* qui protègent la société, de ses cuisses les *vaishya* à qui incombent la production et le commerce, et de ses pieds, les *shudra*, ou serviteurs, tenus à l'écart des rituels.

Les « intouchables » sont quant à eux exclus du système en vertu de l'impureté attachée à leur métier ou parce qu'ils ont contracté des mésalliances.

Une appartenance déterminée par la naissance

Les Lois de Manu, un traité brahmanique du IIe siècle ap. J.-C., précisent le rôle des *varna* dans l'ordre cosmique et social : chacun doit accomplir sa tâche pour maintenir le *dharma*.

Avec le temps, le système des « castes » – terme d'origine portugaise signifiant « pur » – a intégré les multiples corporations professionnelles (*jati*). Chaque caste est associée à un métier, l'endogamie et le respect des relations hiérarchiques devant permettre d'en préserver la pureté. Pour la conserver et maintenir leur position, les brahmanes respectent un plus grand nombre d'interdits que les autres castes.

Om

La syllabe sanskrite Om, ou Aum – ici en écriture devanagari –, est commune aux différentes religions de l'Inde : hindouisme, jaïnisme, bouddhisme, sikhisme. Censée représenter la vibration primordiale de l'univers, elle est insérée comme préfixe ou suffixe dans les *mantra*, formules sacrées utilisées comme charmes magiques ou comme exercices de méditation dans le cadre de la discipline spirituelle.

Des pratiques quotidiennes

Les grands sacrifices collectifs du védisme, faits d'offrandes animales, ont disparu avant le début de l'ère chrétienne. Sous l'influence du bouddhisme et du jaïnisme, le végétarisme s'est imposé. N'ont survécu que les rituels domestiques quotidiens (sacrifice aux dieux, aux mânes du foyer, au *Brahman*) sous forme d'offrandes de nourriture et de récitation de prières (*mantra*).

Le yoga, une discipline religieuse

Le yoga (« union » en sanskrit) correspond à l'ensemble des voies d'ascèse magico-spirituelles mises en œuvre par les renonçants hindous pour dépasser les limites corporelles et sensorielles et s'unir au principe de l'univers. Certains yogas mettent l'accent sur la maîtrise de l'esprit et la contemplation, d'autres sur le contrôle du souffle vital (*prana*) et les postures corporelles (*asana*). Des techniques de méditation propres au yoga se retrouvent dans le bouddhisme ou le jaïnisme.

Pèlerinage et purification

Bénarès (Varanasi aujourd'hui), fondée au VIIe siècle av. J.-C., est l'une des sept villes saintes de l'hindouisme. Dédiée à Shiva, la ville accueille des millions de pèlerins venus se purifier dans les eaux du Gange, le plus sacré des fleuves indiens.

Le rituel de la *puja*

Le rite quotidien de la *puja*, destiné à provoquer la « descente » d'une divinité à l'intérieur d'une image, d'une statue ou d'un symbole, constitue l'acte rituel central de l'hindouisme. L'officiant fait tinter une clochette qui chasse les démons et, en récitant des *mantra*, il appelle la divinité pour lui offrir des guirlandes de fleurs fraîches, de l'encens, de la nourriture.

La *puja* est célébrée dans les temples par les brahmanes, dans le foyer par le chef de famille. Le maître spirituel (*guru*) peut aussi en être destinataire. Ce rite témoigne de l'importance du culte des images des divinités (images peintes, sculptures, statues fixes ou mobiles) dans l'hindouisme.

Les femmes dans le monde hindou

Dans la société brahmanique, la femme est subordonnée à l'homme ; elle n'a pas accès au Veda. Cependant, la diffusion du courant dévotionnel de la *bhakti* (► p. 220), qui ne fait pas de distinction de sexe ni de caste, permet aux hindoues de participer plus largement à la vie religieuse, voire d'être dépositaires de rituels qui leur sont propres.

Yogi en posture de méditation

Miniature, 1620-1640 (Alwar Museum, Delhi).

V. 400 av. J.-C.

Le *Ramayana* célèbre les exploits de Rama

Le *Ramayana* est l'une des deux grandes épopées de l'Inde ancienne avec le *Mahabharata* ; l'un et l'autre ont un impact culturel considérable sur la civilisation indienne.

La « Geste de Rama »

Le *Ramayana* est composé de sept livres et 24 000 strophes (ou *sloka*), rédigés en sanskrit, langue sacrée du brahmanisme (► p. 66). Il célèbre les exploits de Rama, septième manifestation (ou avatar) du dieu Vishnou et figure du guerrier idéal dans la culture hindoue, ainsi que ceux de son épouse Sita, modèle de fidélité en butte aux attaques de Ravana, le roi-démon de Lanka – d'où l'île de Sri Lanka tire son nom.

Le fil conducteur du récit est la lutte du héros pour imposer sa légitimité et restaurer le *dharma*, l'ordre du monde menacé. Comme toute épopée, le *Ramayana* mêle le surnaturel au quotidien et voit dieux, héros, hommes et bêtes s'affronter et surmonter maintes épreuves. À travers les exploits de Rama et de Sita, le courage, la loyauté, la force mais aussi la compassion et la sensibilité sont exaltés.

L'origine du *Ramayana*

La composition du *Ramayana* est attribuée au poète légendaire Valmiki, surnommé le « Premier poète ». La datation du texte est imprécise : elle varie sur une période très large allant de 400 av. J.-C. à 100 ap. J.-C.

En effet, le *Ramayana* prend sa source dans la littérature orale et ne s'est constitué sous sa forme définitive qu'au terme d'un processus fait de rédactions multiples et d'interpolations. Contrairement aux Védas (► p. 66), mémorisés et transmis scrupuleusement en raison de leur finalité rituelle, les épopées comme le *Ramayana* ont été constamment enrichies au fil des générations.

Un texte fondamental de l'hindouisme

Adapté et commenté dans toutes les langues de l'Inde, le *Ramayana* a popularisé les divinités hindoues et les principes du brahmanisme. Ce faisant, il a joué un rôle dans la reconfiguration de ce dernier et dans la reconquête religieuse de l'Inde par l'hindouisme face au bouddhisme (► p. 58 et p. 78). Il a également exercé une influence considérable sur la littérature bouddhique et jaïne (► p. 62).

Sa valeur culturelle est également immense : sa récitation a valeur de dévotion dans la religion hindoue et certaines de ses scènes sont reprises dans le théâtre dansé de l'Inde du Sud (*kathakali*). De plus, grâce à ses nombreuses traductions, l'épopée du *Ramayana* est largement connue dans les pays d'Asie du Sud-Est, jusqu'en Indonésie.

Le dieu Brahma vient trouver Valmiki

Valmiki joue un rôle dans l'épopée dont la paternité lui est attribuée : il accueille Rama puis Sita dans son ermitage, et prend en charge l'éducation de leurs fils auxquels il confie la récitation du *Ramayana*.

Miniature indienne illustrant le *Ramayana*, 1742 (British Library, Londres).

Une lutte entre le bien et le mal

Le prince Rama succède à son père, avant d'être déchu de ses droits par sa belle-mère. Il quitte alors sa ville natale d'Ayodhya et s'exile pendant quatorze ans dans la forêt avec Sita. Mais, un jour, cette dernière est enlevée par Ravana. Allié à Hanuman, général de l'armée des singes, Rama affronte Ravana, le tue, puis retrouve son trône. Dans un ajout vraisemblablement ultérieur au texte, Rama retrouve Sita, mais il la répudie, croyant qu'elle s'est offerte à Ravana. Afin de prouver son innocence, Sita propose alors une ordalie par le feu, dont elle sort indemne.

Le *Mahabharata* (« Grande Geste des Bharata »)

Immense poème de 100 000 strophes, composé entre le IVe av. J.-C. et le VIe ap. J.-C., le *Mahabharata* relate la guerre de succession entre deux branches familiales rivales : les Pandava et les Kaurava. Le livre VI, la Bhagavad Gita (« Chant du Bienheureux ») en constitue le cœur du récit. Le passage le plus étudié de ce poème philosophique est le dialogue entre le dieu Krishna et le héros Arjuna, fils du divin Indra, qui présente les devoirs religieux des différentes castes. Tenue pour un écrit révélé à l'égal des Védas et des Upanishad (► p. 66), et non comme une simple tradition comme le reste du *Mahabharata*, la Bhagavad Gita est un texte majeur de l'hindouisme.

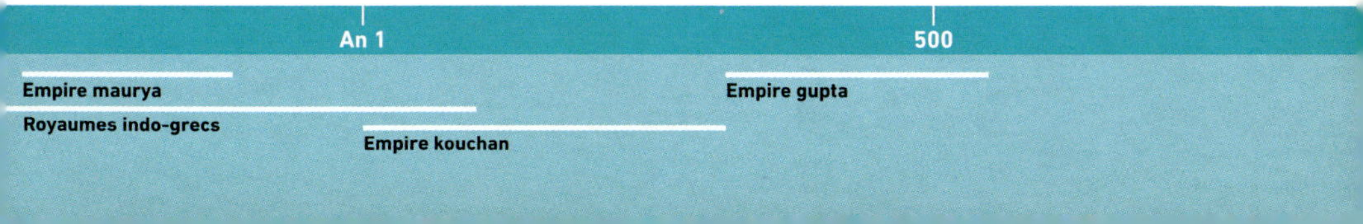

399 av. J.-C. Socrate est condamné à mort pour impiété

La condamnation par un tribunal populaire de Socrate, philosophe non conformiste et volontiers provocateur, s'inscrit plus dans un contexte politique que religieux.

Un personnage hors du commun

Socrate (né vers 470 av. J.-C.) n'a ni créé d'école, ni écrit de livres pour diffuser sa pensée. Il préfère la conversation avec ses amis, voire des passants, professant gratuitement dans la rue.

Il s'attire ainsi l'inimitié des sophistes, maîtres d'éloquence et de philosophie à Athènes qui enseignent dans des écoles payantes, leur reprochant avec une ironie mordante de privilégier le discours au détriment des idées. En revanche, Socrate est très apprécié d'une partie de la jeunesse et c'est par ses disciples, Platon et Xénophon, que nous le connaissons.

En 399 av. J.-C., poussé par Anytos, politicien influent, le poète Mélétos dénonce Socrate comme corrupteur de la jeunesse et l'accuse d'avoir mal parlé des dieux de la cité. Le philosophe est déféré devant le tribunal de l'Héliée.

Impiété ou athéisme ?

Dans un climat troublé*, Socrate est accusé d'avoir contribué à la ruine des valeurs démocratiques. Son impiété, à savoir le non-respect des rituels qui assurent la bienveillance des dieux protecteurs de la cité (► p. 49), aurait été la cause de l'abandon d'Athènes par ces derniers.

Critique des croyances et des pratiques, Socrate n'est cependant pas un athée. Il admet l'existence d'un principe divin, mais le constate inaccessible. Pour lui, l'essentiel reste la connaissance de soi. Ce non-conformisme est inacceptable par le pouvoir politique.

Le procès et la mort de Socrate

Au cours de son procès, Socrate multiplie les provocations. Déjà, il avait raillé la pratique du tirage au sort en déclarant que l'on n'aurait jamais l'idée de procéder ainsi pour désigner le capitaine d'un navire. Et, quand 281 juges contre 220 le déclarent coupable et lui proposent de choisir sa peine, il répond qu'il demande à être entretenu et nourri aux frais de la cité. Socrate est alors condamné à mort.

* La défaite d'Athènes face à Sparte, au terme de la guerre du Péloponnèse (431-404 av. J.-C.), a entraîné la chute du régime démocratique et la mise en place pendant sept mois d'un gouvernement oligarchique de 30 magistrats (tyrannie des Trente).

Méditerranée – Occident

−2000 | −1500 | −1000

Grèce — Période mycénienne — Grèce archaïque

Rome

Celtes

La Mort de Socrate

Condamné à mort, Socrate s'apprête à boire une coupe de ciguë, un poison létal. Serein dans ce moment pourtant dramatique, le philosophe est entouré de ses amis et disciples.

Jacques-Louis David, huile sur toile, 196 × 130 cm, 1787 (Metropolitan Museum of Art, New York).

Les Grecs ont-ils cru à leurs mythes ?

C'est la question que posait en 1983 l'historien Paul Veyne. Difficile de répondre mais il est certain que dans un monde qui a inventé la philosophie, nombre d'auteurs antiques ont fait preuve d'esprit critique, sinon de scepticisme. Pour Héraclite et Parménide, le monde physique a toujours existé ; et si Démocrite et Épicure ne nient pas l'existence des dieux, ceux-ci n'ont ni pouvoir, ni influence sur les hommes. Chez Hérodote, les mythes reflètent des événements anciens qui ont été entourés de merveilleux tandis que pour Platon, il s'agit d'allégories. À l'époque hellénistique, Evhémère fait des dieux des humains divinisés : Zeus et Athéna auraient été de grands monarques du passé et Aphrodite... une célèbre courtisane ! Mais la puissance publique réagit parfois, comme le montre la condamnation de Socrate.

« *Ce que je sais, c'est que je ne sais rien.* »

Attribué à Socrate.

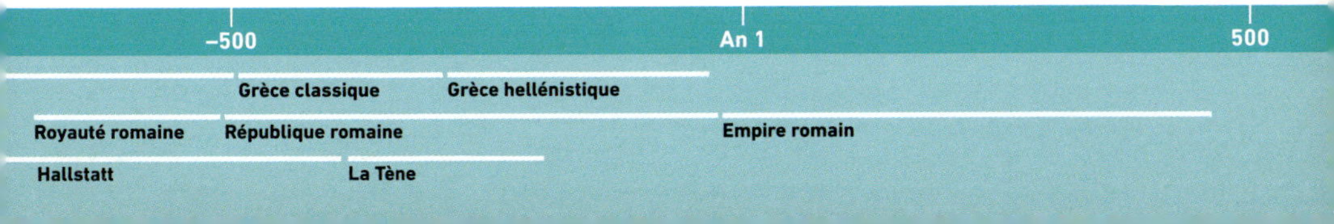

319 av. J.-C.

Disciple de Confucius, Mencius enseigne à l'académie Jixia

Après la mort de Confucius, de nombreuses écoles se disputent son héritage. Considéré par la tradition chinoise comme le « second sage » après le maître, Mencius se voue à l'éducation en privilégiant une lecture idéaliste et mystique du confucianisme.

Un disciple de Confucius

Mencius (également Meng Tzeu ou Mengzi) est né à Zhou dans l'État de Lu vers 372 av. J.-C., durant la période troublée des Royaumes combattants. Orphelin de père, il reçoit l'enseignement d'un disciple de Zi Si, petit-fils de Confucius (▶ p. 64), puis parcourt le pays pendant vingt ans.

En 319 av. J.-C., Mencius est accueilli à l'académie Jixia où les lettrés sont invités par le souverain à venir exposer leurs idées. La création de cette académie témoigne du prestige moral reconnu aux lettrés, détenteurs du savoir, rémunérés pour confronter leur vision de la « voie » (*dao*).

Une vision optimiste de l'homme

Selon Mencius, la nature de l'homme est bonne. Cette bonté (*ren*) est un don du Ciel, de même que les autres vertus cardinales : intégrité (*yi*), respect des rites (*li*), loyauté (*xinyong*) et sagesse (*zhi*). Il appartient à chacun de les cultiver, et c'est ainsi que l'individu ne fera plus qu'un avec les autres hommes et avec l'univers. Le mal, à l'inverse, réside dans le détournement de la nature de l'homme.

Les enseignements de Mencius sont compilés dans un ouvrage éponyme qui se présente sous la forme d'entretiens avec ses disciples et qui fera son entrée dans le canon des Classiques confucéens, les *Quatre Livres* (▶ p. 188).

Une réflexion sur le pouvoir

Mencius insiste sur la nécessité pour l'empereur d'administrer le pays de façon vertueuse et de le gouverner avec humanité, conditions indispensables au soutien du peuple. Il récuse l'usage de la force en justifiant que le Ciel ne répond qu'à un gouvernement bienveillant.

Renversant la hiérarchie confucéenne, Mencius établit que le peuple demeure toujours, là où le souverain peut changer à tout moment : celui qui, s'arrogeant le titre de roi, ne détient pas les vertus nécessaires à cette fonction est un usurpateur qu'il est possible de destituer.

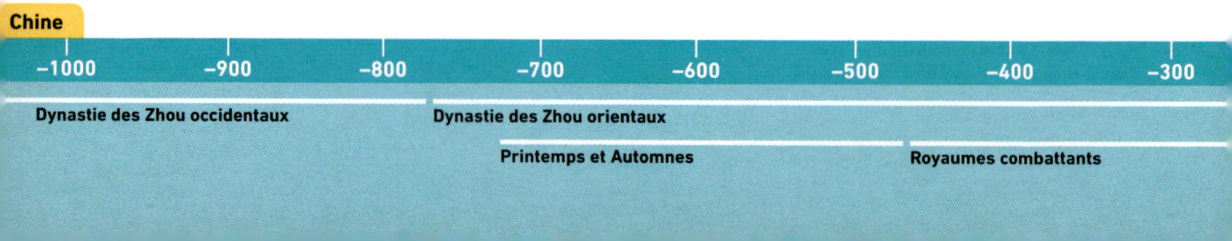

Mencius

Mencius, représenté ici dans la posture traditionnelle du lettré, est considéré comme le « second sage » après Confucius.

Portrait de Mencius, dans Edward TC Werner, *Legends of China*, 1922.

Xun Zi, une lecture réaliste du confucianisme

À la génération suivante, Xun Zi (vers 310-235 av. J.-C.), lui aussi passé par l'académie Jixia, défend une tendance réaliste du confucianisme. Selon lui, l'homme est naturellement mauvais et, comme on redresse un bois tordu, il doit s'améliorer par l'éducation. Pour Xun Zi, la pensée confucéenne se donne pour tâche de diriger l'homme et de corriger le mal qui se trouve en lui.

Le confucianisme, l'« école des lettrés »

Si le lien entre l'homme et l'univers est au centre de la pensée confucéenne, le *dao* que propose Confucius est dénué de toute considération métaphysique. Sa pensée, essentiellement pratique, est sans dieu ni providence.

Le confucianisme, tel qu'il est théorisé par ses héritiers à l'instar de Mencius, développe une méditation sur la nature de l'homme et sa place dans un ordre naturel dont il faut constamment maintenir l'équilibre.

À partir du Xe siècle, sous la double influence du bouddhisme (► p. 58) et du taoïsme (► p. 89), le confucianisme va s'affirmer comme une éthique en se donnant une base métaphysique et cosmologique (► p. 188).

273 av. J.-C.

Ashoka règne sur l'ensemble de l'Inde et propage le bouddhisme

Ce monarque maurya, qui unifie pour la première fois la péninsule indienne, s'inspire des principes bouddhistes pour établir la paix et la tolérance dans son royaume.

Un souverain converti à la non-violence

Ashoka (v. 304-232 av. J.-C.) est le troisième empereur de la dynastie des Maurya fondée par son aïeul, Chandragupta. Selon la légende, ce jeune prince indien de la vallée du Gange se serait imposé au pouvoir en 273 av. J.-C. par l'assassinat de ses frères. Ses conquêtes, qui lui valent de prendre la tête d'un royaume s'étendant de l'actuel Afghanistan au Bengale, sont marquées par d'immenses massacres.

Un jour cependant, à la suite de la guerre du Kalinga sur la côte orientale de l'Inde, l'empereur, horrifié par l'ampleur des tueries, est saisi de remords et se convertit au principe de non-violence (*ahimsa*).

Le protecteur du *dharma*

Désireux de faire partager le *dharma* (► p. 58) à ses sujets, Ashoka promulgue des édits qu'il fait graver en plusieurs langues vernaculaires indiennes, mais aussi en pali, grec et araméen, sur des colonnes de pierre, des rochers ou dans des grottes de par son empire. Ces ordonnances d'inspiration bouddhiste visent à la fois à expliquer les mesures prises par le souverain et à fixer les principes devant gouverner chacun : éviter le mal, pratiquer la vertu, être bon envers autrui.

Maîtrise des sens, pureté, pitié, douceur et tolérance doivent être cultivées tandis que les sacrifices d'animaux et la torture sont interdits. Le peuple est encouragé à l'obéissance envers les aînés et à la courtoisie vis-à-vis des esclaves et des serviteurs. Un corps de gardiens de l'ordre moral doit s'assurer de l'application de ces édits.

Le roi « ami des dieux »

Ashoka apparaît comme le modèle du souverain bouddhiste. Attaché à la tolérance à l'égard de tous les cultes, il protège les trois religions de l'Inde – bouddhisme (► p. 58), jaïnisme (► p. 62) et brahmanisme (► p. 66) – en faisant des dons aux moines de chaque communauté. En retour, ces derniers lui doivent prières et conseil.

Ashoka disparaît de la mémoire indienne au Moyen Âge et n'est redécouvert qu'au XIXe siècle par les historiens britanniques grâce à ses édits gravés.

Inde

-1500	-1000	-500

Période védique

Invasion perse

Le chapiteau aux lions

En 1947, les fondateurs de l'Inde indépendante reconnaissent en Ashoka le premier unificateur du sous-continent et adoptent comme emblème national le chapiteau aux lions qui ornait le sommet de la colonne de Sarnath, l'un des quatre lieux saints du bouddhisme. Y figure également la roue du *dharma*.

Grès poli, 215 cm, v. 250 av. J.-C. (Musée de Sarnath, Uttar Pradesh).

« On ne devrait pas honorer seulement sa propre religion et condamner les religions des autres, mais on devrait honorer les religions des autres pour cette raison-ci ou cette raison-là. »

XIIe édit d'Ashoka, trad. Jules Bloch, *Les Inscriptions d'Ashoka*, 1950.

Les missions bouddhistes sous Ashoka

Ashoka fut un propagateur de l'enseignement du Bouddha. Il aurait envoyé neuf missions vers les pays voisins de l'Inde (Sri Lanka, Kanara, Karnataka, Cachemire, Himalaya, Birmanie, Afghanistan). Celle vers l'île de Sri Lanka – encore aujourd'hui majoritairement bouddhiste – aurait été menée par son propre fils devenu moine, Mahinda. D'autres missions auraient atteint le monde indo-grec, voire l'Égypte ou la Syrie.

Les bouddhismes

Les adeptes du bouddhisme suivent l'enseignement du Bouddha (*dharma*), exprimé dans le canon bouddhique. Ils observent la discipline monastique (*vinaya*) dans le but d'atteindre l'Éveil, la libération définitive de la souffrance existentielle (*nirvana*). Dans les siècles qui suivent la mort du Bouddha, la communauté (*sangha*) se divise en écoles qui ne vont cesser de se multiplier.

Les divisions du bouddhisme

Les « dix-huit écoles »

Sans autorité suprême capable de définir une orthodoxie, la communauté se divise tant sur l'interprétation des enseignements du Bouddha (► p. 58) que sur les règles à observer. Dès le deuxième concile bouddhique à Vaisali vers 370 av. J.-C., la communauté, divergeant sur l'ajout de nouvelles règles au *vinaya*, se serait séparée en deux tendances, le mahasamghika et le sthaviravada, chacune étant à l'origine de plusieurs écoles du bouddhisme ancien. Le règne de l'empereur Ashoka (► p. 76) est marqué par l'éclosion de « dix-huit écoles ». Aucune ne survit à la période médiévale, mis à part celle créée vers le Ve siècle à Tambapanni (actuel Sri Lanka), qui prendra le nom de theravada (« doctrine des Anciens »).

Le canon pali, fondement textuel du bouddhisme ancien

Le theravada se fonde sur le canon ancien, en langue pali, qui aurait été mis par écrit au Ier siècle av. J.-C. au Sri Lanka. Qualifié de « Trois Corbeilles » (*Tripitaka*), il comprend des sermons que la tradition attribue au Bouddha lui-même (Corbeille du *sutra*), un code de discipline monastique (Corbeille du *vinaya*) et enfin des traités réunissant les commentaires philosophiques, cosmologiques et psychologiques sur l'enseignement du Bouddha (Corbeille de l'*abhidharma*). D'autres interprétations ont été rédigées par des philosophes bouddhistes dont le *Visuddhimagga* (« Chemin de la Purification ») par Buddhaghosa au Ve siècle.

L'émergence du mahayana

Entre le Ier siècle avant et le Ier siècle ap. J.-C., le mahayana, un courant du bouddhisme dominant au nord de l'Inde, s'étend en Sérinde (Asie centrale), puis en Chine (► p. 112). Il dispose de son propre canon.

Theravada et mahayana coexistent pendant des siècles en Asie du Sud-Est avant que le premier ne supplante les courants mahayanistes : du Sri Lanka au Cambodge, seul le theravada est dès lors pratiqué. Le mahayana, lui, domine l'Asie sinisée.

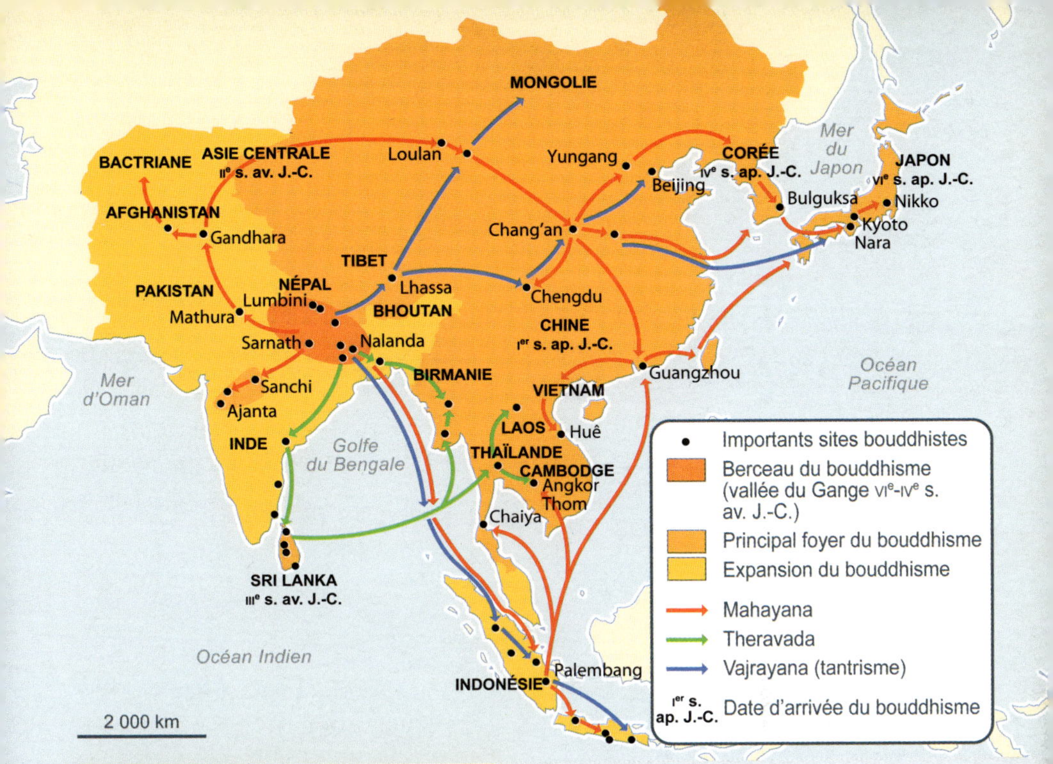

La diffusion du bouddhisme en Asie

Depuis son foyer originel du nord de l'Inde (actuel État du Bihar), le bouddhisme s'étend vers le sud (Sri Lanka), vers le sud-est, jusqu'en Insulinde (actuelles Malaisie, Indonésie, Philippines), vers le nord et le nord-est, jusqu'au Japon. Son extension vers l'ouest (Bactriane) cesse avec l'islamisation de ces régions d'Asie centrale. De même, il disparaît progressivement d'Inde et d'Indonésie.

Des croyances divergentes

Selon le theravada, seul le Bouddha historique a accédé à l'Éveil plénier : pour cela, il est la seule entité vénérée par les moines et les laïcs. Ses disciples ne peuvent espérer parvenir qu'à l'état de méritant (*arhat*).

Le mahayana propose quant à lui, suivant l'idéal des *bodhisattva* – êtres célestes qui diffèrent leur entrée dans le *nirvana* afin de secourir les êtres vivants –, une perspective nouvelle de libération universelle ouverte à tous. Le Bouddha historique n'y est considéré que comme l'une des manifestations du Bouddha transcendant et éternel. Le mahayana, dit également « Grand Véhicule », se pense ainsi comme une voie plus englobante et qualifie par contraste le theravada de « Petit Véhicule ».

Enfin, plus tardif, le vajrayana, ou bouddhisme tantrique – en référence aux tantras qui transcrivent des visions mystiques –, met l'accent sur le rituel, à la symbolique complexe. Dans le tantrisme, l'énergie des passions peut être transformée en moteur pour cheminer vers l'Éveil au lieu d'être combattue comme un obstacle à l'atteinte du *nirvana*.

Institutions, rites et pratiques

La communauté monastique

Les moines bouddhistes (*bhikshu*) sont des ascètes mendiants. Certains vivent en ermites dans la forêt, d'autres se regroupent dans des refuges qui vont se transformer progressivement en monastères.

Les novices intègrent la communauté par la triple « prise de refuge » (dans le Bouddha, dans le *dharma*, dans le *sangha*, ► p. 58), puis ils reçoivent les ordinations, mineure et majeure : ils sont alors tenus de respecter plus de 200 règles fixées dans la discipline (*vinaya*). Parmi celles-ci, l'interdiction de travailler, de cultiver la terre, de cuisiner, de toucher de l'argent, de porter des bijoux, etc. Les moines ne prononcent pas de vœux et peuvent quitter l'ordre à tout moment – ou en être exclus par manquement à une règle. Ils revêtent l'habit monastique (de couleur safran, grise ou rouge selon les pays) et ont le crâne rasé.

Ermite bouddhiste et son chien
Peinture murale (temple de Zhengguo, Pingyao, Chine).

À la demande de disciples femmes, le Bouddha Gautama a fini par ouvrir le *sangha* aux nonnes, moyennant le respect de règles plus nombreuses encore.

Les « cinq préceptes », premier niveau d'adhésion au bouddhisme

1. Je m'efforce d'observer le précepte de ne pas tuer.
2. Je m'efforce d'observer le précepte de ne pas prendre ce qui ne m'a pas été donné.
3. Je m'efforce d'observer le précepte de ne pas commettre l'adultère.
4. Je m'efforce d'observer le précepte de ne pas mentir.
5. Je m'efforce d'observer le précepte de ne pas consommer d'alcool ni de drogues qui conduisent à la négligence.

❶ ***Stupa* de Sanchi**
Ier siècle av. J.-C. (Inde)

❷ **Pagode Shwedagon**
VIe-Xe siècles (Rangoun, Birmanie)

❸ **Pagode du temple Kofuku-ji**
VIIe siècle (Nara, Japon)

Une répartition des rôles entre moines et laïcs

Pour favoriser le cheminement spirituel vers l'Éveil, les religieux récitent les sutras (► p. 112) et pratiquent des exercices psychocorporels de concentration et de méditation. Concrètement cependant, ils consacrent une grande partie de leur temps à la prédication, à l'enseignement des laïcs ainsi qu'à la célébration de rituels, notamment pour les défunts.

Le rôle des laïcs consiste avant tout à soutenir la communauté monastique par des offrandes. Celles-ci produisent, par le jeu de la rétribution des actes (*karma*), des « mérites » qui bénéficient au sort terrestre ou posthume des donateurs.

Une grande diversité de pratiques et de rites

Le bouddhisme se caractérise par une très grande diversité de pratiques, redoublée par la multiplicité des courants et des écoles. Il ne se réduit donc ni à une dimension philosophique d'étude de textes, ni à une dimension mystique à travers la quête d'une illumination transcendante.

Il intègre une approche éthique soulignée dans les préceptes, une dimension cultuelle qui s'exprime par la vénération des images et des statues de Bouddhas ou de *bodhisattva* placées sur l'autel, voire un aspect thaumaturgique à travers certains rituels accomplis par les moines.

Le *stupa*, une illustration architecturale de la diversité du bouddhisme en Asie

À l'origine, un *stupa* est un reliquaire monumental destiné aux restes du Bouddha. Sa structure est à trois étages : une base carrée de faible hauteur, surmontée du corps du bâtiment sous forme de dôme hémisphérique, et au sommet des mâts-piliers supportant des disques et symbolisant l'axe du monde. Si en Inde le *stupa* se présente généralement comme un bol renversé, en Asie du Sud-Est il adopte le modèle de la cloche, alors qu'en Chine ou au Japon il prend la forme d'une pagode à étages.

1

2

3

v. 250 av. J.-C.

Les druides gaulois officient dans des sanctuaires

L'archéologie a mis au jour des sanctuaires de la religion gauloise, jusqu'alors connue uniquement par les descriptions des auteurs gréco-romains du culte druidique.

Des divinités mal connues

La religion gauloise interdit les représentations anthropomorphiques des dieux, qui ne nous sont donc connus qu'à partir des auteurs antiques.

Taranis, dieu du Ciel, est ainsi associé par les auteurs latins à Jupiter. Teutatés, la divinité des tribus et des guerriers, est parfois représenté sous les traits de Mars. Sucellus, toujours figuré avec un marteau, pourrait être un passeur des morts dans l'au-delà. Cernunnos quant à lui est un dieu de la fertilité.

Jusqu'au IIIe siècle av. J.-C., les Gaulois prient chez eux ou dans la nature. À partir de 250 av. J.-C., sous l'influence de la civilisation gréco-romaine, ils édifient des sanctuaires quadrangulaires où sont célébrées des cérémonies religieuses publiques sous l'autorité de druides.

Les druides, intermédiaires entre les dieux et les hommes

Au début du Ier millénaire, les druides sont des spécialistes de la divination placés sous l'autorité de potentats locaux. Mais, grâce à leurs connaissances astronomiques, ils prennent l'ascendant sur ces derniers et occupent un rôle à la fois politique et religieux. Uniques détenteurs de l'usage de l'écriture, ils se réunissent annuellement dans la forêt des Carnutes (près d'Orléans), pour élire leur chef.

Les druides établissent un calendrier officiel qui détermine les jours de fêtes et de sacrifices. Ils assistent les chefs de tribus en arbitrant les conflits et sont les seuls à pouvoir prononcer l'exclusion d'une personne de la communauté. Ils sont également chargés de l'éducation des fils de l'aristocratie dont les meilleurs deviendront druides à leur tour.

« Les druides s'occupent de la religion, ils président aux sacrifices publics et privés, règlent les pratiques religieuses. Les jeunes viennent en foule s'instruire auprès d'eux. On les honore grandement. »

Jules César, *La Guerre des Gaules*, VI, 13-14, Ier siècle av. J.-C.

Le chaudron de Gundestrup (détail)

Découvert dans une tourbière au Danemark, ce chaudron a été fabriqué par un orfèvre thrace, sur commande d'une tribu celte. Il est une des seules représentations anthropomorphes de dieux celtes. Cernunnos y est reconnaissable grâce à ses bois de cerf.

Argent doré, 69 cm de diamètre sur 42 cm de hauteur, Ier siècle av. J.-C. (Musée national du Danemark, Copenhague).

Méditerranée – Occident

−2000 −1500 −1000

Grèce: Période mycénienne — Grèce archaïque

Rome

Celtes

Le sanctuaire de Gournay-sur-Aronde (Oise, IIIe siècle av. J.-C.)

Les archéologues ont découvert d'immenses ossuaires dans des enclos délimités par un fossé et une palissade en bois. Des restes d'animaux sacrifiés et précipités dans de grandes fosses y jonchent le sol, attestant un culte aux divinités infernales. Les corps des ennemis vaincus et leurs armes étaient accrochés en offrandes sur les parois de la clôture, les armes étant considérées comme sacrées jusqu'à ce qu'elles tombent à terre.

Reconstitution de Jean-Claude Golvin, aquarelle (Musée départemental Arles Antique).

Les fêtes celtes

Quatre grandes fêtes rythment le calendrier celte.
À Imbolc (1er février), la communauté se débarrasse des souillures de l'hiver. Beltaine (1er mai) est la fête des druides et du passage de la saison sombre à la saison claire. À Lugnasad (1er août), les Celtes festoient en l'honneur du dieu Lug, participent à des jeux et célèbrent les mariages. Samain (1er novembre) est la fête la plus importante : elle célèbre l'année nouvelle et le passage de la saison claire à la saison sombre.

–500 | An 1 | 500

Grèce classique — Grèce hellénistique

Royauté romaine — République romaine — Empire romain

Hallstatt — La Tène

204 av. J.-C.

Rome accueille une divinité étrangère : la déesse Cybèle

À Rome comme dans la Grèce ancienne, l'observance des rites permet de s'assurer la bienveillance des dieux de la cité. Introduire une divinité étrangère suscite donc une certaine méfiance, malgré la tolérance religieuse des Romains.

Un contexte politique exceptionnel

En cette fin de IIe siècle av. J.-C., Rome et Carthage s'affrontent pour le contrôle de la Méditerranée occidentale. Entre 218 et 216 av. J.-C., le général carthaginois Hannibal a réussi à surprendre les Romains en franchissant les Alpes et en remportant une série de victoires. Une opération de diversion a sauvé Rome, mais la menace perdure. En 204 av. J.-C., les Romains, commandés par Scipion l'Africain, préparent une opération très risquée de débarquement en Afrique visant directement Carthage. En quête d'un secours divin, le Sénat ordonne alors de consulter les Livres sibyllins.

Les Livres sibyllins

Il s'agit d'un recueil de préceptes divinatoires conservés dans le temple de Jupiter Capitolin à Rome et attribué aux sibylles, prêtresses inspirées dotées de pouvoirs prophétiques. Les Livres sibyllins sont confiés à un collège de dix prêtres chargés de leur garde et de leur interprétation, les *decemviri sacrorum*.

Leur examen par ces derniers en 204 av. J.-C. préconise de chercher la protection d'une déesse étrangère, Cybèle, adorée par les Phrygiens, un peuple d'Asie Mineure. Une ambassade romaine est envoyée en Phrygie (actuelle Turquie) avec pour mission de rapporter la pierre sacrée tombée du ciel symbolisant la déesse.

Un culte nouveau

Au cours de leur retour, un miracle se produit : alors que le navire transportant la pierre sacrée de Cybèle s'est enfoncé dans la vase du Tibre, la vestale (► p. 50) Claudia Quinta parvient à le déplacer avec sa seule ceinture. Convaincus, les Romains accueillent cette déesse venue d'ailleurs dont la pierre est solennellement installée dans le temple de la Victoire, sur le mont Palatin. Et Cybèle leur semble favorable : en 202 av. J.-C., Scipion défait Hannibal en Afrique et impose la paix à Carthage.

En 191 av. J.-C., Cybèle a son propre temple et une fête accompagnée de jeux lui est consacrée chaque année au printemps. Certains l'assimilent alors à Cérès, déesse des moissons et de la fertilité. Cependant, le Sénat se méfie d'un culte aux pratiques étranges et interdit aux citoyens romains d'y participer. Ces limitations ne sont levées qu'au Ier siècle par l'empereur Claude.

Méditerranée – Occident

–2000 –1500 –1000

Grèce: Période mycénienne, Grèce archaïque

Rome

Celtes

Le Panthéon de Rome

Au Ier siècle av. J.-C., est institué à Rome un temple dédié à tous les dieux : le Panthéon. Le lieu symbolise la tolérance religieuse des Romains.

La tolérance religieuse romaine

L'extension territoriale par les conquêtes militaires a confronté les Romains aux croyances des peuples vaincus. Sont ainsi introduits à Rome des cultes nouveaux, tels celui de l'Isis égyptienne ou du Mithra perse. Si l'État a fait preuve d'une grande tolérance, une limite demeure : les divinités étrangères ne doivent pas récuser les dieux de la cité. Là se trouve l'une des raisons des persécutions romaines à l'encontre des monothéismes juif ou chrétien (► p. 97) dont la vision intransigeante d'un Dieu unique réduisait les autres déités au rang d'impostures, sinon de démons.

Les prêtres de Cybèle

Les prêtres de Cybèle (appelés « galles ») sont des eunuques, et donc orientaux car les mœurs romaines réprouvaient cette mutilation. Lors des fêtes de la déesse, ils courent et dansent dans les rues au son de tambourins.

Dioscoride de Samos, mosaïque de la villa de Cicéron à Pompéi, IIe siècle av. J.-C. (Musée archéologique national de Naples).

167 av. J.-C.

Les Maccabées se révoltent contre l'héllénisation forcée

Après sa conquête par Alexandre le Grand en 332 av. J.-C., la province perse de Yehoud Medinata entre dans le monde hellénisé. Sous la domination des royaumes lagide puis séleucide, les juifs ne restent pas imperméables aux pratiques politiques, économiques et culturelles qui se diffusent autour d'eux. Toutefois, cette porosité n'entraîne pas l'effacement de la spécificité du judaïsme.

La révolte des Maccabées

Lorsqu'en 167 av. J.-C., le roi séleucide Antiochos IV Épiphane émet un édit ordonnant d'abolir la Loi juive et de consacrer le Temple de Jérusalem (► p. 60) à Zeus olympien, il est confronté à une insurrection massive, conduite par les membres de la famille des Maccabées, prêtres fidèles à la tradition.

La révolte est d'abord dirigée contre l'occupant, mais elle vise également à contrer les juifs gagnés par l'influence grecque et disposés à des formes de métissage culturel. Au terme de trois années de lutte, les rebelles restaurent le culte du dieu d'Israël dans le Temple et purifient ce dernier des rites et des images païennes.

Les troubles persistent cependant dans l'ensemble de la Judée jusqu'en 141 av. J.-C., date à laquelle la dernière garnison séleucide est expulsée de Jérusalem. Simon Maccabée est alors proclamé grand prêtre, stratège et ethnarque à titre héréditaire, fondant ainsi la dynastie hasmonéenne.

Le royaume des Hasmonéens

Première monarchie juive indépendante depuis la fin du royaume de Juda en 586 av. J.-C. (► p. 56), l'État hasmonéen n'en demeure pas moins très marqué par la civilisation hellénistique. Le pouvoir civil et militaire est organisé selon des modèles grecs, les souverains accolent des noms hellènes à leurs patronymes juifs, tandis que l'empreinte grecque s'affirme dans les constructions monumentales.

Dans ce contexte, les tensions au sein de la population juive reprennent rapidement, opposant par exemple la secte des pharisiens (► p. 93) au pouvoir royal, et participent à la décadence du royaume. Finalement, malgré le soutien apporté durant plus d'un siècle par les Romains à l'indépendance juive, Pompée soumet en 63 av. J.-C. les habitants de Judée (► p. 98).

Hébreux

–2000 –1500 –1000

Installation des Hébreux en Égypte

Monarchie unifiée

Royaume d'Israël

Royaume de Juda

Hanoukka, ou la fête des Lumières

Hanoukka («inauguration») commémore la purification du Temple de Jérusalem après la victoire des Maccabées. Souhaitant rallumer la flamme de la *menorah* (chandelier à sept branches), ces derniers n'ont qu'un seul flacon d'huile qui, selon la tradition, dure miraculeusement huit jours. En souvenir, les juifs allument désormais la *hanoukkia* (le chandelier à neuf branches) chaque soir durant huit jours du mois de *kislev* (novembre-décembre), symbolisant la victoire du monothéisme sur le paganisme.

Le grand prêtre d'Israël

Descendant, comme tous les prêtres, de la lignée d'Aaron, frère de Moïse, les attributions du grand prêtre sont déterminées dans le texte biblique. D'abord associée au sanctuaire portatif (▶ p. 45), sa fonction gagne en prestige avec la construction du Temple de Jérusalem. À la tête de l'ensemble des prêtres (en hébreu, les *kohanim*), il est soumis aux mêmes règles de pureté et aux mêmes interdits qu'eux (restrictions matrimoniales, défense de toucher un cadavre), et il est avant tout en charge du service sacerdotal de Yom Kippour (le jour du Grand Pardon). Il est le seul autorisé à pénétrer, à cette occasion, dans la partie la plus sacrée du Temple, le saint des saints. Les descendants des *kohanim* (qui portent des noms comme Cohen, Cahen, Kahn, Caen, etc.) bénéficient toujours d'un statut particulier dans le judaïsme orthodoxe.

La Septante

À l'époque du second Temple (▶ p. 60), la communauté juive d'Alexandrie est particulièrement dynamique et prestigieuse. Elle a développé de nombreux contacts avec la société grecque. Ainsi Ptolémée II lui-même aurait ordonné la traduction en grec des textes hébraïques, la tâche ayant été confiée à soixante-douze savants juifs – d'où le nom de Septante. Le judaïsme n'a pas adopté cette version grecque des Écritures saintes, mais celle-ci constitue en revanche le canon de l'Ancien Testament chrétien (▶ p. 128). C'est ce qui explique les versions légèrement différentes de la Bible dans les deux traditions monothéistes.

–500 | An 1 | 500

Domination perse | Domination grecque | Domination romaine | Domination byzantine

Domination assyrienne

136 av. J.-C.

L'empereur Han Wudi confirme par un édit la place privilégiée du confucianisme

Sous la dynastie des Han, l'adoption du confucianisme comme culte d'État accompagne la centralisation de l'empire qui s'appuie sur une bureaucratie formée dans des écoles impériales.

Le confucianisme, idéologie d'État

Après le renversement de l'empire Qin (206 av. J.-C.) qui avait interdit les écrits et pourchassé les lettrés confucéens (► p. 75), la jeune dynastie des Han se tourne vers ces derniers pour légitimer son pouvoir et asseoir son autorité.

En 136 av. J.-C., le septième empereur de la dynastie, Wudi, décide la création d'écoles confucéennes encadrées et financées par l'État, prolongeant la politique mise en œuvre par ses prédécesseurs. L'édit impérial proscrit également la diffusion d'autres écoles de pensée : ainsi se trouve confirmée la place privilégiée du confucianisme dans la formation des fonctionnaires, lesquels sont devenus essentiels à l'administration centralisée d'un immense empire.

Des fonctionnaires lettrés partageant une culture commune

Ces écoles impériales, ainsi que l'université fondée en 124 av. J.-C., accueillent les lettrés les plus méritants, venus de tout l'empire.

Recrutés selon des qualités morales strictes – le *xiaolian*, « piété filiale et incorruptibilité » –, les élus doivent montrer une connaissance parfaite des Classiques confucéens (► p. 188) et se soumettre à des examens impériaux nationaux pour être nommés ensuite à un poste public.

La légitimation du « fils du Ciel »

Les lettrés confucéens adaptent la théorie de Confucius (► p. 64) aux besoins de l'empire et accompagnent la réapparition du titre de « fils du Ciel », hérité des Zhou, pour désigner l'empereur.

Juge suprême, chef de l'administration, grand prêtre – et à ce titre, au centre des rites de médiation entre le Ciel où siègent ses ancêtres divinisés et la Terre où il règne –, l'empereur détient un pouvoir absolu. Tous les sujets et les princes doivent lui obéir. La « grande unification » politique passe ainsi par une unification idéologique.

Chine

–1000 –900 –800 –700 –600 –500 –400 –300

Dynastie des Zhou occidentaux

Dynastie des Zhou orientaux

Printemps et Automnes

Royaumes combattants

Wudi reçoit un lettré

L'empereur prend l'habitude d'accueillir à sa cour de jeunes lettrés auxquels il octroie des postes de conseillers.

Peinture sur soie, dans *Histoire des empereurs de Chine*, XVIIe siècle (BnF, Paris).

Le taoïsme, religion d'État sous les Tang

La chute de l'empire Han en 220 ap. J.-C. est suivie d'une longue période de divisions, marquée par une remise en cause du cadre moral antérieur. Dans ce contexte, le taoïsme (▶ p. 65) s'impose progressivement comme religion à part entière.

Au VIIe siècle, la dynastie des Tang se présente comme descendante de Lao Tseu, vénéré comme un « saint ancêtre », et adopte le discours messianique développé par les sages taoïstes. Une littérature apocalyptique annonce alors, après les troubles et les calamités, la restauration de l'ordre cosmique grâce à l'action d'un sage, qui n'est autre que l'empereur divin. En s'appropriant ce message, les Tang érigent le taoïsme en religion d'État. Ils font construire des temples tandis que plusieurs membres de la famille impériale se font ordonner prêtres et nonnes. En retour, le pouvoir reçoit la consécration du clergé taoïste. Sous l'empereur Xuanzong (713-756), les textes taoïstes sont ajoutés au programme des examens impériaux. En 845, un édit de l'empereur Wuzong interdit les cultes manichéen (▶ p. 104) et bouddhiste (▶ p. 112). Des dizaines de milliers de temples et monastères sont alors détruits.

–200 –100 An 1 100 200 300 400 500

Dynastie Qin Dynastie des Han

27 av. J.-C.

Auguste introduit le culte impérial à Rome

Parvenu au pouvoir, Auguste assoit son autorité en l'entourant d'un éclat sacré : la divinisation de la fonction impériale.

L'instauration du régime impérial

À la fin du Ier siècle av. J.-C., les institutions républicaines romaines, conçues pour une cité-État, apparaissent de moins en moins adaptées à la gouvernance d'un espace qui s'étend de l'Atlantique à la Syrie, Afrique du Nord comprise. Profitant d'une période de troubles, un général victorieux, Jules César, s'assure seul du pouvoir en 45 av. J.-C., avant d'être assassiné un an plus tard.

Au terme d'une nouvelle guerre civile, son neveu Octave triomphe en 27 av. J.-C. et fonde l'Empire. Il prend alors le nom d'Auguste qui, associé aux titres d'*Imperator* (chef d'armée) et de *Princeps* (le premier de l'État), ajoute une connotation religieuse.

L'empereur et le monde divin

Jules César, déjà, s'était entouré d'un prestige sacré : il s'était fait élire à la charge suprême de la religion civile romaine, celle de « grand pontife », et prétendait descendre du héros troyen Énée, fils de la déesse Vénus. Après sa mort, Octave le fait élever au rang divin.

À la tête de l'État, Auguste refuse certes d'être considéré comme un dieu, mais laisse consacrer des autels à son « génie » et à son « nom ». En Orient et en Égypte, où la divinisation des souverains reste la règle, le culte de l'empereur ne pose aucun problème : il est l'intermédiaire entre les hommes et le monde divin. À Rome, il reste le symbole de l'État et ne devient vraiment un dieu (*divus*) qu'après sa mort, au terme d'une cérémonie : l'apothéose.

Le sens du culte impérial

En fait, le culte impérial a un sens plus politique que religieux. Sacrifier au génie de l'empereur, c'est faire acte d'allégeance et reconnaître la souveraineté de l'État romain. Le culte impérial est d'ailleurs souvent associé à celui de la déesse Rome, personnification allégorique de la ville. Cette réunion permet de fidéliser les populations extrêmement diverses de l'Empire et de s'assurer de leur loyauté. À partir du IIIe siècle, la progression du monothéisme chrétien (► p. 96), qui adore un Dieu unique et refuse le culte impérial, sera perçue comme un acte de rébellion.

Méditerranée – Occident

–2000 –1500 –1000

Grèce — Période mycénienne — Grèce archaïque

Rome

Celtes

Le temple dédié à Auguste et son épouse Livie, à Vienne en Isère

Construit en Gaule au Ier siècle par l'empereur Tibère, successeur d'Auguste, ce temple témoigne de l'introduction du culte impérial dans les provinces de l'Empire romain.

L'empereur Auguste

La sérénité du visage donne au personnage un caractère quasi divin. La présence aux pieds de l'empereur d'un petit Cupidon est une allusion aux prétendues origines de sa famille, la *gens* Julia, qui, selon son oncle Jules César, descendait de Vénus, mère de Cupidon.

Augustus Prima Porta, statue en marbre blanc, 207 cm, Ier siècle (Musées du Vatican, Rome).

L'évolution du culte impérial

À son apogée au IIe siècle, le culte impérial connaît une désaffection pendant la crise politique du IIIe siècle, quand le pouvoir est disputé par les généraux. En 270, l'empereur Aurélien tente en vain d'organiser à Rome un culte du Soleil (*Sol invictus*) dont l'empereur serait le délégué terrestre. Lors de la restauration politique menée par Dioclétien et Maximien, en 287, et qui amorce la division de l'Empire entre Occident et Orient, les deux empereurs se placent sous les auspices symboliques de Jupiter et Hercule sans grand succès. Bien que chrétien, Constantin (► p. 107) n'abolit cependant pas le culte impérial, chargé de sens politique. C'est à la fin du IVe siècle, dans l'empire christianisé, que l'empereur se limite à n'être que l'élu et le représentant de Dieu tout-puissant sur Terre (► p. 110).

–500 | **An 1** | **500**

Grèce classique | **Grèce hellénistique**

Royauté romaine | **République romaine** | **Empire romain**

Hallstatt | **La Tène**

v. 30

Jésus de Nazareth meurt crucifié

Jésus de Nazareth, un juif originaire de Galilée, est condamné à mort sur ordre du préfet romain Ponce Pilate. Sa crucifixion et la croyance de ses disciples en sa résurrection sont à l'origine d'une nouvelle religion.

Une enfance juive traditionnelle

Jésus (de l'hébreu *Yeshoua*, « sauveur ») est né entre 7 et 5 av. J.-C. au sein d'une famille juive dans le royaume d'Hérode allié de Rome (► p. 98). Circoncis, il est présenté au Temple de Jérusalem selon la tradition, puis il grandit en Galilée.

À l'âge de 30 ans, Jésus se soumet à un rite de purification dans les eaux de Jourdain pratiqué par Jean le Baptiste, pratique à l'origine du baptême chrétien (► p. 95). Il débute ensuite sa prédication en Galilée et en Judée.

Une prédication brève

Si la prédication de Jésus est attestée par des historiens romains et juifs, les sources évoquant sa naissance et certains moments de sa vie ont été rédigées après sa mort dans un but d'édification religieuse. Selon les Évangiles (► p. 128), Jésus, s'adressant aux plus humbles, pratique guérisons et exorcismes. Il discute de l'interprétation de la Torah (► p. 100) dont il propose une lecture plus spirituelle que ritualiste.

Le cœur de son message est l'annonce de la venue imminente du Royaume de Dieu. Et, dans une époque de forte effervescence messianique, certains disciples veulent voir en lui le Christ – « qui a reçu l'onction », traduction grecque de l'hébreu *mashia'h*, « messie » (► p. 45). Mais ce message heurte la classe sacerdotale juive qui le perçoit comme un agitateur.

La mort sur la croix

Les derniers jours de Jésus sont racontés en détail dans les Évangiles. Séjournant à Jérusalem, il célèbre la Pâque juive (Pessah) avec ses compagnons auxquels il demande de continuer à partager des repas communs même après sa mort. C'est la cène, qui est à l'origine du rite de la communion. À la suite de ce repas, Jésus est arrêté et comparaît pour blasphème devant le Sanhédrin et son grand prêtre, Caïphe. Livré au préfet de Judée, Ponce Pilate, il est alors condamné à mort par crucifixion, peine infamante réservée aux non-citoyens romains.

Le lendemain, Jésus meurt sur la croix, un fait relaté par diverses sources chrétiennes, juives et romaines et daté entre l'an 26 et l'an 35. Trois jours après sa mort, ses disciples annoncent sa résurrection.

La Crucifixion, dite Le Calvaire

Ce panneau s'inspire du récit de la crucifixion de l'Évangile selon Jean. La toile s'organise autour du Christ en croix. À sa droite, des femmes soutiennent la Vierge en pleurs. Jérusalem en arrière-plan symbolise le royaume céleste. À sa gauche, des soldats jouent sa tunique aux dés. Le paysage désolé représente le monde sans la croyance en la résurrection.

Andrea Mantegna, huile sur bois, 93 × 67 cm, 1457-1459 (Musée du Louvre, Paris).

« Et [Jésus] attira à lui beaucoup de juifs et beaucoup de Grecs […]. Et lorsque Pilate l'eut condamné à la crucifixion, ceux qui l'avaient d'abord chéri ne cessèrent pas de le faire. »

Flavius Josèphe, *Antiquités judaïques*, 18, III, 3, fin du Ier siècle.

Le judaïsme à l'époque de Jésus

À Jérusalem, les courants représentés au Sanhédrin (► p. 99) illustrent les divisions et les débats qui existent au sein du judaïsme. Alors que les sadducéens appartiennent à la hiérarchie sacerdotale et composent avec le pouvoir romain, les pharisiens (► p. 86) défendent une stricte observance de la Loi de Moïse, sans contact avec les païens.

Au sein du peuple juif, l'occupation romaine (► p. 98) suscite deux types de réaction : d'un côté, la formation de groupes politico-religieux prônant le recours à la violence (les zélotes) ; de l'autre, la constitution de communautés retirées du monde – comme les esséniens établis dans le désert près de la mer Morte – afin de vivre un idéal de pureté rituelle, en attendant la fin des temps présentée comme imminente.

34 Les disciples de Jésus fondent une communauté à Antioche

Après la mort de Jésus, les premières communautés s'organisent à partir de Jérusalem et affirment les prémices d'un nouveau culte. Ces dernières sont à l'origine de la séparation progressive entre judaïsme et christianisme.

L'Église de Jérusalem

La croyance en la résurrection et l'identification de Jésus comme Messie (► p. 92) constitue désormais une fracture entre les juifs et judéo-chrétiens. Ces derniers, réunis autour de Jacques à Jérusalem, proposent une interprétation nouvelle de la Loi, insistant sur l'amour du prochain, et se constituent en « Église » (du grec *ekklêsia*, « assemblée »).

Réunis en communauté, ils partagent un repas commun le dimanche soir, un jour après le *shabbat*, tout en continuant à se rendre au Temple. À la date anniversaire du martyr de Jésus, une célébration est organisée en plein air, accompagnée d'une lecture du récit de sa mort.

La communauté d'Antioche

À cette occasion, les juifs de la diaspora en pèlerinage à Jérusalem reçoivent la « bonne nouvelle » (*euangelion* en grec, qui désignera l'Évangile, ► p. 128) du message du Christ. En repartant, ils fondent à leur tour des communautés le long de la côte méditerranéenne, en Asie Mineure, en Grèce et en Syrie.

Nombre de chrétiens persécutés par les autorités juives de Jérusalem se réfugient à Antioche en 34. Le nombre de judéo-chrétiens y augmente rapidement et Pierre devient le premier évêque de la ville vers 43-44.

Un concile de rupture

La communauté réunit des judéo-chrétiens, circoncis selon la pratique juive, mais aussi des païens convertis, non circoncis, qui célèbrent des repas eucharistiques communs (partage du pain et du vin), ce qui est interdit par la Loi juive.

Dès lors la controverse grandit et oblige l'Église de Jérusalem à trancher la question de l'observance des prescriptions juives au sein des communautés naissantes. En 50, un concile se réunit et statue, suivant l'avis de Paul (► p. 96), que les non-juifs seront dispensés de circoncision à leur entrée dans l'Église. Cette décision acte la rupture entre judaïsme et christianisme.

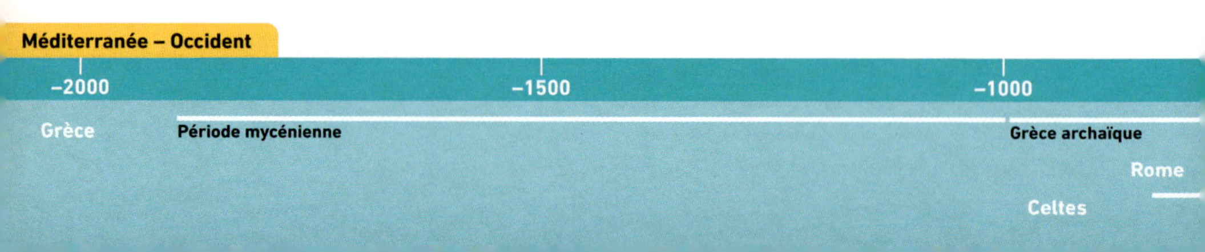

Pierre, premier évêque de Rome

L'activité missionnaire de Pierre, l'un des plus proches compagnons de Jésus et premier porte-parole de la communauté de Jérusalem, est racontée dans les Actes des apôtres. Au départ favorable à l'évangélisation des païens, il part annoncer la « bonne nouvelle » au-delà de l'Orient hellénisé, et notamment à Rome, capitale de l'Empire romain, où il trouve la mort en martyr vers 64.

Masacio, *L'Ombre de saint Pierre guérit les infirmes*, fresque du cycle des scènes de la vie de saint Pierre, 1425-1427 (chapelle Brancacci, Florence).

« C'est à Antioche que, pour la première fois, les disciples reçurent le nom de "chrétiens". »

Actes des apôtres, 11, 26.

Le baptême

Le mot baptême vient du verbe grec *baptein* qui signifie « plonger, immerger ». Au début de la prédication de Jésus, les croyants de certaines communautés juives étaient déjà plongés dans l'eau afin de se purifier. Mais Jésus et ses disciples choisissent de donner à ce geste une signification plus essentielle : le chrétien expérimente la mort et la résurrection du Christ. Il plonge dans l'eau pour mourir et renaître à une vie nouvelle. Ce sacrement, qui se pratique dans les églises où le catéchumène s'immerge dans le baptistère, est également un rite de passage qui marque l'entrée du fidèle dans la communauté chrétienne.

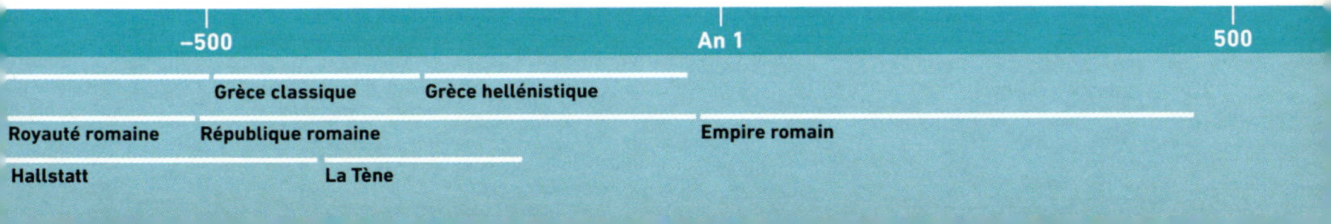

55 Paul de Tarse est arrêté à Jérusalem

L'activité missionnaire de Paul, citoyen romain de confession juive et de langue grecque, témoigne des étapes de la première expansion chrétienne et du tournant universaliste de la nouvelle religion.

Un pharisien devenu chrétien

Né vers 10 à Tarse en Cilicie sur la côte est de l'Asie Mineure, Saul est un juif observant, ayant hérité de son père la citoyenneté romaine. À Jérusalem, il étudie dans les sphères de tradition pharisienne (► p. 93) et suit les cours d'un rabbin ouvert aux influences étrangères, Gamaliel, qui l'initie à la philosophie grecque et au droit romain.

Une vision de Jésus ressuscité sur la route de Damas l'amène à se convertir au christianisme. Rebaptisé Paul, il reçoit à Jérusalem l'enseignement de Pierre (► p. 95) et Jacques, et obtient leur autorisation de prêcher l'Évangile.

L'apôtre des « gentils »

Paul entame alors, vers 45, de nombreux voyages qui, tout en le ramenant régulièrement à Jérusalem, le voient sillonner toutes les capitales provinciales de l'Orient romain. Il définit les pratiques religieuses de la religion naissante et interdit, par exemple, la parole publique des femmes lors des cérémonies religieuses. S'appuyant sur ses réseaux familiaux et sur les premiers groupes de chrétiens, Paul annonce le salut à tous les hommes, juifs et non-juifs (« gentils »).

En 55, de retour à Jérusalem, il est menacé de mort par les zélotes (► p. 93). Afin d'éviter une émeute, il est arrêté en tant que « fauteur de troubles » et transféré à Césarée, lieu de résidence du préfet romain. Après deux ans en prison, il revendique le droit, que lui octroie son statut de citoyen romain, d'aller plaider sa cause à Rome devant l'empereur. Il y meurt, en résidence surveillée, à une date inconnue, sans doute postérieure aux premières persécutions organisées contre les chrétiens par Néron.

L'universalisme chrétien

En étendant le champ de sa prédication au-delà de la Méditerranée orientale et des communautés juives, Paul fait de l'Empire romain le nouveau cadre du christianisme. Ainsi son message emprunte-t-il à l'universalisme romain.

Au-delà, Paul structure la doctrine chrétienne, centrée sur le Christ (christologie), et met l'accent sur la foi plutôt que la Loi, confirmant ainsi la séparation entre juifs et chrétiens (► p. 94).

Méditerranée – Occident

−2000 | −1500 | −1000

Grèce — Période mycénienne — Grèce archaïque

Rome

Celtes

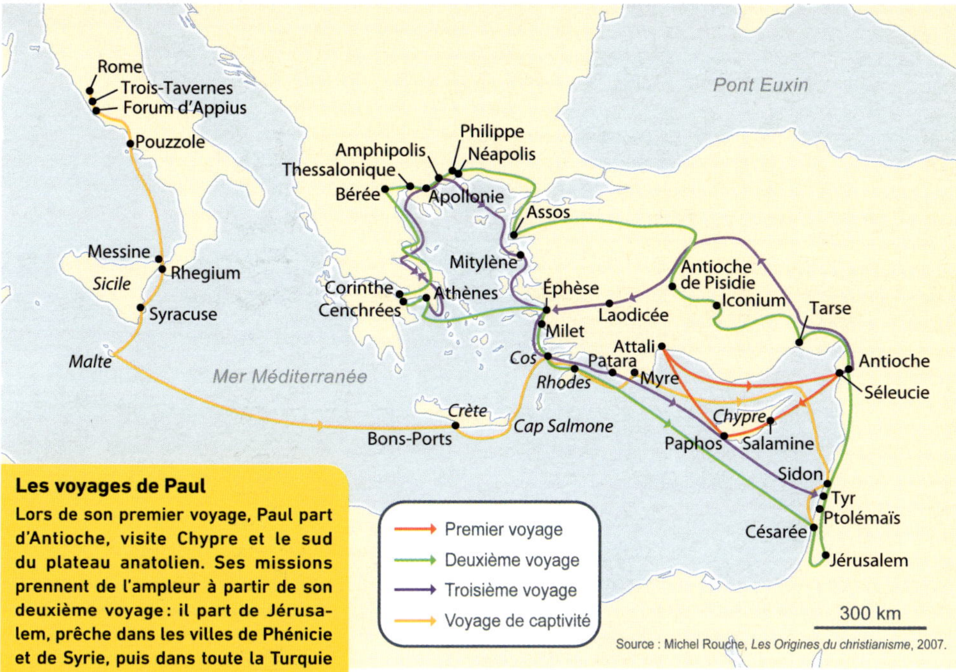

Source : Michel Rouche, *Les Origines du christianisme*, 2007.

Les voyages de Paul

Lors de son premier voyage, Paul part d'Antioche, visite Chypre et le sud du plateau anatolien. Ses missions prennent de l'ampleur à partir de son deuxième voyage : il part de Jérusalem, prêche dans les villes de Phénicie et de Syrie, puis dans toute la Turquie actuelle. En franchissant le détroit des Dardanelles, il rencontre des communautés païennes. Au cours de son troisième voyage, il consolide ses fondations et devient à ce titre le chef d'une nouvelle Église.

Les Épîtres

Au cours de ses voyages, pour rester en contact avec les nouveaux convertis, Paul écrit de nombreuses lettres, rassemblées dans le Nouveau Testament sous le nom d'Épîtres. Ces dernières nous renseignent sur la vie des premières communautés. D'abord dirigées collégialement par des *episcopoi* (surveillants), des *diakonoi* (serviteurs) et des *presbyteroi* (anciens), elles passent peu à peu sous l'autorité d'un unique évêque, considéré alors comme le successeur des apôtres.

Les persécutions contre les chrétiens

Malgré la tolérance religieuse des Romains, les chrétiens inspirent de la méfiance aux autorités, notamment en raison de leur refus de participer au culte impérial (► p. 90). Une première persécution est ordonnée en 64 par Néron après l'incendie de Rome. Au début du IIe siècle, la correspondance entre Pline le Jeune et l'empereur Trajan dénonce la menace qui plane sur les chrétiens, perçus comme les tenants d'une « superstition dangereuse et déraisonnable » et susceptibles d'être dénoncés devant les tribunaux. Au IIIe siècle, les persécutions sont plus violentes mais restent brèves : on évalue le nombre de victimes entre 4 000 et plusieurs dizaines de milliers. Cette politique, qui perdure jusqu'à l'« édit de Milan » de 313 (► p. 107), a pour effet paradoxal de renforcer le christianisme : le martyre, en tant qu'imitation du Christ, est en effet vu comme l'assurance du salut.

70 Le second Temple de Jérusalem est détruit par les armées romaines

La disparition du sanctuaire et l'exil forcé entraînent une recomposition du monde juif et ouvrent une ère nouvelle marquée par l'affirmation progressive du judaïsme rabbinique.

La Judée sous domination romaine

Soumis par les armées de Pompée en 63 av. J.-C., le pays de Juda (► p. 53) est assujetti au pouvoir romain qui confie en 37 av. J.-C. l'administration de la province à Hérode. Réputé pour sa cruauté, le roi de Judée est aussi un bâtisseur qui fait agrandir le Temple de Jérusalem, restaurer les murailles et bâtir des forteresses dans la province.

Le monde juif est alors divisé tant politiquement que religieusement : la pluralité des courants (pharisiens, esséniens, sadducéens, zélotes) en témoigne (► p. 93). Et la suprématie romaine entraîne des troubles et des séditions récurrentes.

La destruction du Temple et la fin de la province de Judée

En 66, éclate la « grande révolte juive », relatée par l'historien romain de confession juive Flavius Josèphe. Les émeutes donnent lieu à des massacres. En 70, le Temple de Jérusalem est incendié et la cité rasée sur ordre du futur empereur Titus. La révolte s'achève en 73 par la prise de la forteresse de Massada et le suicide collectif d'un groupe de juifs, les sicaires, ayant refusé de se rendre.

En 135, une seconde rébellion, menée par Simon Bar Kokhba, est écrasée à son tour. L'empereur Hadrien interdit alors aux juifs de résider à Jérusalem et débaptise la Judée, désormais appelée Palestine.

La réorganisation du judaïsme

Dans ce contexte très agité et alors que le christianisme se développe (► p. 96), le judaïsme est contraint de se restructurer. Les centres d'étude fleurissent, comme celui de Yavné, et les rabbins réinventent un judaïsme désormais centré sur la prière et l'étude qui remplacent les cultes sacrificiels.

Tandis que le texte biblique est progressivement fixé et canonisé, la Loi écrite est interprétée et complétée par des enseignements oraux, censés en harmoniser la pratique et mis peu à peu par écrit pour former le Talmud (► p. 102). Ces textes permettent de maintenir l'unité du judaïsme à travers l'histoire, malgré la dispersion des communautés. Le lien avec Jérusalem reste fort, réaffirmé notamment par la liturgie.

Hébreux

–2000 | –1500 | –1000

Installation des Hébreux en Égypte

Monarchie unifiée

Royaume d'Israël

Royaume de Juda

L'arc de Titus à Rome

Érigé par l'empereur Domitien en 81, l'arc de triomphe célèbre la victoire en Judée de son frère et prédécesseur, Titus. Sur ce détail, le cortège porte le butin de la victoire et franchit la porte impériale. Parmi les trésors pillés dans le Temple de Jérusalem figure notamment un chandelier à sept branches en or (*menorah*). Il s'agit de la seule représentation d'époque de ce chandelier à ce jour.

Yavné et le Sanhédrin

Après la destruction du Temple, le Sanhédrin, la Grande Assemblée des sages d'Israël, est déplacé à Yavné où Yohanan ben Zakkaï œuvre à maintenir le judaïsme malgré les bouleversements. Sous sa férule et sous l'influence d'autres sages qui lui succèdent, l'étude de la Torah devient centrale (► p. 100), tandis que la synagogue s'affirme comme pilier de l'organisation communautaire. Les prêtres, dont la supériorité était liée au service du Temple, perdent leur ascendant et l'autorité religieuse émane désormais de grandes personnalités rabbiniques.

Babylone, foyer majeur du judaïsme

Après 70, le centre de gravité du judaïsme se déplace hors des frontières de l'Empire romain, vers la très ancienne communauté de Babylone (► p. 56) qui devient l'un des foyers majeurs des études religieuses et de la rédaction du Talmud. Cette diaspora est représentée auprès des autorités locales par un « exilarque » qualifié de descendant de la maison de David. L'influence des chefs des académies talmudiques de Babylone (les *geonim*) est considérable sur l'ensemble du monde juif et contribue à le façonner bien au-delà de leur disparition au XIe siècle.

La Torah et le Talmud

Ces deux textes, de nature différente mais intimement liés, constituent la source de la Loi juive, la Halakha. Ils ont permis la survie du judaïsme à travers les siècles et sont au fondement de l'identité, des croyances, des pratiques et des valeurs du peuple juif.

La Torah, livre sacré du judaïsme

La Loi écrite

La tradition juive attribue à Moïse (► p. 40) la paternité de la Torah – les cinq premiers livres de la Bible (en français le Pentateuque) – reçue de Dieu. Comme l'indique la racine hébraïque du terme, la Torah est d'abord un enseignement. Réunissant des récits divers relatant l'histoire du peuple d'Israël et de son alliance avec Dieu depuis la création du monde, elle contient également les 613 commandements au fondement de la Loi juive.

La Torah occupe une place particulière au sein de la Bible hébraïque (Tanakh), dont elle forme la première partie à côté des Prophètes et des Hagiographes. Les chrétiens reprennent la Bible hébraïque qu'ils désignent comme l'Ancien Testament ou l'Ancienne Alliance, même si le canon et l'ordre des livres diffèrent légèrement entre les deux confessions (► p. 87 et p. 128).

La Torah dans l'histoire

Texte révélé du point de vue des croyants, ce qui lui confère un statut de constitution intangible, la Torah est aussi un document historique

Les manuscrits de Qumran

Il s'agit de parchemins et papyrus découverts dans des grottes, à partir de 1947, sur le site probable d'une ancienne communauté essénienne (► p. 93) à proximité de la mer Morte. On trouve parmi ces quelque 900 manuscrits en hébreu, en araméen et en grec des copies de livres de la Bible qui sont les plus anciens écrits du Tanakh et des textes non retenus par les traditions juive et chrétienne, des commentaires de textes bibliques et des compositions reprenant les règles de vie d'une communauté religieuse. Les découvertes de Qumran offrent non seulement un éclairage inédit sur les esséniens et le contexte religieux dans lequel apparaît le christianisme, mais témoignent également du caractère tardif de la fixation du canon biblique.

Les rouleaux de la Torah
Un *sefer Torah* (rouleau de la Torah) est écrit à la main par un scribe rituel, en hébreu et dans des conditions strictes, sur un long parchemin monté ensuite sur deux manches en bois. Déposé dans l'armoire sainte de la synagogue, orientée vers le Temple de Jérusalem, il fait l'objet d'une grande vénération lorsqu'il est sorti pour les offices.

soumis à l'exégèse scientifique. Cette dernière souligne le caractère hétérogène de l'hébreu biblique et des références chronologiques.

Le canon tel qu'il nous est parvenu s'est donc constitué progressivement. La période du premier Temple semble être un moment fondateur (► p. 44). Puis, l'époque de l'exil à Babylone au VIe siècle av. J.-C. (► p. 56) a constitué un accélérateur de la compilation et de la mise par écrit des textes qui s'appuient parfois sur des traditions plus anciennes.

Les usages du texte

L'étude de la Torah et la transmission de ses enseignements sont au centre de la vie juive. Organisée en fonction d'un découpage hebdomadaire qui couvre une année, la lecture psalmodiée du texte s'effectue lors du culte synagogal des lundi, jeudi et samedi (*shabbat*), mais aussi des jours de fête et de jeûne, ainsi que du premier jour de chaque mois. Des fidèles sont appelés à « monter à la Torah », c'est-à-dire à lire publiquement le texte, l'ascension ne désignant pas seulement leur présence sur l'estrade de la synagogue mais aussi une élévation spirituelle. La Torah est également lue à l'occasion de la *bar mitzvah*, cérémonie d'entrée dans la majorité religieuse.

La Torah ou Pentateuque

Le nom français correspond au thème général dont chaque livre traite.	Le nom hébraïque correspond aux premiers mots de chaque livre.
La Genèse	*Bereshit* (Au commencement)
L'Exode	*Shemot* (Noms)
Le Lévitique	*Vayyiqra* (Et Il appela)
Les Nombres	*Bamidbar* (Au désert)
Le Deutéronome	*Devarim* (Paroles)

« Heureux l'homme […] qui trouve son plaisir dans la Loi de l'Éternel et médite cette Loi jour et nuit ! »

Psaume 1, 1-2.

Le Talmud, recueil des commentaires de la Torah

La Loi orale

Si les juifs sont le « peuple du Livre », ils sont aussi celui de l'interprétation. C'est l'objet du Talmud, composé de la Mishna et de la Guemara. Au lendemain de la destruction du second Temple en 70 (► p. 98), afin de préserver l'héritage et l'unité de leur communauté désormais en grande partie exilée, des sages rassemblent et organisent l'ensemble des commentaires de la tradition orale. Ainsi se forme la Mishna (« répétition ») qui recense les exégèses d'environ 150 sages (les *tannaïm*). Puis, entre le IIIe et le Ve siècle, des « interprètes » (les *amoraïm*) se donnent pour tâche d'éclairer le sens de la Mishna. Leur travail est compilé dans la Guemara (« l'achèvement »), rédigée en araméen.

Les 613 commandements

Obligations religieuses issues de la Torah et transmises par la tradition orale, les commandements, ou *mitzvot*, sont des prescriptions positives pour 248 d'entre elles, tandis que 365 sont des interdits. Elles renvoient soit à la relation de l'homme avec Dieu, soit aux liens qu'entretiennent les hommes entre eux. La Loi juive distingue les commandements qui ne sont applicables qu'en terre d'Israël, et dispense les femmes de certaines obligations, notamment liées au temps. Les *mitzvot* ne sont pas hiérarchisées, toutefois la prééminence de la sauvegarde de la vie s'impose en toute occasion.

« *Chef-d'œuvre inégalé de la mémoire juive, le Talmud – 2 millions et demi de mots – couvre tous les aspects de toutes les activités humaines.* »

Élie Wiesel, *Célébrations talmudiques*, Seuil, 1991.

Composition d'une page de Talmud

Une page du Talmud imprimée contient en son centre un passage de la Mishna, suivi du passage de la Guemara correspondant. Les commentaires de rabbins postérieurs, comme le Français Rachi (1040-1105) ou le Tunisien Rabbenou Hananel (990-1053), ont été ajoutés sur les côtés. S'y ajoutent enfin des compléments (les *tossafot*) ainsi que divers renvois ou références (► p. 178).

Étudiants d'une *yeshiva* (académie religieuse), où l'étude du Talmud constitue l'activité principale

Émmanuel Mané-Katz, *Deux garçons étudiant la Thorah*, 46 × 31 cm, 1943 (Collection particulière).

Il existe deux Talmuds : celui dit de Jérusalem, achevé à la fin du IVe siècle dans les académies de Galilée, et celui de Babylone, terminé à la fin du Ve siècle. Ce dernier, plus complet et soutenu par les *geonim* babyloniens (► p. 99), demeure l'ouvrage de référence. Il est imprimé pour la première fois vers 1520 à Venise, par un chrétien, Daniel Bomberg.

Un livre majeur du judaïsme

Compilation de lois, de récits, de réflexions philosophiques et historiques comme de considérations pratiques recouvrant tous les aspects de l'existence, le Talmud exerce un rôle primordial dans la pratique religieuse juive, et ce à travers les siècles. La Mishna, écrite en hébreu, comporte six ordres : les semences (bénédictions et lois agricoles), le temps fixé (*shabbat* et solennités), les femmes (mariage et divorce), les dommages (lois civiles et criminelles, idolâtrie), les choses saintes (service du Temple, abattage rituel des animaux), la pureté (pureté et impureté rituelles).

Le Talmud a façonné en profondeur l'identité juive. Cette importance en a fait la cible principale des attaques chrétiennes contre les juifs au Moyen Âge (► p. 204) et la victime de multiples autodafés.

Le karaïsme

Ce courant du judaïsme, apparu au VIIIe siècle en Babylonie, se fonde sur la seule Bible hébraïque et refuse l'autorité de la Loi orale. Il s'oppose donc au judaïsme rabbinique (► p. 99) dominant dont il diffère en matière de rituel, de lois religieuses et de calendrier. Présents presque partout où se trouvaient, au Moyen Âge, des communautés juives, les karaïtes ont en grande partie disparu. Ils subsistent aujourd'hui en Europe orientale, en Égypte et en Israël.

242

Mani est autorisé à prêcher sa nouvelle religion, le manichéisme

Dans l'empire sassanide (en Iran actuel) ouvert à de nombreuses influences religieuses, Mani se présente comme un nouveau prophète porteur d'un message de salut. Sa doctrine connaît un rapide succès avant de disparaître au Moyen Âge.

Le successeur de Zoroastre, Bouddha et Jésus

En 242, le roi Shapur Ier, pourtant fidèle du mazdéisme (► p. 54), autorise Mani à prêcher. Pour le souverain sassanide, cette doctrine, ouverte et tolérante, permet d'unir les territoires conquis.

La nouvelle religion est théorisée dans plusieurs ouvrages, dont neuf sont attribués à Mani. Il y proclame que l'espoir annoncé par Jésus (► p. 92), Zoroastre et Bouddha (► p. 58), s'est réalisé en lui. Il reconnaît également l'autorité du Nouveau Testament.

La base de la doctrine est le dualisme. La lumière (le bien, Dieu) et les ténèbres (le mal, le démon), contraires et éternels, sont au fondement de l'univers. L'homme porte en lui cette dualité, symbolisée par l'opposition entre l'âme et le corps. En se purifiant par des rites (quatre prières quotidiennes, aumône, jeûne et confession des péchés), le fidèle peut rétablir la séparation stricte entre les deux et ainsi échapper au cycle de la réincarnation pour rejoindre le royaume de la lumière. Quand toutes les âmes seront libérées, Ciel et Terre s'effondreront.

Succès et expansion de la nouvelle religion

Message de salut à caractère universel, le manichéisme est adopté dans de nombreuses communautés dont les règles sont organisées par Mani lui-même. Les fidèles sont divisés en élus – religieux ayant fait vœu d'honnêteté, de pauvreté, de chasteté et d'obéissance – et auditeurs – laïcs qui servent les premiers.

La rapide expansion de la nouvelle religion, d'abord à l'empire perse puis au-delà des frontières jusqu'en Chine, peut s'expliquer par son caractère syncrétique : les influences babyloniennes, iraniennes, chrétiennes et bouddhistes y sont clairement décelables. Au IVe siècle, le manichéisme se répand dans le monde romain, en Égypte, en Afrique du Nord – saint Augustin est d'abord manichéen (► p. 114) – avant d'être progressivement interdit. Son influence est sensible dans le catharisme au XIIe siècle (► p. 206).

Empire perse – Afghanistan

–1000 –900 –800 –700 –600 –500 –400 –300

Mèdes | Dynastie des Achéménides | Royaume Séleucide

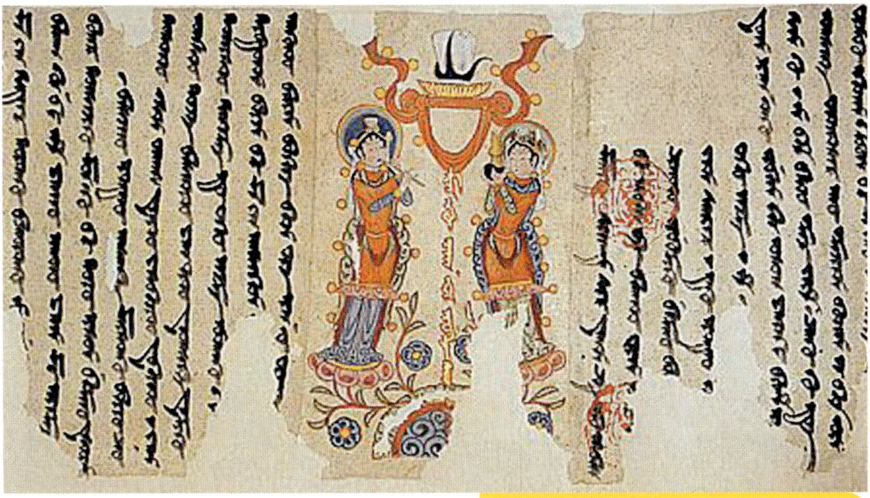

Une nouvelle langue
Afin de favoriser la diffusion de ses œuvres, Mani utilise « l'alphabet manichéen », le sogdien, plus lisible. Trouvée en 1981 dans une grotte de la région de Tourfan (Chine), cette lettre en sogdien, datée entre le IXe et le XIIIe siècle, est attribuée à un fidèle manichéen.

Mani, prophète et martyr

Né en 216 en Babylonie du Nord alors sous domination sassanide, Mani (ou Manès) est élevé dans une communauté baptiste elchasaïte – du nom d'une secte judéo-chrétienne. Après plusieurs révélations, il quitte la communauté à 24 ans pour prêcher son propre message. Il voyage jusqu'en Afghanistan où il découvre le bouddhisme (► p. 58). D'abord protégé par le roi Shapur Ier, Mani subit les persécutions de son successeur, Bahram Ier, qui entend revenir à la religion mazdéenne traditionnelle (► p. 54). Les autres cultes (judaïsme, christianisme, brahmanisme), regardés comme étrangers, sont interdits. Arrêté, Mani meurt en prison de mauvais traitements en 277 (ou 274). Les sources rapportent qu'il est décapité et son corps démembré. La passion de Mani est alors perçue par ses disciples comme un miroir de la passion du Christ (► p. 92).

Le dualisme et le manichéisme

Comme le zoroastrisme (► p. 54), le système de Mani se définit par sa conception dualiste du monde qui oppose deux principes éternels. Quand le mot « dualiste » apparaît en latin en 1700, c'est d'ailleurs pour désigner les fidèles de Zoroastre. Du fait du succès du manichéisme, les termes « manichéen » et « dualiste » vont avoir tendance à se confondre. Le premier est aujourd'hui passé dans le langage courant pour désigner une attitude visant à juger le monde en termes opposés de bien et de mal.

-200	-100	An 1	100	200	300	400	500

Empire parthe

Dynastie des Sassanides

325 L'empereur Constantin convoque le premier concile œcuménique à Nicée

Appelant toutes les Églises chrétiennes à trancher les conflits théologiques qui se sont développés entre elles, l'empereur romain Constantin parvient à faire imposer la première formulation officielle de la foi chrétienne.

Un différend doctrinal majeur

Au cours des IIe et IIIe siècles, le christianisme se répand dans l'Empire romain. Des communautés locales apparaissent, avec à leurs têtes des évêques qui organisent la vie des fidèles en définissant la langue de la prédication et les formes de liturgie. À Rome, Alexandrie ou Antioche (► p. 94), ces hommes d'Église essaient de maintenir l'unité des chrétiens malgré l'apparition de divergences théologiques.

Ainsi, en Égypte par exemple, à partir de 312, un prêtre nommé Arius affirme que le Christ n'est pas éternel mais tiré du néant par Dieu. Condamnée par l'évêque d'Alexandrie, cette croyance se diffuse pourtant en Palestine et en Syrie. La question de la nature du Christ est alors essentielle car elle pose la question du salut : si le Christ n'est pas Dieu, il ne peut sauver les hommes.

Unifier les croyances et les pratiques

En 325, l'empereur Constantin, récemment converti au christianisme, décide de mettre fin aux querelles religieuses qui divisent l'empire réunifié. Il convoque les évêques du « monde entier », c'est-à-dire de l'ensemble du territoire romain, en mettant à leur disposition chevaux et chariots de la poste impériale.

Rassemblés à Nicée (en Turquie actuelle) du 20 mai au 25 juillet, 318 responsables religieux rédigent un texte qui est à l'origine de la première formulation du dogme chrétien : Dieu est unique, le Père et le Fils sont consubstantiels. À cette occasion, sont également définis vingt canons qui organisent la vie de l'Église (interdictions diverses, ordination, excommunication, etc.).

Une querelle longue à trancher

À la suite du concile, Arius est exilé et ses positions déclarées hérétiques, c'est-à-dire incompatibles avec la foi reconnue par l'Église. Pourtant des contestations perdurent et ce n'est qu'en 380, sous le règne de Théodose Ier (► p. 110), que la doctrine établie à Nicée est définitivement adoptée. Elle est complétée en 381 lors du concile de Constantinople.

Méditerranée – Occident

–2000 –1500 –1000

Grèce — Période mycénienne — Grèce archaïque

Rome

Celtes

Le symbole de Nicée-Constantinople

L'empereur, au centre, présente la profession de foi (*credo*, signifiant « je crois » en latin) adoptée à Nicée et complétée à Constantinople. Les évêques, reconnaissables par leurs habits blancs et noirs, viennent de la partie orientale de l'Empire romain : en effet l'Occident n'est pas encore touché par l'arianisme et même l'évêque de Rome est absent des conciles.

Icône du concile de Nicée (Mont Athos, Grèce).

La conversion de Constantin

Au début du IVe siècle, l'Empire romain est gouverné par quatre souverains appelés tétrarques. En 306, Constantin succède à son père, l'un des co-empereurs, dans un contexte de conflits pour le pouvoir. En 312, à la veille d'une bataille contre l'un de ses rivaux, il reçoit un avertissement en songe lui demandant de reproduire le chrisme – les caractères grecs X et P désignant les premières lettres du mot Christ – sur les boucliers de ses soldats. Le jour même du combat, Constantin prie le Dieu des chrétiens et une croix apparaît dans le ciel au-dessus du soleil. Vainqueur, il décide alors de n'adorer qu'un seul Dieu. En 313, il signe une lettre dans laquelle il reconnaît la liberté de culte pour tous. Ce texte, également appelé « édit de Milan », met fin aux persécutions contre les chrétiens (► p. 97). Constantin reçoit le baptême en 337 sur son lit de mort, ainsi assuré d'être lavé de tous ses péchés.

Les 4 premiers conciles œcuméniques définissent les croyances chrétiennes

325	**Nicée** : absence de relation de subordination entre le Père et le Fils.
381	**Constantinople** : création du concept de Trinité, à savoir un seul Dieu en trois personnes (le Père, le Fils et le Saint-Esprit).
431	**Éphèse** : Marie est proclamée mère de Dieu. Ainsi est suggéré le lien entre la nature divine et humaine du Christ.
451	**Chalcédoine** : le Christ est à la fois vrai Dieu et vrai homme. Il est « une seule personne en deux natures ».

–500 **An 1** **500**

Grèce classique **Grèce hellénistique**

Royauté romaine **République romaine** **Empire romain**

Hallstatt **La Tène**

v. 341

Le royaume d'Aksoum accueille son premier évêque

L'évangélisation précoce du royaume d'Aksoum (entre les actuelles Érythrée et Éthiopie), au début du IVe siècle, révèle le succès de la religion chrétienne au-delà des frontières de l'Empire romain.

Ezana, premier roi chrétien africain

L'évangélisation de la corne de l'Afrique, rapportée par un auteur chrétien du IVe siècle, Rufin d'Aquilée, doit beaucoup à la personnalité de Frumence. De retour d'un voyage en Inde, ce chrétien syrien fait halte en Afrique dans un port du royaume d'Aksoum. Son bateau y est pillé tandis que lui et son jeune frère sont conduits à la cour du roi Ella Amida.

Esclave du souverain, Frumence devient le précepteur de son fils Ezana qu'il convertit au christianisme. Devenu roi vers 320, Ezana abandonne à partir de 340 les références à Mahrem, dieu de la guerre, et fait graver sa foi en « Dieu Père et Saint-Esprit et en son Fils Jésus-Christ ».

Une christianisation précoce

Vers 341, Frumence est consacré premier évêque d'Aksoum par l'archevêque d'Alexandrie et poursuit son œuvre d'évangélisation avec succès. La christianisation, qui s'opère sous l'influence des commerçants et touche d'abord les élites, est manifeste et fait de l'Église actuelle d'Éthiopie l'une des plus anciennes du continent africain.

Au Ve siècle, l'Église éthiopienne suit la doctrine des Églises d'Orient, laquelle rejette les conclusions du concile de Chalcédoine (► p. 107).

L'influence du judaïsme

Plaque tournante du commerce de la mer Rouge, le royaume d'Aksoum est au contact des civilisations égyptienne, grecque et romaine. À partir du Ve siècle, le métropolite, chef de l'Église éthiopienne choisi parmi les moines égyptiens, est consacré à Alexandrie. La communauté éthiopienne dépend alors de l'autorité du patriarche égyptien. On y trouve des influences du zoroastrisme (► p. 54) et surtout du judaïsme pré-talmudique (► p. 44). En effet, selon la tradition, le roi Salomon aurait eu avec la reine de Saba un fils, le souverain légendaire Ménélik Ier d'Éthiopie.

Les influences du judaïsme sont sensibles dans l'Église d'Éthiopie par l'importance donnée à l'Ancien Testament et par le culte : la circoncision et le repos du *shabbat* y ont ainsi été longtemps pratiqués.

L'église Sainte-Marie-de-Sion à Aksoum

Cette chapelle, initialement bâtie au IVe siècle, a connu plusieurs reconstructions. Appelée « le Trésor », elle abriterait l'Arche d'alliance (► p. 44) dérobée, selon la tradition, par Menelik Ier à Jérusalem. Seul le gardien confiné à vie dans la chapelle a l'autorisation de voir l'arche, mais chaque église en possède une réplique appelée « tabot ».

Les Évangéliaires de Garima

Au IVe siècle, le royaume d'Aksoum adopte l'écriture guèze. C'est dans cette langue sémitique – encore utilisée dans la liturgie éthiopienne – qu'est traduite la littérature chrétienne nécessaire à l'Église naissante. Ainsi, les Évangéliaires de Garima sont parmi les plus anciens manuscrits des Évangiles chrétiens conservés aujourd'hui.

L'Arménie, premier pays officiellement chrétien

L'Arménie est le premier royaume à adopter le christianisme comme religion d'État après la conversion, en 301, du roi Tiridate III par Grégoire l'Illuminateur. Arménien d'origine, élevé à Césarée de Cappadoce (actuelle Turquie), Grégoire fut le premier *catholicos* (patriarche) d'Arménie. Au IVe siècle, partout dans le pays, des églises remplacent les temples païens. Au début du Ve siècle, le moine Mesrop met au point un alphabet qui permet la traduction de la Bible en arménien. En 506, l'Église arménienne refuse d'adopter les conclusions du concile de Chalcédoine (► p. 107) et devient une Église autocéphale, c'est-à-dire indépendante juridiquement et spirituellement du patriarche de Constantinople et du pape.

–100 | 1 | 100 | 200 | 300 | 400 | 500

Empire romain

Diffusion progressive du christianisme

380

L'édit de Thessalonique fait du christianisme l'unique religion de l'Empire romain

Durant son règne (379-395), l'empereur Théodose Ier promulgue une série d'édits visant à unifier les croyances de ses sujets. L'édit de Thessalonique est le premier d'entre eux.

La religion officielle de l'Empire romain

Régnant sur la partie orientale de l'Empire, Théodose Ier est un fervent chrétien. En 380, il se convertit, puis promulgue l'édit de Thessalonique qui fait du christianisme la seule religion licite de l'Empire.

Cette loi condamne des hérésies ariennes (► p. 106) et la religion païenne. Elle vise à mettre fin aux querelles théologiques qui divisent la communauté chrétienne depuis le concile de Nicée (► p. 106) et à fixer la croyance religieuse. Le texte entérine également la supériorité du pouvoir temporel sur le pouvoir spirituel, caractéristique du christianisme oriental.

L'affirmation du dogme

En 381, le deuxième concile œcuménique se réunit à Constantinople (► p. 107). Il rassemble 150 évêques orientaux qui condamnent une nouvelle fois l'hérésie arienne et consacrent également la prééminence de l'évêque de Rome.

La sévérité du pouvoir impérial permet d'imposer l'unicité du dogme. En 383, un édit établissant la liste des évêques faisant autorité est promulgué et les églises hérétiques sont confisquées. À Rome et à Alexandrie, les foules protègent le clergé réfractaire, et les discussions religieuses tournent souvent en bagarres de rues.

L'interdiction des cultes païens

En 391, Théodose interdit la pratique des cultes païens en Italie, puis en Égypte. Les autorités chrétiennes veillent à la stricte application des décisions impériales. À Alexandrie, l'évêque de la ville, Théophile, se précipite dans le temple de Sérapis et d'un coup de pied jette à terre la statue du dieu égyptien (► p. 37). Ces outrages provoquent des affrontements très violents entre chrétiens et païens.

Le 8 novembre 392, l'empereur rassemble toutes ces lois en une seule et proclame la destruction des temples de tout l'Empire. En Orient, les feux sacrés des sanctuaires sont éteints, et les biens des édifices religieux sont affectés au fisc impérial.

La basilique Saints-Côme-et-Damien à Rome
Au début du IVe siècle, un petit bâtiment circulaire est bâti sur le Forum romain, le temple de Romulus, d'abord consacré au fils de l'empereur Maxence, puis à Jupiter par Constantin. Au VIe siècle, il est transformé en église, annexé à la basilique Saints-Côme-et-Damien.

La naissance de l'érémitisme et du monachisme en Égypte

Alors que les sociétés se christianisent peu à peu, certains croyants veulent se rapprocher du mode de vie des premiers chrétiens. Vers 270, Antoine, un jeune paysan riche bouleversé par la phrase de l'Évangile « Si tu veux être parfait, va, vends tes biens [...] et suis-moi » (Matthieu, 19, 21) se retire du monde. Pendant plus de vingt ans, il vit en ermite dans le désert. À sa mort en 356, il jouit d'une immense popularité.

Vers 320, un ancien centurion converti, Pacôme, fonde le premier monastère à Tabennèse, un village abandonné au centre de l'Égypte. Il y vit avec d'autres moines sous la direction d'un père spirituel, retrouvant ainsi l'idéal de vie commune – le *koinos bios*, à l'origine du mot « cénobitisme » – des premières communautés. À sa mort, en 347, Pacôme a fondé neuf monastères le long de la vallée du Nil.

Ambroise de Milan (339-397)

Saint Ambroise, gouverneur de Milan, alors capitale de l'Empire romain, puis évêque de la ville à partir de 374, est un des quatre Pères de l'Église latine (▶ p. 115). Il combat le paganisme d'une partie de l'aristocratie romaine ainsi que l'arianisme. Mais c'est surtout par son opposition intransigeante au pouvoir temporel que l'évêque se fait remarquer. En 390, il excommunie Théodose Ier qui avait fait massacrer 7 000 personnes dans le cirque de Thessalonique. Après avoir reconnu son péché, l'empereur est finalement autorisé à entrer dans la cathédrale le jour de Noël.

406

Kumarajiva traduit des textes bouddhistes en chinois

L'implantation en profondeur du bouddhisme en Chine doit beaucoup aux nombreux moines voyageurs qui, comme Kumarajiva, traduisent en chinois les sutras bouddhiques.

Entre deux mondes

Kumarajiva naît en 344 (ou 350) dans l'oasis de Kucha, capitale du royaume Kuchi (actuelle province du Xinjiang). La ville est une étape de la route de la soie, laquelle est également l'axe de pénétration du bouddhisme en Chine. Fils d'un brahmane indien du Cachemire, il maîtrise le sanskrit, langue des Védas (▶ p. 66) et des textes bouddhiques du mahayana, mais aussi le pali, langue du theravada (▶ p. 78).

Dans sa jeunesse, Kumarajiva voyage au Cachemire et dans les oasis de Kashgar et de Tourfan, alors bouddhistes. Fait prisonnier par les Chinois vers 382, sur l'ordre d'un roi local désireux d'avoir à son service un érudit bouddhiste réputé, il apprend le chinois durant sa captivité et finit par s'établir dans la capitale, Chang'an (actuelle Xi'an), jusqu'à sa mort vers 413.

Le retour aux sources indiennes

En une dizaine d'années, à la tête de milliers de traducteurs, Kumarajiva traduit en chinois 74 textes bouddhistes indiens, parmi les plus importants du bouddhisme du Grand Véhicule (les sutras du Cœur, du Lotus et du Diamant notamment).

Ces traductions rectifient les versions précédentes rendues inexactes par l'utilisation de termes empruntés à la pensée taoïste (▶ p. 65). Les connaissances de Kumarajiva en sanskrit, pali et chinois lui permettent de rendre dans une langue fluide et accessible les concepts bouddhistes.

L'un des trois enseignements

En s'acclimatant à la civilisation chinoise, le bouddhisme se fragmente en écoles doctrinales, chacune étant fondée sur un sutra particulier. Le mahayana domine alors avec, parmi les plus connues jusqu'à nos jours, les écoles de la Terre pure et du chan (zen au Japon).

Une coexistence s'établit progressivement entre les « trois enseignements » (*sanjiao*) : les deux religions autochtones – taoïsme et confucianisme (▶ p. 64 et p. 74) – et la doctrine étrangère, le bouddhisme.

Chine

–1000 –900 –800 –700 –600 –500 –400 –300

Dynastie des Zhou occidentaux — Dynastie des Zhou orientaux

Printemps et Automnes — Royaumes combattants

Un moine sogdien enseignant à un moine chinois

Turfan, oasis de la route de la soie, est un lieu de transmission du bouddhisme où des moines sogdiens (► p. 105) enseignent à des disciples chinois. Le contact direct entre le bouddhisme d'Asie centrale et le bouddhisme chinois se poursuit du IIIe au VIIe siècle, jusqu'à l'arrivée de l'islam.

Grotte des Mille Bouddhas de Bezeklik, IXe siècle (Xinjiang, Chine).

L'installation progressive du bouddhisme en Chine

Ier siècle	Pénétration par les caravanes de la route de la soie depuis les royaumes indo-scythes d'Asie centrale.
68	Construction du premier temple bouddhiste à Luoyang, capitale de l'empire des Han postérieurs.
v. 148	Premières traductions de sutras en chinois sous la direction du prince parthe et missionnaire bouddhiste An Shigao.
220	Chute de la dynastie des Han, quasi-disparition du bouddhisme.
IVe-Ve siècle	Réintroduction du bouddhisme par l'entremise de voyageurs et de traducteurs.
VIIe-IXe siècle	Âge d'or du bouddhisme, création de nombreux monastères.
843-845	Persécution générale contre les religions étrangères dont le bouddhisme par l'empereur Wuzong (► p. 89).
847	Rétablissement du bouddhisme, qui ne retrouve toutefois pas son élan intellectuel antérieur.

–200 –100 An 1 100 200 300 400 500

Dynastie Qin Dynastie des Han

427

Saint Augustin achève la rédaction de *La Cité de Dieu*

Dans cet immense ouvrage, Augustin, évêque d'Hippone, défend la foi chrétienne au moment où l'Empire romain d'Occident est menacé par les « barbares ».

Itinéraires

Augustin naît dans une famille modeste d'Afrique du Nord en 354. Sa mère est chrétienne et son père païen polythéiste. Il apprend le latin, étudie puis enseigne la rhétorique à Carthage. À 19 ans, il part pour l'Italie, à Rome puis à Milan où il obtient la charge officielle d'élaborer des discours pour l'empereur.

D'abord païen, puis proche du manichéisme (► p. 104), Augustin se convertit au christianisme. En 387, il est baptisé par Ambroise, évêque de Milan (► p. 111), puis il rentre en Afrique. De passage à Hippone (Algérie actuelle), il est désigné prêtre par acclamation, puis en devient évêque en 396. Augustin meurt en 430 alors que la ville est assiégée par les Vandales.

Défendre le christianisme

En 410, le roi wisigoth Alaric et ses troupes pillent la ville de Rome. Cet événement suscite une émotion considérable et certains rendent la nouvelle religion chrétienne responsable du déclin de l'Empire romain et de cette catastrophe.

Pour réfuter ces accusations, Augustin entreprend à partir de 412 la rédaction de *La Cité de Dieu*. Il prend comme point de départ le sac de Rome, et montre que le destin de la ville n'est pas lié à la volonté divine. Dans les dix premiers livres, il dénonce la religion romaine polythéiste. Puis dans les douze suivants, il inscrit le christianisme dans le temps long et développe la théorie des deux cités.

Cité céleste, cité terrestre

Augustin développe l'idée de l'existence de deux cités, imbriquées l'une dans l'autre. Celle de Dieu regroupe ceux, chrétiens ou non, qui font le bien, défendent la justice et la paix. La cité terrestre désigne quant à elle ceux qui préfèrent le vice à la vertu. Dans la perspective de la fin des temps, seul le jugement dernier doit permettre de démêler les deux cités et d'assurer la victoire de la cité de Dieu.

Œuvre d'Augustin la plus recopiée au Moyen Âge, *La Cité de Dieu* est fondamentale à la fois pour la théologie chrétienne de l'histoire, mais également pour la distinction entre le pouvoir spirituel et le pouvoir temporel. Son auteur est canonisé en 1298 et fait « docteur de l'Église » par le pape Boniface VIII.

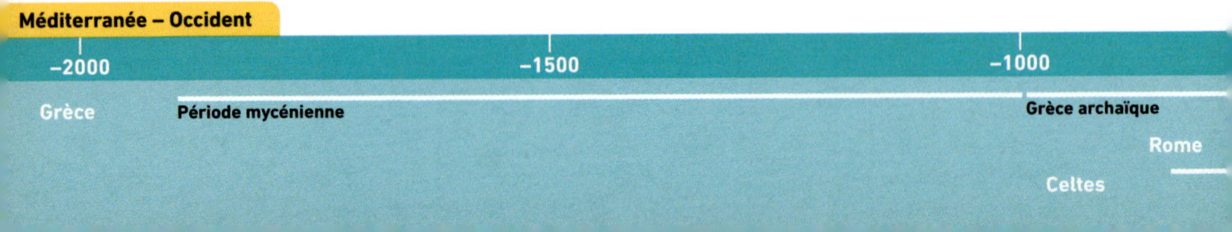

Saint Augustin et les hérétiques

Cette enluminure de la fin du XVe siècle montre deux périodes de la vie de saint Augustin. À l'arrière-plan, sa mère Monique, chrétienne, se désole que son fils soit manichéen. Au premier plan, Augustin, converti et devenu évêque d'Hippone, affronte avec son prédécesseur Valère trois hérétiques.

Enluminure de Jacques de Besançon, dans Jacques de Voragine, *La Légende dorée*, v. 1480-1490 (BnF, Paris).

« Deux amours ont donc bâti deux cités : l'amour de soi jusqu'au mépris de Dieu, la cité de la Terre, l'amour de Dieu jusqu'au mépris de soi, la cité de Dieu. L'une se glorifie en soi, et l'autre dans le Seigneur. »

Saint Augustin, *La Cité de Dieu*, livre XIV, 427.

Les Pères de l'Église et la diffusion du christianisme

L'appellation « Pères de l'Église » désigne les penseurs et écrivains chrétiens qui, comme Augustin, Ambroise (p. ► 111), Grégoire le Grand (► p. 132) et Jérôme, ont mené une vie exemplaire et participé à définir la doctrine de l'Église catholique. Particulièrement actifs aux IVe et Ve siècles, quand le christianisme se diffuse en Occident, les Pères de l'Église luttent contre le paganisme encore très présent dans l'Empire romain et dans ses marges. Ils doivent aussi faire face aux tensions internes et aux différentes hérésies qui fleurissent à l'intérieur du monde chrétien. Augustin affronte ainsi le manichéisme et le donatisme – une hérésie rigoriste qui se développe au IVe siècle –, tous deux bien implantés en Afrique du Nord.

–500 | An 1 | 500

Grèce classique | Grèce hellénistique

Royauté romaine | République romaine | Empire romain

Hallstatt | La Tène

438

Le code de Théodose refonde le droit des juifs en chrétienté

À la demande de l'empereur Théodose II, un recueil de règlements et de décisions impériales prises depuis le règne de Constantin Ier est élaboré. Ce code modifie les rapports entre les deux grandes religions monothéistes concurrentes sous l'Empire romain et favorise l'affirmation d'un antijudaïsme chrétien.

La rivalité entre juifs et chrétiens

Alors que le judaïsme et le christianisme sont devenus deux confessions distinctes depuis la fin du Ier siècle (► p. 96), liens et relations perdurent. Ainsi, des groupes juifs reconnaissent la messianité de Jésus jusqu'au IVe siècle. Mais, le christianisme étant devenu la religion officielle de l'Empire romain (► p. 110), l'Église entend limiter l'influence juive sur la vie religieuse des communautés chrétiennes.

De leur côté, les autorités civiles mènent une politique ambivalente. L'empereur Théodose II, s'il maintient le statut de « religion licite » au judaïsme, met fin au Sanhédrin en supprimant la fonction de grand prêtre en 429.

Une moindre reconnaissance des juifs dans l'Empire

Promulgué en 438 et touchant à des domaines divers de l'existence des administrés, le code de Théodose marque un tournant en redéfinissant le statut juridique et social des populations juives de l'Empire romain.

Des directives visent dès lors à séparer les juifs de leur entourage chrétien, en réprimant par exemple les mariages mixtes et les conversions au judaïsme – tandis que celles des juifs au christianisme sont encouragées. D'autres dispositions entendent réduire les prérogatives traditionnelles des juifs, comme le droit à ériger de nouveaux lieux de culte.

L'antijudaïsme chrétien

La controverse judéo-chrétienne se manifeste aussi à travers les écrits des Pères de l'Église (► p. 115), tel Tertullien, qui diffusent dès le IIe siècle des discours diffamatoires sur les juifs.

Le christianisme se définit alors comme le « Vrai Israël », contre le peuple juif persévérant dans l'erreur et responsable de la mort du Christ. C'est donc le lien originel entre les deux traditions religieuses qui devient l'une des causes majeures de l'antijudaïsme. D'essence religieuse, ce dernier va se transmettre à travers les siècles, avec des conséquences considérables sur la vie des communautés juives.

La lampe dite d'« Orgon »

Découverte à Orgon (Bouches-du-Rhône), cette lampe à huile sur laquelle figure un double chandelier à sept branches est le plus ancien témoignage connu à ce jour de la présence juive sur le territoire de ce qui sera la France.

Terre cuite, 5 cm, fin du Ier siècle av. J.-C. (Musée Jouve et Juif Comtadin, Cavaillon).

Les juifs en Gaule

Les traces les plus anciennes d'une présence juive en Gaule renvoient aux premiers siècles de l'ère chrétienne, alors que le territoire est sous domination romaine. Les sources sont plus nombreuses à partir du IVe siècle, soulignant l'existence de communautés sur le littoral méditerranéen et le long des grands axes fluviaux, visiblement bien intégrées au sein des populations environnantes. Malgré le durcissement de la théologie chrétienne et des périodes parfois marquées par des violences et des expulsions, la situation des juifs demeure relativement favorable dans les siècles qui suivent, en vertu notamment du caractère utile, sur le plan économique, que leur attribuent les souverains.

« *Il n'est pas permis aux juifs d'inquiéter ou d'assaillir de quelque outrage celui qui de juif s'est fait chrétien, l'affront devant être puni selon la nature de l'acte délictueux commis.* »

Code théodosien, chapitre XVI, 8-5.

Jean Chrysostome (vers 344-407)

Archevêque de Constantinople, Père de l'Église, il est l'auteur de sermons, les *Adversus Judaeos*, contre les juifs. Il les présente comme les pécheurs par excellence et compare les synagogues à des bordels et des tavernes, repaires de criminels ayant assassiné le Christ. Réimprimés par les nazis au XXe siècle, ces textes ont alimenté l'antisémitisme, servant à justifier les persécutions et les crimes perpétrés contre les juifs sous le IIIe Reich (▶ p. 330).

–500	An 1	500
Grèce classique	Grèce hellénistique	
Royauté romaine	République romaine	Empire romain
Hallstatt	La Tène	

Le Moyen Âge

Du Ve siècle au XVe siècle

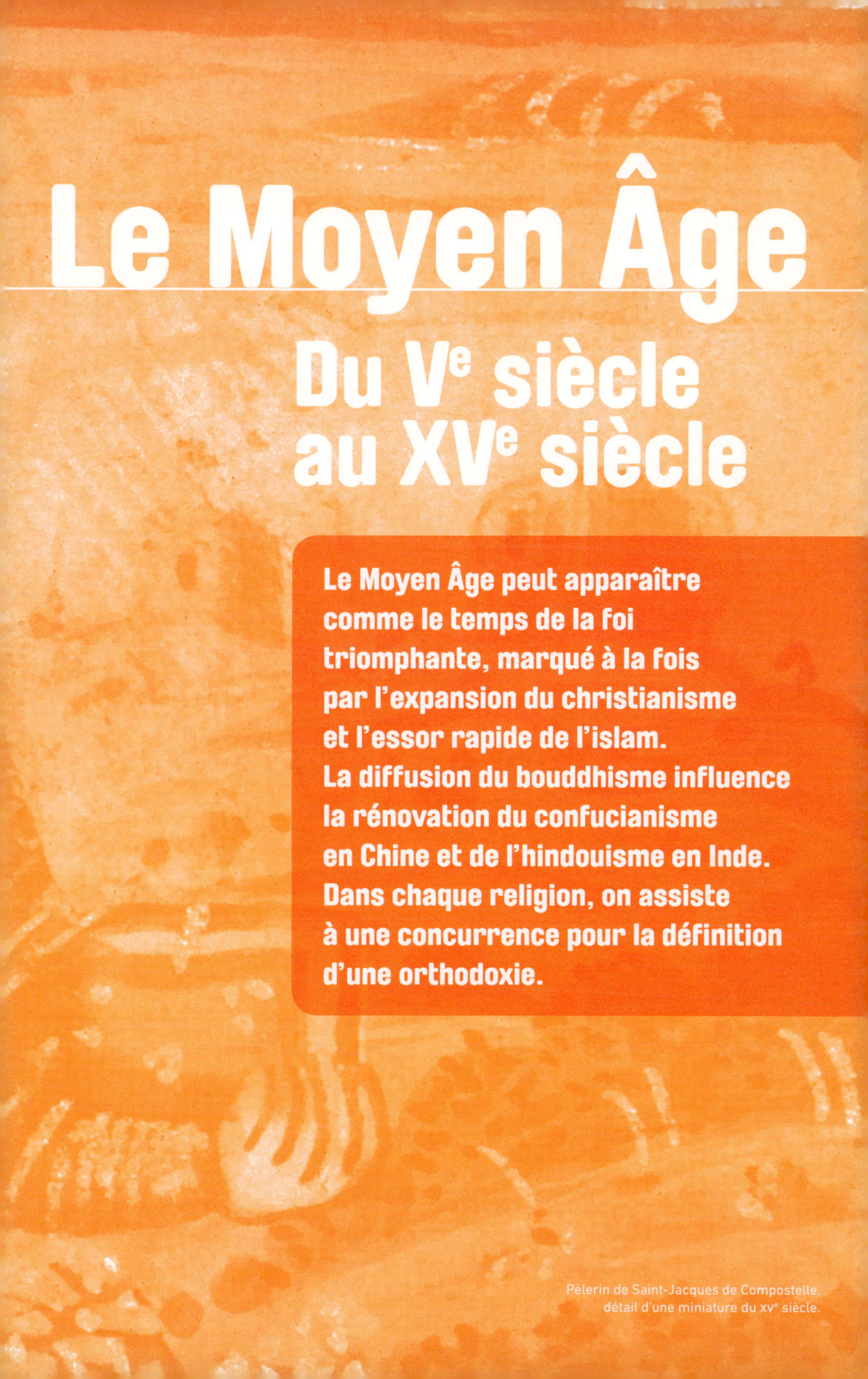

Le Moyen Âge peut apparaître comme le temps de la foi triomphante, marqué à la fois par l'expansion du christianisme et l'essor rapide de l'islam. La diffusion du bouddhisme influence la rénovation du confucianisme en Chine et de l'hindouisme en Inde. Dans chaque religion, on assiste à une concurrence pour la définition d'une orthodoxie.

Pèlerin de Saint-Jacques de Compostelle, détail d'une miniature du XVe siècle.

La christianisation de l'Occident

En Occident, l'Empire romain laisse place aux royaumes barbares dont les élites se convertissent au christianisme. L'évangélisation des campagnes s'étend et le monachisme se développe.
Vers l'an mil, les populations sont largement christianisées. Cependant, le schisme de 1054 témoigne de l'éloignement entre monde catholique latin et monde orthodoxe grec.
Du Xe au XIIIe siècle, la chrétienté s'élargit au nord et à l'est de l'Europe. Les premières missions sont lancées en Asie et un siècle plus tard en Afrique. Parallèlement, l'autorité pontificale s'affirme en Occident tant sur le plan spirituel que temporel. Le pape définit les dogmes et impulse les croisades.

Le domaine de l'islam

Dans la péninsule Arabique, la prédication de Muhammad donne naissance à une nouvelle religion monothéiste à prétention universaliste. En un siècle, les successeurs du prophète assurent à l'islam une formidable expansion et la constitution d'un immense empire qui s'étend de l'Atlantique à l'Indus. Une civilisation brillante et un nouveau pouvoir sont nés.
Cependant, après la mort du prophète, des désaccords sur la question de sa succession sont à l'origine de la division de la communauté entre sunnites et chiites. Le morcellement politique favorise l'émergence d'États indépendants contestant le pouvoir du calife.
À partir du XIe siècle, des élites non arabes (persanes, turques et berbères) concurrencent les pouvoirs en place au nom de particularismes religieux ou de la conquête militaire (*djihad*).
Le domaine de l'islam continue de s'étendre en Europe, en Asie (Malaisie et Indonésie) et en Afrique. Les Mongols (XIIIe siècle), en embrassant l'islam le diffusent jusqu'à la Volga.

La diaspora juive

La situation des communautés juives, dispersées après la destruction du second Temple par les Romains, varie en fonction des territoires.
En terre d'islam, elles sont soumises au statut des *dhimmi*. Dans l'Espagne d'al-Andalus, les juifs jouissent de la liberté de culte et jouent un rôle central dans la vie économique et intellectuelle.
En Europe occidentale, ils sont tolérés mais sont sous la menace de conversions forcées.
Des centres d'études se développent cependant autour de grandes figures rabbiniques qui jouissent d'un immense prestige. De nouveaux courants du judaïsme apparaissent dans les communautés du nord et de l'est de l'Europe.
Dans le même temps, les juifs sont l'objet de persécutions. Rome adopte plusieurs décrets les visant. Expulsés sur ordre de différents souverains, ils sont également victimes de l'antijudaïsme populaire.

La diffusion du bouddhisme et la réforme de l'hindouisme

En Asie, la diffusion du bouddhisme se poursuit.
En Inde, l'université de Nalanda devient au ve siècle un centre majeur de diffusion du bouddhisme mahayana qui va dès lors dominer l'Asie sinisée. À la fin du vi^e^ siècle, le bouddhisme reçoit un statut officiel au Japon. Plusieurs nouveaux courants s'y développent, comme le zen.
En Chine, sous l'influence du taoïsme et du bouddhisme émerge, au xiie siècle, un confucianisme rénové.
Au viiie siècle, l'hindouisme est touché par un premier mouvement de réforme autour de la figure d'Adi Shankara. Au xve siècle, sous l'influence de l'islam, Ramananda inspire une réforme monastique et prône l'égalité des castes et des sexes.

440
Création de l'université bouddhiste de Nalanda

657
Bataille de Siffin

v. 750
Adi Shankara réforme l'hindouisme

594
Le Japon adopte le bouddhisme

400 | 500 | 600 | 700 | 800 | 900

476 Fin de l'Empire romain d'Occident

540 Fin de l'Empire gupta

Début de la domination musulmane de l'Andalousie 711

Renversement des Omeyyades par les Abbassides 750

590
Grégoire Ier devient pape

762
Bagdad devient la capitale des Abbassides

622
Hégire : début de l'ère musulmane

v. 909
Fondation de l'abbaye de Cluny

969
Formation
de l'empire fatimide

v. 1020
Édition du texte
intégral du Talmud

v. 1190
Moïse Maïmonide,
Guide des égarés

1210
Création des Frères mineurs
par François d'Assise

1409
Fondation du
monastère de
Ganden au Tibet

1000 — 1100 — 1200 — 1300 — 1400

1095 Première croisade

1147 Prise de Marrakech par les Almohades

1270 Huitième croisade

Installation de la dynastie mongole en Chine 1271

1299 Création de l'Empire ottoman

1054
Schisme entre
les Églises d'Orient
et d'Occident

1086
Djihad almoravide
en Espagne

1099
Prise de Jérusalem
par les chrétiens

1147
Proclamation du califat
berbère des Almohades

1215
Quatrième
concile
œcuménique
de Latran

1242
Brûlement
du Talmud
en place
de Grève

1244
Massacre
de 200 cathares
à Montségur

v. 1270-1280
Sefer Ha-Zohar, œuvre
maîtresse de la Kabbale

1266
Thomas d'Aquin,
Somme théologique

1258
Exécution du
calife abbasside
à Bagdad

Vers 440

L'université bouddhiste de Nalanda est créée

Fondée par Kumaragupta Ier, l'université de Nalanda devient un centre de rayonnement de la pensée bouddhiste et des sciences indiennes.

La plus ancienne université bouddhiste du sous-continent indien

Au ve siècle, le site de Nalanda (dans l'actuel État du Bihar) est déjà un foyer important du bouddhisme, abritant un monastère édifié par l'empereur Ashoka (► p. 76). L'université que fonde Kumaragupta Ier, souverain de la dynastie Gupta (320-510) qui domine l'Inde du Nord, est plus vaste et se présente comme un complexe de temples et de collèges pouvant accueillir des milliers de moines et de novices.

Admis à la suite de tests ardus, les étudiants étudient les textes religieux du bouddhisme, notamment les sutras présentés comme l'enseignement direct du Bouddha (► p. 58), et de l'hindouisme, les Védas et Upanishad (► p. 66). Y sont aussi enseignées diverses disciplines des sciences indiennes : la grammaire sanskrite, la logique, la métaphysique, ou encore la médecine. La fin des études est sanctionnée par la soutenance d'une thèse.

Un centre de diffusion de la religion bouddhiste

Nalanda devient rapidement un centre majeur de la pensée bouddhiste du mahayana (► p. 78). La réputation de l'université est telle qu'elle attire des moines venus de toute l'Asie (Corée, Chine, Indonésie). Les successeurs de Kumaragupta Ier protègent le site et y font édifier de nouveaux temples et monastères.

Pourtant, en Inde même, l'influence du bouddhisme décroît. De plus, vers la fin du viiie siècle, la dynastie Pala (750-1200) fonde un complexe monastique concurrent, Vikramashila. Situé à environ 200 kilomètres à l'est de Nalanda, ce dernier est bientôt à la tête d'un réseau de plusieurs universités.

L'université monastique d'Ajanta
Dans l'ouest de l'Inde, l'université monastique d'Ajanta constitue un important lieu de rayonnement du bouddhisme, actif à partir du iie siècle av. J.-C. (grotte 26, ve s. ap. J.-C.).

Asie du Sud et de l'Est

300 — 400 — 500 — 600 — 700 — 800 — 900

Expansion du bouddhisme (Corée, Insulinde, Japon, Tibet)

Chine (dynasties) : Sui — Tang

Inde : Empire gupta — Première arrivée de l'islam

Le site archéologique de Nalanda Mahavihara, État du Bihar, Inde

L'immense complexe de briques rouges de Nalanda, qui s'étend sur 12 hectares, a accueilli jusqu'à 10 000 étudiants et 2 000 professeurs dans onze monastères et six temples. La bibliothèque, composée de centaines de milliers de volumes, a brûlé, pendant plusieurs mois dit-on, après la mise à sac du site par l'armée du conquérant turc Muhammad ibn Bakhtiyar Khaldji en 1197. Nalanda sombre ensuite dans l'oubli jusqu'à l'époque coloniale. Le site est redécouvert au XIXe siècle et inscrit en 2016 sur la liste du patrimoine mondial de l'Organisation des Nations unies pour l'éducation, la science et la culture (Unesco).

Xuanzang (602-664), un moine bouddhiste chinois passé par l'université de Nalanda

Né dans une famille d'érudits confucéens (▶ p. 75), Xuanzang est ordonné moine à l'âge de vingt ans. En 629, il entreprend un voyage vers l'ouest. En Inde, il séjourne dans de nombreux monastères, dont près de deux ans à l'université de Nalanda où il étudie la philosophie bouddhiste, la logique et le sanskrit. Le *Rapport du voyage en Occident à l'époque des Grands Tang*, écrit en 646 par l'un de ses disciples, relate son périple de seize ans. À son retour en Chine, Xuanzang rapporte plus de 600 textes bouddhiques qu'il traduit du sanskrit, en particulier le sutra du Lotus et le sutra du Cœur dont l'influence est marquante dans les bouddhismes chinois et japonais. Sa place dans la culture chinoise est immense : Xuanzang est honoré par des stèles érigées sur ordre de l'empereur Gaozong (649-683) en reconnaissance de son legs intellectuel.

1000 1100 1200 1300 1400 1500 1600

Song — Yuan — Ming

Dynastie ghouride — Sultanat de Dehli

537

La basilique Sainte-Sophie est inaugurée à Constantinople

Désireux de faire revivre la splendeur de l'Empire romain, Justinien Ier fait construire la plus grande église de la chrétienté dans la capitale de l'Empire byzantin.

La création de la « nouvelle Rome »

En 330, l'empereur Constantin fonde Constantinople, sur le site de l'antique Byzance. Récemment converti au christianisme (► p. 107), il entend doter la ville d'une basilique. Consacré en 360, l'édifice est détruit lors d'une émeute en 404 avant d'être reconstruit en 415 par Théodose II.

Quand est déposé le dernier empereur d'Occident en 476, Constantinople demeure la seule capitale de l'Empire romain d'Orient, appelé ensuite Empire byzantin. Officiellement, le patriarche de Constantinople reste placé sous l'autorité du pape de Rome, mais les querelles entre les deux prélats sont courantes (► p. 164).

Des travaux imposants pour une reconstruction

En 532, Constantinople est ravagée par une nouvelle révolte au cours de laquelle sa basilique est incendiée. Après avoir réprimé l'insurrection, l'empereur Justinien Ier entreprend de reconstruire le bâtiment, symbole de son pouvoir.

Il fait appel à deux architectes grecs, Anthémios de Tralles et Isidore de Milet, qui dirigent plus de 10 000 ouvriers sur un chantier gigantesque. Après moins de six ans de travaux, le 26 décembre 537, en présence du patriarche de Constantinople, Justinien consacre l'église à Sainte-Sophie, c'est-à-dire à la Sagesse Divine (en grec *Hagia Sophia*) incarnée dans le Christ, et non pas à la sainte du même nom.

Un symbole de richesse et de puissance

La basilique est ornée des plus beaux matériaux, venus de l'ensemble de l'Empire. Les architectes ont importé du marbre coloré de Grèce, d'Égypte et d'Asie Mineure, réutilisant les colonnes de temples romains ou grecs. L'intérieur est décoré de mosaïques à fond doré, dont celle du Christ Pantocrator – ou Christ en majesté – qui orne le sommet de la coupole, de pierres précieuses et d'objets d'or ou d'argent.

Impressionnante par ses dimensions et sa splendeur, Sainte-Sophie a également un rôle politique : c'est là que sont couronnés les empereurs byzantins. Surtout, jusqu'à la reconstruction de Saint-Pierre de Rome au début du XVIe siècle, elle est la plus grande église de la chrétienté.

Chrétienté

400 — 500 — 600 — 700 — 800 — 900

Empire romain d'Occident

Empire byzantin

Vue extérieure de la basilique Sainte-Sophie à Istanbul

Le bâtiment adopte le plan classique des basiliques romaines de forme rectangulaire. Il est surmonté d'une immense coupole, symbole du paradis, de 32 mètres de diamètre et 55 mètres de hauteur. Lorsque le sultan Mehmet II prend Constantinople en 1453, l'église devient une mosquée et quatre minarets sont ajoutés. En 1934, le bâtiment est transformé en musée par Mustafa Kemal.

Le Christ Pantocrator

Auréolé, le Christ « tout puissant » accomplit de la main droite le geste de bénédiction et tient dans sa main gauche les Évangiles.

Mosaïque de la Déisis, XIIIe siècle (basilique Sainte-Sophie, Istanbul).

L'évangélisation des Slaves par Cyrille et Méthode

Au IXe siècle, l'Empire byzantin, en butte à l'expansion musulmane, cherche à étendre son influence en Europe. En 862, deux frères, Cyrille et Méthode, sont chargés par le patriarche de Constantinople de christianiser les populations de Moravie (République tchèque actuelle). Cyrille met au point un alphabet qui permet de transcrire la langue slave. Avec cette nouvelle écriture, il rédige des textes religieux et traduit notamment les Évangiles depuis le grec. Au bout de trois ans, les deux frères se rendent en Pannonie (Hongrie actuelle) avant d'être reçus avec tous les honneurs par le pape à Rome.

L'action de Cyrille et Méthode explique la présence actuelle de la religion orthodoxe (► p. 166) en Europe de l'Est. En revanche, les recherches récentes semblent montrer que l'alphabet dit cyrillique, utilisé aujourd'hui par exemple en Russie, ne correspond pas à l'écriture inventée par Cyrille.

1000 1100 1200 1300 1400 1500

Âge féodal et émergence des États

Schisme **Chute de Constantinople**

***Reconquista* (Espagne)**

Réforme grégorienne **Croisades**

La Bible et les sources chrétiennes

La fixation du canon biblique résulte d'un travail de sélection des premiers textes chrétiens opéré par les Pères de l'Église et les conciles successifs. La reconnaissance de la Tradition comme deuxième source de la Révélation est une caractéristique de l'Église catholique et, dans une moindre mesure, de l'Église orthodoxe. Une fois défini, le corpus chrétien va susciter de multiples commentaires, à la base de la théologie et du droit canon.

Les « Saintes Écritures »

Les premiers textes chrétiens

Après la mort de Jésus vers 30 (► p. 92), son enseignement se transmet d'abord oralement. Les premières compilations de textes réunissent ses paroles, adaptées ou complétées, enrichies de récits de sa vie. Ainsi s'élaborent peu à peu les Évangiles dont de nombreuses versions circulent au sein des communautés.

Les Évangiles prennent pour modèle les textes grecs dont ils empruntent la forme et se réfèrent à la littérature juive (► p. 100). Ce corpus s'enrichit de l'histoire de la première évangélisation ainsi que des écrits d'apôtres, les Épîtres, échangés avec les premières communautés (► p. 97).

Les quatre évangélistes

L'agneau mystique, au centre, est entouré des symboles des quatre évangélistes : le lion (Marc), l'aigle (Jean), l'ange (Matthieu) et le taureau (Luc).

Miniature d'un manuscrit carolingien, IXe siècle (Bibliothèque municipale de Valenciennes).

Les Pères de l'Église

Les Pères de l'Église sont des auteurs chrétiens dont les écrits ont une autorité reconnue par l'Église. On distingue les Pères apostoliques, les Pères grecs et les Pères latins.

Peinture miniature, XIe siècle (Cathédrale Sainte-Sophie, Kiev).

La fixation du canon

Le mot « canon » vient de l'hébreu *qane* et du grec *kanôn*, littéralement « une canne pour mesurer ». Athanase d'Alexandrie (v. 296-373) est le premier Père de l'Église (► p. 113) à désigner ainsi une liste de livres bibliques. Mais c'est seulement le synode de Rome de 382 qui établit le canon chrétien, composé de 27 livres, confirmé lors du concile de Carthage en 397.

La sélection des écrits canoniques s'appuie sur des critères définis par l'Église : ils doivent avoir été rédigés par un apôtre ou inspirés de son enseignement, refléter la règle de l'Église et être contemporains de la génération des apôtres. Il doit s'agir également de textes déjà répandus et facilement adaptables à des communautés en expansion.

Le classement de ces écrits régulateurs et normatifs répond à une logique théologique et non chronologique. Le récit de la vie de Jésus (les Évangiles) est ainsi suivi de l'histoire de l'Église primitive révélée dans les Actes des apôtres et les Épîtres. L'Apocalypse se présente comme une prophétie sur la fin des temps.

Les textes apocryphes

Les écrits canoniques n'incluent pas tous les textes qui circulaient aux Ier et IIe siècles. Ceux qui sont rejetés – Évangiles des Hébreux, de Pierre, de Thomas, de Jacques notamment – sont dits apocryphes (« cachés »).

Ces textes sont d'un grand intérêt pour l'historien car ils soulignent la multiplicité des traditions aux premiers temps du christianisme. Ils tiennent également une place importante dans l'imaginaire chrétien et servent de matériaux aux récits hagiographiques du Moyen Âge (comme *La Légende dorée*, de Jacques de Voragine, 1261-1266), mettant l'accent sur des éléments absents des Évangiles canoniques, telle la vie de Marie.

La Bible chrétienne

Ancien Testament (46 livres)
Pentateuque : Genèse, Exode, Lévitique, Nombres, Deutéronome
Livres historiques : Josué, Juges, Ruth, deux livres de Samuel, deux livres des Rois, deux livres de Chroniques, Esdras, Néhémie, Tobie, Judith, Esther, deux livres des Maccabées
Livres poétiques : Job, Psaumes, Proverbes, Cantique des cantiques, Sagesse de Salomon, Ecclésiastique, Ecclésiaste
Livres prophétiques : Isaïe, Jérémie, Lamentations, Baruch, Ezéchiel, Daniel, Osée, Joël, Amos, Abdias, Jonas, Michée, Nahum, Habacuc, Sophonie, Aggée, Zacharie, Malachie

Nouveau Testament (27 livres)

Date	Livres	Lieu de rédaction	Langue
	Évangiles synoptiques :		
v. 85	- selon Matthieu	Palestine/Antioche	Grec
v. 65	- selon Marc	Rome	Grec
v. 80-85	- selon Luc	Syrie	Grec
v. 80-100	**Évangile selon Jean**	Asie Mineure	Grec
v. 80-85	**Actes des Apôtres** (Luc)		Grec
entre 50 et 65	**Épîtres des Apôtres** (Paul, Jacques, Pierre, Jude et Jean)		Grec
v. 95	**Apocalypse** de Jean de Patmos	Patmos (Grèce)	Grec

Le « problème synoptique »

Pour expliquer les similitudes entre les trois Évangiles dits synoptiques (Matthieu, Marc et Luc), les historiens ont supposé qu'il existait une source commune mais perdue (dite Q, de l'allemand *Quelle*, « source »), qui aurait servi de base à la rédaction des textes que l'on connaît aujourd'hui. Cette hypothèse longtemps défendue est aujourd'hui abandonnée. Cependant, les chercheurs s'accordent sur le fait que les évangélistes se sont certainement lus entre eux, ce qui explique les ressemblances entre leurs textes.

Saint Jérôme dans son étude

Dès les premiers siècles, existent des traductions latines disparates de la Bible. À la demande du pape Damase Ier, Jérôme de Stridon (v. 347-420) réalise une nouvelle traduction de l'Ancien Testament à partir du texte hébreu, et non du texte grec de la Septante (► p. 87), et révise une traduction latine du Nouveau Testament. Cette version, la Vulgate, s'impose au VIIe siècle. Au XIIe siècle, l'Église interdit la traduction de la Bible en langues vernaculaires. Au XIVe siècle, John Wyclif est le premier à traduire la Vulgate en anglais et Jan Hus réclame la lecture du Nouveau Testament en tchèque.

Jan Van Eyck, huile sur papier de lin, 13,3 × 20,6 cm (détail), 1442, (Detroit Institute of Arts, Detroit).

Théologie et Tradition

Naissance de l'exégèse

Dès Origène (v. 185-v. 254), l'étude de la Bible devient une science. Père de l'exégèse biblique, il reprend à l'herméneutique juive (► p. 100) la distinction entre les différents sens de l'Écriture, littéral, moral et spirituel, pour mener à bien une lecture commentée de tous les livres de l'Ancien et du Nouveau Testament. Ses commentaires sont lus et largement utilisés.

Tout au long du Moyen Âge, les différents exégètes participent à la constitution progressive de la discipline dédiée à la connaissance de Dieu et à son enseignement : la théologie. D'abord monastique et centrée sur le commentaire des Écritures, celle-ci devient scolastique, centrée sur la spéculation et le rapport entre foi et raison.

Le pouvoir doctrinal de l'Église

En tant que dépositaire du pouvoir d'enseignement transmis de Jésus aux apôtres puis à leurs successeurs – les évêques –, l'Église détient toute autorité en matière de foi et de morale. C'est elle qui fixe la Tradition, laquelle se présente comme « ce qui a toujours été cru, partout et par tous ».

Réunissant la connaissance des choses qui concernent la religion, non écrites dans la Bible mais transmises de génération en génération, la Tradition détermine, à égalité avec les Saintes Écritures, le contenu de la foi révélée. Elle englobe les écrits des Pères et des docteurs de l'Église, les décisions des conciles et les documents pontificaux.

Le droit canonique

Le droit canonique rassemble les lois et règlements de l'Église catholique. Il est progressivement établi à partir des compilations d'abord chronologiques, puis thématiques des décrétales et décrets conciliaires. À partir de la réforme grégorienne (► p. 173), le pape entend s'imposer comme source de l'autorité en matière de foi. Pour ce faire, il doit pouvoir s'appuyer sur une base juridique solide ; aussi devient-il nécessaire d'organiser les différentes collections parmi lesquelles circulent de nombreux faux. Le décret de Gratien publié à Bologne vers 1140 compile et organise près de 4000 textes qui constituent la base du droit canonique, rapidement adopté dans les universités.

« Des doctrines et des institutions gardées dans l'Église, les unes sont consignées dans les Saintes Lettres, les autres nous viennent de la tradition des apôtres qui nous est transmise dans les mystères. Toutes deux ont la même valeur pour la piété. »

Basile de Césarée, *Sur le Saint-Esprit*, 375.

Vers 590 Grégoire Ier devient pape

À la tête de l'Église chrétienne, Grégoire Ier, dit le Grand, renforce l'autorité du souverain pontife et encourage l'évangélisation de l'Occident.

Un pape malgré lui ?

Au début de l'année 590, le pape Pélage II décède de la peste qui décime Rome à cette époque. Le moine Grégoire est alors désigné comme son successeur par acclamation de la population et du clergé, comme le veut la coutume. Après avoir essayé d'échapper à sa nouvelle charge, il est finalement confirmé par l'empereur byzantin et consacré dans l'église Saint-Pierre le 3 septembre.

Saint Grégoire inspiré par le Saint-Esprit dictant le sacramentaire à ses scribes

Grégoire Ier, l'un des quatre Pères de l'Église d'Occident (► p. 115), rédige de nombreuses lettres et plusieurs traités pour fixer la théologie ou pour former les clercs. Sur cette représentation de l'époque carolingienne, le pape, tonsuré et auréolé, siège sur un trône somptueux. Guidé par le Saint-Esprit, symbolisé par la colombe, il dicte son livre à deux scribes en contrebas.

Sacramentaire de Charles le Chauve, vers 869-870, École du Palais de Charles le Chauve (BnF, Paris).

En tant qu'évêque de Rome, Grégoire veille d'abord à l'approvisionnement de la ville et aux soins apportés aux malades de la peste. Il améliore également la gestion, longtemps négligée, des domaines dispersés en Italie qui appartiennent à l'Église, ce qui permet à cette dernière d'augmenter ses revenus.

L'affirmation de l'autorité papale

Grégoire impose son autorité d'abord en Italie, puis dans le reste de la chrétienté. Il rappelle ainsi aux patriarches d'Orient, et notamment à celui de Constantinople (► p. 126), la primauté de l'évêque de Rome sur l'ensemble de l'Église chrétienne.

Au-delà d'une simple fonction honorifique, Grégoire dessine les contours de l'autorité temporelle des papes : les décisions qu'il prend s'imposent à tous les chrétiens et à tous les évêques. Et il réaffirme l'indépendance de l'Église vis-à-vis de l'empereur byzantin.

La diffusion du christianisme en Occident

Grégoire négocie d'abord avec les Lombards, un peuple germanique qui étend sa domination sur toute l'Italie au cours du VIe siècle. S'il obtient des trêves successives avec leur roi Agilulf, il ne parvient pas à le convertir au christianisme.

Au-delà de la péninsule, le pape envoie en 596 vers les îles de Grande-Bretagne une mission de 40 moines, dirigée par l'un de ses proches, Augustin. Ce dernier parvient à évangéliser les Saxons dans le Kent, suivi cinq ans plus tard par Mellitus dans l'Essex. Le premier devient archevêque de Canterbury et le second évêque de Londres en 604, l'année où décède Grégoire.

Chrétienté

400 — 500 — 600 — 700 — 800 — 900

Empire romain d'Occident

Empire byzantin

L'essor du monachisme en Occident

Né en Orient au IIIe siècle (► p. 111), le monachisme se développe en Occident à partir du IVe siècle. Des clercs choisissent de se consacrer exclusivement à Dieu en vivant à l'écart du monde. Au VIe siècle, Benoît de Nursie, dont la vie est racontée dans un texte de Grégoire le Grand, fonde le monastère du Mont-Cassin dans le sud de l'Italie. Il rédige une règle qui organise la vie des moines : ceux-ci suivent une discipline stricte, vivent en communauté et se consacrent à la prière, au travail manuel et à la lecture des textes sacrés. La règle s'impose progressivement comme une référence en Europe. Elle est complétée au IXe siècle par Benoît d'Aniane et sert de base aux communautés de Cluny et de Cîteaux (► p. 156).

1000 1100 1200 1300 1400 1500

Âge féodal et émergence des États

Schisme — Chute de Constantinople

Reconquista (Espagne)

Réforme grégorienne — Croisades

590 Colomban débarque en Bretagne pour diffuser le christianisme

Le moine irlandais Colomban évangélise les populations sur le continent. Il fonde plusieurs monastères dans les royaumes francs et lombard.

Pérégrination pour le Christ (*Peregrinatio christi*)

Né vers 540, Colomban vit au monastère de Bangor dans le nord de l'Irlande, une région christianisée par saint Patrick au ve siècle. Comme les premiers apôtres (► p. 96), il décide d'accomplir un grand voyage missionnaire. Vers 590, il parvient avec douze compagnons en Bretagne, puis effectue un long périple à travers la Gaule.

Là, il obtient du roi mérovingien Gontran une terre isolée dans la forêt vosgienne. Il fonde alors un premier monastère à Annegray, un deuxième à Luxeuil, puis un troisième à Fontaine.

Un ascétisme exigeant

Dans ses monastères, Colomban s'inspire des pratiques irlandaises et applique une règle beaucoup plus rigoureuse que celle de saint Benoît, encore inconnue en Gaule (► p. 133). Il y impose ainsi une vie austère, marquée par de nombreux jeûnes et consacrée à la prière et à l'étude. Luxeuil est doté d'un *scriptorium*, une pièce dédiée à la copie de manuscrits.

La discipline est rude, la confession fréquente entraînant des pénitences. Les moines infligent à leur corps de nombreuses souffrances afin de se rapprocher de Dieu. Or, cette exigence rencontre un fort succès : les monastères voient affluer un nombre considérable de compagnons et essaiment dans toute la Gaule.

La reprise du voyage

Si Colomban bénéficie d'appuis auprès des souverains francs, il se heurte aux évêques qui supportent mal un pouvoir concurrent au leur. Il est ainsi traduit devant un synode en 603 pour avoir célébré la fête de Pâques selon le rite irlandais. Colomban s'attire aussi de fortes inimitiés à la cour en critiquant le mode de vie des nobles et des clercs mérovingiens qu'il juge trop éloigné de la rigueur religieuse.

En 610, il est contraint de quitter Luxeuil. Après un nouveau périple en Gaule et en territoire alaman, le roi de Lombardie Agilulf lui offre une terre. Colomban construit son dernier monastère à Bobbio, dans le nord de l'Italie.

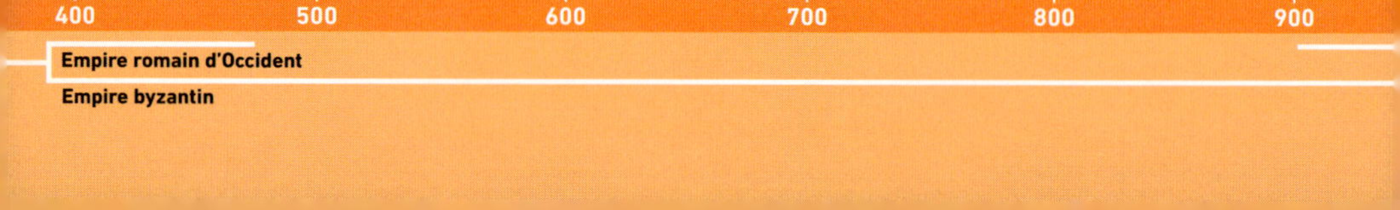

L'itinéraire de saint Colomban

Depuis la Bretagne, Colomban parcourt la Gaule et traverse les royaumes francs et le territoire des Alamans. Il y fonde vers 612 le monastère de Bregenz (Autriche actuelle) avant de finir ses jours à Bobbio, en Lombardie, où il meurt en 615.

Les royaumes francs et l'Église

Vers 500, le roi mérovingien Clovis et ses guerriers sont baptisés. Si une partie du peuple franc reste païenne, le christianisme se propage rapidement en Gaule. Au VIe siècle, les royaumes de Neustrie, d'Austrasie et de Bourgogne sont ainsi dirigés par des souverains chrétiens. Ces derniers s'appuient sur l'Église pour renforcer leur pouvoir. Les évêques, souvent nommés par les rois, administrent ainsi certaines cités et peuvent devenir conseillers royaux, tel le fameux saint Éloi (v. 588-660) avec Dagobert Ier.

Le culte des saints

Les saints sont des personnes canonisées après leur mort. Une longue enquête doit prouver qu'ils ont mené une vie exemplaire et accompli des miracles. Les saints font l'objet d'un culte chez les chrétiens qui vénèrent en particulier leurs reliques : objet, vêtement ou ossement leur ayant appartenu. Par leur intermédiaire, les croyants cherchent à obtenir de Dieu sa protection ou un miracle, souvent de guérison. Cela explique le succès des pèlerinages au Moyen Âge, ainsi que la concurrence entre les communautés religieuses pour trouver des reliques.

592 Le bouddhisme est adopté par le pouvoir impérial au Japon

Un millier d'années après son apparition en Inde, le bouddhisme s'implante au Japon. Sous le patronage du prince régent Shotoku, il gagne les milieux de la cour et de l'aristocratie, et devient l'un des éléments centralisateurs du pouvoir impérial.

Shotoku, le véritable père du bouddhisme japonais

Selon une tradition rapportée par le *Nihon Shoki* ou *Chroniques du Japon*, le bouddhisme (► p. 78) est introduit dans l'archipel nippon vers 552 par des marchands coréens qui auraient offert à l'empereur Kimmei une statuette du bouddha Shakyamuni. Ce dernier l'accepte comme talisman protecteur du Japon : la réception initiale du bouddhisme est donc liée à des considérations utilitaires ou magico-rituelles. Le pouvoir impérial attend en effet des bouddhas les mêmes miracles que ceux que dispensent les *kami*, les divinités du shintoïsme, la religion locale.

En 592, le bouddhisme reçoit un statut officiel sous le règne du prince régent Shotoku. Celui-ci se fait également commentateur de plusieurs sutras bouddhistes, notamment celui du Lotus, et fonde de nombreux monastères : à sa mort, on en compte pas moins de 46 dans l'archipel.

Le bouddhisme de l'ère Nara (710-795)

Venu du continent, comme le confucianisme (► p. 64), le bouddhisme japonais va prendre au fil des siècles une forme originale, en raison de la volonté du pouvoir nippon de s'affirmer face à la civilisation chinoise. Des écoles nouvelles apparaissent, sans éliminer pour autant les plus anciennes.

La première période de présence du bouddhisme au Japon est qualifiée d'ère Nara, du nom de la première capitale fixe du Japon. Les six écoles qui la composent – dont trois subsistent aujourd'hui –, se fondent sur des traités de philosophes bouddhistes indiens ou bien sur des sutras du mahayana (► p. 78).

À cette époque, le bouddhisme, religion au service de la protection de l'État, se cantonne aux milieux lettrés aristocratiques et à la cour impériale. Après plusieurs siècles, il commence à se diffuser au sein de la population grâce aux ascètes errants qui établissent une jonction entre la philosophie bouddhiste et la piété populaire shinto à travers un processus d'identification des bouddhas aux *kami*.

Jardin sec du temple zen Ryoan-ji à Kyoto (XVIe siècle)

Destiné à favoriser la méditation zen, le « jardin sec » imite la nature à partir de sable, de rochers, de graviers et de mousse : le gravier de kaolin ratissé symbolise l'océan ; les rochers figurent les montagnes.

Asie du Sud et de l'Est

300 – 400 – 500 – 600 – 700 – 800 – 900

Expansion du bouddhisme (Corée, Insulinde, Japon, Tibet)

Chine (dynasties) : Sui – Tang

Inde : Empire gupta – Première arrivée de l'islam

Bâtiment central et pagode à cinq étages du temple Horyu-ji, près de la ville de Nara
La construction du temple, qui a duré du VIe siècle à l'an 710, en fait le plus ancien édifice en bois au monde.

La diffusion du bouddhisme au Japon

Ère Heian (794-1185)	Les écoles monastiques de l'ère Nara sont supplantées par deux nouvelles écoles venues de Chine : le shingon, courant du bouddhisme tantrique (► p. 79), et le tendai, inspiré du mahayana, qui met l'accent sur la possibilité pour tous les êtres vivants d'atteindre l'Éveil.
Ère Kamakura (1185-1333)	Trois nouveaux courants apparaissent. Le premier valorise la foi dans le bouddha Amida : en récitant son nom, le pratiquant a l'assurance de pouvoir renaître dans le paradis de la Terre pure. Le courant de Nichiren appelle, lui, à placer sa foi dans le sutra du Lotus. Le troisième courant, le zen, pose la discipline et l'obéissance à un maître qui enseigne la méditation comme voie d'accès à l'Éveil. Autour du zen apparaissent des arts martiaux, des arts aristocratiques comme la « cérémonie du thé » ou encore l'art des « jardins secs ».

1000 1100 1200 1300 1400 1500 1600

Song — Yuan — Ming — Dynastie ghouride — Sultanat de Dehli

622

L'hégire à Médine marque le début de l'ère musulmane

Après avoir prêché l'islam, la « soumission » au Dieu unique, pendant treize ans à La Mecque, Muhammad doit s'exiler à Médine. Il y fonde le premier État inspiré par la nouvelle religion.

La révélation

Au VIe siècle, La Mecque est une cité prospère de la péninsule Arabique, connue pour son sanctuaire religieux païen, la Kaaba. Les tribus arabes s'y réunissent pour faire du commerce lors des grandes foires annuelles. Né vers 570 au sein de la puissante tribu des Quraysh, Muhammad y pratique le négoce.

En 610, il reçoit la révélation de sa mission prophétique. Selon la tradition, Dieu fait descendre du ciel, par l'intermédiaire de l'archange Gabriel, des versets qu'il charge son envoyé de transmettre aux hommes. Muhammad convertit un cercle de « compagnons », mais soulève l'hostilité des Quraysh qui refusent d'adhérer à la foi monothéiste qu'il tente d'implanter.

L'exil forcé

En 619, la mort de l'une de ses épouses, la riche Khadidja, et de son oncle, le notable respecté Abu Talib, prive Muhammad de ses derniers soutiens et le force à s'enfuir avec l'un de ses proches, Abu Bakr. C'est l'hégire.

Réfugié en 622 à Yathrib, une oasis située à environ 400 kilomètres au nord de La Mecque, Muhammad en devient rapidement le principal dirigeant et voit son autorité prophétique reconnue.

L'État médinois

Le pacte de Médine – nouveau nom de Yathrib, signifiant « la ville » – édicte alors une série de lois politiques et religieuses. Il permet de rassembler la première communauté de fidèles (*oumma*) acquise au monothéisme.

Cette coalition, qui se donne pour objectif la guerre contre les Mecquois polythéistes, inclut une partie des juifs de l'oasis, avant que l'alliance ne tourne à l'affrontement en 624.

> *« Si quelqu'un parmi les juifs nous suit, il a droit à la même aide, au même appui [que les croyants], à condition que ceux-ci ne soient pas lésés par lui et qu'il n'aide pas d'autres gens contre eux. »*

Paroles attribuées à Muhammad, citées dans *Ibn Hisham*, IXe siècle.

Islam médiéval

600 — 700 — 800 — 900 — 1000

Califats : **Hégire** ; **Omeyyades (Damas)** ; **Abbassides (Bagdad)** ; **Fatimides (Le Caire)**

L'hégire de Muhammad

Muhammad, dont le visage est représenté voilé, se réfugie avec Abu Bakr dans une grotte au sud de La Mecque, poursuivi par les Quraysh.

Miniature ottomane, 1650 (Bibliothèque universitaire, Dresde).

Les batailles de Muhammad et le retour à La Mecque

Comme les prophètes de l'Ancien Testament (► p. 100), Muhammad dirige la communauté des élus jusque dans la guerre, au cours de laquelle s'illustre également son cousin et gendre Ali, époux de sa fille Fatima. Les combats, appelés *maghazi*, inspireront la littérature et le droit de la guerre en islam. Après avoir été assiégé par les Mecquois dans Médine (bataille du Fossé en 627), Muhammad finit par triompher de ses adversaires. En 630, il entre en vainqueur à La Mecque et brise les idoles qui entourent la Kaaba. La ville conserve cependant sa fonction de sanctuaire et le rituel païen est redéfini par le Prophète lors du pèlerinage de l'adieu en 632. L'hégire est choisie pour marquer l'année zéro du calendrier et l'islam se diffuse parmi les Arabes.

1100 1200 1300 1400 1500

Ottomans (Istanbul)

Le Coran et les hadiths

La religion musulmane repose sur deux fondements scripturaires : le Coran, parole de Dieu révélée aux hommes par son prophète Muhammad, et les hadiths qui rassemblent l'ensemble des actes et des dires attribués à ce dernier. Les pratiques et les lois de l'islam sont cependant l'œuvre des théologiens et juristes des premiers siècles, divisés en plusieurs écoles d'interprétation.

Le Coran

Le livre sacré des musulmans

Le Coran, dont le nom arabe (*al-Qur'an*), d'origine araméenne, signifie « récitation », contient 114 sourates classées par ordre de taille décroissant. Chaque sourate comprend un nombre variable de versets, parfois sans lien apparent.

À la différence de la Bible hébraïque (► p. 100) et des Évangiles (► p. 128), le Coran n'est pas considéré comme étant d'origine humaine mais comme « parole de Dieu » dictée à Muhammad. Pour autant, les savants de l'islam classique n'ont jamais cessé de débattre des « circonstances de la révélation » et de son exégèse, jetant les bases d'une étude historique et critique du corpus fondateur.

La mise par écrit

À la mort du Prophète en 632 (► p. 138), il n'existe aucune version canonique du Coran. Sa conservation repose sur l'effort de mémorisation des compagnons de Muhammad, auquel s'ajoutent des mises par écrit partielles. Les traditions de l'époque abbasside (► 150) se réfèrent aussi à des manuscrits complets, copiés pour des épouses du Prophète, en particulier Hafsa, ou pour son cousin et gendre Ali.

Conscient du problème que pose la circulation de plusieurs copies, le troisième calife Othman (644-656, ► p. 144) ordonne la rédaction d'une version officielle unique et la suppression des exemplaires concurrents. Cette décision autoritaire soulève l'opposition des chiites (► p. 145) qui privilégient le Coran d'Ali et continuent jusqu'au XIe siècle à accuser Othman d'avoir mutilé le texte sacré.

Les manuscrits de Sanaa (VIIIe, siècle, Yémen)
Les fragments de Corans découverts en 1972 dans une salle murée de la grande mosquée de Sanaa, la capitale du Yémen, font partie des exemplaires les plus anciens du texte sacré. Ils remonteraient pour certains à l'époque omeyyade, aux VIIe-VIIIe siècles. Certains d'entre eux sont des palimpsestes qui, sous le texte visible, comportent une version plus ancienne du Coran, laquelle a été rectifiée.

La vulgate coranique est définitivement fixée sous le règne du calife omeyyade Abd al-Malik entre 685 et 705 (► p. 146). Des signes diacritiques et des vocalisations sont apposés au-dessus ou en dessous des lettres de l'alphabet arabe pour ôter au lecteur tout doute sur leur déchiffrement.

Une structure fragmentaire

Le Coran ne se présente pas comme un récit homogène. Les versets en constituent l'unité de base. L'ordre dans lequel ils sont assemblés au sein des 114 sourates a suscité l'interrogation des exégètes médiévaux. Les sourates, dont le titre n'est apposé que tardivement, ne possèdent d'ailleurs qu'une unité relative.

La transmission du texte s'est déroulée sur une longue durée, que la tradition divise entre périodes mecquoise (avant l'hégire) et médinoise. Pour expliquer les incohérences internes du Coran, les théologiens de l'ère abbasside ont mis au point une théorie de l'abrogation, selon laquelle certains versets auraient été corrigés par de nouvelles révélations. Cependant, l'idée que les versets médinois, qui correspondent à la phase où Muhammad prend la direction politique et militaire de la communauté, prévaudraient sur ceux de la période mecquoise n'est pas acceptée par tous les interprètes.

Le Coran, reflet d'une histoire longue

Comme le montrent les manuscrits de Sanaa, le Coran a une histoire longue que beaucoup de chercheurs font d'ailleurs commencer dans le contexte de l'Arabie pré-islamique qui, loin d'être uniformément païenne, abritait d'importantes communautés juives, chrétiennes ou manichéennes (► p. 104). Le Coran résonne de débats avec les religions concurrentes qui s'appuient sur une connaissance parfois précise de leurs textes sacrés et des apocryphes (► p. 129) qui circulaient au Proche-Orient. La vie du Christ est par exemple évoquée, mais le Coran nie sa mort sur la croix (► p. 92) et réfute le dogme de la Trinité (► p. 107). La lecture intertextuelle du texte coranique constitue donc l'autre clé pour la compréhension des origines de l'islam.

Les cinq « piliers de l'islam »

L'islam impose au fidèle cinq principes fondamentaux : la profession de foi qui affirme l'unicité de Dieu et la prophétie de Muhammad, l'acquittement d'une aumône pour les pauvres, la prière cinq fois par jour, le jeûne du Ramadan, le pèlerinage à La Mecque une fois dans sa vie pour ceux qui le peuvent.

Le pèlerinage à la Mecque
Les pèlerins, vétus de blanc, tournent autour de la Kaaba.
Miniature perse, xve siècle.

Les hadiths et la formation du droit musulman

Les hadiths à l'origine de la tradition (*sunna*)

Les hadiths sont des propos et des actes attribués à Muhammad sur des sujets divers, concernant le gouvernement des hommes, la conduite de la guerre, l'interprétation du Coran, les pratiques religieuses, la vie familiale et privée ou les valeurs morales. Couvrant tous les domaines de la vie humaine, ils complètent et explicitent le Coran qui comporte quant à lui peu de normes légales et rituelles.

Transmis au départ de manière orale par les compagnons du Prophète et leurs descendants, les hadiths ne représentaient pas initialement une source de loi, mais ils le deviennent à partir des Abbassides (► p. 150).

La compilation des hadiths

À partir du milieu du VIIIe siècle, la dynastie abbasside, qui se prévaut de sa proximité familiale avec le messager de Dieu, favorise l'écriture de la biographie (*sira*) du Prophète et la compilation systématique et raisonnée de ses paroles.

Conscients des divergences au sein de la tradition et des risques de falsification et de manipulation, les savants de l'époque mettent au point une véritable science du hadith, destinée à authentifier la provenance et la fiabilité des énoncés retenus. Ils imposent ainsi un critère nouveau : la présence d'une chaîne de transmission (*isnad*) solide, reposant sur des informateurs de confiance. Les hadiths sont ainsi classés en fonction de leur fiabilité, ce qui n'empêche pas des variations notables dans l'appréciation des auteurs. Reflet des préoccupations sociales de son temps, le corpus des hadiths constitue l'un des fondements essentiels de la religion et du droit musulmans.

Les quatre écoles du droit musulman (*fiqh*)

L'interprétation des textes sacrés et l'élaboration du droit ne constituent pas un processus centralisé et il existe une grande variété de traditions régionales et de cercles de théologiens et de juristes. À partir du XIe siècle, avec l'élimination du mutazilisme (► p. 154), le sunnisme (► p. 145) s'organise autour de quatre « écoles » (*madhhab*) d'interprétation qui se réclament de grands maîtres : Abu Hanifa (699-767) pour le hanafisme, Malik ibn Anas (v. 711-795) pour le malikisme, al-Shafii (767-820) pour le shafiisme et Ibn Hanbal (780-855) pour le hanbalisme (► p. 154).

Ces écoles, qui ne sont ni monolithiques ni totalement opposées, connaissent des fortunes diverses en fonction de leurs régions d'implantation. Leurs divergences portent sur la conception et la pratique du droit : poids de la coutume locale, importance donnée au consensus de la majorité, usage de la raison et de l'interprétation personnelle, ou au contraire principe d'obéissance à la lettre des textes sacrés.

La loi divine (*charia*)

Littéralement, la *charia* désigne dans le Coran (5 : 48) la « voie droite » que Dieu a indiquée aux hommes, c'est-à-dire une direction générale et non des principes législatifs précis. Ceux-ci sont d'ailleurs très peu nombreux dans le Coran, ce qui a obligé les juristes à les compléter par le recours aux hadiths.

La Grande mosquée de Kairouan, en Tunisie

La mosquée est construite par la dynastie locale des Aghlabides au IXe siècle. Kairouan devient alors l'un des centres majeurs de l'enseignement et de la diffusion de l'école malikite qui va triompher au Maghreb et en Espagne musulmane. Le célèbre juriste malikite Sahnoun (776-854), grand *cadi* (juge) de la ville, y rend ses jugements et y donne ses *fatwas*.

657

La bataille de Siffin est à l'origine de la division de l'islam

À sa mort en 632, Muhammad n'a pas réglé sa succession. Les rivalités entre les clans médinois déclenchent la Grande Discorde qui scinde la communauté musulmane entre chiites et sunnites.

La succession du Prophète

En 632, la succession de Muhammad (► p. 138) oppose ceux qui se revendiquent d'Ali, cousin et gendre du Prophète, au nom d'une vision héréditaire du pouvoir, et ceux qui sont favorables à un choix collégial au sein d'un conseil (*shura*).

Abu Bakr, compagnon de la première heure et beau-père de Muhammad, est finalement choisi comme calife. Ses successeurs, Omar et Othman, sont nommés à la suite d'une élection.

La Grande Discorde

Désigné calife en 656 après l'assassinat d'Othman, Ali est contesté par les Omeyyades rassemblés derrière Muawiya, gouverneur de Damas. Celui-ci tient en particulier Ali pour responsable du meurtre d'Othman.

Ali affronte ses adversaires lors de la bataille du Chameau et l'emporte. Mais dès l'année suivante, en 657, une deuxième confrontation a lieu à Siffin, sur les bords de l'Euphrate, avec les Omeyyades.

La bataille de Siffin

Après plusieurs jours de combats incertains, les partisans de Muawiya auraient hissé un feuillet du Coran sur une pique pour demander un arbitrage divin. Défavorable à Ali, il place Muawiya en position de force, comme le seul à même de ramener l'ordre et de sauver l'empire naissant.

Après l'assassinat d'Ali en 661, Muawiya est nommé calife, consacrant ainsi la victoire du clan omeyyade. Mais la communauté musulmane est désormais divisée.

Islam médiéval

600 — 700 — 800 — 900 — 1000

Califats : Hégire ; Omeyyades (Damas) ; Abbassides (Bagdad) ; Fatimides (Le Caire)

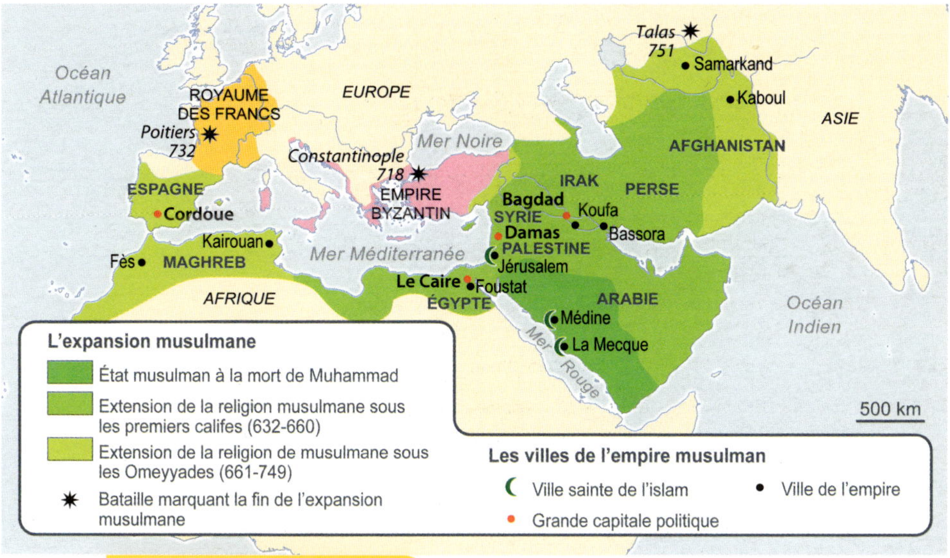

L'expansion musulmane (VIIe-VIIIe siècle)

Sous son califat (632-634), Abou Bakr fait face à la révolte des tribus fraîchement ralliées qui rejettent la nouvelle religion. Les premières opérations militaires hors d'Arabie rétablissent l'unité. Puis, les troupes du calife Omar (634-644) écrasent les Sassanides en Perse et s'emparent des plus riches provinces de l'Empire byzantin. Les villes nouvelles de Koufa et de Bassora en Irak, puis de Foustat en Égypte, permettent le contrôle de ces immenses conquêtes et la fixation des tribus.

Le tombeau d'Ali (Nadjaf, Irak)

Depuis la période médiévale, le tombeau d'Ali fait l'objet d'un important pèlerinage de la part des musulmans chiites, tout comme les tombes de ses deux fils. Le premier, Hassan, renonce au califat après la mort de son père. Le second, Hussein, est assassiné en 680 sur ordre du calife Yazid, fils de Muawiya. Tous les ans a lieu à Kerbala (Irak) la fête d'Achoura durant laquelle les fidèles se flagellent jusqu'au sang pour commémorer le martyre d'Hussein.

Sunnisme et chiisme

Après la victoire de Muawiya, les Omeyyades rompent finalement avec le principe de l'élection, affirmant que l'appartenance à la tribu des Quraysh – celle de Muhammad et dont ils font eux-mêmes partie – est nécessaire pour devenir calife. Ils en appellent également au respect de la *sunna*, la tradition du Prophète (► p. 142), fondant ainsi le sunnisme.

Les partisans d'Ali, estimant que seuls les membres de la famille du Prophète peuvent lui succéder, fondent la *shia*, le « parti » d'Ali, à l'origine du chiisme. Face à l'autorité califale, les chiites élaborent la théorie de l'imamat. À l'imam terrestre, guide religieux « infaillible », est confiée la conduite des musulmans. À l'imam « caché », le *mahdi*, dont le retour est attendu à la fin des temps, reviendra le triomphe de la vérité et de la justice.

692

Le dôme du Rocher est bâti à Jérusalem

Dans la ville sainte du judaïsme et du christianisme, le dôme du Rocher témoigne de la suprématie de la religion de l'immense empire omeyyade, qui s'étend de l'Indus à la péninsule Ibérique.

Jérusalem, troisième ville sainte de l'islam après La Mecque et Médine

Selon la tradition musulmane, un voyage mystique (*isra*) aurait conduit le Prophète (► p. 138) à Jérusalem. Depuis le rocher de la Fondation – qui aurait servi de support à l'Arche d'alliance et accueilli le sacrifice d'Isaac (► p. 44) –, Muhammad aurait traversé les sept cieux et visité les prophètes de l'Ancien et du Nouveau Testament avant d'accéder à la vision du Créateur lui-même.

Après la prise de Jérusalem par les troupes arabes en 637, c'est sur ce lieu, situé sur l'esplanade du Temple de Salomon (► p. 45), qu'Abd al-Malik, cinquième calife de la dynastie omeyyade (► p. 144), ordonne la construction du dôme du Rocher. Al-Malik vient alors de vaincre la rébellion menée depuis La Mecque par un autre prétendant au califat, mettant fin à douze ans de guerre civile.

Un témoignage architectural à la gloire de l'islam et des Omeyyades

Le dôme du Rocher est élevé sur l'esplanade sacrée, en face de la mosquée al-Aqsa, « la lointaine ». Construit sur le modèle de la rotonde de l'église du Saint-Sépulcre à Jérusalem, il se présente comme un octogone parfait dans lequel s'inscrit une colonnade circulaire. Au centre, le fidèle peut déambuler autour du rocher sacré. L'édifice présente des inscriptions coraniques monumentales qui affirment le caractère islamique de l'État, réfutent le dogme chrétien de la Trinité (► p. 107) et proclament le triomphe de l'islam sur le christianisme.

Sous le règne d'al-Malik, l'introduction de monnaies aniconiques (sans images) portant des légendes à caractère religieux, les dinars et les dirhams, ainsi que le début de l'imposition de l'arabe comme langue administrative officielle témoignent de l'islamisation des structures de l'empire omeyyade.

> *Croyez en Dieu et aux envoyés, ne dites pas : « Trois » ; cessez de le dire : mieux cela vaudra pour vous ! Dieu est un Dieu unique. À Sa transcendance ne plaise qu'Il eût un fils ! »*

Extrait de l'inscription de l'arcade octogonale intérieure du dôme du Rocher.

Islam médiéval

600 — 700 — 800 — 900 — 1000

Califats

Hégire **Omeyyades (Damas)** **Abbassides (Bagdad)** **Fatimides (Le Caire)**

Le dôme du Rocher aujourd'hui

Après la prise de Jérusalem par les croisés en 1099, le dôme du Rocher est transformé en église et la mosquée al-Aqsa en palais. En 1187, sous le sultan Saladin (► p. 190), ces bâtiments sont rendus à leurs fonctions premières. Avec sa coupole de 20 mètres de diamètre recouverte de feuilles d'or, le dôme du Rocher domine la vieille ville de Jérusalem. Le décor de céramique extérieur est commandé par le sultan ottoman Soliman le Magnifique au XVIe siècle (► p. 238).

La Grande mosquée de Damas, l'autre grand chantier de l'ère omeyyade

Dans la capitale des Omeyyades, le calife al-Walid Ier construit au début du VIIIe siècle une Grande mosquée à l'emplacement de l'ancien temple romain de Jupiter, transformé par les chrétiens en basilique dédiée à saint Jean-Baptiste. Les mosquées ultérieures s'inspireront de cet édifice modèle qui reprend le plan de la maison du Prophète : une salle d'un seul niveau dont le plafond est soutenu par des colonnes, ouvrant sur une cour entourée d'une enceinte.

La vaste salle principale accueille les fidèles réunis pour la grande prière du vendredi, suivie du sermon de l'imam prononcé depuis le *minbar*. Les croyants prient en rangées parallèles orientées vers le *mihrab* qui indique la direction de La Mecque (*qibla*). Dans la cour se trouvent le bassin nécessaire aux ablutions préalables à la prière ainsi qu'un cadran solaire. Du minaret, le muezzin appelle aux cinq prières quotidiennes.

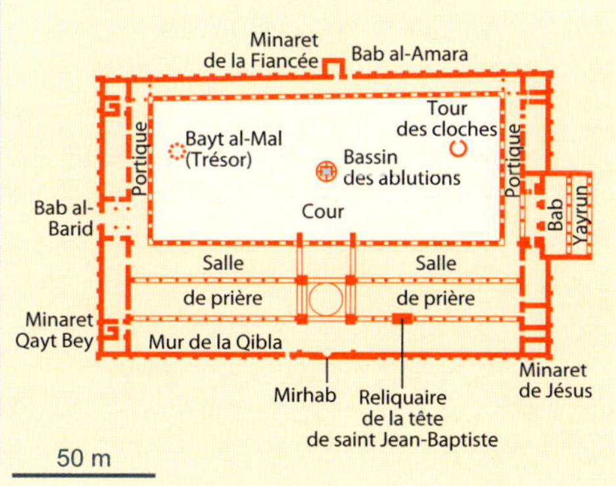

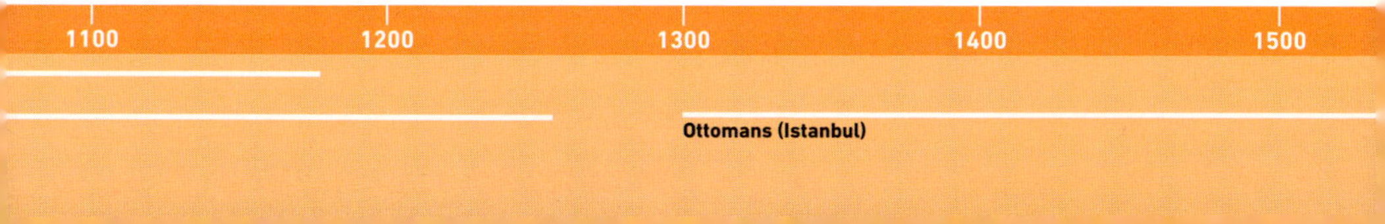

Vers **750**

Adi Shankara **réforme** l'hindouisme

Adi Shankara, parfois considéré par les hindous comme une manifestation du dieu Shiva, fonde le vedanta non dualiste qui demeure une référence doctrinale majeure dans la pensée métaphysique indienne.

Un penseur de l'école du vedanta

Né vers 700 au Kérala dans le sud de l'Inde, Adi Shankara mène dès l'âge de 8 ans une vie de renonçant itinérant, d'un monastère à un autre. Il y étudie les conceptions philosophiques de la pensée brahmanique (► p. 66), divisées en six écoles orthodoxes (*darshana*).

Parmi elles, Shankara choisit le vedanta (« aboutissement du *Veda* ») qui se présente comme un commentaire de textes religieux tardifs appartenant à la tradition post-védique : les Upanishad, la Bhagavad Gita (► p. 71) et le Brahma Sutra.

Un réformateur de l'hindouisme

Shankara cherche à purifier l'hindouisme de ses formes les plus extrêmes et à le spiritualiser : ainsi, il exhorte à renoncer aux sacrifices sanglants et à remplacer les offrandes de boissons alcoolisées, de viande et de poisson par des offrandes de riz, de fleurs et de laitages. En outre, il entend simplifier le panthéon hindou en le réduisant à cinq divinités principales : Vishnou, Shiva, Durga, Surya, Ganesh.

Ce faisant, Shankara crée une branche réformée de l'hindouisme, la tradition smarta. Pour la pérenniser, il fonde quatre grands monastères établis aux quatre points cardinaux de l'Inde. Et il n'hésite pas, tout au long de sa vie, à débattre avec les tenants des autres voies du salut, bouddhiste (► p. 58) et jaïn (► p. 62).

Une voie de salut par la connaissance

La doctrine shankarienne repose sur l'affirmation de la « non-dualité » entre l'être absolu, le *Brahman*, et l'être relatif : fondamentalement identique au *Brahman*, le monde n'a qu'une réalité trompeuse, engendrée par le pouvoir d'illusion (*maya*) déployé par le *Brahman*.

Cette vision métaphysique concerne également l'être humain, lui aussi scindé entre son être absolu, le Soi (*Atman*), et une nature illusoire, son ego. Pour Shankara, le Soi est identique au *Brahman*. En vertu de cette équivalence, l'homme a la possibilité de découvrir sa véritable nature à travers le yoga de la connaissance. Le sage védantin qui s'identifie au Soi véritable et non plus à son moi accède à une connaissance libératrice et transformatrice et devient un « libéré vivant » (*jivanmukta*).

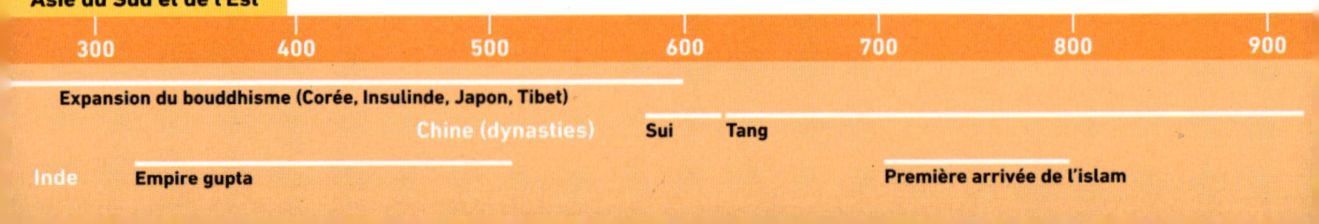

Shankara entouré de ses disciples

Le vedanta valorise la transmission directe entre le guru, à la fois enseignant, guide et exemple de réalisation spirituelle, et ses disciples.

Raja Ravi Varma, 1904.

« Le Soi est Brahma ; le Soi est Vishnou ; le Soi est Indra ; le Soi est Shiva ; le Soi est tout cet univers. Il n'existe rien d'autre que le Soi. »

Adi Shankara, *Le Plus Beau Fleuron de la discrimination*, VIIIe siècle, verset 388.

La postérité intellectuelle d'Adi Shankara hors d'Inde

La pensée shankarienne est connue des Européens au XVIIe siècle, grâce à l'œuvre de Roberto de Nobili (1577-1656), premier missionnaire jésuite ayant appris les langues indiennes dans le but de comprendre les Védas et la pensée hindoue. À la fin du XIXe siècle, le missionnaire hindou Swami Vivekananda (► p. 310) fait de la doctrine de Shankara le fondement de son enseignement. Au XXe siècle, le penseur René Guénon et l'écrivain Romain Rolland se réfèrent à son système métaphysique. Surtout, l'influence spirituelle de Shankara en Occident passe par Ramana Maharshi (1879-1950), guru qui invite ses auditeurs à se poser la question « qui suis-je ? ». Son rayonnement est considérable en Inde comme en Occident.

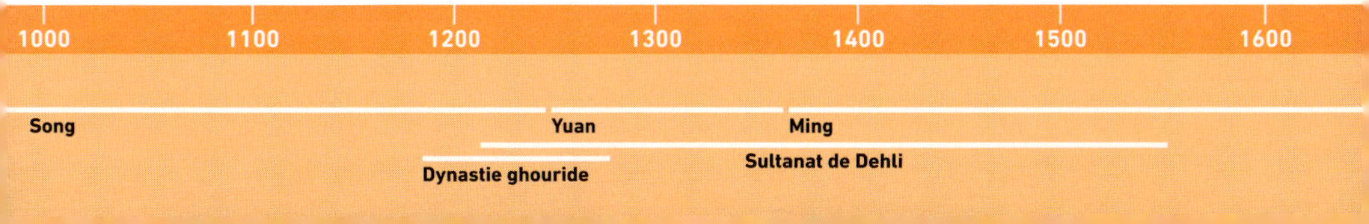

762

Les Abbassides installent leur capitale à Bagdad

Miné par les divisions, le pouvoir omeyyade succombe en 750 à la révolution abbasside, partie de l'Est iranien et portée par des descendants de l'oncle du Prophète, al-Abbas. La nouvelle dynastie sunnite, qui se maintient jusqu'en 1258, déplace le centre de gravité de l'empire de la Syrie vers l'Irak.

Une ville à la frontière des mondes perse et arabe

Marqués par l'influence du monde perse, d'où provient une bonne partie des cadres de leur administration, les Abbassides veulent quitter la Damas omeyyade (► p. 145 et p. 147) et installer leur capitale plus à l'est.

En 762, le deuxième calife, al-Mansur, choisit les plaines fertiles de Mésopotamie (actuel Irak), sur la rive droite du Tigre, pour y fonder la « ville ronde », noyau de la future Bagdad.

Bagdad, « centre de l'univers »

Le plan de la cité, circulaire et concentrique, résulte de calculs d'astronomes, conformément aux usages perses. Il témoigne de la place essentielle des sciences dans la civilisation islamique.

La construction de la cité aurait nécessité la mobilisation de 100 000 ouvriers. L'enceinte renferme les résidences des officiers et des fonctionnaires ainsi que les demeures des proches du calife. Au centre, une place isole la Grande mosquée, le palais du calife et sa porte d'Or d'où partent quatre avenues qui mènent aux quatre portes de la ville. Le calife reçoit au centre du palais, c'est-à-dire au centre des centres.

Le calife abbasside, « ombre de Dieu sur Terre »

L'isolement de l'immense cité palatiale, protégée par des troupes, traduit le fossé qui sépare désormais le souverain de ses sujets. Le calife abbasside, commandeur des croyants, se considère comme l'héritier du Prophète (► p. 138). Il adopte les insignes que la tradition lui associe et le noir devient la couleur officielle du régime. Un cérémonial de cour très strict prévoit que le souverain soit caché à ses visiteurs par un rideau que l'on ne soulève qu'en de rares occasions.

Symbole de l'universalisme du pouvoir califal, centre de l'empire abbasside, carrefour commercial, Bagdad attire une population cosmopolite et compte plus de 400 000 habitants au xᵉ siècle.

600 · 700 · 800 · 900 · 1000

Califats

Hégire

Omeyyades (Damas)

Abbassides (Bagdad)

Fatimides (Le Caire)

Essai de reconstitution du plan de la « ville ronde » de Bagdad
Mise à mal par la guerre de succession de 812-813, puis détruite par les Mongols en 1258 (► p. 208), il ne reste rien de la Bagdad des Abbassides. Les sources écrites permettent néanmoins de se faire une idée de l'organisation de la ville. D'un diamètre d'environ 2 kilomètres, elle donne la vision d'un pouvoir centralisé, où le calife est symboliquement placé au centre de son empire.

« *Le calife […] s'honore de porter l'épée du Prophète. […] Face à lui se trouve le Coran d'Othman […]. Sur ses épaules, il porte le manteau du Prophète. Dans sa main, il tient le bâton du Prophète.* »

Hilal al-Sabi, *Règlements du palais califal*, XIe siècle.

La division politique du monde musulman

L'empire abbasside ne réussit pas à contrôler l'ensemble des territoires musulmans. Dès 756, un descendant des Omeyyades, Abd al-Rahman, s'empare du pouvoir en Espagne où il crée l'émirat de Cordoue (► p. 159). Des révoltes parmi les Berbères débouchent sur la naissance de pouvoirs autonomes au Maghreb, chiites et kharijites – ces derniers sont des dissidents des partisans d'Ali qui ont refusé l'arbitrage de la bataille de Siffin (► p. 144). Au début du IXe siècle, de nouveaux pouvoirs régionaux voient le jour, à Kairouan (► p. 143) comme à Samarra (► p. 155). Ils sont créés par d'anciens délégués du calife qui fondent leur propre dynastie, sans toutefois rompre tous les liens avec Bagdad.

1100 1200 1300 1400 1500

Ottomans (Istanbul)

Vers **789**

Charlemagne promulgue *l'Admonitio generalis*

Le roi des Francs, bientôt empereur, se présente comme le défenseur de la religion chrétienne. *L'Admonitio generalis*, un capitulaire à destination des laïcs et des clercs, s'inscrit dans le contexte d'un essor culturel et religieux.

Une politique religieuse active

Comme son père Pépin le Bref, Charlemagne entretient des relations étroites avec l'Église et le pape. Il accorde d'ailleurs beaucoup d'importance à la religion, ciment des peuples divers qui sont placés sous son autorité. Le roi carolingien manifeste ainsi une grande piété, fait réunir des conciles et promulgue des ordonnances qui concernent le domaine religieux.

Le 23 mars 789, dans une loi divisée en 82 chapitres et nommée l'« Avertissement général », Charlemagne ordonne la création d'écoles dans tous les monastères et les évêchés pour améliorer la formation du clergé.

Une formation de qualité

Ces écoles sont en priorité destinées à ceux qui souhaitent devenir clerc, mais sont aussi ouvertes aux laïcs, bien que très peu d'entre eux les fréquentent. Elles dispensent des savoirs de base : lire et écrire en latin, compter. Assuré par des hommes d'Église, cet enseignement est complété par celui des chants religieux et de la prise de notes. L'objectif est de donner une instruction solide aux ecclésiastiques afin qu'ils respectent au mieux les Évangiles, qu'ils favorisent les conversions par leur mode de vie exemplaire et qu'ils instruisent à leur tour les laïcs.

> « *Nous voulons que soient fondées des écoles où les enfants puissent [apprendre à] lire […] parce que souvent, ceux qui souhaitent bien prier Dieu le font mal à cause de livres non corrigés.* »
>
> *Admonitio generalis*, chapitre 72, 789.

L'Église au service de Charlemagne

Mais cet effort intellectuel et religieux se double d'un objectif politique. Les écoles doivent former un personnel ecclésiastique de qualité pour améliorer l'organisation des territoires francs dont les clercs forment les cadres de l'administration. Charlemagne est ainsi conseillé par des évêques (tel Théodulfe), et des abbés (comme Alcuin). Les clercs participent également à des missions diplomatiques et sont envoyés comme *missi dominici* pour contrôler les représentants locaux du pouvoir. Enfin, cet essor de l'enseignement est une des prémisses de la Renaissance carolingienne.

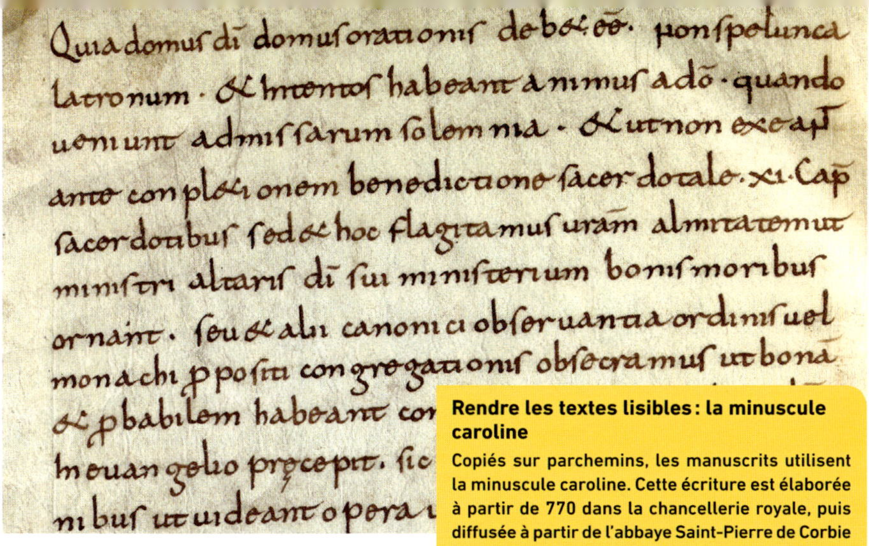

Rendre les textes lisibles : la minuscule caroline

Copiés sur parchemins, les manuscrits utilisent la minuscule caroline. Cette écriture est élaborée à partir de 770 dans la chancellerie royale, puis diffusée à partir de l'abbaye Saint-Pierre de Corbie (Somme). Très lisible, régulière et rapide à tracer, elle remplace la cursive mérovingienne.

Folio 50 de l'*Admonitio generalis*, 23 mars 789 (BnF, Paris).

Les moines, au centre de la « Renaissance carolingienne »

Forgée au XIXe siècle, l'expression « Renaissance carolingienne » désigne le mouvement de renouveau intellectuel impulsé au IXe siècle par les empereurs carolingiens, de Charlemagne à Charles le Chauve. La Renaissance carolingienne est favorisée par la création d'écoles destinées à améliorer le niveau culturel des clercs.

Cette période est également marquée par une redécouverte des textes littéraires et scientifiques de l'Antiquité et par un essor de la production de manuscrits. Ceux-ci sont (re)copiés dans les *scriptoria* des grandes abbayes comme celles de Corbie, de Saint-Denis ou de Saint-Martin-de-Tours, foyers de cette renaissance.

Alcuin, « l'homme le plus lettré de son temps » (vers 730-804)

Conseiller très proche de Charlemagne, Alcuin est l'un des artisans de la « Renaissance carolingienne ». Clerc anglais, il dirige d'abord l'école cathédrale de York avant d'être appelé par le roi franc à Aix-la-Chapelle en 782 pour s'occuper de l'école du palais. En 796, il devient abbé de Saint-Martin-de-Tours et poursuit ses activités intellectuelles, entretenant une abondante correspondance et écrivant de nombreux ouvrages. Comme professeur, il rédige des manuels scolaires et des traités de grammaire ; comme théologien, il révise la Bible et publie de nombreuses hagiographies.

1000 1100 1200 1300 1400 1500

Âge féodal et émergence des États

Schisme

Chute de Constantinople

Reconquista (Espagne)

Réforme grégorienne

Croisades

827

Le calife al-Mamun impose le mutazilisme dans l'empire abbasside

Devenu calife en 813 après un long conflit avec son frère, al-Mamun cherche à asseoir son pouvoir politique et spirituel. Il impose une réforme religieuse qui s'appuie sur l'école de théologie mutazilite.

Une doctrine rationaliste

Apparu au VIIIe siècle, le mutazilisme défend le primat de la raison face au dogmatisme religieux et le libre arbitre face à la prédestination humaine. Les mutazilites distinguent la Révélation, parole divine et éternelle, du Coran qui la retranscrit. Jugeant que ce dernier relève d'une création humaine, ils recommandent à l'interprète de faire usage de sa raison plutôt que d'obéir au sens premier.

Cette tradition ouvre ainsi la possibilité d'une herméneutique et fragilise les oulémas, considérés dans la tradition sunnite (► p. 145) comme les seuls interprètes de la Révélation, et à ce titre gardiens de l'orthodoxie.

La *Mihna* (« inquisition »)

En 827, le calife al-Mamun fait du mutazilisme la doctrine d'État. Puis, pour s'assurer de la fidélité des cadres religieux et judiciaires, il met en place en 833 un tribunal inquisitorial devant lequel *qadis* (juges) et oulémas doivent publiquement répondre à des questions religieuses et affirmer leur attachement à la doctrine du Coran créé.

N'hésitant pas à démettre voire à persécuter les récalcitrants, cette politique autoritaire rencontre l'opposition des élites abbassides. La résistance est en particulier incarnée par Ibn Hanbal, un théologien spécialiste des traditions prophétiques et adepte d'une lecture rigoriste et littérale des textes sacrés (► p. 143).

L'essor des sciences et de la philosophie arabes

Al-Mamun accueille à sa cour des savants de renom comme le mathématicien al-Khwarizmi et le médecin chrétien Hunayn ibn Ishaq. Il leur ouvre l'immense bibliothèque de son palais de Badgad (► p. 150), la maison de la Sagesse, à la fois lieu d'étude, de traduction et de rencontres. Le calife finance aussi des observations astronomiques, lesquelles répondent à des besoins religieux (orientation de La Mecque, fixation des heures de prières).

En dépit de cet apport, le mutazilisme perd de l'influence et, en 847, le calife al-Mutawakkil le rejette officiellement. Peu à peu marginalisée, cette école s'éteint au XIe siècle.

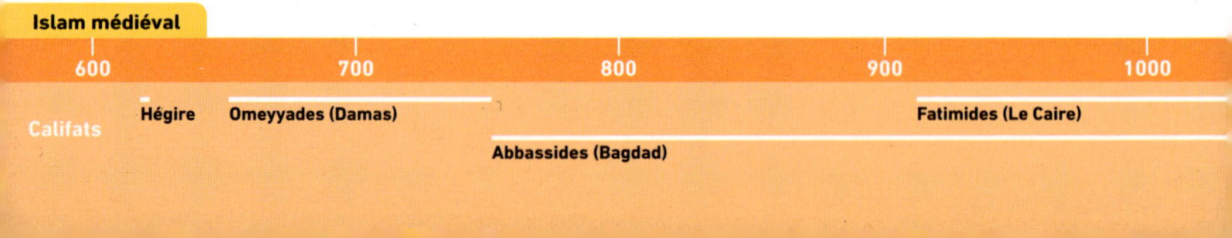

Le calife al-Mamun envoie un émissaire à l'empereur byzantin Théophile

À la maison de la Sagesse à Bagdad, les savants viennent consulter les écrits des penseurs grecs comme Aristote, Galien, Euclide ou Ptolémée, qui sont traduits en arabe. Le calife al-Mamun passe lui-même commande de plusieurs traductions de manuscrits qu'il fait venir de l'Empire byzantin.

Skyllitzes Matritensis, miniature, XIIIe siècle (Bibliothèque nationale d'Espagne, Madrid).

Samarra, nouvelle capitale abbasside

À la mort du calife al-Mamun en 833, son frère lui succède et, trois ans plus tard, fait transférer la cour à Samarra, une capitale nouvellement créée à une centaine de kilomètres au nord de Bagdad. Le calife al-Mutawakkil y fait ensuite bâtir une mosquée dont les dimensions et le minaret de forme hélicoïdale sont inédits.

1100 1200 1300 1400 1500

Ottomans (Istanbul)

909

Le duc d'Aquitaine fonde l'abbaye de Cluny

Aux Xe et XIe siècles, le monachisme connaît un essor sans précédent en Europe, porté par la restauration ou la création de monastères souvent initiées par de grandes familles aristocratiques.

Un monastère indépendant, à la tête d'un vaste réseau

Soucieux d'assurer son salut et de marquer son autorité, Guillaume Ier, duc d'Aquitaine, fait don vers 909 d'un grand domaine rural proche de Mâcon, en Bourgogne, à l'abbé Bernon et à six de ses compagnons. Composé de terres cultivées, de prés et de forêts, le domaine assure d'emblée d'importants revenus à la communauté de moines. L'abbaye, dédiée aux apôtres Pierre et Paul (► p. 95 et p. 96), est placée sous la protection directe du pape tandis que sont créés, en France et dans toute l'Europe, des établissements monastiques qui adoptent les mêmes coutumes.

Un monastère tourné vers la réforme

Contre les dérives que connaît alors l'Église catholique, les abbés de Cluny prônent un retour à la pureté des origines. L'abbaye adopte ainsi la règle élaborée par Benoît de Nursie (► p. 133) : les « moines noirs » partagent leur temps entre la prière, la lecture des textes sacrés et le travail manuel. Les monastères dépendants de Cluny diffusent cette réforme religieuse en Occident.

Progressivement, la liturgie prend une place prépondérante. Cluny se spécialise dans les messes pour les défunts : vers 1030, son abbé Odilon crée le jour des morts, fixé le 2 novembre. Au XIIe siècle, les tâches matérielles sont confiées à des moines convers*, d'origine sociale plus modeste et peu instruits.

Un ordre puissant et riche

Les réseaux clunisiens et cisterciens
Au début du XIIe siècle, il existe près de 1 200 monastères clunisiens en Europe. Ceux dépendants de Cîteaux sont au nombre de 700 à la fin du XIIIe siècle.

Grâce aux dons des fidèles, aux contributions financières des dépendances et aux revenus des propriétés foncières, l'ordre de Cluny s'enrichit considérablement. L'argent est dépensé pour secourir les pauvres et les pèlerins, mais aussi pour améliorer le confort des moines ou pour construire de nouveaux bâtiments.

Les abbés clunisiens deviennent dès lors des personnages influents qui interviennent dans les affaires politiques. Certains, comme Hugues de Semur (► p. 173), conseillent papes et souverains européens.

* Entrés à l'âge adulte au monastère, généralement illettrés, ils ne sont pas clercs.

Chrétienté

400 500 600 700 800 900

Empire romain d'Occident

Empire byzantin

Cluny et l'art roman

L'église de Paray-le-Monial est construite à partir de 1092 sur les instructions de l'abbé de Cluny, Hugues de Semur. Elle est caractéristique de l'art roman que l'ordre participe à diffuser en Europe : voûtes en berceau, arcs en plein cintre, murs épais souvent soutenus par des contreforts et petites ouvertures.

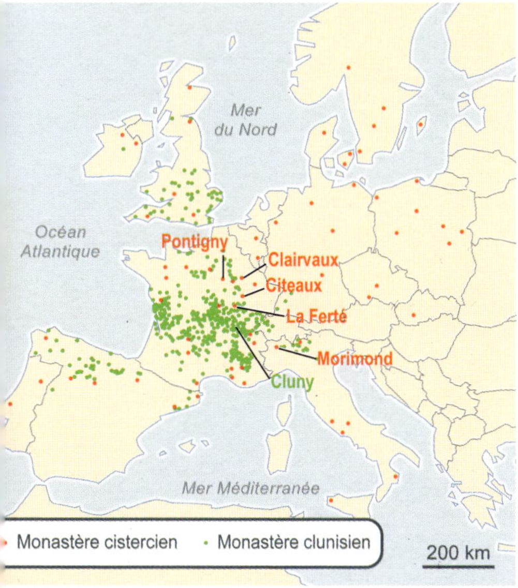

Les cisterciens, un ordre concurrent

En 1098, Robert de Molesme fonde en Bourgogne l'abbaye de Cîteaux qui adopte la règle bénédictine. Les cisterciens dénoncent le luxe clunisien et mettent l'accent sur le travail manuel des moines, l'austérité de la liturgie et le refus des dons. Les bâtiments des abbayes, construits autour d'un cloître, sont ainsi d'une extrême sobriété. Sous l'impulsion de Bernard, abbé de Clairvaux de 1115 à 1153, l'ordre cistercien se développe dans toute l'Europe. Cependant, les « moines blancs » reviennent progressivement eux aussi sur l'idéal de pauvreté des origines : ils acceptent peu à peu de percevoir des revenus importants et interviennent à leur tour dans les grands débats politiques.

969

Les Fatimides s'emparent de l'Égypte

Après la conquête de l'Égypte, la formation de l'empire fatimide constitue une révolution politique et religieuse pour le monde musulman : celui-ci est dominé pour la première fois par les chiites.

Les Fatimides, un mouvement chiite révolutionnaire

Les Fatimides se disent descendants de Fatima, fille du prophète Muhammad (► p. 138) et épouse d'Ali (► p. 144). Ils sont ismaéliens – du nom d'Ismaïl, septième imam chiite –, une branche du chiisme très active contre les Abbassides (► p. 150). Depuis la Syrie du Nord, les Fatimides envoient des missionnaires sillonner le monde musulman à la recherche de territoires pour y implanter un État.

L'un d'entre eux, Ubayd Allah, réussit à s'installer dans les Aurès, en pays berbère (actuelle Algérie), et à s'emparer de Kairouan en 909. Les Fatimides proclament alors la naissance d'un nouveau califat et soumettent la plus grande partie du Maghreb. Ils lancent ensuite leurs troupes contre l'Égypte, bastion sunnite que l'eunuque Jawhar al-Siqilli conquiert en 969.

L'empire du *mahdi*

Jawhar procède aussitôt à la fondation d'une capitale digne d'un empire que les Fatimides imaginent étendre jusqu'en Orient : Le Caire, en arabe al-Qahira (« la Victorieuse »). La ville symbolise leur espoir de réunifier l'islam sous l'égide du *mahdi*, le messie annonciateur de la fin des temps.

La cour quitte le Maghreb en 972 et s'installe au Caire. Une grande partie de la Syrie, puis les villes saintes de La Mecque et Médine tombent dans les années 970. L'empire fatimide domine alors la Méditerranée.

> « *Jawhar ordonna que l'on cessât de dire la prière au nom des Abbassides dans les chaires de toute l'Égypte. Il interdit de porter la livrée noire […] et ordonna aux prédicateurs de s'habiller en blanc.* »
>
> *Dictionnaire biographique* d'Ibn Khalikkan (mort en 1282).

Les réactions à l'expansion chiite

Directement menacés par cette expansion, les Omeyyades de Cordoue sont les premiers à réagir. Ils se présentent comme les défenseurs du sunnisme et se proclament eux aussi califes en 929. Trois califats rivaux se partagent donc le monde musulman.

En Orient, cette situation conflictuelle précipite la désagrégation du califat abbasside qui passe sous le contrôle des Bouyides en 945. Eux aussi sont chiites, mais d'une branche rivale, et ils défendent l'Irak face aux Fatimides.

Islam médiéval

600 – 700 – 800 – 900 – 1000

Califats : Hégire ; Omeyyades (Damas) ; Abbassides (Bagdad) ; Fatimides (Le Caire)

Les trois califats rivaux au xe siècle

Fondé en 750, le califat abbasside perdure jusqu'en 1258 mais, à partir du xe siècle, le pouvoir du calife est affaibli avec l'apparition de deux califats rivaux : les Fatimides chiites (909-1171) et les Omeyyades de Cordoue (929-1009).

Les Omeyyades de Cordoue

Après la prise de pouvoir des Abbassides, le prince omeyyade Abd al-Rahman échappe au massacre de sa famille et s'enfuit jusqu'à Cordoue, où il restaure la dynastie déchue en 756. Conscients d'être « fils de califes », les Omeyyades d'Espagne se contentent cependant du simple titre d'émirs jusqu'en 929. La menace chiite et la faiblesse des Abbassides persuadent Abd al-Rahman III de prendre le titre de calife et de déclarer le *djihad* (► p. 175) contre les Fatimides en Méditerranée occidentale.

Les persécutions religieuses du calife al-Hakim (996-1021)

Minoritaires dans une Égypte majoritairement sunnite, les Fatimides s'appuient sur les différentes communautés religieuses pour gouverner. Cette tolérance est cependant remise en cause sous le califat d'al-Hakim à partir de 996. Soucieux de réunification sous l'égide des chiites, celui-ci ordonne une grande vague de persécutions contre les juifs et les chrétiens. Des lieux de culte sont détruits, notamment la fameuse église du Saint-Sépulcre à Jérusalem en 1009. Des non-musulmans sont forcés à la conversion. Face aux résistances, le souverain doit cependant revenir sur certaines mesures à la fin de son règne. Accusé de folie et de tyrannie, il disparaît, sans doute assassiné, en 1021.

995

Olaf Tryggvason débute la christianisation de la Norvège

Au cours du IXe siècle, les Scandinaves se lancent dans la piraterie et le commerce. Leurs chefs entrent alors en contact avec les cours princières européennes et se convertissent au christianisme.

La conversion d'Olaf Tryggvason

Né vers 964, Olaf Tryggvason, descendant d'un roi du sud-est de la Norvège, est élevé à la cour du royaume de Kiev. Devenu guerrier viking, il se lance en 991 à la conquête de l'Angleterre où il se convertit au christianisme en 994. De retour en Norvège, il est proclamé roi en 995.

Tryggvason impose le christianisme dans son royaume qui s'étend le long des côtes et dans les îles occidentales. Il entreprend également la conversion des îles Shetland, Féroé, Orcades, de l'Islande et du Groenland en envoyant des missionnaires et en baptisant les dignitaires venus lui rendre visite.

La survivance des rites païens

En dépit de son zèle religieux, Tryggvason ne parvient pas à établir durablement le christianisme dans son pays. L'aristocratie norvégienne ne se convertit que très lentement au cours du XIe siècle. Le marteau de Thor se transforme progressivement en croix chrétienne.

Dans les régions montagneuses enclavées, les communautés villageoises continuent en effet à sacrifier à leurs dieux des animaux (chevaux, porcs ou bœufs) et à en consommer la chair pendant de longs banquets. De même des formes de divination et de sorcellerie perdurent, pratiquées par des femmes, les *völva*, qui occupent un rôle éminent dans la société nordique.

Une christianisation tardive

Mais la conversion des populations n'est pas uniquement le fait des souverains. Dès le IXe siècle, des marchands chrétiens originaires d'Allemagne s'installent dans les ports. Ainsi Anschaire de Brême, archevêque de Hambourg, fonde la plus ancienne congrégation chrétienne de Suède en 831 à Birka, port situé à 30 kilomètres de Stockholm. Des évêques francs entreprennent les mêmes démarches au Danemark à partir du milieu du XIe siècle. L'ensemble de la Scandinavie n'est véritablement christianisé qu'à partir du XIIIe siècle.

Yggdrasil, l'arbre du monde

Les anciens Scandinaves représentent le monde comme un immense arbre. Dans sa frondaison se trouve Asgard, le royaume des dieux. Midgard forme un disque sous lequel se situe le monde des hommes et Niflheim, le monde des morts où règne le serpent Nidhogg. À Utgard vivent les géants de givre, fils d'Ymir à l'origine de la création du monde et des dieux mais qui est tué par ces derniers.

Gravure sur bois, vers 1880 (Archives d'art et d'histoire, Berlin)

« Odin savait faire de telle sorte que, dans la bataille […], ses hommes allaient sans armure, enragés comme des chiens ou des loups, mordant leurs boucliers, forts comme des ours ou des taureaux. »

L'Edda poétique, recueil du XIIIe siècle.

La mythologie nordique : un panthéon belliqueux

Les croyances des peuples nordiques nous sont connues grâce à des pierres couvertes d'inscriptions runiques et à des poèmes islandais compilés au XIIIe siècle, les *eddas*. Dans son palais du Valhalla situé à Asgard, Odin – ou Wotan –, le roi des dieux représente la mort glorieuse au combat, accueillant les guerriers tombés sur le champ de bataille. Son fils Thor, dont le nom signifie « tonnerre », est la divinité des tempêtes. Reconnaissable à son abondante chevelure rousse et à son marteau, il représente la force physique et la frugalité, valeurs estimées par les Vikings. Son nom est fréquemment donné aux enfants et souvent mentionné dans des inscriptions épigraphiques nordiques.

1000 | 1100 | 1200 | 1300 | 1400 | 1500

Âge féodal et émergence des États

Schisme

Chute de Constantinople

***Reconquista* (Espagne)**

Réforme grégorienne

Croisades

Vers 1020

Gershom ben Yehuda édite le texte intégral du Talmud

Alors que la population juive augmente en Europe au cours du Moyen Âge et que l'autorité des *geonim* de Babylone s'éteint, le rabbin Gershom ben Yehuda contribue à l'affirmation d'un judaïsme propre au nord et à l'est du continent.

Un rabbin influent

Né à Metz vers 960, puis installé à Mayence, Gershom ben Yehuda est un talmudiste érudit, enseignant et *posseq* (auteur de décisions juridiques religieuses). Il est l'artisan de l'édition d'une version complète et conforme du Talmud (► p. 102) et rédacteur de prières de pénitence. Il est également l'auteur de *responsa* concernant des questions ayant trait à la vie des communautés.

Sa *yeshiva* (académie religieuse) de Mayence attire des étudiants de toute l'Allemagne, mais aussi de France et d'Italie ; et son crédit s'étend à de nombreuses communautés en Europe.

Une figure majeure du judaïsme ashkénaze

Gershom ben Yehuda est l'un des promoteurs de la tradition ashkénaze – terme qui désigne originellement l'Allemagne –, celle des juifs d'Europe du Nord et de l'Est, puis de leurs descendants au fur et à mesure de l'expansion démographique des juifs hors du continent.

Ce courant se distingue par une liturgie et des rituels spécifiques, mais aussi par des coutumes et une langue particulière, le yiddish. Le monde ashkénaze sera lui-même le théâtre d'une différenciation culturelle progressive entre les communautés d'Europe orientale et d'Europe occidentale.

Une œuvre pérenne

Selon la tradition, Gershom ben Yehuda est aussi l'auteur de plusieurs ordonnances religieuses destinées à l'aire ashkénaze, qui rompent avec la Loi (Halakhah) édictée par les assemblées babyloniennes (► p. 99). Il aurait ainsi décrété l'interdiction faite à un juif de rappeler à l'un de ses coreligionnaires contraint de se convertir au christianisme le caractère honteux de sa démarche, celle de la polygamie ainsi que la nécessité d'obtenir le consentement de l'épouse avant de prononcer un divorce.

L'aura et l'œuvre de Gershom ben Yehuda contribuent largement à la perpétuation ultérieure du judaïsme en Europe.

Les communautés juives ashkénazes aux XIe-XIIe siècles

Le yiddish (ou judéo-allemand)

Langue vernaculaire des communautés ashkénazes durant des siècles, le yiddish, apparu au Moyen Âge, est issu du mélange entre le haut allemand, l'hébreu, l'araméen et des langues locales, notamment slaves ou romanes. Employant l'une des formes de l'alphabet hébraïque, il s'écrit de droite à gauche. Parlé par environ treize millions de personnes à la veille de la Seconde Guerre mondiale, le yiddish est également à l'origine d'une production littéraire, théâtrale et journalistique considérable.

Le SchUM

SchUM est l'acronyme de trois villes de la vallée du Rhin, Spire, Worms et Mayence, qui abritent au Moyen Âge des diasporas juives importantes. Regroupées au sein d'un comité les représentant auprès des autorités civiles, ces trois communautés détiennent l'ascendant sur le monde ashkénaze en matière de décisions religieuses et de production culturelle. Leur influence s'éteint dans la deuxième moitié du XIVe siècle, lorsque la peste noire et les massacres qui l'accompagnent y déciment la population juive.

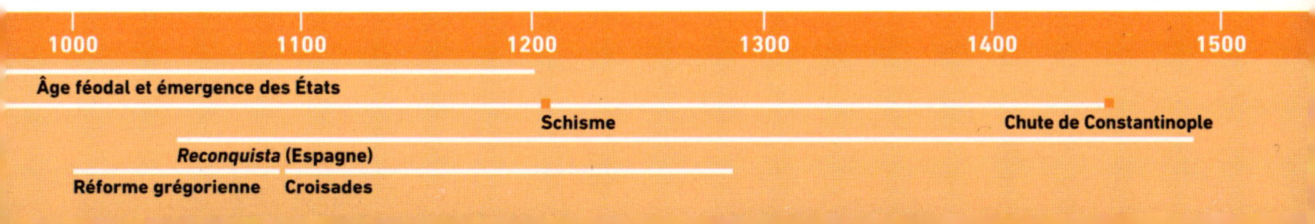

1054

Une première rupture intervient au sein de la chrétienté

Ce « schisme » résulte d'un éloignement progressif entre l'Église d'Orient et celle d'Occident. Si l'événement est vite dépassé par ses contemporains, une seconde rupture, plus profonde, survient en 1204.

Le rapprochement entre le pape et l'empereur byzantin

Élu pape en 1049, Léon IX doit faire face à la menace des Normands qui veulent étendre leur domination en Italie. Cherchant alors à se rapprocher de l'empereur byzantin Constantin IX, influent dans le sud de la péninsule, il envoie une ambassade à Constantinople, dirigée par le cardinal Humbert de Moyenmoutier.

Arrivés en avril 1054, les légats pontificaux rencontrent l'empereur et le patriarche de Constantinople, Michel Cérulaire.

Les différences liturgiques et théologiques

Sur le plan liturgique, les chrétiens d'Occident reprochent à ceux d'Orient de ne pas utiliser le pain azyme pour l'eucharistie et dénoncent le mariage des prêtres, courant dans l'Empire byzantin. Sur le plan théologique, la querelle du *Filioque* fait rage : les Occidentaux ont pris l'habitude d'ajouter le Fils dans le symbole de Nicée (► p. 107) – « le Saint-Esprit procède du Père et du Fils » – alors que les Orientaux s'en tiennent à la formule originale ne mentionnant que le Père.

À Constantinople, malgré la mort de Léon IX le 19 avril, la controverse religieuse s'envenime et les tensions s'exacerbent entre les légats et Michel Cérulaire.

Des excommunications réciproques

Le matin du 16 juillet 1054, juste avant la messe, la délégation pontificale pénètre dans la basilique Sainte-Sophie (► p. 124) bondée et dépose sur l'autel une lettre d'excommunication visant Michel Cérulaire.

Le 21, l'empereur ordonne aux légats du pape, menacés par la colère populaire, de quitter la capitale byzantine. Le même jour, le synode du patriarche annonce leur excommunication, prononcée officiellement le 24 juillet à Sainte-Sophie.

« Pour ce qui est de Michel, à qui l'on donne par abus le titre de patriarche, et des partisans de ses erreurs, ils répandent tous les jours dans la ville abondance de germes d'hérésie. »

Extrait de la charte d'excommunication du 16 juillet 1054.

Chrétienté

400 500 600 700 800 900

Empire romain d'Occident

Empire byzantin

Le patriarche Michel Cérulaire et le pape Léon IX

Les différences linguistiques sont également un élément d'éloignement entre les deux Églises. Le pape et l'Église d'Occident utilisent le latin tandis que le patriarche de Constantinople et l'Église d'Orient parlent le grec.

Miniature tirée d'un manuscrit grec du xve siècle (Bibliothèque nationale, Palerme).

1204 : un choc considérable

En 1204, la quatrième croisade est détournée vers Constantinople à l'instigation des Vénitiens. S'immisçant dans les querelles politiques byzantines, les croisés finissent par piller la ville. Pour justifier *a posteriori* leurs actes, ils utilisent les événements de 1054 et accusent les Orientaux d'être des schismatiques. Le sac de la capitale byzantine a un retentissement considérable, tant en Occident qu'en Orient : plus que les excommunications réciproques prononcées un siècle et demi plus tôt, c'est lui qui marque une véritable séparation entre les chrétiens catholiques et les chrétiens orthodoxes (► p. 166).

La prise de Constantinople par les croisés

Après un siège de trois jours (9-12 avril 1204), la capitale byzantine est pillée, la population massacrée. Les œuvres d'art et les reliques sont emportées en Occident.

Grandes Chroniques de France, enluminure, 1375-1379 (BnF, Paris).

1000 — 1100 — 1200 — 1300 — 1400 — 1500

Âge féodal et émergence des États

Schisme

Chute de Constantinople

***Reconquista* (Espagne)**

Réforme grégorienne

Croisades

Les Églises orthodoxes

Héritière des premières communautés chrétiennes fondées dans les provinces orientales de l'Empire romain, l'Église orthodoxe se présente comme celle de la « foi droite », rejetant les évolutions doctrinales et l'autorité de Rome.

De l'Église de Constantinople aux Églises orthodoxes

Constantinople, patriarcat œcuménique

Au VIe siècle, sous le règne de l'empereur byzantin Justinien, l'Église est divisée en cinq patriarcats, celui de Rome en Occident et ceux de Constantinople, Antioche, Alexandrie et Jérusalem en Orient (► p. 106). Depuis la prise de Rome par Odoacre en 476, le patriarche de Constantinople est aussi qualifié d'œcuménique, c'est-à-dire d'universel.

À partir du VIIe siècle, avec l'expansion du monde musulman (► p. 145), Constantinople reste le dernier des quatre patriarcats d'Orient tandis que, parallèlement, le pouvoir du pape de Rome s'affirme en Occident. Après le schisme de 1054 (► p. 164), Constantinople devient la capitale de l'orthodoxie.

L'Église orthodoxe, soutien de l'empereur byzantin

L'empereur et le patriarche de Constantinople étendent leur autorité sur le même territoire et leurs pouvoirs sont imbriqués. L'empereur nomme le chef de l'Église orthodoxe. Ce dernier officie lors du couronnement dans la basilique Sainte-Sophie (► p. 126), confirmant l'origine divine du pouvoir de l'empereur.

Le cérémonial de la cour impériale, qui frappe les voyageurs par son extrême richesse, a un sens religieux. L'empereur est vu comme « image de Dieu et semblable à Dieu » et il lui revient la défense du dogme. C'est ainsi qu'il convoque et préside les conciles fixant l'orthodoxie et condamnant les hérésies.

Les zones d'influence du patriarche de Constantinople en 1054
L'Église orthodoxe est implantée à l'est de la Méditerranée, essentiellement dans le sud-est de l'Europe et en Turquie actuelle.

Les conquêtes spirituelles de Byzance

Au VIIe siècle, s'il régresse en Afrique du Nord et dans une partie du bassin méditerranéen, le christianisme progresse en Europe centrale et orientale. Le monde slave est précocement christianisé par l'Église byzantine : d'abord grâce à la mission de Cyrille et Méthode à l'origine de l'évangélisation de la Moravie en 862 (► p. 127), puis par la conversion des Bulgares après le baptême de leur roi Boris Ier en 864. En 988, le prince Vladimir Ier de Kiev devient chrétien et impose sa religion au peuple russe. À partir de 1328, l'Église russe est dirigée par l'évêque de Moscou.

Le délitement progressif de l'Empire byzantin, jusqu'à sa chute en 1453, affaiblit l'autorité du patriarche de Constantinople, tolérée par le sultan ottoman. Ce nouveau rapport de pouvoir permet aux Églises d'Europe orientale de devenir autonomes : c'est le cas de celle de Moscou qui revendique alors le titre de « Troisième Rome ».

La diversité du christianisme oriental

Églises chalcédoniennes (qui suivent les décisions du concile de Chalcédoine ► p. 107)	byzantine russe chypriote grecque maronite
Églises non chalcédoniennes (qui refusent les décisions du concile de Chalcédoine)	copte jacobite arménienne éthiopienne

L'Église « des origines »

Une organisation centralisée mais collégiale

L'Église d'Orient ne peut accepter l'affirmation du pape de Rome comme dirigeant religieux unique et considère la collégialité comme une garantie de l'orthodoxie.

Le patriarche, guide spirituel de l'Église, est entouré d'un synode d'évêques qui confirme sa désignation et le conseille. Le 21 juillet 1054, c'est ce synode qui prononce l'excommunication des légats du pape Léon IX (► p. 164). Les évêques, choisis parmi les moines, sont nommés par le patriarche mais ils sont consacrés par d'autres évêques.

L'importance du monachisme

C'est en Orient que sont apparus les premiers moines au IIIe siècle (► p. 111), mais la notion d'ordre monastique (► p. 156) n'existe pas. Trois groupes coexistent : les ermites, les moines dont la vie commune est réglementée, et ceux vivant dans des villages monastiques. La plupart des monastères suivent la règle de saint Pacôme.

Soumis à l'évêque, les monastères sont indépendants les uns des autres et vivent grâce aux terres dont ils ont la propriété. Fondations impériales et nobiliaires ou ermitages transformés, ils s'implantent dans les campagnes, participant à l'évangélisation des paysans, ainsi qu'à celle des peuples nouvellement convertis comme en Europe de l'Est. Les monastères jouent également un rôle majeur dans le soutien aux pauvres et aux malades.

Les monastères du mont Athos (Grèce)

Les traces les plus anciennes de la présence d'ermites sur le mont Athos remontent au VIIe siècle. Les premières communautés monastiques sont créées au Xe siècle. Les moines y développent l'hésychasme, démarche mystique et méthode ascétique visant la paix de l'âme et l'union avec Dieu. Aujourd'hui, une vingtaine de monastères forment la République monastique du Mont-Athos qui bénéficie d'un statut d'autonomie au sein de l'État grec.

Des différences dogmatiques et liturgiques avec Rome

La liturgie orthodoxe s'appuie sur la Bible grecque (► p. 128) et se conforme aux décisions des sept premiers conciles (► p. 107). Sont ainsi rejetées les « innovations romaines » comme le baptême par simple immersion, le célibat ecclésiastique ou l'insertion du *Filioque* (► p. 164) dans le credo.

Le culte orthodoxe prend place dans des églises de petite taille dont le plan en croix s'inscrit dans un carré surmonté d'une coupole. Il est empreint d'une grande sacralité car la messe est perçue comme un moment de rencontre entre Ciel et Terre.

Les divergences des usages entre orthodoxes et catholiques

	Orthodoxes en Orient	Catholiques en Occident
Baptême	Triple immersion	Aspersion
Communion	Sous les deux espèces (pain et vin)	Pain uniquement
Calendrier	Julien	Grégorien
Signe de croix	Selon un mouvement de droite à gauche : front, poitrine, épaule droite, épaule gauche	Selon un mouvement de gauche à droite : front, poitrine, épaule gauche, épaule droite
Prêtres	Mariage autorisé	Vœu de chasteté et de célibat
Statut des images	Sacrées et vénérées	Simple représentation faisant l'objet de dévotion

La querelle des images

En 730, peut-être sous l'influence du judaïsme et du développement de l'islam, l'empereur byzantin Léon III interdit par édit les images saintes du Christ, de la Vierge et des saints, ainsi que leur culte considéré comme une idolâtrie. Son successeur, Constantin V, durcit la politique iconoclaste. Ceux qui estiment au contraire que l'incarnation est le signe donné par Dieu de la possibilité de la représentation et de l'adoration des images, sont poursuivis, emprisonnés, parfois tués. Mosaïques et icônes sont détruites. En 787, l'impératrice Irène convoque un concile à Nicée qui autorise à nouveau le culte des images. Pourtant, en 815, l'empereur Léon V rétablit l'interdiction, n'autorisant qu'une représentation de la croix. Ces mesures sont finalement levées en 843.

« *Dans l'icône, j'adore le Créateur de la matière qui, à cause de moi, est devenu matière et, par-là, m'a sauvé.* »

Jean Damascène, *Discours sur les images*, vers 730.

Vue intérieure de l'église principale du monastère Saint-Luc (xe siècle) à Hosios Loukas (Grèce)
Sur l'iconostase, mur séparant le chœur du reste de l'église, sont placées des icônes du Christ Pantocrator et de la « Mère de Dieu » (*theotokos*), qui fait l'objet d'un culte particulier. Les icônes, parce qu'elles sont une fenêtre ouverte sur l'invisible, manifestent la sainteté de la présence divine et sont un élément central dans le culte chrétien oriental.

1067

Les Turcs seldjoukides fondent la première madrasa à Bagdad

Défenseurs du califat sunnite, les Seldjoukides ouvrent l'ère du sultanat et créent des madrasas où sont formés les cadres religieux de l'empire abbasside.

Le sultanat seldjoukide

En 1055, le calife abbasside al-Qaïm fait appel au prince turc Toghrul Beg qui domine la plus grande partie de l'Iran. Il entend ainsi se débarasser de la tutelle des Bouyides (► p. 158) affaiblis. À la tête du clan des Seldjoukides, celui-ci s'installe à Bagdad et y restaure le sunnisme. En 1058, Toghrul Beg prend le titre de sultan.

Le système du sultanat, destiné à durer, est une forme de délégation du pouvoir temporel par le calife. De fait, les Seldjoukides rétablissent la dignité califale tout en s'arrogeant la réalité du pouvoir.

La madrasa, instrument du renouveau sunnite

Acteur primordial de ce renouveau, le tout-puissant vizir persan Nizam al-Mulk, qui administre l'empire au nom du sultan Alp Arslan, fonde en 1067 la première madrasa à Bagdad, la Nizamiya. Établissement d'enseignement supérieur, celle-ci vise à former les futurs cadres religieux du régime.

Au sein de la madrasa, les maîtres sont nommés et rémunérés par le pouvoir qui met également à disposition des étudiants des chambres, ainsi qu'une bibliothèque et un oratoire. On y enseigne les disciplines religieuses (sciences coraniques, droit), mais aussi la langue arabe, la poésie et l'arithmétique.

« Sous son règne, la considération dont jouissaient les savants grandit, de même que l'étude de la science avec l'édification des madrasas, des oratoires, des couvents soufis avec les fondations qui leur étaient consacrées. »*

Ibn al-Jawzi, *Chronique bien ordonnée*, XIIe siècle.

* Il s'agit du règne de Nizam al-Mulk (1063-1092).

La lutte contre le chiisme

La madrasa constitue un puissant vecteur de diffusion du sunnisme, dont les dirigeants seldjoukides se veulent les défenseurs. Ils multiplient également la création de fondations pieuses : hôpitaux, mosquées, couvents. Cette politique s'accompagne de procès et de persécutions contre les chiites.

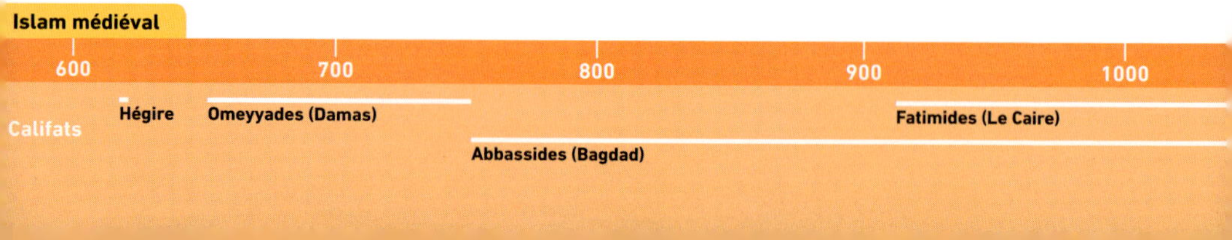

La madrasa al-Firdaws à Alep (XIIIe siècle)
Il subsiste peu de madrasas de l'époque seldjoukide, mais le plan et l'organisation paraissent avoir perduré, notamment en Syrie aux XIIe-XIIIe siècles. L'enseignement se tenait dans la cour centrale du bâtiment. Les étudiants se regroupaient autour du maître sous la grande voûte (*iwan*) que l'on aperçoit au fond.

Alp Arslan humiliant l'empereur byzantin Romain IV après la défaite de ce dernier à Manzikert

Boccace, *De casibus virorum illustrium*, miniature, XVe siècle (BnF, Paris).

Alp Arslan, « le lion héroïque » (1029-1072)

Deuxième sultan de la dynastie des Seldjoukides, Alp Arslan est le principal artisan de l'avancée turque vers l'ouest. Après la conquête de l'Arménie et de la Syrie en 1070-1071, il fait prisonnier l'empereur byzantin Romain IV Diogène lors de la bataille de Manzikert. La défaite grecque ouvre la conquête de l'Asie Mineure. À son apogée, l'empire seldjoukide s'étend de l'Afghanistan à la mer Égée. Mais, décentralisé, celui-ci est partagé entre les membres de la dynastie et éclate en multiples principautés au XIIe siècle.

1077

Le roi de Germanie Henri IV vient chercher le pardon du pape à Canossa

La spectaculaire pénitence publique imposée par le pape Grégoire VII au futur empereur du Saint Empire révèle les tensions entre les pouvoirs spirituel et temporel, qui se prétendent tous deux universels.

La querelle des investitures

Élu en 1073, Grégoire VII accélère le mouvement de réforme initié par Cluny (► p. 156). Soucieux d'affirmer la primauté de la papauté en Occident sur tout autre pouvoir, il veut se libérer de la tutelle de l'empereur du Saint Empire.

En 1075, son *Dictatus papae* (« Instructions dictées par le pape ») place le pouvoir du pape au-dessus de celui de l'empereur, instaurant ainsi une théocratie pontificale. Par la suite, Grégoire VII interdit l'investiture laïque : ni l'empereur, ni les rois d'Occident ne peuvent plus nommer les évêques et les abbés.

« Aller à Canossa »

Ne tolérant pas l'intervention du pape dans les affaires intérieures de l'empire, Henri IV réunit une assemblée d'évêques qui dépose Grégoire VII le 24 janvier 1076. En réponse, le pape prononce l'excommunication du roi de Germanie, déliant ses sujets de tout devoir d'obéissance. Face à la contestation et aux menaces des princes contre son autorité, Henri IV doit se soumettre.

Suivant une procédure de pardon très codifiée, le futur empereur se rend le 25 janvier 1077 devant la forteresse de Canossa, dans le nord de l'Italie, où séjourne Grégoire VII. Durant trois jours et trois nuits, dans la neige et le froid, Henri IV implore la clémence du pape qui finit par lever l'excommunication du souverain.

La poursuite du conflit

Cet épisode suscite de nombreux commentaires des chroniqueurs de l'époque, qui prennent parti pour l'un ou l'autre des protagonistes. Il résout temporairement le différend et semble voir le triomphe du pape.

Toutefois, Henri IV a pu consolider son pouvoir et un nouveau conflit surgit entre les deux hommes en 1080. De nouveau excommunié, le souverain fait élire un antipape, Clément III. Deux ans plus tard, il conquiert la ville de Rome où il se fait couronner empereur en 1084. Grégoire VII doit s'enfuir vers le sud de l'Italie et meurt à Salerne en 1085.

L'entrevue de Henri IV avec Hugues de Cluny et Mathilde de Toscane à Canossa

Le futur empereur Henri IV à genoux, conseillé par son parrain Hugues de Semur (à gauche), abbé de Cluny, demande à la comtesse Mathilde de Toscane (à droite) d'intercéder auprès du pape qu'elle accueille dans sa forteresse de Canossa dans les Apennins.

Enluminure, vers 1115 (Bibliothèque apostolique vaticane).

« Dépouillé de ses habits royaux, sans aucun insigne royal, pieds nus, jeûnant du matin au soir, il attendit la décision du pape. »

Lambert de Hersfeld, *Annales*, 1078.

La réforme grégorienne

La réforme de l'Église reste attachée au nom de Grégoire VII, même si elle a été initiée par ses prédécesseurs – notamment Léon IX (► p. 164) – et se poursuit bien après sa mort. Elle s'inscrit dans la continuité des changements amorcés par les moines de Cluny et vise à transformer à la fois l'institution ecclésiastique et la société.

Dès le début de son pontificat, Grégoire VII lutte contre le nicolaïsme – le concubinage ou le mariage des prêtres, encore fréquents à cette époque – et contre la simonie – la vente de biens spirituels ou de charges ecclésiastiques. C'est pour accomplir cet effort de restauration morale que les papes veulent s'imposer à la tête de l'Église et devenir indépendants des pouvoirs temporels de l'empereur et des rois. Ils perçoivent en effet l'intrusion des autorités laïques comme la source des maux dont souffre le clergé et qu'ils entendent réformer.

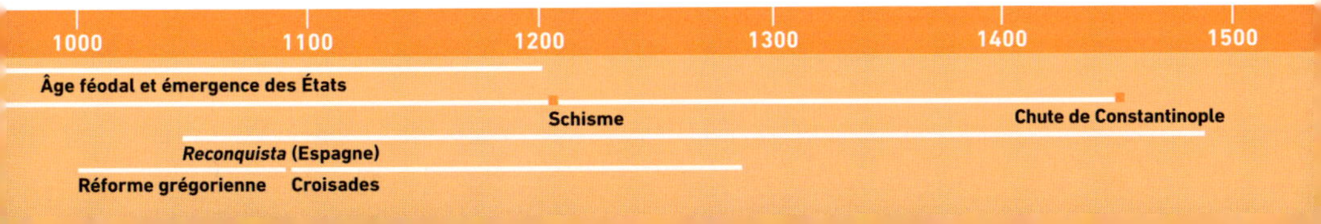

1086

Le *djihad* almoravide freine l'avancée chrétienne en Espagne

Tandis qu'en Orient les Turcs prennent le pouvoir, le Maghreb et l'Espagne musulmane passent sous la domination des Berbères almoravides, champions du *djihad* sunnite face à la menace chrétienne.

Al-Andalus, espace frontière entre musulmans et chrétiens

Au début du XIe siècle, al-Andalus – nom de la partie musulmane de la péninsule Ibérique – est divisé en plusieurs royaumes rivaux, les *taifas*, nés de la guerre civile qui a causé la chute du califat omeyyade (► p. 159). Cette situation favorise l'expansion militaire des royaumes chrétiens du nord.

Après la prise de Tolède en 1085, Alphonse VI de Castille se proclame ainsi « empereur de toute l'Hispanie » et affiche sa volonté de réunification de la péninsule autour du christianisme : c'est la *Reconquista*.

La bataille de Zallaqa

La désunion politique et la faiblesse militaire des princes musulmans d'al-Andalus obligent le roi de Séville al-Mutamid à solliciter l'aide des nouveaux maîtres du Maghreb, les Almoravides. Le souverain envoie une ambassade à Marrakech à l'issue de laquelle l'émir Yusuf ibn Tachfin accepte de traverser le détroit de Gibraltar pour mener la guerre sainte (*djihad*) contre l'ennemi chrétien.

Le 23 octobre 1086, les troupes almoravides et andalouses infligent une défaite aux Castillans à Sagrajas (Zallaqa en arabe), en Estrémadure. Appelé de nouveau au secours par les Sévillans en 1090, Ibn Tachfin entame la conquête d'al-Andalus, unissant pour la première fois les deux rives du détroit.

Les Almoravides

Les Almoravides sont issus d'un mouvement religieux né dans les marges du Sud-Ouest saharien (actuelle Mauritanie) parmi les Touaregs. Sous l'impulsion du prédicateur religieux Abd Allah ibn Yasin, ces tribus berbères s'unissent dans les années 1030 autour du sunnisme malikite (► p. 143). La lutte contre les populations païennes d'Afrique subsaharienne sert de ciment à cette confédération dont les membres se font appeler *murabitun*. Après s'être emparés des centres du commerce transsaharien, les Almoravides fondent la ville sainte de Marrakech vers 1070. Leur émir Youssef ibn Tachfin domine le Maghreb jusqu'à Alger.

La fontaine de la Qoubba à Marrakech (début du XIIe siècle)

Cet élégant bâtiment était destiné aux ablutions des fidèles de la grande mosquée almoravide de Marrakech. Une vasque se dressait au centre, sous la coupole. Il s'agit du seul vestige monumental almoravide qui ait échappé aux destructions des Almohades (► p. 182).

« Nous apprîmes que les chrétiens s'étaient emparés des territoires et des forteresses d'al-Andalus et qu'ils obligeaient les seigneurs du pays à payer tribut. Ils dévastaient leurs régions et foulaient aux pieds leurs terres, l'une après l'autre, sans craindre qu'une armée ne s'oppose à eux. »

Lettre de l'émir almoravide Youssef ibn Tachfin, 1086.

Le *djihad*

Littéralement, le *djihad* est un « effort » personnel du croyant pour « ordonner le bien et condamner le mal ». Ce combat « dans le chemin de Dieu » est donc à la fois spirituel et militaire. Dès l'époque omeyyade (► p. 146), le *djihad* traduit un idéal politique et religieux d'expansion et de triomphe de l'islam contre les autres religions, notamment le paganisme qui doit être aboli. Avec la fin des conquêtes, il se transforme en un devoir collectif, encadré par le souverain, de défense du « domaine de l'islam ». Une véritable législation destinée à réguler la guerre se met en place et le *djihad* est soumis à des règles strictes.

1099

La prise de Jérusalem par les chrétiens met un terme à la première croisade

Expéditions militaires lancées à l'appel du pape pour reconquérir la Terre sainte, les croisades sont des guerres menées au nom de Dieu. Leurs succès initiaux permettent aux chrétiens de créer des États latins en Orient.

Délivrer Jérusalem

Depuis le IVe siècle, et malgré la conquête de la ville par les musulmans vers 638, les chrétiens effectuent des pèlerinages vers Jérusalem qui abrite le tombeau du Christ, le Saint-Sépulcre. Toutefois, la présence menaçante des Turcs seldjoukides (► p. 170) remet en cause ces voyages saints.

En 1095, le pape Urbain II répond à la demande d'aide de l'empereur de Constantinople et, lors d'un concile réuni à Clermont, il appelle les chevaliers d'Occident à venir en aide à leurs frères d'Orient et à délivrer la Ville sainte. Il promet la rémission des péchés à tous ceux qui peuvent accomplir le voyage.

Un long périple

De nombreux pèlerins répondent à l'appel du pape, empruntant des itinéraires terrestres ou maritimes. Une première armée, composée de pauvres gens mal équipés et peu entraînés, est écrasée par les Turcs en Syrie.

Parallèlement, une autre expédition organisée par de puissants seigneurs qui ont regroupé leurs vassaux se réunit à Constantinople au début de l'année 1097. Elle progresse lentement, prenant plusieurs villes, dont Antioche (Turquie actuelle) en juin 1098 après un siège de plus de huit mois. Durant le voyage, la famine, la soif et les maladies déciment les rangs des chrétiens et les désertions sont nombreuses.

Un siège de 40 jours

Début juin 1099, l'armée chrétienne affaiblie installe son campement devant les murs de Jérusalem. Après l'échec du premier assaut le 13 juin, les chrétiens entreprennent la construction de machines de siège. Le 6 juillet, reprenant un fameux épisode biblique, ils organisent une procession solennelle autour de Jérusalem, provoquant l'hilarité de ses défenseurs. Enfin, l'assaut final commence dans la nuit du 14 juillet. Le 15 au matin, les chrétiens prennent pied sur les murailles puis pénètrent dans la ville, la pillant et massacrant la population juive et musulmane.

Chrétienté

400 500 600 700 800 900

Empire romain d'Occident

Empire byzantin

Le siège de Jérusalem

Encouragés par un clerc, les croisés, à gauche, donnent l'assaut. Ils ont construit des tours mobiles en bois (et non en pierre comme sur l'illustration). Godefroy de Bouillon, qui devient ensuite le premier souverain de Jérusalem, est représenté en bleu avec une couronne.

Roman de Godefroi de Bouillon et de Saladin, enluminure, 1337 (BnF, Paris).

« *Puis, tout heureux et pleurant de joie, les nôtres allèrent adorer le Sépulcre de notre Sauveur Jésus et s'acquittèrent de leur dette envers lui.* »

Anonyme, cité dans *Histoire anonyme de la première croisade*, Les Belles Lettres, 1964.

Combattre au nom de Dieu

L'utilisation de la violence dans un but religieux ne figure pas dans la Bible. Lorsque l'Empire romain devient chrétien (► p. 110), la question de sa défense face aux peuples « barbares », souvent païens, se pose. Au ve siècle, saint Augustin (► p. 114) est l'un des premiers à évoquer la notion de guerre juste dont le but est de protéger les chrétiens et de combattre les hérétiques. Avec les croisades, la guerre est légitimée par la papauté qui cherche à mettre le pouvoir militaire au service de l'Église catholique pour reconquérir des territoires perdus, mais aussi diminuer la violence entre chrétiens. Les croisés, assimilés à des soldats du Christ selon l'expression de Bernard de Clairvaux (► p. 156), y gagnent leur salut.

1000 1100 1200 1300 1400 1500

Âge féodal et émergence des États

Schisme **Chute de Constantinople**

***Reconquista* (Espagne)**

Réforme grégorienne **Croisades**

1105

Rachi, l'un des plus grands penseurs du Moyen Âge, meurt

Figure emblématique du judaïsme, Rachi produit une œuvre qui fait encore autorité dans le monde juif et qui, plus largement, a marqué l'histoire des idées de l'Occident chrétien.

Un rabbin, savant et vigneron

Rabbi Salomon ben Isaac, dit Rachi, naît à Troyes vers 1040, puis étudie dans les grands centres académiques de Worms et Mayence. De retour dans sa ville natale, il fonde une école religieuse dont la renommée attire de nombreux étudiants. Exégète remarquable, il est probablement aussi vigneron et aime à observer les métiers des gens du peuple.

Ses quelque 350 *responsa*, rédigées pour satisfaire les questionnements d'autres rabbins ou de fidèles, sont autant de sources nous informant sur les conditions économiques, sociales et religieuses des communautés, mais aussi plus généralement sur la vie en Champagne.

Une œuvre immense pour le judaïsme

Considéré jusqu'à nos jours comme « le commentateur par excellence de la Torah », Rachi privilégie, dans sa démarche pédagogique, le sens littéral du texte biblique plutôt que sa dimension allégorique. Soucieux de rendre intelligible le Talmud aux juifs de son temps, il apporte par ailleurs des éclairages sur les commentaires de la Tradition et élabore une méthode innovante fondée sur la production de gloses en français facilitant ainsi l'accès au corpus.

Les commentaires bibliques et talmudiques de Rachi demeurent incontournables dans toute éducation juive. Son œuvre ouvre la voie aux tossafistes, dont ses gendres et petits-fils, qui rédigent entre le XIIe et le début du XIVe siècle des gloses et exégèses de plus de trente traités talmudiques, les *tossafot* (► p. 102).

Une figure majeure de l'Occident chrétien

Symbole de la vie juive en diaspora, Rachi fréquente les autorités champenoises et dispense des conseils à ses coreligionnaires comme aux autres. Dans une période de relative quiétude pour les populations juives en Europe, son œuvre exerce également une influence importante sur l'exégèse chrétienne, de Nicolas de Lyre jusqu'à la Réforme (► p. 234).

Recourant dans ses travaux à de nombreux termes français écrits phonétiquement en caractères hébraïques, Rachi lègue par ailleurs aux linguistes d'aujourd'hui un trésor leur permettant d'élaborer une véritable archéologie de la langue française.

La Maison sublime de Rouen (XIIe siècle)
Découvert par hasard, en 1976, lors de travaux de réfection de la cour du palais de justice de Rouen, cet édifice est le plus ancien monument juif connu en France. Il présente sur ses murs des inscriptions en hébreu, dont l'une a été traduite ainsi : « Que cette maison soit sublime à jamais ! » Les spécialistes sont partagés quant à sa fonction : synagogue, résidence privée ou école talmudique – la dernière option étant largement préférée à ce jour. La ville de Rouen abrite au XIIe siècle une importante communauté juive, à l'image de nombreuses autres localités normandes.

« Celui qui étudie les lois et ne comprend pas leur sens ou ne peut pas expliquer leurs contradictions n'est qu'un panier plein de livres. »

Rachi, *Guemara Meguila*, 28 b, fin du XIIe siècle.

La communauté juive de Lunel

L'existence d'une communauté juive à Lunel, en Occitanie, est attestée dès le XIe siècle et son rayonnement est considérable sur l'ensemble du monde juif. Comme le relate Benjamin de Tulède, la ville abrite au XIIe siècle de grands talmudistes, des traducteurs éminents et des médecins renommés. En 1306, l'expulsion des juifs par Philippe le Bel (► p. 197) met cependant un terme à cette brillante école.

1000 | 1100 | 1200 | 1300 | 1400 | 1500

Âge féodal et émergence des États

Schisme

Chute de Constantinople

Reconquista (Espagne)

Réforme grégorienne

Croisades

1144

Les travaux de la basilique Saint-Denis sont achevés

L'architecture novatrice de la nouvelle basilique traduit la vision théologique de son abbé, Suger, et consacre la naissance de l'art dit « gothique ».

La consécration du nouveau chœur

Le 11 juin 1144, une grande procession est organisée pour fêter l'achèvement du chevet (l'arrière) de l'église abbatiale de Saint-Denis. Le roi Louis VII et son épouse Aliénor d'Aquitaine conduisent le cortège composé du légat du pape ainsi que de nombreux évêques et abbés.

À cette occasion, les reliquaires de saint Denis et de ses deux compagnons sont transportés de la crypte vers l'autel et désormais visibles par tous. C'est là le sens du projet de reconstruction initié par Suger, abbé de Saint-Denis depuis 1122, conseiller du roi et personnage puissant.

L'art « gothique » ou ogival

Entre 1130 et 1140, Suger a entrepris d'agrandir la vieille église carolingienne en reconstruisant la façade occidentale. Puis, de 1140 à 1144, il a fait refaire le chevet du bâtiment en utilisant une innovation technique, la voûte sur croisée d'ogives.

Désormais, le poids de la voûte repose essentiellement sur des piliers, et non sur les murs, qui peuvent donc être creusés pour y loger d'immenses verrières décorées de vitraux. Leur réalisation est à elle seule extrêmement coûteuse, notamment pour obtenir la couleur bleue, et une charge de maître verrier est spécialement créée pour les entretenir et les réparer.

Un projet à la gloire de Dieu

Grâce à l'absence de murs entre les chapelles, le nouvel espace laisse ainsi abondamment pénétrer la lumière. Cette recherche de luminosité doit mettre en valeur les reliquaires et préfigurer la « Jérusalem céleste » (le paradis) qui doit advenir après le Jugement dernier.

Contrairement à Bernard de Clairvaux qui insiste sur l'humilité et l'austérité (► p. 157), Suger entend montrer la grandeur de l'Église à travers la splendeur des bâtiments et la richesse de l'ornementation. Les travaux mettent aussi en évidence la puissance de l'abbaye de Saint-Denis, soutien de la monarchie capétienne.

Chrétienté

400 500 600 700 800 900

Empire romain d'Occident

Empire byzantin

Le chevet de l'abbaye de Saint-Denis (extérieur)

Pour soulager les murs du chevet, des arcs-boutants déportent le poids sur des piliers extérieurs. Cette nouvelle technique inspire la construction de nombreuses cathédrales et se répand progressivement autour de Paris, puis dans tout l'Occident chrétien.

Une abbaye liée au royaume de France

L'abbaye de Saint-Denis s'est développée autour du tombeau et des reliques de saint Denis, martyr du IIIe siècle. Selon la légende, Denis, évêque chargé de convertir les Parisiens, aurait été décapité sur la butte Montmartre, puis aurait porté sa tête jusqu'à l'emplacement actuel de l'abbaye.
La présence prestigieuse du tombeau du saint et la proximité de Paris expliquent le rôle prépondérant que joue l'abbaye dès l'époque mérovingienne. Des familles aristocratiques ainsi que le roi Dagobert Ier (v. 600-639) s'y font enterrer. Les Carolingiens poursuivent la tradition puisque Charles Martel (v. 688-741) et Pépin le Bref (714-768) y sont aussi inhumés. L'abbaye devient progressivement la nécropole royale conservant les dépouilles de la plupart des rois de France. Elle abrite également les *Regalia*, les insignes de la royauté, comme la couronne ou le sceptre, utilisés lors du sacre.

Le chevet de l'abbaye de Saint-Denis (intérieur)

Grâce à la voûte sur croisée d'ogives et les verrières, le chevet est baigné de lumière. La plupart des vitraux d'origine ont aujourd'hui disparu.

1000 1100 1200 1300 1400 1500

Âge féodal et émergence des États

Schisme

Chute de Constantinople

Reconquista (Espagne)

Réforme grégorienne

Croisades

1147

Le califat berbère des Almohades est proclamé

Alors que l'empire almoravide atteint son extension maximale au XIIe siècle, il est miné de l'intérieur par le développement d'un mouvement qui prône une réforme religieuse radicale, celui des Almohades. En 1147, ces derniers s'emparent du pouvoir. Le premier califat berbère de l'histoire de l'islam voit le jour.

Le *mahdi* Ibn Tumart

À son retour de pèlerinage en Orient vers 1116, Ibn Tumart fonde le mouvement des Almohades, appelant à un islam épuré. Après avoir traversé le Maghreb, il s'établit en 1120 à Marrakech, où il accuse les Almoravides (► p. 174) de corruption et de déviance religieuse.

Porteur d'une vision sociale rigoriste, Ibn Tumart défend toutefois l'usage de la raison dans l'interprétation des textes sacrés. Ses disciples, organisés de manière très hiérarchique, le reconnaissent comme le *mahdi*, messie infaillible annonciateur du Jugement dernier chez les chiites (► p. 145).

La conquête almohade

Pourchassé par les autorités almoravides, Ibn Tumart se réfugie dans la forteresse d'Igiliz dans le Haut Atlas, sa région natale. Il rallie plusieurs tribus berbères et s'installe vers 1125 à Tinmal, d'où il lance des raids contre Marrakech.

Ibn Tumart meurt avant la prise de la ville en 1147 par son compagnon Abd al-Mumin, qui prend alors le titre de calife. Les Almohades se lancent ensuite à la conquête de l'Espagne musulmane et poursuivent la guerre contre les chrétiens (► p. 174), avant de dominer l'ensemble du Maghreb.

Un projet impérial novateur

D'emblée, l'empire almohade marque une rupture. Les califes, sans renier leurs origines berbères, se disent néanmoins descendants du Prophète et promeuvent l'usage d'une langue arabe très sophistiquée dans la chancellerie.

À Marrakech, la Grande mosquée almoravide est détruite et remplacée par un nouveau bâtiment, la Kutubiyya. Les ambitieuses réalisations architecturales du régime, en particulier les mosquées des grandes villes avec leurs très hauts minarets, suivent une esthétique unifiée. Cette obsession de l'unité conduit les Almohades à prendre des mesures hostiles aux minorités religieuses, qu'elles soient musulmanes, juives ou chrétiennes.

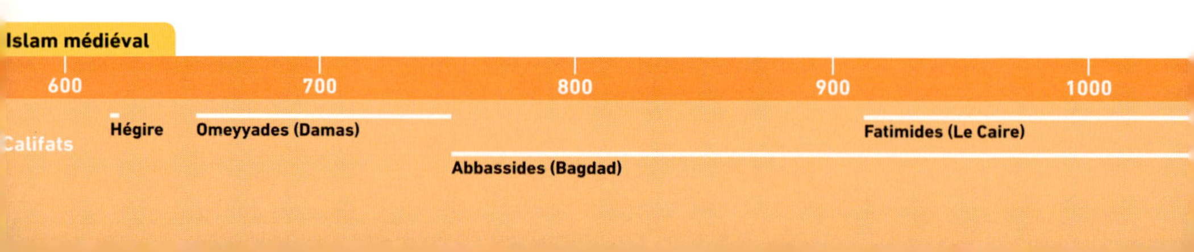

La mosquée de Tinmal, XIIe siècle (Haut Atlas marocain)
Tinmal est le deuxième berceau des Almohades et la base de leurs opérations contre Marrakech. La Grande mosquée constitue un modèle pour les constructions futures des Almohades. Elle fit de Tinmal un lieu de mémoire où l'on se rendait en pèlerinage sur la tombe d'Ibn Tumart.

« On écrivit ensuite aux différentes provinces afin d'enjoindre aux gens d'abandonner toutes ces sciences dans leur ensemble et de brûler tous les livres des philosophes, sauf ceux qui concernaient la médecine et l'arithmétique, et ceux qui, traitant de la science des étoiles, servaient à connaître les heures du jour et de la nuit. »

Abd al-Wahid al-Marrakushi (mort après 1224), *Le Très étonnant Résumé de l'histoire du Maghreb*, XIIIe siècle.

Averroès (1126-1198), le grand philosophe de l'ère almohade

Le rationalisme almohade est contemporain de l'âge d'or de la philosophie andalouse. Ibn Rushd – nom latinisé en Averroès –, fils de *cadi*, s'initie à la jurisprudence, à la théologie et aux sciences, puis officie en tant que médecin du calife Abu Yacub Yusuf et obtient la charge de grand *cadi* de Séville. Il est célèbre pour ses commentaires sur Aristote qui l'amènent à concilier raison et foi. Il est toutefois victime du raidissement idéologique du calife suivant, al-Mansur, qui se montre sensible aux arguments des oulémas hostiles à la philosophie. Il doit alors s'exiler pendant un an. Les écrits d'Averroès suscitent des débats dans le monde chrétien et ils sont officiellement condamnés par l'Église en 1240.

La civilisation islamique

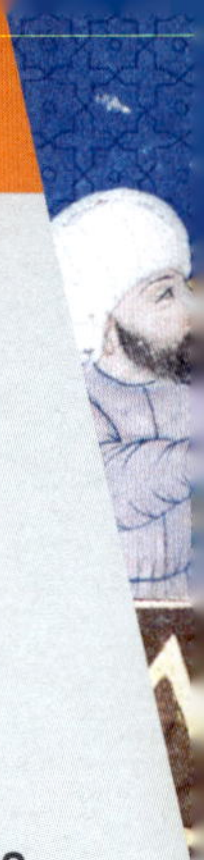

Le monde islamique se compose de différents peuples, attachés à leurs langues et à leurs cultures, dont le poids politique et culturel s'affirme au XIe siècle. Il abrite également un nombre important de non-musulmans placés sous la protection du pouvoir et qui continuent à pratiquer leur religion.

Un monde islamique protéiforme

Les principales dynasties musulmanes

Dates	Dynastie	Territoire	Capitale
661-750	**Omeyyades** (► p. 144)	Proche-Orient, Afrique du Nord, péninsule Ibérique, Perse	Damas
750-1258	**Abbassides** (► p. 150)	Proche-Orient, Afrique du Nord, Perse	Bagdad
800-909	**Aghlabides** (► p. 141)	Afrique du Nord	Kairouan
969-1171	**Fatimides** (► p. 158)	Égypte, Afrique du Nord, Proche-Orient	Le Caire
1054-1147	**Almoravides** (► p. 174)	Mauritanie, Maroc, ouest de l'Algérie, péninsule Ibérique	Marrakech
1147-1269	**Almohades** (► p.182)	Maghreb, péninsule Ibérique	Marrakech
1171-1260	**Ayyoubides** (► p. 190)	Égypte, Syrie, une partie de la Mésopotamie, de l'Arabie et du Yémen	Le Caire et Damas
1299-1923	**Ottomans** (► p. 238)	Balkans, Proche-Orient, Maghreb sauf Maroc, Égypte	Istanbul
1501-1736	**Safavides** (► p. 230)	Monde iranien	Tabriz puis Ispahan
1526-1857	**Moghols** (► p. 248)	Inde	Delhi

Une diffusion progressive de l'islam

Si les premiers pouvoirs musulmans utilisent la conquête militaire pour étendre leurs territoires, la religion musulmane ne s'est pas répandue que par la coercition. Dans les territoires islamisés, les populations dominées peuvent conserver leurs anciennes croyances. Beaucoup se convertissent cependant, attirés par la vie de cour et les possibilités d'ascension sociale au service des nouveaux princes. Les commerçants, quant à eux, mettent en contact les différentes parties de l'immense empire qui se crée en moins d'un siècle. Enfin les confréries mystiques ont également une influence, à l'image du soufisme (► p. 214).

Des astronomes travaillant dans un observatoire
L'astronomie, qui connaît un essor spectaculaire dans le monde arabe médiéval, continue à se développer à la cour des sultans ottomans, comme le montre cette miniature de 1581.
Miniature ottomane (détail), 1581 (Bibliothèque de l'Université, Istanbul).

Aux périphéries, la diffusion de la religion s'opère selon des voies de pénétration variées. En Afrique noire, elles passent par le désert du Sahara, le Nil et l'océan Indien (► p. 216). En Asie du Sud-Est, à partir du XIIIe siècle, les marchands indiens islamisés établis dans les ports du sud de l'Inde essaiment dans le monde malais.

Dar al-islam

Le territoire impérial est défini comme *Dar al-islam* (« domaine de l'islam ») : sa loi s'impose à tous les habitants, y compris aux non-musulmans. Dans les premiers temps, l'islam s'identifie aux élites arabes et à leur langue. À partir du XIe siècle, la scène politique est au contraire dominée par les Persans et les Turcs (► p. 170) en Orient et par les Berbères au Maghreb (► p. 174 et p. 182). Ces peuples constituent des aires culturelles et linguistiques distinctes, bien que marquées elles aussi par l'héritage de l'islam classique.

Si le berbère reste principalement une langue orale, le persan devient en revanche une langue de cour, adoptée par les dynasties iraniennes et par les élites militaires turques qui s'emparent du pouvoir en Orient. Le turc n'acquiert ses lettres de noblesse que vers la fin du Moyen Âge. Ces langues participent aussi à l'émergence de la civilisation islamique.

Une civilisation urbaine

La civilisation musulmane se caractérise par le nombre et l'importance des centres urbains : Bagdad (► p. 150), Damas (► p. 147), Le Caire (► p. 158), Kairouan (► p. 143), Cordoue (► p. 159). Les villes sont souvent organisées autour de la Grande mosquée et des quartiers des commerçants (souks) et des artisans qui l'entourent. Le pouvoir y est présent, protégé derrière les hauts murs d'une citadelle.

Ces villes sont souvent des centres culturels où les souverains créent des madrasas (► p. 170) et des écoles, des observatoires, des hôpitaux, des bibliothèques publiques. Elles attirent les élites intellectuelles et voient s'épanouir les sciences et la philosophie, particulièrement entre le IXe et le XIIIe siècle (► p. 183).

Les cultures de l'image dans le monde musulman

Le monde musulman a connu une tradition picturale qui s'épanouit dans l'art de la miniature et débouche sur un art du portrait dans les cultures ottomane, safavide et moghole. La figuration animale et humaine est en revanche proscrite des salles de prière et des rituels religieux, car elle pourrait détourner l'attention du croyant et l'inciter à une forme d'idolâtrie. La cour de la Grande mosquée omeyyade de Damas (▶ p. 147) comporte pourtant des décors végétaux et architecturaux en mosaïque. Des images d'animaux, plus symboliques que réalistes, ornent aussi l'entrée de certaines madrasas turques et persanes.
Seule la représentation de Dieu est totalement bannie. En revanche, la figuration du prophète Muhammad (▶ p. 138) n'est pas rare dans les miniatures des XIIIe-XVIe siècles. On la rencontre dans les milieux chiites, plus ouverts à l'image, mais aussi chez les sunnites. À partir du XVIe siècle, on commence cependant à voiler son visage ou à le représenter sous la forme abstraite d'une flamme.

Muhammad en train de prêcher à Médine
Dans ce manuscrit iranien du XVIe siècle, qui contient la grande chronique de l'érudit persan al-Biruni (973-v.1048), le visage du prophète Muhammad n'a pas été dissimulé.

Miniature perse, dans Abu al-Biruni (973-1048), *Chronologie des nations anciennes ou vestiges du passé, gouache sur papier,* 1307 (Bibliothèque universitaire d'Édimbourg).

La politique à l'égard des minorités

Le statut des *dhimmis*

Reconnus comme des « gens du Livre », porteurs d'une partie de la Révélation qui aboutit à Muhammad selon le Coran (▶ p. 140), chrétiens et juifs sont protégés par le statut de la *dhimma* dont bénéficient aussi les zoroastriens (▶ p. 54) en raison de leur monothéisme. Être un *dhimmi* signifie bénéficier de la protection de sa personne, de ses biens et de sa liberté de culte en territoire musulman. En contrepartie, un impôt de capitation (la *jizya*) et un impôt foncier (le *kharaj*) sont versés au pouvoir.
La *dhimma* implique une forme de subordination fiscale et juridique par rapport aux musulmans, et le pacte d'Omar, attribué au deuxième calife (▶ p. 144) mais en réalité postérieur de plusieurs siècles, contient une série de clauses discriminantes : interdiction de construire des lieux de culte, prohibition du prosélytisme et des pratiques religieuses ostentatoires, exclusion des rangs de l'armée et de l'administration, port de vêtements et d'emblèmes distinctifs, etc.

Des sociétés cosmopolites

La plupart du temps, cet arsenal légal n'est pas appliqué et les *dhimmis* sont par exemple nombreux dans l'administration. Les califats de l'ère médiévale, comme les empires mongol (► p. 208) et ottoman (► p. 238), sont des ensembles cosmopolites qui assurent la sécurité de leurs minorités religieuses. Les Mongols alignent même la fiscalité des *dhimmis* sur celle des musulmans. En échange, ces pouvoirs obtiennent un appui politique, un personnel administratif compétent et des ressources fiscales.

Les minorités peuvent en revanche être assimilées à des ennemis de l'intérieur et exposées à des représailles lors des phases de confrontation aiguë avec les Byzantins ou avec les Latins, que ce soit dans l'Orient des croisades (► p. 176 et p. 190) ou en péninsule Ibérique (► p. 228). Des phases de raidissement idéologique s'accompagnent de mesures de coercition. Plus rarement, elles débouchent sur des persécutions, comme celles qui marquent le règne du calife fatimide al-Hakim (► p. 159) ou l'avènement des Almohades (► p. 182).

L'apport des minorités religieuses à la civilisation islamique

Le christianisme en terre d'islam est divisé en plusieurs Églises. S'il devient rapidement marginal au Maghreb et disparaît de l'Espagne musulmane vers le milieu du XIIe siècle, il reste majoritaire en Égypte jusqu'au XIVe siècle. Fidèles à leurs langues liturgiques, ces Églises adoptent aussi l'arabe et contribuent à la floraison scientifique et littéraire du monde musulman.

Moins importantes numériquement, les communautés juives sont réparties dans l'ensemble du monde musulman. Intégrées à l'édifice politique de l'islam, elles prospèrent en Irak, en Égypte, au Maghreb et en Espagne et donnent à la culture de langue arabe quelques-uns de ses plus grands représentants (► p. 192).

En Iran, le zoroastrisme s'efface au profit de l'islam et souffre des mesures d'expulsion décrétées par les Safavides au XVIe siècle (► p. 230), de même que les sectes sabéennes et manichéennes (► p. 104). Ces religions inspirent toutefois l'ésotérisme et le symbolisme qui caractérisent la philosophie et la mystique islamiques dans le monde persan.

L'art mudéjar

L'Alcázar, ou palais royal de Séville, originellement almohade, est agrandi à partir de 1364 en style mudéjar par des architectes maures pour Pierre Ier de Castille. L'art mudéjar désigne l'art des musulmans travaillant selon leur tradition pour le compte des chrétiens. Il connaît un certain succès entre le XIe et le XVe siècle dans les royaumes chrétiens du nord de la péninsule Ibérique.

Patio de las Doncellas (Alcázar, Séville).

Vers 1180

Le lettré chinois Zhu Xi crée un centre de diffusion du néoconfucianisme

Sous la dynastie Song (960-1279), la Chine connaît une période de paix et de prospérité favorable à une intense effervescence intellectuelle et spirituelle. En émerge un confucianisme régénéré, qui s'appuie sur un réseau d'écoles.

Les académies

En 1179-1180, Zhu Xi, alors gouverneur de Nankang (province actuelle du Jiangxi), fait procéder à l'agrandissement de l'académie de la Grotte du cerf blanc, fondée à Jiujiang sous les Tang (618-907), et à sa réorganisation selon l'agencement du temple de Confucius à Qufu (► p. 65).

L'académie se trouve alors au centre d'un réseau de nombreuses écoles privées. Lieux d'enseignement, d'échanges intellectuels et de pratiques rituelles, elles diffusent une pensée rénovée sous l'influence du bouddhisme (► p. 112) et du taoïsme (► p. 65). Pour les enseignants tel Zhu Xi, il s'agit de traduire la doctrine confucéenne en termes plus métaphysiques.

Le néoconfucianisme, une quête intérieure

Là où le confucianisme originel se présentait comme une discipline extérieure tournée vers l'application du rituel, le néoconfucianisme est une reformulation des anciennes vertus confucéennes dans un sens plus intérieur.

Reprenant à Mencius sa conception d'une bonté innée de l'homme (► p. 74), il prône une quête individuelle dont la fin (le salut) est de s'ouvrir au Bien suprême par l'étude des Classiques et l'observation de la société et de la nature.

L'idéologie officielle des Song

> *« Les trois enseignements sont un. »*
>
> Slogan de l'époque Song.

Sous les Song, le néoconfucianisme se substitue au bouddhisme comme idéologie officielle. Intégré au rituel impérial grâce à des enseignements dispensés à la cour et aux concours mandarinaux, il devient la foi vivante de l'élite chinoise.

L'essor de l'imprimerie favorise aussi la diffusion du canon confucéen. Zhu Xi est l'un des maîtres d'œuvre de sa codification. Le néoconfucianisme domine alors en Chine, et ce jusqu'au début du XXe siècle. Il a également un rôle important dans la vie intellectuelle en Corée, au Vietnam et au Japon.

Asie du Sud et de l'Est

300 — 400 — 500 — 600 — 700 — 800 — 900

Expansion du bouddhisme (Corée, Insulinde, Japon, Tibet)

Chine (dynasties) — Sui — Tang

Inde — Empire gupta — Première arrivée de l'islam

Un examen à la cour
Des fonctionnaires venus de plusieurs villes chinoises composent des essais destinés à démontrer leur connaissance des textes confucéens, à la cour de l'empereur Tang Ming Huang qui supervise l'examen dans le pavillon en arrière-plan.
Peinture chinoise, dynastie Song.

Le canon confucéen

Quatre Livres	
La *Grande Étude* (*Da xue*)	Court traité entrant dans la formation de l'homme de qualité.
L'*Invariable Milieu* (*Zhong yong*)	Ouvrage de base traitant du développement de la nature humaine par la pratique de la modération.
Les *Entretiens* (*Lun yu*)	Recueil de sentences prononcées par Confucius.
Le *Mencius* (*Mengzi*)	Collection des textes de Mencius.
Cinq Classiques	
Le *Livre des poèmes* (*Shi jing*)	305 poèmes divisés en 160 chants.
Le *Livre des documents* (*Shu jing*)	Documents et discours qui auraient été écrits par les officiels de la dynastie Zhou.
Le *Livre des mutations* (*Yi jing*)	Manuel de divination.
Le *Livre des rites* (*Li ji*)	Recueil des rites anciens et des cérémonies de cour.
Les *Annales des Printemps et des Automnes* (*Chun qiu*)	Description historique de l'État de Lu de 722 à 479 av. J.-C.

Le mandarinat

Sous les Tang puis les Song, le système de recrutement des fonctionnaires, les « mandarins » (► p. 88), se perfectionne. Les concours sont organisés à trois niveaux géographiques (préfecture, province, palais). Le recrutement, fondé sur la connaissance des Classiques confucéens, se fait au mérite. Signe de réussite, l'accès au mandarinat assure rang et honneurs.

1000	1100	1200	1300	1400	1500	1600

Song — Yuan — Ming
Dynastie ghouride — Sultanat de Dehli

1187 Saladin reprend Jérusalem aux croisés

Fondateur de la dynastie ayyoubide, Saladin incarne plus que tout autre prince musulman la réponse militaire aux croisades. La prise de Jérusalem en 1187 contribue à faire de lui un modèle politique, dont la légende s'écrit de son vivant même.

La renaissance du *djihad* dans l'Orient des croisades

En 1169, Saladin succède à son oncle comme vizir d'Égypte, au service du califat fatimide (► p. 158). Il n'a alors de cesse de réaliser l'union politique avec la Syrie. En 1174, il entre triomphalement dans Damas et prend le titre de sultan.

La même année, le roi de Jérusalem Amaury Ier meurt sans descendant. Saladin peut désormais lutter contre les Francs et les États latins (► p. 176). Au printemps 1187, il lance un appel au *djihad* (► p. 175). Redéfini et revivifié, celui-ci associe la défense des territoires musulmans à un idéal d'unité politique et religieuse de l'islam, autour du sunnisme et contre le chiisme (► p. 145).

Une victoire militaire

À Hattin (Galilée), le 4 juillet 1187, Saladin inflige une lourde défaite aux armées franques. Le nouveau roi de Jérusalem, Guy de Lusignan, et une grande partie de la noblesse franque y sont fait prisonniers. Jérusalem est désormais sans défense.

Protégée par une poignée de chevaliers, la Ville sainte résiste d'abord au siège qui débute le 20 septembre, avant que le patriarche latin, Héraclius, négocie avec Saladin la vie sauve pour les habitants de la ville. Ce dernier accepte contre paiement d'une rançon de dix pièces d'or par homme, cinq par femme et deux par enfant. Ceux qui ne peuvent payer sont réduits en esclavage.

Une victoire symbolique

Saladin fait son entrée dans Jérusalem le 2 octobre. Il découvre une ville transformée par l'occupation franque : agrandissement du Saint-Sépulcre, construction d'églises, transformation du dôme du Rocher et de la mosquée al-Aqsa (► p. 146) en lieux de culte chrétiens. Saladin assure le retour à leur fonction initiale des lieux saints musulmans, mais permet aux chrétiens de garder la gestion du Saint-Sépulcre et aux juifs de se rendre au mur des Lamentations (► p. 45).

En 1191, la troisième croisade échoue à reprendre Jérusalem, mais le roi d'Angleterre Richard Cœur de Lion obtient un droit d'accès pour les pèlerins chrétiens. En 1229, le sultan al-Kamil et l'empereur du Saint Empire Frédéric II signent un accord prévoyant une trêve de dix ans et confiant de nouveau la ville aux chrétiens.

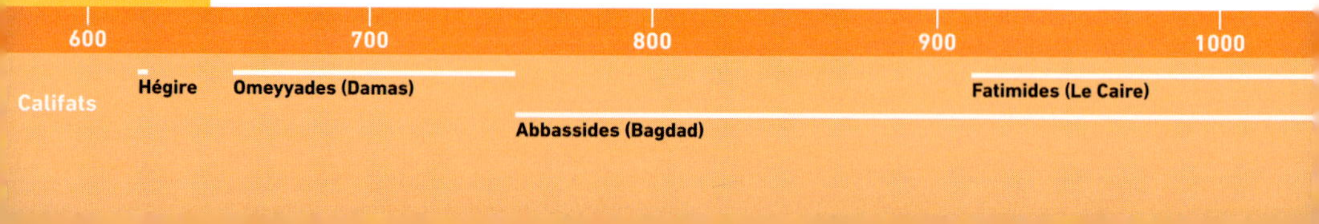

Saladin vu par les chrétiens au XIVe siècle
Sur cette enluminure, Saladin est représenté vêtu comme un roi occidental. Il ordonne l'exécution de prisonniers chrétiens après la victoire de Hattin en 1187.

Roman de Godefroi de Bouillon et de Saladin, enluminure, 1337 (BnF, Paris).

« *La ville prise et les infidèles partis, Saladin fit remettre les édifices dans leur état ancien. [...] Le Sultan ordonna de nettoyer de toute souillure la mosquée et le Rocher, et ce fut fait. Puis le vendredi suivant, [...] les musulmans y firent la prière commune, en même temps que Saladin qui fit la prière dans la mosquée du Rocher.* »

Ibn al-Athir, *La Somme historique complète*, vers 1231.

Les Assassins, la survie d'une secte ismaélienne au Proche-Orient

Après la chute des Fatimides en 1171, l'ismaélisme (► p. 158) survit sous la forme de la secte dissidente des nizarites, qui tient notamment la forteresse d'Alamut, dans le nord de l'Iran, à partir de 1090. Leur surnom d'« Assassins » vient de la politique de terreur employée par leur dirigeant Hassan ibn al-Sabbah, le « Vieux de la montagne », qui n'hésitait pas à faire assassiner les principaux adversaires du groupe par ses partisans. Selon la légende relayée par Marco Polo comme par des sources arabes, ces derniers étaient galvanisés par l'absorption d'une boisson à base de haschich. Balayés par l'arrivée des Mongols au XIIIe siècle (► p. 208), les nizarites réussirent néanmoins à se maintenir en Iran et en Inde en se fondant dans le soufisme (► p. 214).

Vers 1190

Moïse Maïmonide rédige en arabe le *Guide des égarés*

Théologien, philosophe, médecin, astronome, Moïse Maïmonide remet en cause l'interprétation purement littérale de la Loi juive. Sa volonté de concilier religion et raison transforme les études philosophiques.

Un savant juif en pays musulman

Né à Cordoue en 1138, le RaMBaM – acronyme de rabbi Moshe ben Maïmon – est issu d'une grande lignée de rabbins séfarades. En 1148, à l'âge de 13 ans, fuyant l'intolérance religieuse des Almohades (▶ p. 182), il quitte l'Espagne avec sa famille.

Installé à Fostat en Égypte, Maïmonide devient médecin à la cour du vizir de Saladin (▶ p. 190) et chef de la communauté juive de la ville, fonctions éminentes qu'il conserve jusqu'à sa mort en 1204. Il acquiert une grande notoriété comme thérapeute, fondée sur sa promotion de la prévention et de l'hygiène individuelle, et théorisée dans des traités.

Un des plus grands esprits du Moyen Âge

Dans son œuvre riche et multiforme, se détache un ouvrage monumental, le *Mishne Torah*, rédigé en hébreu et terminé en 1185. Composé de 14 livres qui réunissent des règles de la Halakha dispersées dans le Talmud (▶ p. 102), le *Mishne Torah* est une synthèse codifiée de la Loi juive.

Puis vers 1190, Maïmonide rédige en arabe le *Guide des égarés*. Il y promeut la philosophie aristotélicienne et la science qu'il tente de concilier avec la religion et l'herméneutique propre au judaïsme. L'œuvre propose ainsi de rapprocher monothéisme et philosophie grecque, religion et rationalité, et défend la possibilité de mieux connaître Dieu.

Une renommée qui dépasse le monde juif

« Second Moïse » pour ses adeptes, Maïmonide fait aussi l'objet de controverses virulentes de la part de ses contempteurs, à commencer par les *geonim* de Bagdad ou les tossafistes en Occident (▶ p. 178) qui lui reprochent sa démarche rationaliste. Malgré l'excommunication (*herem*) que lui infligent les rabbins de la France du Nord, ses travaux rencontrent un réel succès, et ce bien au-delà des cercles juifs.

Sa volonté de faire concorder foi et raison exerce en effet une influence indéniable sur la scolastique médiévale et certains de ses principaux représentants, tels Albert le Grand ou Thomas d'Aquin (▶ p. 210).

Islam médiéval

600 — 700 — 800 — 900 — 1000

Califats: Hégire; Omeyyades (Damas); Abbassides (Bagdad); Fatimides (Le Caire)

Un enseignant avec ses étudiants

Compilateur des « treize principes fondamentaux de la foi », Moïse Maïmonide cherche à permettre à tout juif, y compris non érudit, d'accéder à la Loi. Il publie pour ce faire de nombreux écrits halakhiques qui se distinguent par leur clarté et leur rigueur, ainsi que des lettres et des *responsa* aux questions de ses coreligionnaires.

Enluminure d'un exemplaire du *Guide des égarés*, 1348.

« De Moïse à Moïse, il ne s'en leva aucun comme Moïse. »

Épitaphe ornant la tombe de Moïse Maïmonide à Tibériade.

Les juifs d'al-Andalus

La présence juive dans la péninsule Ibérique (en hébreu *Sfarad*) remonte à l'époque romaine. D'abord soumis à une législation chrétienne restrictive, les juifs connaissent ensuite, sous la domination musulmane (► p. 174) entre le IXe et la première moitié du XIIe siècle, une période qualifiée d'âge d'or. Actifs dans le commerce et la diplomatie, les Séfarades sont les acteurs d'une vitalité culturelle et religieuse qui favorise le développement de nombreuses disciplines, allant de la poésie à l'exégèse biblique, en passant par la philosophie et la médecine. L'invasion de la péninsule Ibérique par les Almohades (► p. 182) puis la reconquête de nombreuses régions par les royaumes chrétiens (► p. 228) mettent un terme, de façon violente, à cette période florissante.

1100	1200	1300	1400	1500

Ottomans (Istanbul)

1210

François d'Assise crée la congrégation des Frères mineurs

Dans un contexte d'essor urbain et d'enrichissement de l'Église, un nouvel ordre religieux voit le jour en Italie, fondé sur l'idéal d'un retour à la pauvreté évangélique.

La « conversion » d'un jeune homme

Né vers 1181-1182 à Assise en Italie, François est le fils d'un riche marchand drapier. Après une jeunesse insouciante et heureuse, son état de santé l'oblige à renoncer à devenir chevalier et l'amène à s'interroger sur le sens de sa vie.

Vers 1205, François décide d'imiter le Christ, soignant les lépreux et aidant les pauvres. Puis, il rompt avec son père et se place sous la protection de l'évêque d'Assise. Il devient un pénitent, vivant de mendicité, œuvrant à la restauration des églises et se consacrant à la prière.

La création d'une communauté

Considéré comme un fou par une grande partie des habitants d'Assise, François est pourtant rejoint par quelques fidèles, laïcs et clercs, d'origines sociales diverses. Il fonde alors la fraternité des Pénitents d'Assise. La communauté assiste les plus démunis et diffuse le message des Évangiles dans les petites villes et les villages.

En 1210, Innocent III (► p. 197) accepte la règle soumise par François et accorde l'autorisation de prêcher à la fraternité qui devient la congrégation des Frères mineurs. En 1212, l'ordre des Pauvres Dames est fondé par Claire d'Assise sur le même modèle.

Une vie basée sur la pauvreté et l'humilité

Les frères – appelés ensuite franciscains –, vêtus d'une simple robe de laine marron et d'une corde en guise de ceinture, doivent renoncer à tous leurs biens. Désormais au bas de l'échelle sociale, ils subviennent à leurs besoins en travaillant ou en rendant des services, éventuellement en mendiant.

La congrégation se développe rapidement et s'organise de manière très hiérarchique, se dotant d'une nouvelle règle en 1223. Les frères vivent dans des couvents établis dans les petites villes, regroupés en provinces dirigées par un « ministre ». Un chapitre général se réunit tous les trois ans et élit un « ministre général » qui dirige les franciscains.

Très malade à partir de 1224, François s'éloigne de l'ordre et meurt en 1226. Il est canonisé deux ans plus tard par le pape Grégoire IX.

Chrétienté

400 | 500 | 600 | 700 | 800 | 900

Empire romain d'Occident

Empire byzantin

François renonce aux biens terrestres

À la fin du XIIIe siècle, le peintre italien Giotto réalise les fresques de la basilique d'Assise où le saint est enterré depuis 1230. Sur ce détail, accusé par son père de dilapider sa fortune en la donnant aux pauvres, le jeune François se dépouille de ses vêtements et les lui remet. Cet acte symbolique marque le début de la « conversion » de François.

Giotto di Bondone, fresques de la basilique Saint-François, détail, 1297-1299 (Assise).

« En dehors de leur habit, de leur corde et de leurs chausses, les frères ne doivent rien avoir, et, comme l'ordonne la Règle, ceux-là seuls pourront user de chaussures qui y seront contraints par la nécessité. »

Paroles de François d'Assise à ses disciples.

L'autre ordre mendiant, les dominicains

Fondé en 1215 par Dominique de Guzmán, l'ordre des Frères prêcheurs se consacre, tout comme celui des Frères mineurs, à la prédication itinérante, vivant des aumônes. Comme les franciscains, les dominicains vivent au cœur des villes, dans des couvents, pour pouvoir accomplir leur mission. Même s'ils suivent la règle de saint Augustin (► p. 114), ce ne sont pas des moines puisqu'ils ne prêtent qu'un seul vœu, celui d'obéissance, et qu'ils vivent parmi les laïcs. Les dominicains accordent une place importante au savoir, se consacrant aux études et aux livres. Certains deviennent des théologiens réputés, enseignant à l'université (► p. 210). C'est aussi dans les rangs des dominicains que les papes désignent souvent les juges inquisiteurs (► p. 207). La papauté s'appuie sur les deux ordres pour encadrer la population urbaine alors en pleine croissance.

1215

Le pape Innocent III réunit le quatrième concile œcuménique de Latran

En trois semaines, la plus grande réunion conciliaire du Moyen Âge met en œuvre une réforme profonde de l'Église tout en renforçant l'emprise du Saint-Siège sur la société.

Une imposante assemblée

En avril 1213, Innocent III annonce la tenue d'un concile œcuménique. Celui-ci se déroule à Rome deux ans plus tard, durant trois semaines rythmées par de grandes processions et des messes solennelles.

Trois séances publiques ont lieu dans la basilique Saint-Jean de Latran, résidence romaine du pape, les 11, 20 et 30 novembre 1215. Plus de 400 évêques, 800 abbés et prieurs ainsi que de nombreux représentants de prélats, venus de toute l'Europe et même d'Orient, se pressent au sermon inaugural d'Innocent III, avant de discuter des points de doctrine et des actions à entreprendre pour le bien de l'Église.

Lutter contre les ennemis de la chrétienté

Face au catharisme qui se propage dans le sud-ouest de la France (► p. 206), l'Église catholique se montre intransigeante. Les grands principes du catholicisme sont rappelés avec force et des tribunaux spéciaux sont créés pour punir les hérétiques.

Contre les musulmans, dénommés « Infidèles », le concile appelle à une nouvelle croisade pour libérer la Terre sainte (► p. 176). Il confirme l'indulgence plénière – c'est-à-dire la rémission de tous les péchés – pour ceux qui partent combattre et l'étend à ceux qui soutiennent matériellement l'expédition militaire.

Enfin, le concile impose aux musulmans et aux juifs de porter un signe distinctif et interdit à ces derniers d'occuper des fonctions d'autorité et d'entretenir des relations sociales avec les chrétiens.

Réglementer les mœurs des laïcs et des clercs

Afin d'empêcher le retour de nouvelles hérésies, le concile renforce la discipline des fidèles. Une confession annuelle et une communion à Pâques sont imposées aux laïcs. Le sacrement du mariage est institué pour lutter contre les unions clandestines ou consanguines et implique, pour la première fois, le consentement des deux époux.

Par ailleurs, le concile introduit dans le dogme le concept de la transsubstantiation selon lequel, lors de l'eucharistie, le pain et le vin deviennent le corps et le sang du Christ.

L'expulsion des juifs de France (1306)

Influencés par les décisions des conciles, les rois capétiens multiplient les mesures contre les juifs. En 1269, Louis IX impose le port de la rouelle. En 1306, Philippe IV dit le Bel ordonne l'expulsion des quelque 100 000 juifs qui vivent dans le royaume et prononce la confiscation de leurs biens.

Miniature, *Grandes Chroniques de France*, vers 1455-1460 (BnF, Paris).

Les autres grands conciles du Moyen Âge

Date et lieu	Décisions
1123 Latran I	Confirme le concordat de Worms qui met fin à la querelle des investitures (► p. 200).
1179 Latran III	Précise l'élection du pape à la majorité des deux tiers des cardinaux.
1274 Lyon II	Prévoit l'organisation d'un conclave pour élire le pape et appelle à une nouvelle croisade.
1311-1312 Vienne	Confirme la suppression de l'ordre des Templiers.
1414-1418 Constance	Met fin au « grand schisme » (1378-1417) (► p. 201).

Innocent III (1160-1216)

Issu d'une famille noble de Campanie, dans le sud de l'Italie, Innocent III est élu pape en 1198 à l'âge de 37 ans. Intelligent, cultivé et déterminé, il confirme le renforcement de l'autorité pontificale amorcé avec la réforme grégorienne (► p. 173). En 1198, il appelle ainsi à la quatrième croisade en Orient puis à celle contre les Albigeois (► p. 206). Il autorise aussi la création des ordres mendiants (► p. 194). Il meurt en 1216, quelques mois après le concile.

La papauté au Moyen Âge

La papauté est la plus ancienne institution religieuse occidentale, reconnue comme siège apostolique dès le IIIe siècle. Au cours du Moyen Âge, elle s'affirme à la fois comme puissance spirituelle à la tête de la chrétienté, mais aussi comme autorité universelle située au-dessus des pouvoirs laïcs.

L'affirmation progressive de la papauté

Vers la prééminence du siège apostolique de Rome

À partir du IIIe siècle, la chrétienté est divisée en plusieurs patriarcats (Rome, Antioche, Alexandrie, Jérusalem). Dès le IVe siècle, les évêques de Rome revendiquent la primauté, se présentant comme les successeurs de Pierre, le premier des apôtres (► p. 95). Le titre de pape, du latin *papa* (« père »), utilisé à l'origine pour tous les évêques, leur est progressivement réservé, marquant cette distinction.

Primus inter pares

Au Ve siècle, le fossé entre Orient et Occident s'agrandit. Léon Ier acte la primauté papale et s'attribue le droit de diriger l'ensemble de l'Église. Il impose aussi la « paix chrétienne » aux rois « barbares ». Après la disparition de l'Empire romain d'Occident en 476, l'unité culturelle entre Latins et Grecs se rompt (► p. 126), et l'Église d'Occident acquiert une autonomie doctrinale. Sous le pontificat de Grégoire le Grand (► p. 132), le pape s'impose comme le « consul de Dieu ».

En 800, Léon III sacre Charlemagne empereur d'Occident à Rome. La

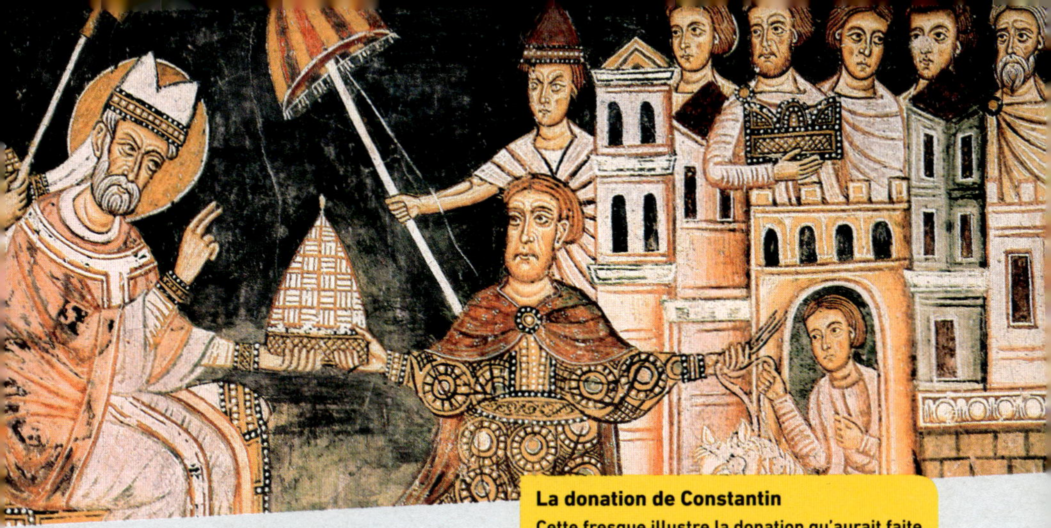

La donation de Constantin

Cette fresque illustre la donation qu'aurait faite en 315 ou 317 l'empereur Constantin (► p. 106) au pape Sylvestre. Celui-ci reçoit le palais du Latran, la ville de Rome et « toutes les provinces, tous les territoires et les villes d'Italie et les régions de l'Occident ». Le document qui justifie l'emprise du pape sur les États de l'Église, et ainsi son pouvoir temporel, est en réalité un faux, rédigé au VIIIe siècle.

Fresque anonyme, 22,96 × 29,91 cm, XIIIe siècle (Basilique des Quatre-Saints-Couronnés, Rome).

cérémonie souligne le rapprochement avec le roi des Francs qui s'érige en protecteur de la papauté (► p. 152). Le rétablissement de la dignité impériale en Occident permet aussi au pape de prendre plus de distance avec l'empereur byzantin.

Une administration qui se renforce

Le développement de la curie, un ensemble d'organismes au service du pouvoir pontifical romain, témoigne du pouvoir croissant de l'administration. En charge de l'Église universelle, le pape s'entoure de cardinaux réunis en consistoires et congrégations spécialisées. Des légats sont envoyés en mission pour faire respecter ses décisions.

La chancellerie gère la correspondance papale, en perpétuelle inflation. Les réponses écrites du souverain pontife aux questions des évêques – les décrétales – font jurisprudence et forment peu à peu la loi générale de l'Église. Des juristes s'occupent des procès et des dossiers judiciaires qui parviennent jusqu'au pape.

Habemus papam ! (Nous avons un pape !)

En 1059, un décret précise que le pape, autrefois désigné par acclamation, est désormais élu par un collège de cardinaux. L'élection au cours d'un conclave, dans un lieu clos et isolé de toute influence, est instituée au XIIIe siècle. La cérémonie d'investiture se fixe alors. Un cardinal présente le nouveau souverain pontife à la foule, fait son éloge et indique le nom qu'il s'est choisi. Le pape paraît, revêtu d'un manteau rouge. Après l'hommage des officiers de la curie et la messe solennelle, on le coiffe de la tiare. Pendant une semaine, des banquets et des processions religieuses célèbrent l'événement.

Les États pontificaux à la fin du Moyen Âge

En 756, à l'issue d'un accord passé avec le roi carolingien Pépin le Bref, la papauté obtient les territoires conquis sur les Lombards (► p. 130). Ainsi se constituent les États de l'Église au centre de la péninsule Italienne.

La théocratie pontificale

La « plénitude du pouvoir »

À même d'excommunier empereurs, rois et princes, les papes fixent la doctrine. Les conciles (► p. 197), réunis régulièrement, leur permettent d'affirmer leur autorité. La défense de la chrétienté passe à la fois par l'appel à la croisade (► p. 176) et par la lutte contre les hérétiques (► p. 206). Pour condamner ces derniers, le tribunal de l'Inquisition (► p. 207) est institué au début du XIIIe siècle.

Sous Innocent III (► p. 197), qui adopte le titre de « vicaire du Christ », le souverain pontife se présente en représentant direct de Dieu sur la Terre, justifiant le principe de *plenitudo potestatis* (« plénitude du pouvoir ») qui le situe au-dessus de tous les seigneurs.

La lutte des deux pouvoirs

Dès le XIe siècle, la réforme grégorienne (► p. 173) montre la volonté de la papauté, appuyée par les ordres clunisien et cistercien (► p. 156 et p. 157), de libérer l'Église de la tutelle des pouvoirs laïcs et d'imposer la prééminence du pouvoir pontifical. Cette ambition entraîne un conflit avec l'empereur du Saint Empire (► p. 172) qui se solde une première fois en 1122 par la signature du concordat de Worms mettant fin à la querelle des investitures. Désormais, les évêques prêtent serment à l'empereur qui accorde l'autorité temporelle – biens et fonctions politiques liés à la charge – et le pape leur confère l'autorité spirituelle.

Au milieu du XIIIe siècle, le conflit entre Frédéric II de Hohenstaufen et Innocent IV divise l'Italie entre les partisans du pape (guelfes) et ceux de l'empereur (gibelins). La guerre civile ne s'achève qu'avec la mort de Frédéric II en 1250, marquant la fin de la dynastie Hohenstaufen et le triomphe de la papauté.

La déposition de Frédéric II par Innocent IV

Le pape Innocent IV, portant la tiare, préside le concile de Lyon en 1245, entouré de ses cardinaux. Entre autres décisions, le concile prononce la déposition de l'empereur Frédéric II.

Miniature, XVe siècle (BnF, Paris).

Le palais des papes à Avignon
Construit à partir de 1335 dans un style gothique, le palais domine la ville et le Rhône.

Une papauté en crise

Dès la fin du XIIIe siècle, l'affirmation des pouvoirs monarchiques met à mal l'autorité des souverains pontifes successifs. En 1303, l'attentat d'Anagni est le point culminant du conflit qui oppose le roi de France Philippe IV dit le Bel au pape Boniface VIII : ce dernier est retenu prisonnier et molesté par des soldats français. Son successeur Clément V installe la papauté à Avignon où elle demeure jusqu'en 1377 quand Grégoire XI retourne à Rome.

Mais la curie est profondément divisée entre prélats français et romains. Au cours du grand schisme d'Occident qui débute en 1378, deux papes rivaux, puis trois à partir de 1409, sont désignés et revendiquent le pouvoir. Le concile de Constance (1414-1418) dépose finalement les trois souverains pontifes et en choisit un nouveau, Martin V, mettant fin à une période d'affaiblissement de la papauté.

Les résidences papales

Si, au cours des premiers siècles du christianisme, l'évêque de Rome habite à proximité de la cathédrale, on ignore où il résidait précisément. En fait, comme chef universel de la chrétienté et chef temporel de ses États, le souverain pontife est constamment en déplacement. En Avignon, au XIVe siècle, les papes fixent pour la première fois leur résidence dans un palais. À partir du retour à Rome en 1377, le Vatican devient le lieu de résidence définitif et fait l'objet de toutes les attentions de la part des papes successifs.

Les revenus de la papauté

Au Moyen Âge, la papauté dispose de revenus croissants. Elle tire d'abord des ressources de ses domaines et des États de l'Église (► p. 198). Le pape reçoit également le fruit de taxes ecclésiastiques ainsi que des contributions versées par les églises et les monastères. Enfin, les prélats, archevêques, évêques ou abbés doivent s'acquitter d'un droit lors de leur entrée en fonction. La gestion des finances est confiée à la chambre apostolique dirigée par le camérier.

1226

L'ordre des Chevaliers teutoniques obtient un État en Prusse

Apparu au cours de la troisième croisade afin de protéger les États latins d'Orient, l'ordre des Chevaliers teutoniques s'implante en Europe et christianise les populations sous sa domination.

La création en Orient

Comme les Hospitaliers, l'ordre des Chevaliers teutoniques a au départ une vocation de charité, de soins et d'assistance envers les combattants et les pèlerins chrétiens. Deux hôpitaux sont fondés par des marchands germaniques, le premier à Jérusalem, qui disparaît avec la prise de la ville par Saladin (► p. 190), le second à Acre, lors du siège de la ville par les croisés en 1190.

Sous l'impulsion de chevaliers allemands, l'ordre se dote en 1198 d'une règle qui l'oriente vers les activités militaires, à l'instar des Templiers. Reconnu l'année suivante par le pape Innocent III, il se développe grâce à de nombreuses donations.

02

L'implantation en Europe

Au début du XIIIe siècle, Conrad de Mazovie, à la tête d'une principauté polonaise et catholique, doit faire face aux incursions dévastatrices de ses voisins prussiens païens. Impuissant, il demande l'aide des Chevaliers teutoniques alors dirigés par Hermann von Salza, et leur offre en échange une terre.

Dans le cadre de la poussée vers l'est (*Drang nach Osten*) initiée par le Saint Empire, l'empereur Frédéric II promulgue en 1226 une bulle d'or accordant aux teutoniques la souveraineté sur les territoires ainsi occupés. Avec le soutien du pape Grégoire IX, les chevaliers entreprennent alors la conquête de la Prusse à partir de 1230 et convertissent les populations au christianisme.

Une colonisation violente et méthodique

Progressant par mer et par terre, les Chevaliers teutoniques édifient des châteaux qui leur servent de points d'appui. Semblables à des monastères fortifiés, ces bâtiments sont d'abord construits en terre, protégés par des palissades de bois, puis en briques. Bientôt la population chrétienne venue du Saint Empire s'installe au pied de ces châteaux et défriche les terres pour les mettre en culture. Au total, une dizaine de villes – Königsberg (1255), Marienburg (1280) – et une centaine de villages sont créés. Ce nouvel État, érigé en duché au XVIe siècle, assure la puissance et la richesse de l'ordre teutonique.

Chrétienté

400 500 600 700 800 900

Empire romain d'Occident

Empire byzantin

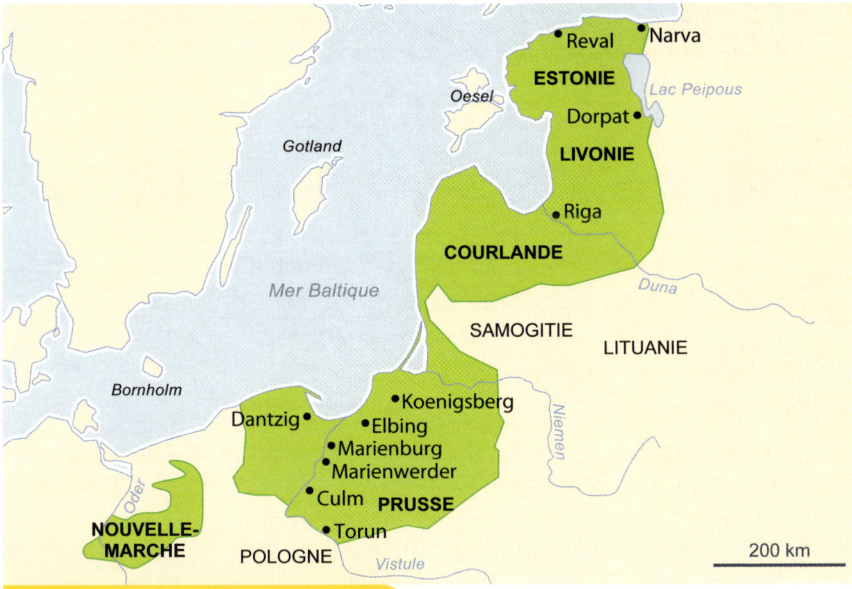

L'État teutonique au début du XVe siècle

En 1291, les musulmans reprennent Acre, ce qui marque la fin des croisades en Terre sainte. L'ordre des Chevaliers teutoniques transfère son siège à Venise puis, en 1309, à Marienburg en Prusse, actant le déplacement de son centre de gravité. Outre la Prusse, l'ordre conquiert des territoires dans les États baltes, possède des commanderies et des domaines en Europe de l'Ouest, et conserve des terres autour de la Méditerranée.

Un ordre militaire et religieux

Les frères de l'ordre teutonique sont généralement d'origine allemande. Les chevaliers et les prêtres, vêtus d'un manteau blanc à croix noire, occupent le sommet de la hiérarchie. Comme les moines, ils font vœu de chasteté, de pauvreté et d'obéissance et suivent une règle stricte qui fixe les conditions de vie et les pénitences à accomplir. Les chevaliers combattent tandis que les prêtres, moins nombreux, s'occupent des offices, de l'enseignement et des soins. Ils vivent en communauté, partageant leurs repas au réfectoire et dorment dans des dortoirs communs. L'ordre est dirigé par le grand maître assisté par un chapitre général.

Alexandre Nevski

Réalisé en 1938 par le cinéaste soviétique Sergueï M. Eisenstein, ce film met en scène la résistance russe face à l'invasion des Chevaliers teutoniques. La victoire d'Alexandre Nevski en 1242 arrête la poussée germanique vers l'est.

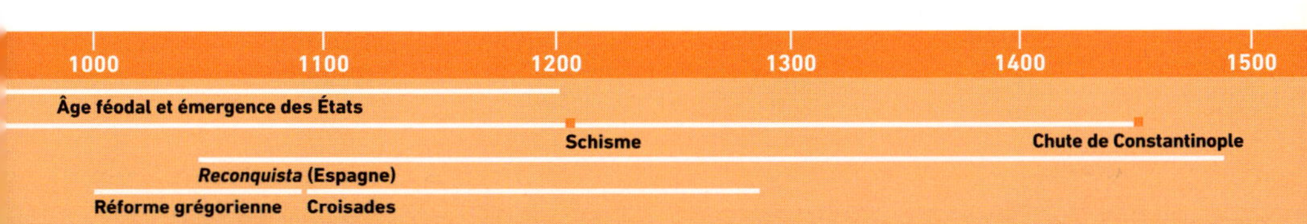

1242

Le Talmud est brûlé en place de Grève

La volonté de renforcer l'unité de la chrétienté occidentale s'accompagne d'une politique d'exclusion des minorités religieuses, notamment des juifs. Elle ouvre une ère de persécutions dont les effets sont perceptibles au-delà du Moyen Âge.

Une hostilité ambiguë à l'égard des juifs

En France, dans un contexte d'affermissement de la monarchie et de l'hégémonie chrétienne, la haine est fondée aux XIIe et XIIIe siècles sur le rejet du « juif théologique », figure dépréciative construite par l'Église pour insister sur « l'infériorité » de celui qui n'a pas reconnu le Christ et son message.

Cette image s'oppose au « juif réel » que le chrétien côtoie au quotidien et avec lequel il entretient des relations souvent convenables. L'antijudaïsme n'empêche pas la participation des juifs au développement des sociétés dans lesquelles ils vivent : ils contribuent ainsi à l'essor économique de Paris à la fin du XIIe siècle – non sans susciter de jalousies – et prennent part au renouvellement des études bibliques à l'intérieur desquelles savants juifs et chrétiens collaborent (► p. 178).

Le procès du Talmud

En 1236, un juif converti au christianisme, Nicolas Donin, fait parvenir au pape Grégoire IX un dossier présentant 35 accusations contre le Talmud, mettant en garde contre la volonté supposée des rabbins d'accorder la prééminence à ce dernier sur la Bible. Cette incrimination constitue un tournant dans la mesure où les juifs étaient jusqu'alors tolérés en vertu de leur statut de témoins, fidèles à l'Ancien Testament (► p. 100).

En 1239, une bulle papale ordonne que soient brûlés, après enquête, les exemplaires du Talmud. Le roi de France Louis IX ayant donné suite à cette requête, une disputation publique se déroule à Paris, à partir de juin 1240. En présence de la reine Blanche de Castille et de nombreuses personnalités chrétiennes, des rabbins, comme Yehiel, récusent les charges qui pèsent sur le judaïsme. Ils ne parviennent cependant pas à éviter la sentence : en 1242 a lieu le brûlement solennel, en place de Grève, de multiples exemplaires du Talmud.

L'Église triomphante et la Synagogue aux yeux bandés

Ces deux personnages allégoriques de femmes correspondent à une dégradation progressive de l'image du judaïsme au cours du Moyen Âge, perceptible dans l'art, la littérature, la culture populaire. La défaite de la Synagogue, ici représentée les yeux bandés puisqu'elle n'a pas reconnu le Messie en Jésus, face à l'Église victorieuse et sûre d'elle-même est en effet, à partir du XIIe siècle et l'émergence de l'art gothique (► p. 180), un thème récurrent.

Portail sud de la cathédrale de Strasbourg, vers 1230.

Les boucs émissaires des maux de leur temps

Au-delà de la radicalisation de l'Église (► p. 196), la dégradation de la situation des juifs n'est pas sans rapport avec les difficultés que connaissent les populations de l'Occident chrétien touchées par les crises économiques, les famines, les guerres et les épidémies. Durant les croisades (► p. 176), entre 1095 et 1270, éclatent des massacres de populations juives accusées de déicide, notamment dans la vallée du Rhin. Les derniers siècles du Moyen Âge sont marqués par des vagues d'expulsions, puis de rappels, touchant toute l'Europe, comme celle qu'initie Philippe le Bel en 1306 et qui lui permet de s'emparer des biens des communautés juives du royaume de France (► p. 197). Au milieu du XIVe siècle enfin, les juifs sont accusés de propager la peste noire qui sévit alors dans tout l'Occident.

Juif portant la rouelle

En 1215, le concile de Latran IV (► p. 194) impose aux juifs d'Occident d'arborer des signes ou des vêtements distinctifs. Relayées par des ordonnances royales, ces mesures se caractérisent, en France, par le port de la rouelle, pièce de tissu jaune renvoyant aux trente deniers de Juda. Le personnage tient par ailleurs un sac de pièces et une gousse d'ail, autres symboles associés aux juifs. Cette pratique discriminatoire disparaît avec l'émancipation des juifs (► p. 286), mais est réactivée sous le nazisme et durant la Seconde Guerre mondiale (► p. 330).

Juif de la ville de Worms, Allemagne, vers 1600 (Bibliothèque universitaire, Darmstadt).

1000 | 1100 | 1200 | 1300 | 1400 | 1500

Âge féodal et émergence des États

Schisme — **Chute de Constantinople**

***Reconquista* (Espagne)**

Réforme grégorienne — **Croisades**

1244

Près de deux cents cathares sont brûlés vifs à Montségur

La lutte contre les cathares menée par l'Église catholique donne lieu à la première croisade conduite à l'intérieur de la chrétienté.

Une doctrine persistante en Languedoc

Apparu au XIIe siècle, le catharisme se développe principalement dans le Midi de la France. Ce courant reste cependant très minoritaire et touche surtout la noblesse rurale ou l'élite marchande urbaine.

Les cathares – dont le nom, donné par leurs adversaires, signifie « purs » – sont des dualistes (► p. 105). Ils croient en l'existence de deux êtres divins, l'un dédié au Bien qui règne sur le Ciel, l'autre au Mal sur Terre. Seuls les cadres, appelés les « bons hommes » ou « parfaits », sont astreints à un mode de vie très strict. Les croyants, quant à eux, ne pratiquent qu'un seul sacrement, le « consolament », à la fin de leur vie : cette imposition des mains les lave de tout péché et leur permet d'accéder au Ciel.

La violence de la répression

L'Église catholique considère cette doctrine comme une hérésie. Elle réagit d'abord par des moyens traditionnels, en envoyant des prédicateurs cisterciens (► p. 157) sillonner la région. Mais en 1209, après l'assassinat de son légat Pierre de Castelnau, le pape Innocent III appelle à une croisade contre les cathares, appelés ausi Albigeois, menée par Simon de Montfort.

En 1215, le concile de Latran IV (► p. 196) confisque les domaines du comte de Toulouse qui a laissé l'hérésie se répandre sur ses terres. Une seconde croisade est ensuite organisée par le roi Louis VIII en 1226. Enfin, l'Inquisition, très active dans la région, traque les hérétiques pour les juger et les condamner.

Un siège de plusieurs mois

En 1242, deux inquisiteurs sont assassinés en Languedoc par un groupe de cathares venu de leur refuge de Montségur. En mai 1243, le roi Louis IX envoie une puissante armée mettre le siège devant ce château, édifié sur un piton rocheux à près de 1 200 mètres d'altitude.

Le 16 mars 1244, Montségur finit par capituler. Si les soldats qui le défendaient sont épargnés, les quelque deux cents cathares qui refusent d'abjurer sont envoyés au bûcher, tandis que le château et les maisons sont détruits.

Les ruines du château de Montségur

Avant le siège de 1244, Montségur (le mont « sûr ») était un village fortifié, avec des maisons rassemblées autour d'un donjon, et entouré d'une enceinte. Les ruines actuelles correspondent au château reconstruit après sa destruction par les troupes de Louis IX.

La création de l'Inquisition

En 1231, le pape Grégoire IX décide que seule l'Église a le droit de juger les hérétiques et il crée un tribunal spécial et permanent, placé sous l'autorité pontificale. Il confirme les peines prononcées contre les hérétiques, notamment la confiscation de leurs biens et le bûcher pour les relaps – ceux qui ont abjuré une première fois et sont ensuite retombés dans l'« erreur ». Leurs complices sont condamnés à des amendes. Le pape retire aussi aux évêques la charge de lutter contre les hérétiques et la confie aux ordres mendiants, en particulier aux dominicains (► p. 195). L'Église dispose désormais d'un instrument efficace et organisé pour traquer ceux qui ne respectent pas la doctrine catholique.

Saint Dominique de Guzmán présidant un autodafé

Du haut de la tribune, Dominique de Guzmán préside la cérémonie de l'autodafé qui prononce les sentences du tribunal de l'Inquisition. Par extension, l'autodafé devient aussi le rituel au cours duquel les écrits contraires à la doctrine catholique sont brûlés.

Pedro Berruguete, huile sur bois, 1493-1499 (Musée du Prado, Madrid).

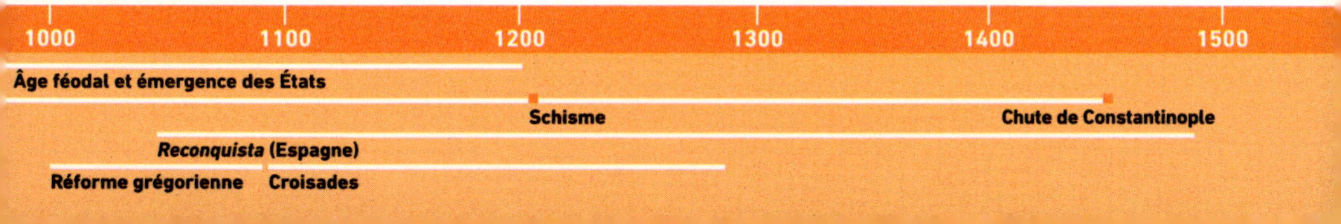

1258 Les Mongols exécutent le calife abbasside à Bagdad

La prise de Bagdad par les Mongols en 1258 marque un tournant dans l'histoire de l'islam. La mise à mort du calife, symbole de l'unité du monde musulman, est un traumatisme pour les contemporains.

La mise à sac de Bagdad

À partir de 1253, les incursions mongoles en Iran font place à une politique de conquête systématique des territoires musulmans que le petit-fils de Gengis Khan (v. 1162-1227), Möngke, confie à son frère Hülegü. Après avoir déferlé sur l'Iran, ce dernier menace Bagdad.

Le siège de la capitale abbasside (► p. 150) débute le 29 janvier 1258 après que les pourparlers entamés avec le calife Al-Mustasim ont échoué. Le 5 février, l'armée mongole parvient à s'introduire dans la cité, qui capitule le 10. Durant les jours qui suivent, la population est méthodiquement massacrée.

Le calife, roulé dans un tapis, meurt piétiné par les sabots de la cavalerie mongole. La ville est mise à sac : les bibliothèques, les mosquées et les palais sont détruits.

Le monde musulman sous la domination mongole

Si l'armée de Hülegü est stoppée en Syrie par les Mamelouks en 1260, ses héritiers, les Ilkhanides, vont dominer l'Iran, l'Irak et l'Anatolie pendant près d'un siècle. Désormais orphelin du califat, le monde musulman situé au-delà de l'Euphrate est assujetti à un empire mongol qui comprend aussi l'Asie centrale, les steppes russes et la Chine.

Dans ce vaste ensemble, se côtoient le chamanisme turc, le bouddhisme, le christianisme et l'islam. Ainsi Hülegü, bouddhiste, est marié à une chrétienne. Mais trois des quatre dynasties qui se partagent l'empire finissent par se convertir à l'islam, contribuant à sa diffusion en Asie centrale et jusqu'en Crimée. Les Mongols restent toutefois très ouverts aux autres religions, voire à des formes de syncrétisme.

Le prince mongol Ghazan (1295-1304) étudiant le Coran
Miniature tirée des *Chroniques de Rashid al-Din*, début du XIVe siècle (Bibliothèque d'État, Berlin).

Islam médiéval

600 — 700 — 800 — 900 — 1000

Califats : **Hégire** — **Omeyyades (Damas)** — **Abbassides (Bagdad)** — **Fatimides (Le Caire)**

Le siège de Bagdad

Le siège et le sort réservé à une partie de la population de Bagdad ont profondément marqué les esprits. La légende raconte que, lors du siège, les eaux du Tigre furent noircies de l'encre des manuscrits qui y avaient été jetés par les envahisseurs mongols.

Miniature tirée des *Chroniques de Rashid al-Din*, début XIVe siècle (Bibliothèque d'État, Berlin).

Le Caire mamelouk, nouveau centre pour le monde musulman

Au Caire, les divisions et les pressions extérieures – notamment des croisés qui s'emparent de Damiette, sur la côte égyptienne, en juin 1249 – ont affaibli les sultans ayyoubides (► p. 190). Les Mamelouks, corps d'officiers formés d'esclaves affranchis d'origine turque ou caucasienne, s'emparent alors du pouvoir en 1250. En septembre 1260, leur sultan Qutuz inflige sa première défaite à l'armée mongole lors de la bataille d'Aïn Djalout en Syrie, puis liquide les dernières possessions latines en Orient (► p. 176). Les Mamelouks construisent une puissance économique et militaire durable et font du Caire la nouvelle métropole du monde musulman. Ils y construisent de gigantesques complexes religieux qui associent souvent plusieurs fonctions. Ainsi, le mausolée du sultan Qalawun, mort en 1290, abrite aussi une mosquée, une madrasa et un hôpital.

Le mausolée du sultan Qalawun

1266

Thomas d'Aquin entame la rédaction de la *Somme théologique*

Dominicain et maître à l'université, Thomas d'Aquin est l'un des théologiens catholiques les plus influents du Moyen Âge.

Un grand voyageur et un travailleur acharné

Né vers 1224 dans une famille noble du sud de l'Italie, d'abord destiné à une carrière monastique au Mont-Cassin, Thomas choisit d'entrer chez les dominicains (► p. 195) en 1244. L'année suivante, il fait des études de théologie à Paris, haut lieu universitaire, puis à Cologne. En 1252, de retour à Paris, il enseigne au couvent Saint-Jacques avec un grand succès. Devenu maître en théologie en 1256, il alterne les séjours en Italie et en France.

Thomas rédige plusieurs traités qui prennent la défense des ordres mendiants ainsi que des commentaires des écrits d'Aristote.

Un ouvrage colossal

En 1266, Thomas entreprend en Italie la rédaction de la *Somme théologique*, restée inachevée à sa mort en 1274. L'ouvrage se veut un manuel à destination des étudiants, organisé en trois parties.

La première s'intéresse à Dieu et à la création du monde, puis à l'homme, aux vertus et aux péchés. La deuxième concerne la morale et les grands principes à respecter, tels la foi, l'espérance, le droit. La troisième, enfin, traite du Christ, de sa vie et des sacrements qui permettent de se rapprocher de lui.

Une synthèse entre raison et foi

Les trois parties sont divisées en 512 questions puis en 2 669 articles. Chacun d'entre eux reprend les méthodes d'enseignement de l'époque, baptisées scolastique. Le maître énonce le problème, expose les arguments des autorités pour ou contre, puis donne ses propres arguments en proposant une solution à la question.

Dans cet immense ouvrage, Thomas souligne l'importance de l'homme et des réalités concrètes, souvent négligés par l'Église au profit du monde spirituel. Ce faisant, il propose une synthèse entre la philosophie d'Aristote et la doctrine chrétienne. La *Somme théologique*, tout en ayant fait débat – et ayant même été brièvement condamnée en 1277 par les autorités religieuses en France et en Angleterre –, reste une référence pour le monde intellectuel de la fin du Moyen Âge.

Chrétienté

400 500 600 700 800 900

Empire romain d'Occident

Empire byzantin

Saint Thomas d'Aquin

Dans sa tenue dominicaine blanche et noire, un livre posé sur les genoux, le maître semble énumérer les arguments pour répondre à une question. Il est canonisé en 1323 et devient docteur de l'Église en 1567.

Juste de Gand, huile sur bois, 76 × 114 cm, XVe siècle (Musée du Louvre, Paris).

L'enseignement encadré par l'Église

Au Moyen Âge, le savoir reste sous le contrôle de l'Église. L'enseignement est prodigué dans les écoles monastiques puis, à partir des XIe et XIIe siècles, avec l'essor des villes, dans les écoles urbaines placées sous l'autorité des évêques. Au XIIIe siècle, apparaissent les universités, rattachées au pape : ainsi, en 1215, Innocent III confirme les privilèges accordés par le roi Philippe Auguste à celle de Paris. Après avoir reçu un enseignement de six à huit ans dans les principales disciplines littéraires et scientifiques, les étudiants – tous clercs comme leurs professeurs – peuvent entrer dans les facultés de médecine, de droit canon (les lois de l'Église) ou de théologie. Des collèges sont créés pour accueillir les étudiants nécessiteux comme celui fondé en 1257 par Robert de Sorbon, chapelain de Louis IX, devenu la Sorbonne.

Un professeur d'université et ses étudiants

Enluminure, manuscrit médical avec des textes d'Hippocrate et des commentaires de Galien, vers 1306 (BnF, Paris).

1000 | 1100 | 1200 | 1300 | 1400 | 1500

Âge féodal et émergence des États

Schisme

Chute de Constantinople

***Reconquista* (Espagne)**

Réforme grégorienne

Croisades

Vers 1270-1280

Le *Sefer Ha-Zohar*, œuvre maîtresse de la kabbale, paraît

Le *Zohar* célèbre la dimension symbolique des éléments bibliques et propose une vision théocentrique de l'univers. Diffusé à partir du XIIIe siècle, il est devenu l'un des livres saints du judaïsme et bénéficie d'un immense prestige.

La kabbale

Doctrine théosophique, la kabbale (« tradition reçue ») trouve ses racines dans les courants mystiques du judaïsme antique (► p. 44). Elle ambitionne de révéler le sens caché des textes sacrés et se veut un outil pour aider à la compréhension de l'énigme du monde, reflet du mystère de la vie divine. La kabbale distingue ainsi le « Sans Fin » (*Ein Sof*), le Dieu caché, de ses émanations dans la Création.

Le premier des ouvrages du corpus kabbalistique est le *Sefer Yetsirah* (*Livre de la Création*), rédigé probablement entre le IIIe et le VIe siècle. Il détermine les dix nombres primordiaux, les *sefirot* qui, ajoutés aux vingt-deux lettres de l'alphabet hébraïque, constituent les voies par lesquelles Dieu a engendré l'univers.

Une exégèse mystique de la Torah

Probable réaction aux progrès du rationalisme et de l'intellectualisme tels qu'ils s'incarnent dans le *Guide des égarés* (► p. 192), le *Sefer Ha-Zohar* (*Livre de la Splendeur*) serait l'œuvre de Moïse de León, peut-être secondé par des membres de son entourage. Édité en cinq volumes, en araméen, l'ouvrage se réapproprie les méthodes explicatives des générations antérieures, notamment les quatre niveaux de sens : littéral, allégorique, homilétique – « interprétative » – et caché.

Ce faisant, le *Zohar* reprend le style midrashique de l'interprétation biblique (une méthode d'exégèse), qui entend trouver une signification plus profonde aux livres sacrés. Il est l'un des textes les plus importants de la littérature kabbalistique.

La pérennité de l'approche ésotérique

Outre Moïse de León, la kabbale médiévale, née en Provence, s'illustre dans l'Espagne du XIIIe siècle à travers les grandes figures d'Ezra ben Salomon, Azriel de Gérone ou Abraham Aboulafia. Après l'expulsion de 1492 (► p. 228), quatre grands centres kabbalistiques se développent, en Afrique du Nord, dans l'Empire ottoman, en Italie et en Palestine, à Jérusalem et surtout à Safed.

À la Renaissance, l'intérêt pour la kabbale dépasse même les cercles juifs : les philosophes et théologiens Jean Pic de la Mirandole et Johannes Reuchlin notamment s'en font les promoteurs, suscitant un vif intérêt dans les milieux chrétiens.

Chrétienté

400 500 600 700 800 900

Empire romain d'Occident

Empire byzantin

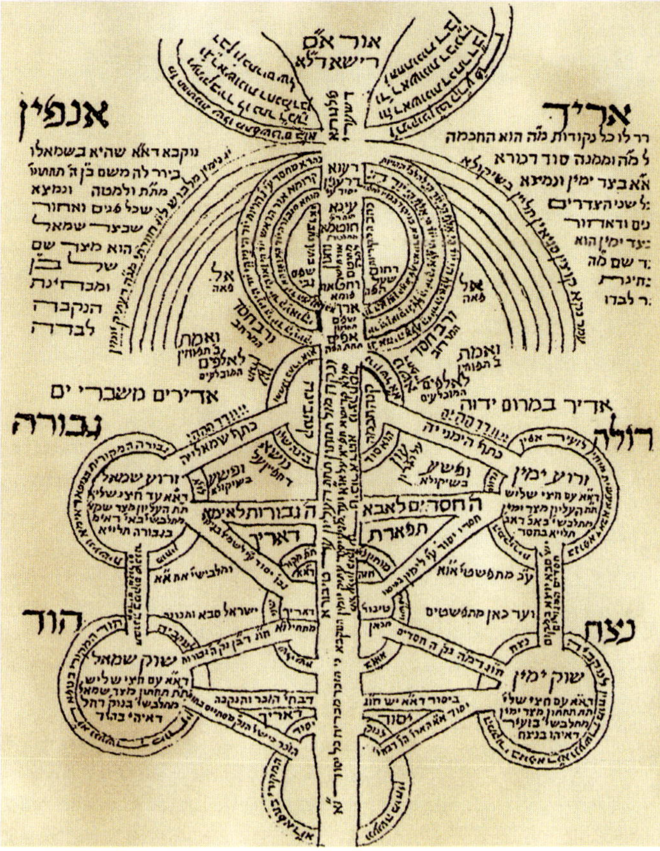

L'arbre de vie

À partir du XIVe siècle, les traités kabbalistiques représentent souvent les dix *sefirot*, qualifiées par des attributs précis, sous la forme d'un arbre qui symbolise les lois de l'univers. Les *sefirot* figurent également le corps humain.

Schéma d'un arbre séfirotique réalisé par un disciple du mystique et kabbaliste Isaac ben Solomon Ashkenazi Luria, XVIe siècle.

« Le Zohar, qui est de loin l'ouvrage le plus important de la littérature de la kabbale, est un livre silencieux et jusqu'à un certain point inaccessible, ainsi qu'il sied à une œuvre de secrète sagesse. »

Gershom Scholem, *Le Zohar. Le Livre de la Splendeur*, rééd. 2014.

La kabbale dans la pensée juive moderne

À partir du XIXe siècle, dans le sillage du professeur Adolphe Franck, la kabbale devient un objet d'étude important de la philosophie et de l'histoire de la pensée, en France, en Allemagne, en Angleterre, mais aussi aux États-Unis, puis en Israël. Si son enseignement n'a jamais cessé dans le monde religieux juif, la tradition ésotérique fait également l'objet de nombreux travaux de recherche universitaire et influence les études philosophiques, favorisant, notamment depuis la deuxième moitié du XXe siècle, une manière nouvelle de croiser pensée philosophique et études juives.

1000 1100 1200 1300 1400 1500

Âge féodal et émergence des États

Schisme

Chute de Constantinople

***Reconquista* (Espagne)**

Réforme grégorienne

Croisades

1273

Rumi, le grand maître spirituel du soufisme, meurt

De son vivant, Rumi fut l'un des acteurs majeurs de l'expansion du soufisme. Son tombeau, à Konya, devient le centre religieux des mevlevi, un ordre influent qui cultive son héritage mystique.

Rumi, un pilier du soufisme de langue persane

Jalal al-Din Rumi est né en 1207 à Balkh (actuel Afghanistan), l'un des berceaux du soufisme de tradition persane. En 1219, sa famille doit s'enfuir devant l'arrivée des Mongols (► p. 208) et mener une vie itinérante à travers l'Asie centrale et le Proche-Orient avant de se fixer à Konya, la capitale des Turcs d'Anatolie. Après des études à Alep et Damas, où il côtoie Ibn Arabi, Rumi revient à Konya en 1240.

Sa vie est alors transformée par la rencontre de son maître, Shams al-Din Tabrizi. Sous son influence, Rumi abandonne l'enseignement des sciences religieuses traditionnelles au profit d'une quête purement mystique. Il en condense l'enseignement dans un chef-d'œuvre de la poésie soufie de langue persane, le *Mathnawi*. Rumi met aussi au point une partie des règles qui seront appliquées par son ordre.

Un courant mystique de l'islam

Le soufisme est une interprétation et une pratique mystiques de la religion. En tant que tel, il est commun à toutes les branches de l'islam. Il sort de sa marginalité au XIe siècle grâce à l'effort de théoriciens comme al-Ghazali (1058-1111) qui ouvre au sunnisme la possibilité d'une approche ésotérique, jusque-là plutôt cultivée par les chiites (► p. 145). Le soufisme se propage ensuite à l'ensemble du monde musulman et lui donne ses plus grands représentants au XIIIe siècle.

L'héritage de Rumi

Comme les autres confréries apparues au sein du soufisme entre le XIIe et le XIVe siècle, les mevlevi perpétuent la mémoire de Rumi.

Les membres sont astreints à des règles strictes qui codifient la vie commune dans l'établissement où ils se retirent temporairement pour s'isoler, prier, pratiquer l'ascèse et célébrer le *samaa*.

> « *Une prairie pour les gazelles,*
> *un couvent pour les moines,*
> *Un temple pour les idoles, une Kaaba pour le pèlerin,*
> *Les Tables de la Thora, le Livre du Coran.*
> *Je professe la religion de l'Amour,*
> *et quelque direction*
> *Que prenne sa monture, l'Amour est ma religion et Ma foi.* »

Ibn Arabi, *L'Interprète des désirs*, XIIIe siècle.

Perse

200 | 300 | 400 | 500 | 600 | 700 | 800

Sassanides — Intégration au califat

La cérémonie du *samaa*

Cette cérémonie a pour but de favoriser « l'écoute » du divin en provoquant chez l'individu un état de transe. La musique, le chant et la danse – pratiquée selon les mouvements d'une toupie, d'où le nom de « derviches tourneurs » qui est donné aux mevlevi – permettent d'atteindre cet oubli de soi. Le costume et la danse remontent à l'époque de Rumi, au XIIIe siècle, et à ses successeurs.

Un contemporain de Rumi, l'Andalou Ibn al-Arabi (1165-1240)

Né à Murcie, en Espagne, Ibn Arabi passe l'essentiel de sa vie à voyager en Orient avant de se fixer définitivement à Damas, où il est enterré. Il élabore une pensée complexe où domine l'idée que Dieu se manifeste dans l'ensemble de la Création et qu'il faut donc rechercher sa présence en toutes choses : la nature, l'amour, et l'homme lui-même qui est considéré comme sa manifestation la plus parfaite.

Le mausolée de Djalal al-Din Rumi à Konya (Turquie)

Construit dès 1274, le bâtiment accueille aussi sous sa grande coupole les cérémonies de l'ordre des mevlevi.

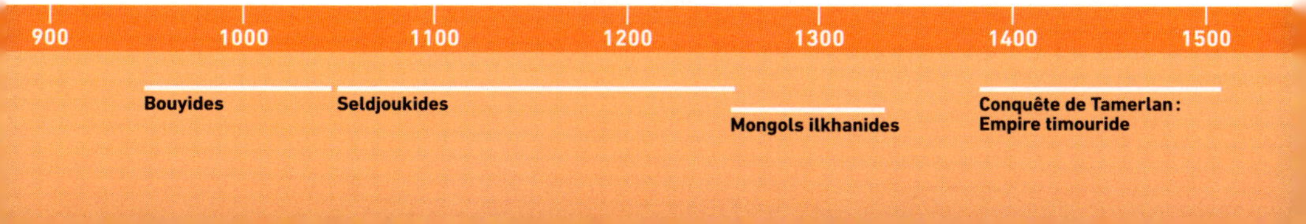

1324 L'empereur du Mali, Mansa Moussa, débute son pèlerinage vers La Mecque

Le pélerinage de Mansa (« roi des rois ») Moussa, riche souverain musulman d'un empire qui s'étend du Sénégal au Mali actuels, illustre la progression de l'islam au sud du Sahara.

La diffusion de l'islam à travers le Sahara

Dès la fin du VIIIe siècle, des relations commerciales s'établissent entre le Maghreb et le « pays des Noirs » (« Soudan » en arabe). Le monde musulman est alors demandeur d'esclaves et d'or. Ainsi, grâce à l'établissement de marchands berbères dans les cités caravanières du Sahel, l'islam se diffuse en Afrique subsaharienne.

Les souverains de Gao se convertissent dès le Xe siècle, suivis par ceux de l'empire du Ghana dans l'ouest de l'Afrique, et par ceux de Kanem sur les rives du lac Tchad.

L'empire du Mali

En 1312, Mansa Moussa devient le dixième souverain de l'empire du Mali, lequel s'est formé au XIIIe siècle grâce aux victoires des Mandingues musulmans contre leurs voisins animistes. Il constitue le premier exemple d'un État musulman parvenu à sa maturité en Afrique de l'Ouest.

Le contrôle des mines d'or du Bambouk et du Bouré, au Sénégal et en Guinée actuels, assure la prospérité de l'empire, permettant le développement des villes de Tombouctou, Djenné, Oualata ou encore Niani. Les souverains successifs sont en lien avec les sultans du Maroc et d'Égypte (► p. 182 et p. 190).

Un pèlerinage qui défraie la chronique

En 1324, Mansa Moussa, comme son prédécesseur, décide d'effectuer le pèlerinage à La Mecque (► p. 142). La magnificence qu'il déploie lors de son voyage marque les esprits. Accompagné d'une escorte de plusieurs milliers de soldats et d'esclaves, le roi transporte avec lui plus de dix tonnes d'or. Chacune de ses étapes est l'occasion de dons et d'aumônes. Ses dépenses fastueuses auraient même fait chuter le cours de l'or pendant plusieurs années.

Selon la tradition, de passage à Tombouctou lors de son retour de pèlerinage, Mansa Moussa confie la construction d'un palais et de la mosquée de Djingareyber à un lettré de sa cour originaire de Grenade, Abou Ishaq es-Saheli.

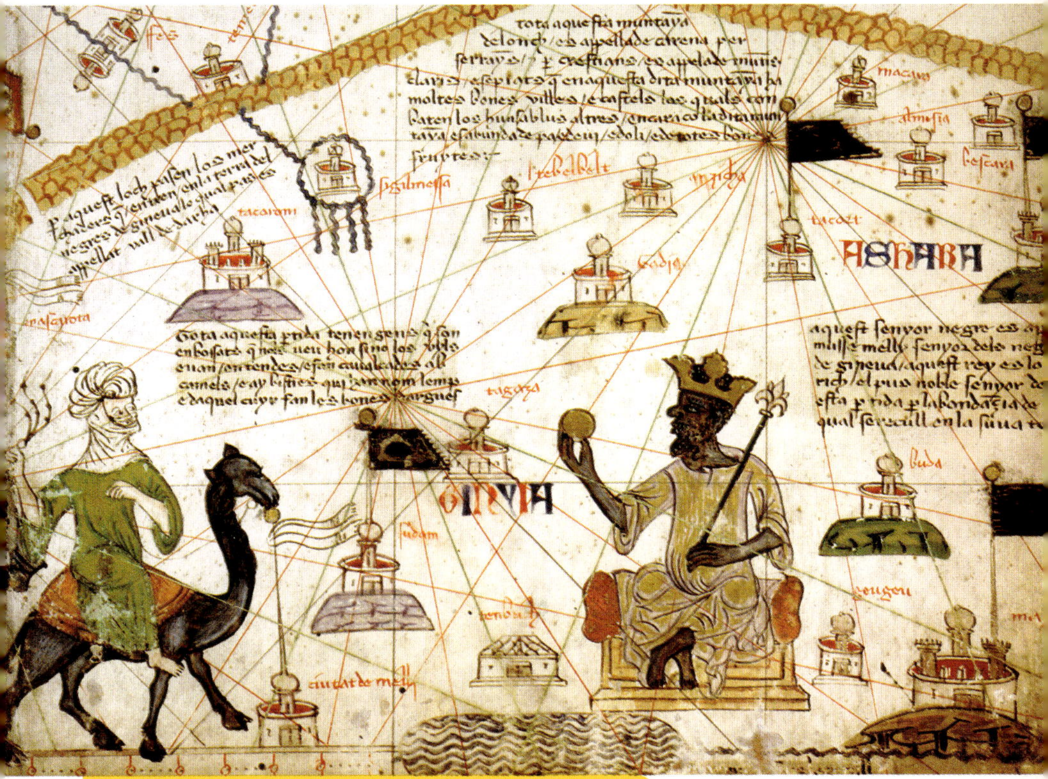

Mansa Moussa dans l'*Atlas catalan*

La réputation de richesse de Mansa Moussa est telle qu'une carte de l'*Atlas catalan* le montre assis sur un trône en or, une couronne d'or sur la tête, une boule d'or dans une main, un sceptre dans l'autre. Il y est présenté comme « le plus riche et le plus noble seigneur de toute cette partie par l'abondance de l'or qui se recueille en sa terre ».

Atlas catalan, détail, 1375 (BnF, Paris).

Tombouctou, capitale culturelle de l'islam en Afrique de l'Ouest

Tombouctou constitue, après le passage de Mansa Moussa, une étape essentielle dans le commerce entre le Maghreb et la boucle du fleuve Niger. Intégrée à l'empire songhay à partir de 1468, la ville connaît alors son apogée culturel, devenant le plus grand centre d'enseignement et de diffusion du sunnisme en Afrique de l'Ouest. Tombeaux de saints et bibliothèques familiales témoignent de son rayonnement et de ses relations avec le Maghreb.

1100 1200 1300 1400 1500

Ottomans (Istanbul)

1409

Djé Tsongkhapa fonde le monastère de Ganden au Tibet

Djé Tsongkhapa est le fondateur de l'école des gelugpa (les « vertueux »), l'une des quatre branches du bouddhisme tibétain dont sont issues deux lignées de hauts dignitaires, les dalaï-lamas et les panchen-lamas. Ganden devient le siège de cette école qui domine le Tibet à partir du XVIIe siècle.

Un bouddhisme divisé en écoles

Le bouddhisme tibétain se rattache au courant tantrique, aussi appelé vajrayana (► p. 79). L'école la plus ancienne, celle des nyingmapa, qui reprend certains éléments de la religion traditionnelle tibétaine (le chamanisme bön) est la branche la plus orientée vers les aspects ésotériques et magiques du tantrisme. Elle se réfère à la figure de Padmasambhava, un maître bouddhiste du VIIIe siècle.

Une nouvelle vague de traductions du sanskrit en tibétain donne naissance, à partir du XIe siècle, à trois autres courants (kagyüpa, sakyapa, puis gelugpa) qui concurrencent le bouddhisme ancien nyingmapa.

18

Tsongkhapa, fondateur de l'école des gelugpa

Tsongkhapa naît en 1357 dans l'Amdo, une province du nord-est du Tibet. Engagé très jeune dans la vie monastique, il rédige des centaines de traités philosophiques et d'écrits spirituels qui lui valent une grande renommée de son vivant.

En 1409, il fonde l'université monastique (► p. 124) de Ganden qui devient le siège de l'école gelugpa, surnommée école des « bonnets jaunes » en raison des coiffes de couleur que portent ses moines – ceux des autres écoles étant qualifiés pour une raison similaire de « bonnets rouges ».

Tsongkhapa subordonne les pratiques tantriques à l'étude des textes, améliore la formation des moines et restaure la discipline monastique, en particulier le célibat et l'interdiction de consommer de l'alcool et de la viande.

L'école dominante du bouddhisme tibétain

À partir du XVIIe siècle, l'école des gelugpa constitue le courant dominant au sein du bouddhisme tibétain. Parmi les disciples directs de Tsongkhapa, deux sont reconnus *a posteriori* comme respectivement le premier dalaï-lama et le premier panchen-lama, les figures hiérarchiques les plus importantes du bouddhisme tibétain (► p. 260).

Asie du Sud et de l'Est

300 400 500 600 700 800 900

Expansion du bouddhisme (Corée, Insulinde, Japon, Tibet)

Chine (dynasties) Sui Tang

Inde Empire gupta Première arrivée de l'islam

Mandala tibétain

Le bouddhisme tibétain fait un large usage de mandalas, diagrammes représentant une figure sacrée ou le monde spirituel. Les mandalas servent de support à la méditation tantrique.

Mandala d'Amitabha, peinture sur bois, 31,1 × 31,1 cm, XIXe siècle (Rubin Museum of Art, New York).

Les premiers temps du bouddhisme au Tibet

VIIe siècle	Introduction du bouddhisme sous le règne de Songtsen Gampo qui unifie pour la première fois le Tibet et fait de Lhassa sa capitale.
VIIIe siècle	Période d'activité de Padmasambhava, maître tantrique indien vénéré au Tibet et dans l'aire culturelle himalayenne comme un second Bouddha et le maître par excellence.
IXe-XIe siècle	Morcellement politique du Tibet.
XIe siècle	Période d'enseignement d'Atisha, moine érudit indien qui visite le Tibet, contribuant au rétablissement du bouddhisme à travers la tradition kadampa, laquelle inspire tous les courants ultérieurs.
XIIe siècle	Fin des traductions des sutras bouddhistes en langue tibétaine ; premières écoles organisées autour de grands monastères qui deviennent des centres politiques.

Le monastère de Ganden

Au début du XXe siècle, Ganden, qui abrite le corps momifié de Tsongkhapa, accueille 3 000 moines. Pendant la Révolution culturelle chinoise (1966-1976), sa momie est profanée tandis que le monastère est dévasté. Reconstruit par les autorités chinoises, il ne compte aujourd'hui que quelques centaines de moines.

1000 1100 1200 1300 1400 1500 1600

Song — Yuan — Ming

Dynastie ghouride — Sultanat de Dehli

Vers 1450

Ramananda est l'inspirateur du plus grand ordre monastique hindou

Originaire du sud de l'Inde, Ramananda est un poète mystique qui vit dans la plaine du Gange au milieu du XVe siècle. À Bénarès (actuel Varanasi), il prêche une religion dévotionnelle accessible à tous. Il serait à l'origine de la fondation de l'ordre des ramanandi.

Une religion accessible à tous

Les ramanandi, ou ramavats, sont un ordre de renonçants hindous qui, à l'instar de leur fondateur, veulent rapprocher l'hindouisme de la population et prônent l'égalité entre tous.

Ce lignage monastique met l'accent sur la vénération de Rama, roi héroïque de l'épopée du *Ramayana* (► p. 70) et septième avatar du dieu Vishnou (► p. 67). Afin de toucher le peuple, il recourt à la langue vernaculaire plutôt qu'au sanskrit. Son centre de pèlerinage est situé dans la ville d'Ayodhya, lieu de naissance de Rama.

20

La *bhakti* comme moyen de délivrance

L'enseignement de Ramananda s'inscrit dans le courant dévotionnel hindou de la *bhakti* selon lequel l'adoration du dieu est l'unique moyen d'atteindre la libération. Les ascètes ramanandi pratiquent la méditation mais recherchent avant tout la grâce de Vishnou/Rama.

La *bhakti* trouve son fondement textuel dans la Bhagavad Gita, passage du *Mahabharata* (► p. 71) qui a une influence considérable sur de nombreux courants de l'hindouisme vishnouite. Elle s'épanouit d'abord au sud de l'Inde en pays tamoul entre le VIe et le IXe siècle. Au fil du temps, la dévotion au dieu se transforme en abandon, voire en amour passionné, célébré dans des chants (*kirtan*) par des poètes religieux tels que Vallabha (1481-1533), Chaitanya (v. 1486-1533) ou Tulsi-Das (v. 1556-1623).

Ce dernier est le plus célèbre poète religieux de l'Inde du Centre et du Nord, en raison de son œuvre principale, le *Ramayan*, une adaptation du *Ramayana* composée en awadhi, un dialecte indien. C'est le dieu Shiva lui-même qui lui aurait ordonné d'utiliser la langue vernaculaire plutôt que le sanskrit, connu seulement des savants.

Le poète Kabir, en train de tisser, avec un disciple

Selon la légende, Kabir est abandonné par sa mère hindoue et recueilli par des tisserands qui l'élèvent dans la foi musulmane. Il prône dans ses poèmes une religion de l'amour et appelle Dieu indifféremment Rama ou Rahim (le « Miséricordieux », l'un des noms d'Allah).

Miniature, 1825 (Albert Hall Museum, Jaipur, Inde).

Asie du Sud et de l'Est

300 400 500 600 700 800 900

Expansion du bouddhisme (Corée, Insulinde, Japon, Tibet)

Chine (dynasties) Sui Tang

Inde Empire gupta Première arrivée de l'islam

Krishna enfant volant du beurre

Les épisodes de la vie de Krishna, huitième avatar de Vishnou, constituent un thème central dans les chants dévotionnels de la *bhakti*. Le dieu est fréquemment représenté en enfant espiègle ou en adolescent folâtrant avec les bergères à Vrindavan, près de la ville de Mathura (actuel État de l'Uttar Pradesh).

Illustration du Bhagavata-Purana, gouache sur papier, 31 × 20,5 cm, xe siècle (Musée de Chandigarh, Inde).

Les ramanandi, au croisement de l'hindouisme, de l'islam et du sikhisme

Les ramanandi diffusent la *bhakti* en Inde du Nord. Ils acceptent les femmes, les membres des basses castes, voire les intouchables (► p. 68), et les musulmans. Ils s'adressent au peuple dans les langues locales (hindi, bengali), participant ainsi à la réaffirmation de l'hindouisme face à l'islam triomphant depuis la conquête turco-mongole de l'Inde du Nord au XIVe siècle (► p. 208).

Au XVe siècle, plusieurs figures spirituelles témoignent néanmoins d'une certaine osmose aux marges du courant hindou dévotionnel et de l'islam soufiste (► p. 214) : c'est le cas de Kabir (1440-1518), disciple supposé de Ramananda et auteur d'hymnes mystiques qui empruntent indifféremment au vocabulaire hindou et musulman.

1000 1100 1200 1300 1400 1500 1600

Song
Yuan
Ming
Dynastie ghouride
Sultanat de Dehli

IGNIS
Septentrio
AMERICA
Anno Domini 1492 a Christophoro Columbo nomine Regis Castellæ primum detecta, et ab Americo Vespucio nomen sortita 1499.
AMERICA
Circul. Arctic.
SEPTENTRIO
NALIS
MAR
DEL
NORT
Frisland
Fretum Davis
Terra nova
Asores Ins.
Al. Flandricæ
Nova Britannia
Nova Anglia
Nov. Belgium
Virginia
Florida
MARE VIRGI
NIVM
I de Cabo Verde
Tropicus Cancri
SINVS MEXICANVS
MAR
DEL
Circulus Æquinoctialis
OCEANVS
PERVVI
ENSIS.
ZVR
AMERICA
MERIDIONALIS
GVIANA
Caribana
BRASILIA
Tropicus Capricorni
MARE PACIFICVM
TERRA
AVSTRA
LIS
INCOGNITA.
L.S.
Varias a varijs et antehac editas esse, et quotidie edi tabulas totius Mundi situm depingentes, cuiq; notum est: hac tamen nullam accuratiorem eleganti oremq; esse libere dico: quippe quæ succinctius quam omnes aliæ singula depingit, multosque errores aliarum tabular. corrigit. Imprimis vero in Oceano Tartarico et circa illum, multa aliter meliusq; delineat: nec non in nova Guinea, et India Orientali, ut et in America Sept. et Mar del Zur, ac versus Fretum Magellanicū plurima innovat mutatque vale et fruere.
Circulus Antarcticus
Fretum Magellanicum
Fretum le Maire
Rio de la Plata
Meridies
AQVA

Les Temps modernes

Du XVe siècle au XVIIIe siècle

L'ouverture du monde, le triomphe de l'humanisme qui promeut l'individu et le libre arbitre, la Réforme, l'essor de la science moderne et les débuts du capitalisme marquent l'avènement des « temps modernes ». Les déchirements religieux font paradoxalement progresser l'idée de tolérance. Le sentiment religieux s'individualise.

Mappemonde en deux hémisphères, extraite d'un atlas de Gérard Mercator. 1633.

L'Europe, entre concurrence religieuse et essor du relativisme

Au XVIe siècle, la Réforme et les guerres de religion sont à l'origine d'une recomposition de la géographie religieuse de l'Europe. Elles suscitent également les premiers édits de tolérance, comme l'édit de Nantes promulgué en France en 1598.
Les Églises luthérienne, calviniste et anglicane, également en butte à des dissidences, voient au siècle suivant une multiplication des sectes protestantes.
Aux XVIIe et XVIIIe siècles, l'essor du rationalisme et le mouvement des Lumières concurrencent le monopole symbolique des religions. Le politique et le temporel s'éloignent, le relativisme croît. L'accès aux textes sacrés des religions d'Asie alimente la critique du christianisme.
Dans le monde orthodoxe, après la chute de l'Empire byzantin en 1453, les Églises d'Europe orientale deviennent autocéphales. L'Église de Moscou revendique le titre de « Troisième Rome ». Elle est progressivement mise sous la tutelle du tsar et devient l'un des piliers de l'État russe.

Un nouveau foyer du christianisme dans le Nouveau Monde

La découverte du Nouveau Monde modifie l'horizon des Européens. La colonisation de l'Amérique entraîne la disparition des sociétés amérindiennes. Les populations autochtones sont converties de force au catholicisme. Un siècle plus tard, l'installation des premiers puritains sur le continent fait éclore un nouveau foyer protestant, marqué par un fort dynamisme et une diversification grandissante au gré des Réveils.

La diversification du judaïsme

À l'époque moderne, le monde juif est touché par des mouvements messianiques et mystiques. Expulsés d'Espagne en 1492, les juifs trouvent pour une part refuge dans les territoires placés sous l'autorité de l'Empire ottoman. En Pologne et en Lituanie, ils bénéficient d'une certaine autonomie. Ces conditions favorables ne résistent cependant pas aux troubles qui secouent la région au siècle suivant et à la fin de l'indépendance polonaise. Parallèlement en Europe occidentale, la logique de séparation entre chrétiens et juifs se concrétise par l'institution de quartiers réservés (ghettos).

Un islam divisé

Entre le XVIe et le XVIIIe siècle, le domaine de l'islam est divisé en trois empires.
L'Empire ottoman, qui abrite de nombreuses minorités religieuses, domine la Méditerranée.
L'empire safavide chiite s'étend sur l'Iran.
L'empire moghol marque l'apogée de l'expansion musulmane en Inde.
Bénéficiant d'une atmosphère de tolérance religieuse, c'est en Inde au XVIe siècle que Nanak donne naissance à une nouvelle religion, le sikhisme, qui se présente comme une synthèse entre islam et hindouisme.

1492
Expulsion des Juifs de la péninsule Ibérique

1539
Mort du fondateur du sikhisme

1549
Implantation des jésuites au Japon

1582
L'Inde devient le siège du troisième empire musulman

1400 | 1450 | 1500 | 1550 | 1600

1400-1600 Voyages de découverte

Formation de l'Empire safavide 1501

1517 Début de la Réforme luthérienne

Mort du dernier empereur aztèque 1521

1526 Naissance de l'Empire moghol

Création de la Compagnie de Jésus 1534

1562-1598 Guerres de religion en France

1501
Fondation de l'empire chiite safavide

1517
Publication des « 95 thèses » de Luther

1520
Début du règne de Soliman le Magnifique

1572
Massacres de la Saint-Barthélemy

1580
Autonomie juive en Pologne

1620
Arrivée du *Mayflower* en Amérique

1622
Canonisations par le pape Grégoire XV

1642
Arrivée au pouvoir du cinquième dalaï-lama

1648
Diffusion du sabbatéisme

1656
Exclusion de Spinoza de la communauté juive

1656-1657
Controverse entre jansénistes et jésuites

1741
Grand Réveil au sein des colonies américaines

1744
Fondation du wahhabisme

1650 — 1700 — 1750 — 1800

1618-1648
Guerre de Trente Ans

1732
Fondation des treize colonies britanniques

1776-1783
Guerre d'indépendance américaine

1633
Condamnation de Galilée par l'Inquisition

1667
Schisme au sein de l'Église orthodoxe russe

1685
Révocation de l'édit de Nantes

1762
Supplice de Jean Calas

1771
Traduction en français de l'Avesta

1492

Les juifs sont expulsés de la péninsule Ibérique

L'expulsion des juifs d'Espagne met un terme à plus de mille ans de présence en terre ibérique et à une civilisation brillante. Elle remodèle durablement le visage des communautés juives.

Un épisode de la *Reconquista*

Depuis le XIIIe siècle, les expulsions des juifs se sont multipliées dans les États européens (► p. 197), alors même qu'en Espagne les conversions forcées au christianisme sont nombreuses. La reconquête progressive de la péninsule sur les musulmans (► p. 174) favorise les velléités d'unité confessionnelle voulue par les souverains catholiques Isabelle de Castille et Ferdinand d'Aragon.

Le 31 mars 1492, le décret de l'Alhambra, signé à Grenade, ordonne l'expulsion des juifs refusant le baptême. Accusés par les autorités d'exercer des pressions sur les « nouveaux chrétiens » (*conversos*), ils sont dépossédés de leurs biens et soumis à une interdiction de revenir en Espagne, sous peine de mort.

La recomposition du monde juif

En 1496, le roi du Portugal Manuel Ier bannit à son tour les juifs des territoires qu'il administre. En raison des incertitudes sur le nombre exact de juifs vivant alors dans la péninsule et sur la part des convertis, les historiens demeurent divisés sur les estimations chiffrées des exilés, qui oscillent de 70 000 à 300 000. Les juifs exilés de Sefarad (« Espagne en hébreu ») essaiment alors dans l'ensemble du bassin méditerranéen et dans l'Empire ottoman, où ils rejoignent le plus souvent des communautés préexistantes. Ils s'installent aussi, dans une moindre mesure, à Bordeaux, aux Pays-Bas et dans quelques villes du nord de l'Europe.

> *« Et nous ordonnons en outre en cet édit que tous les juifs et juives de tout âge, résidant en nos domaines et territoires, partent avec leurs fils et filles, leurs domestiques et parents, grands et petits, quel que soit leur âge, d'ici la fin de juillet de cette année, et qu'ils n'osent pas revenir sur nos terres, fût-ce d'un pied, ni s'y introduire sans permission de quelque manière que ce soit. »*
>
> Décret de l'Alhambra, 31 mars 1492.

La langue, les traditions, la culture de ces exilés se répandent ainsi bien au-delà de leur patrie originelle, favorisant la diffusion du judaïsme et exerçant une influence à la fois sur le monde juif et sur les sociétés environnantes.

Occident

1400 — 1450 — 1500 — 1550

Voyages de découverte

Épanouissement de l'humanisme

Réforme

Contre-Réforme

Guerres de religion en Europe

La Capitulation de Grenade

La *Reconquista*, qui s'achève par la prise de Grenade, le 2 janvier 1492 met un terme à la présence juive et musulmane dans la péninsule Ibérique.

Francisco Pradilla y Ortiz, huile sur toile, 5,50 × 3,30 m, 1882 (Palais du Sénat, Madrid).

Église Santa Maria la Blanca

Cette plaque commémorative rappelle que cette église de Tolède fut d'abord une synagogue, construite au XIIe siècle. C'est aujourd'hui un musée, propriété de l'Église catholique.

La *limpieza de sangre*, l'expression d'un racisme d'État

Poursuivis dans le cadre de l'Inquisition (► p. 207), menée notamment par Tomas de Torquemada, les juifs convertis subissent, à partir de la fin du XVe siècle, les statuts de « pureté du sang » qui leur interdisent l'accès à de nombreuses fonctions, en vertu d'une prétendue souillure que même le baptême ne peut effacer. Une grande partie de ces « nouveaux chrétiens », désignés péjorativement comme des marranes, ralliés au catholicisme de force, continuent par ailleurs à pratiquer le judaïsme en secret.

1501

Ismaïl Ier, proclamé chah, fonde l'empire chiite safavide

En Iran en 1501, une coalition de tribus nomades turques de confession chiite porte au pouvoir Ismaïl Ier, issu du mouvement safavide. Après des siècles de domination sunnite, une dynastie chiite s'affirme, notamment face à l'Empire ottoman.

Les Safavides

Le mouvement safavide est une confrérie soufie (► p. 214) établie depuis le XIVe siècle à Ardabil (Iran actuel). Elle parvient à unir les populations nomades turques de l'est de l'Anatolie et du nord-ouest de l'Iran autour d'un programme messianique de restauration du chiisme (► p. 145).

À la fin du XVe siècle, les Safavides se dotent d'une organisation militaire et religieuse. À leur tête se trouve l'héritier du fondateur, le jeune Ismaïl, qui se prétend aussi descendant d'Ali (► p. 144).

La formation d'un empire chiite

En 1501, les Safavides prennent Tabriz, dont ils font leur capitale. Ismaïl adopte le titre persan de « chah » et se constitue un empire en Iran. Il atteint la partie occidentale de l'Afghanistan et repousse les Ouzbeks au nord. À l'ouest, son armée est cependant mise en déroute en 1514 à Tchaldiran par les troupes du sultan ottoman Sélim Ier (► p. 238), qui devient alors son principal adversaire.

L'État safavide est désormais replié sur l'Iran. Néanmoins, sa défaite renforce l'identité chiite du nouvel empire, qu'Ismaïl voit comme un moyen d'unifier les populations et de renforcer son pouvoir. Marquant clairement la rupture avec le sunnisme des peuples voisins, le chah déclare le chiisme religion d'État.

Une politique religieuse volontariste

Ismaïl mène une politique très répressive à l'égard des minorités religieuses. Il ordonne ainsi la destruction de nombreux sites sunnites, dont les tombes des califes abbassides (► p. 150). Victimes de plusieurs vagues de persécution, les sunnites deviennent peu à peu minoritaires dans l'empire. Les confréries soufies et les zoroastriens (► p. 54) sont contraints à l'exil.

Le régime fait également appel à des élites religieuses (oulémas) chiites du Proche-Orient, qui participent à l'enracinement de la religion grâce à la mise en place de structures d'enseignement. La dynastie safavide contribue à son tour à la formation d'un clergé chiite puissant et hiérarchisé.

Moyen-Orient, Asie centrale, Inde

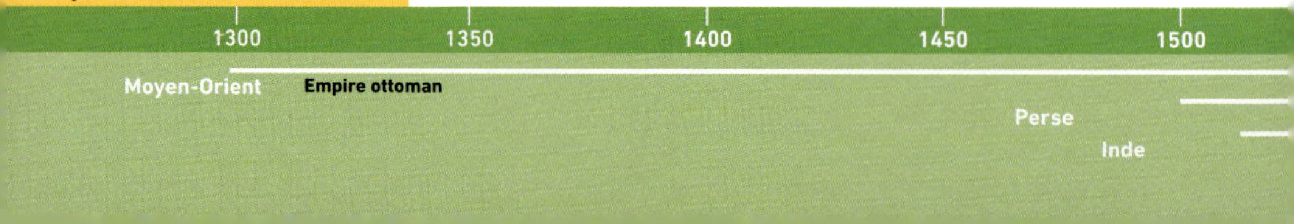

La mosquée du chah à Ispahan (Iran)
L'édifice ferme la perspective grandiose de l'immense place construite sous le règne d'Abbas le Grand (1588-1629). Le regard converge vers son portail monumental, recouvert d'un décor de faïence bleue.

Le siècle d'Ispahan

Le règne du chah Abbas Ier, dit le Grand (1588-1629), qui choisit Ispahan pour capitale, marque l'apogée de la dynastie des Safavides. Le souverain accélère la politique de centralisation de l'État et le renforcement du clergé, et commerce avec la Compagnie des Indes orientales. L'architecture, les arts de la céramique, de la miniature et du tapis atteignent alors des sommets. Ses successeurs peinent cependant à perpétuer son œuvre et l'empire décline au début du XVIIIe siècle.

Les grands sanctuaires du chiisme iranien

L'État safavide favorise le développement des pèlerinages sur les tombes des douze descendants du Prophète (► p. 138) – les imams duodécimains dont le premier est Ali – situées en territoire iranien. Se rendre à Mashhad, dans le nord-est du pays, ou à Qom, qui devient par ailleurs le centre religieux du chiisme iranien, est jugé aussi méritoire que d'aller jusqu'à La Mecque (► p. 142). Dans ces deux villes, de somptueux sanctuaires, dont les façades monumentales sont recouvertes de panneaux de céramique bleue, sont construits.

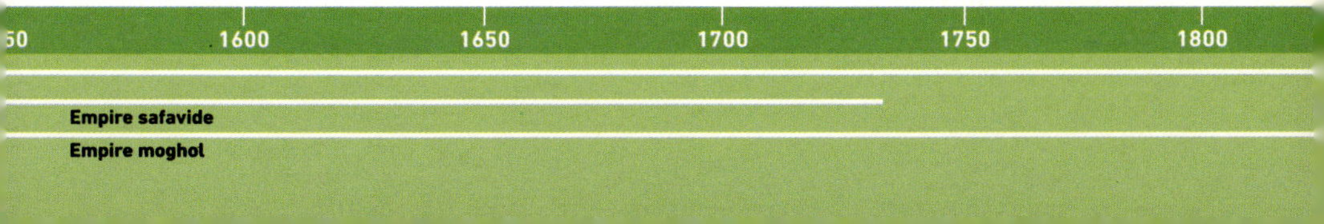

1517

Martin Luther publie ses « 95 thèses »

En 1517, le moine allemand Martin Luther appelle à un débat au sein de l'Église sur la question du salut. La controverse qui s'ensuit aboutit à un schisme dans la chrétienté.

Un moine marqué par les angoisses eschatologiques du temps

En 1505, le jeune Martin Luther fait le vœu de devenir moine après avoir été pris dans un terrible orage ; il est alors très tourmenté par son devenir après la mort car il se sent pécheur.

En 1512, il devient docteur en théologie. Le 31 octobre 1517, Luther publie 95 thèses qui sont, selon la coutume universitaire, autant de sujets de discussion. Il invite ainsi les théologiens qui le souhaitent à venir débattre avec lui de la nécessaire réforme de l'Église et, plus précisément, de la question cruciale du salut.

Le rejet des œuvres

Luther a rédigé ces thèses à la suite de la promulgation par le pape Léon X d'une nouvelle indulgence : afin de financer les travaux d'agrandissement de la basilique Saint-Pierre de Rome, l'Église propose aux fidèles qui ont commis un péché de racheter leur peine.

Pour Luther, cette pratique crée chez les croyants le sentiment d'une fausse sécurité. L'enseignement qu'il dispense à Wittemberg, fondé sur l'étude des Écritures et de saint Augustin (► p. 114), met au contraire en lumière la place centrale de la charité et de la pénitence dans la vie des chrétiens.

Vers le schisme

Une dispute universitaire est organisée en 1519. Luther oppose alors aux arguments justifiant la papauté l'autorité de la Bible.

L'année suivante, Léon X publie la bulle *Exsurge Domine* qui condamne une partie des propositions du théologien et lui ordonne de se soumettre sous peine d'excommunication. En réponse, Luther brûle un exemplaire de la bulle. Convoqué en janvier 1521 devant la diète de Worms présidée par Charles Quint, il refuse d'abjurer et est mis au ban du Saint Empire.

> *« À moins d'être convaincu par le témoignage de l'Écriture et par des raisons évidentes, car je ne crois ni en l'infaillibilité des papes ni à celle des conciles, puisqu'il est établi qu'ils se sont souvent trompés et contredits, je suis lié par les textes bibliques que j'ai cités […]. »*
>
> Réponse de Martin Luther à Charles Quint lors de la diète de Worms, 1521.

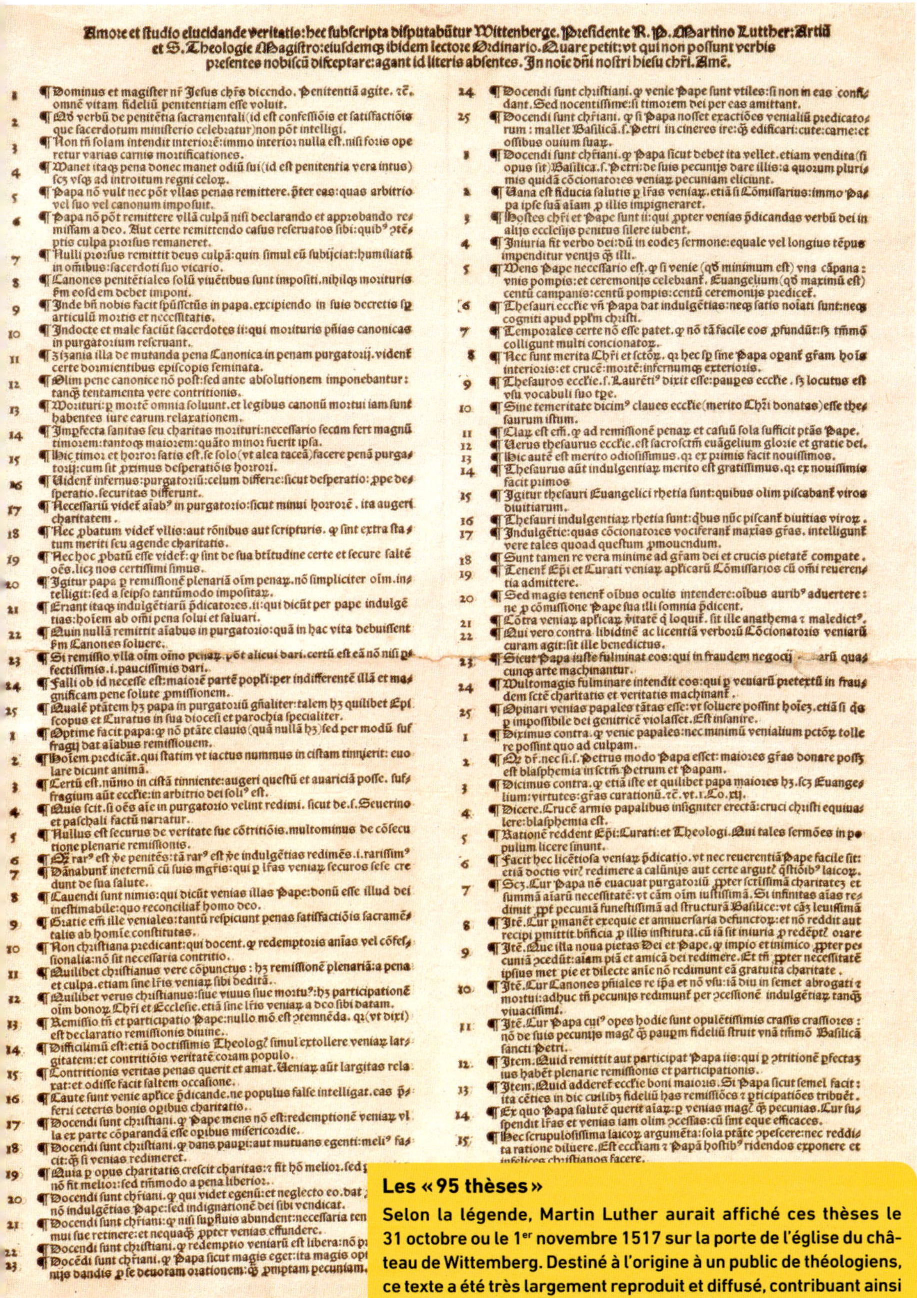
Amore et studio elucidande veritatis: hec subscripta disputabuntur Wittenberge. Presidente R. P. Martino Luther: Artiu et S. Theologie Magistro: eiusdemque ibidem lectore Ordinario. Quare petit: ut qui non possunt verbis presentes nobiscu disceptare: agant id literis absentes. In noie dñi nostri hiesu chri. Amē.

Les « 95 thèses »

Selon la légende, Martin Luther aurait affiché ces thèses le 31 octobre ou le 1er novembre 1517 sur la porte de l'église du château de Wittemberg. Destiné à l'origine à un public de théologiens, ce texte a été très largement reproduit et diffusé, contribuant ainsi à la naissance et à l'implantation du protestantisme (► p. 234).

(Austrian Archives)

600 | 1650 | 1700 | 1750 | 1800

Lumières

Réveil protestant

Patriarcat de Moscou

Le protestantisme en Europe

L'excommunication de Martin Luther en janvier 1521 crée un schisme au sein de l'Église d'Occident. À partir de cette date, le protestantisme se constitue sur le plan dogmatique. Mais sa diffusion conduit d'emblée à la création de multiples confessions.

La doctrine luthérienne

La formulation et la circulation des idées de Luther

Après avoir rompu avec Rome et avoir été mis au ban du Saint Empire (► p. 232), Martin Luther trouve refuge auprès du prince-électeur de Saxe, Frédéric III. Il s'engage alors dans la rédaction d'une œuvre théologique qui prend notamment la forme de pamphlets et de catéchismes.

Ses écrits rencontrent un tel succès qu'ils se hissent au premier rang des livres imprimés de l'époque. Son message est ensuite largement relayé oralement par des intellectuels, des professeurs, des étudiants ou des prédicateurs.

Une nouvelle relation des fidèles à Dieu

Luther affirme que les hommes ne peuvent s'abstraire du péché par leurs propres forces : ils doivent leur salut à la grâce de Dieu (*gratia*), qui leur accorde le don de la foi (*fide*).

Au-delà, Luther proclame l'autorité de la seule Bible (*scriptura*) – ce qui remet en cause la Tradition et le rôle de la hiérarchie ecclésiastique (► p. 131) – et énonce l'idée d'un sacerdoce universel. C'est pourquoi il réalise une traduction de la Bible en allemand, considérant que chaque fidèle doit avoir un contact direct avec le texte sacré.

« *Sola gratia, sola fide, sola scriptura.* »

Principes du protestantisme, XVIe siècle.

Une religion épurée

Le culte prend des formes nouvelles qui distinguent le protestantisme du catholicisme : il se déroule en langue vernaculaire et les chants y occupent une grande place. La décoration des temples est en outre très dépouillée : n'y figurent ni images ni œuvres d'art.

Attribué à Jean Perrissin, *Intérieur du Temple de Paradis à Lyon*, huile sur toile, 1564 (Musée international de la Réforme, Genève).

Le rejet de la Tradition

Dans ses écrits, Luther appelle également à l'abandon de toutes les « inventions » de l'Église, c'est-à-dire des pratiques religieuses qui ne sont pas mentionnées dans les Écritures mais qui ont été ajoutées par la Tradition.

De là, la dénonciation par les protestants du culte des saints et de la Vierge, de la vénération des reliques et des images, du purgatoire, des vœux des moines, mais aussi de cinq des sept sacrements catholiques. Luther n'admet en effet que deux d'entre eux : le baptême et la cène.

L'eucharistie, au cœur des divisions confessionnelles du XVIe siècle

Se fondant sur les paroles du Christ « Ceci est mon corps, ceci est mon sang », Luther affirme que la communion doit être prise par les fidèles sous les deux espèces (le pain et le vin). Il se livre en outre à une critique virulente de la transsubstantiation (► p. 196) et prône la doctrine de la consubstantiation, selon laquelle le pain et le vin consacrés conservent leur nature terrestre et sont en même temps le corps et le sang du Christ.

C'est là aussi un point de division entre les protestants : le réformateur suisse Ulrich Zwingli (1484-1531) rejette ainsi la position luthérienne et énonce que la présence du Christ n'est que symbolique, la cène étant avant tout une commémoration du dernier repas du Christ.

La construction des Églises protestantes

Le modèle allemand

Lors de la diète de Spire en 1526, qui réunit les États et les villes libres du Saint Empire, Charles Quint accepte de laisser les princes germaniques décider dans le domaine religieux. Mais en 1529, il tente de revenir sur cette autonomie, ce qui conduit à une « protestation » officielle de plusieurs souverains et villes.

Après l'échec des tentatives de conciliation, la lutte entre les princes protestants et l'empereur prend la forme d'un conflit armé, qui se termine en 1555 par la paix d'Augsbourg. Celle-ci reconnaît l'existence du luthéranisme dans l'empire et pose le principe du « *Cujus regio, ejus religio* » (« Tel territoire, telle religion ») : les princes sont libres de choisir, pour eux et leurs sujets, entre les deux religions chrétiennes.

Les princes luthériens germaniques créent alors des structures encadrant la vie religieuse, prennent en charge les fonctions sociales exercées auparavant par le clergé catholique et mettent le droit civil en conformité avec la nouvelle foi. Ces Églises sont proches de celles qui ont été fondées par les souverains scandinaves dès les années 1520, telle celle instituée par Gustave Vasa en Suède.

La réforme franco-genevoise

En France, les années 1540 marquent une rupture : après une période durant laquelle l'aspiration à une réforme religieuse a été placée sous le patronage du roi, la diffusion des thèses des réformateurs germaniques conduit à des vagues de répression. Parmi les victimes de l'intolérance catholique figure le théologien parisien Jean Calvin. Converti à la Réforme au début des années 1530, celui-ci doit s'exiler à Genève en 1534. Il y formule sa propre doctrine fondée sur une morale stricte et sur la croyance en la prédestination. Calvin fait de Genève une cité protestante, qui devient un refuge pour les victimes de persécutions religieuses.

La deuxième moitié du XVIe siècle est marquée en France par une véritable guerre civile entre réformés et catholiques. En mars 1562, plusieurs dizaines de protestants sont assassinés à Wassy en Champagne alors qu'ils assistent à un prêche. Une spirale de la violence s'enclenche alors, qui voit se succéder les conflits religieux (► p. 244).

Jean Calvin (1509-1564)

Anonyme, huile sur toile, XVIe siècle (Bibliothèque publique et universitaire, Genève).

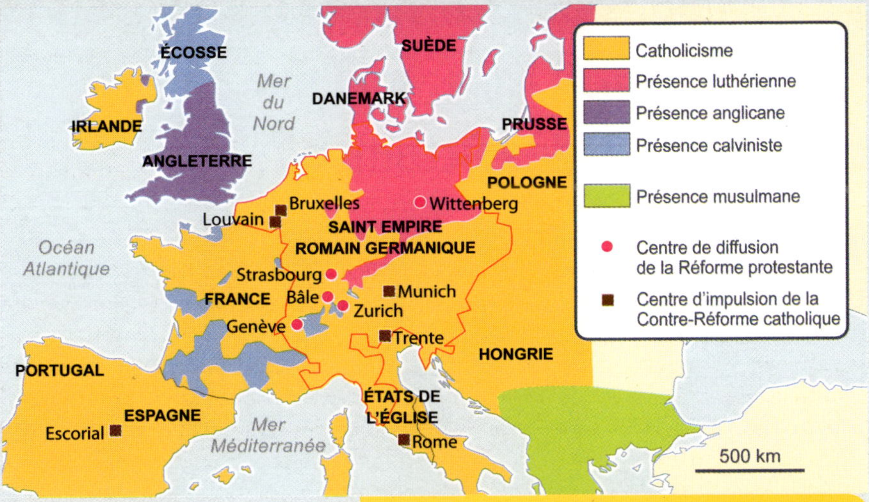

La situation religieuse de l'Europe à la fin du XVIe siècle

Le mot « protestant » apparaît suite à la « protestation » des princes germaniques en 1529, mais la richesse de ce champ lexical reflète la diversité et la diffusion du protestantisme en Europe. De fait, certains termes témoignent de l'appartenance à des confessions différentes (« calviniste », « anglican »), mais il existe aussi des variantes locales : « huguenot » est ainsi utilisé pour désigner les protestants en France.

Le compromis anglais

Le royaume d'Angleterre ne connaît pas de guerres de religion comparables aux troubles ayant déchiré le Saint Empire ou la France. Mais en 1534 le roi Henri VIII rompt avec l'Église de Rome, en partie car le pape refuse d'annuler son mariage avec Anne d'Aragon. Le souverain se proclame alors chef de l'Église d'Angleterre.

Si les tentatives d'imposition d'une réforme religieuse provoquent dans les décennies qui suivent des tensions, celles-ci sont apaisées par la reine Élisabeth Ire (1558-1603) qui parvient à établir une voie médiane : l'organisation de l'Église anglicane s'apparente dès lors à celle de l'Église catholique tandis que son dogme est proche du protestantisme.

Le concile de Trente (1545-1563)

À partir de 1545, un concile général est convoqué par le pape Paul III dans la ville italienne de Trente. Les prélats doivent répondre à la fois aux aspirations à la réforme nées à l'intérieur de l'Église depuis le XIVe siècle et aux critiques formulées par les protestants. En cela, le concile s'inscrit autant dans une « Réforme catholique » que dans une « Contre-Réforme ». Interrompu à plusieurs reprises, il aboutit néanmoins à la publication d'une série de décrets établissant le catholicisme dit tridentin (du nom de la ville de Trente). La conception protestante du salut (► p. 234) est rejetée tandis que les sept sacrements, le culte des saints et des reliques ou encore la nécessité d'améliorer la formation du clergé sont réaffirmés.

1520

Le règne de Soliman le Magnifique marque l'âge d'or des Ottomans

Sous le règne de Soliman Ier dit le Magnifique (1520-1566), l'Empire ottoman atteint son apogée. Il s'étend alors sur trois continents et s'impose comme une grande puissance en Europe.

La formation de l'Empire ottoman

Sur les décombres du sultanat des Seldjoukides (► p. 170), les Ottomans affirment leur pouvoir en Anatolie. Dès 1330, leurs expéditions réduisent le territoire byzantin à sa seule partie européenne. Le sultan Mourad Ier se lance alors à la conquête des Balkans.

Ralentie par le déferlement des armées turco-mongoles (► p. 208) de Tamerlan, l'expansion reprend au XVe siècle et aboutit en 1453 à la prise de Constantinople, qui devient Istanbul, par Mehmet II.

Une grande puissance européenne

Monté sur le trône en 1520, Soliman Ier poursuit la politique d'expansion de son père Sélim Ier qui s'était emparé de l'Égypte et de la Syrie. Après l'Irak, Soliman conquiert le Maghreb tandis que la flotte ottomane chasse les Hospitaliers de Rhodes en 1522.

Depuis Alger, le corsaire Barberousse, au service du sultan, fait régner l'insécurité en Méditerranée. Venise et Gênes se mobilisent alors pour faire front, avec l'appui de la papauté et de l'empereur Charles Quint. Ce dernier est directement menacé lorsque les armées turques viennent assiéger Vienne, sa capitale, en 1529, après avoir vaincu le roi de Bohême et de Hongrie. La menace ottomane est repoussée, mais continue de peser sur l'Europe et la Méditerranée jusqu'à la bataille de Lépante en 1571 qui voit la destruction de la flotte turque.

L'administration d'un immense empire

Dans l'Europe balkanique et en Hongrie, la domination turque s'impose durablement. Dans les immenses territoires conquis, le sultanat s'appuie sur les structures existantes et sur les élites locales.

Malgré des conversions, les populations restent majoritairement chrétiennes. Soumises au statut des *dhimmis* (► p. 186), elles doivent également livrer des enfants qui sont ensuite convertis à l'islam puis affectés au service du palais ou enrôlés dans le corps des janissaires. Dans les rangs de ces fantassins qui forment l'élite de l'armée se trouvent également de nombreux prisonniers de guerre chrétiens.

François Ier et Soliman le Magnifique

Ce montage met en vis-à-vis les tableaux de François Ier et de Soliman le Magnifique, réalisés pour le premier par le grand peintre vénitien Titien et pour le deuxième par un peintre de son entourage. Ils lui avaient été commandés par le roi de France pour célébrer son alliance avec le sultan ottoman en 1530.

Le Titien, portrait de François Ier, huile sur toile, 89 × 109 cm, 1539 (Musée du Louvre, Paris) et portrait de Soliman le Magnifique, huile sur toile, 85 × 90 cm, vers 1530 (Kunsthistorisches Museum, Vienne).

« L'alliance impie » avec la France

Le roi de France François Ier trouve son compte dans l'affaiblissement de son rival Charles Quint face aux armées turques. Il signe en 1536 un traité avec l'Empire ottoman qui lui permet de recevoir une aide militaire et financière lors de ses campagnes en Italie. Condamnée par la papauté comme sacrilège, l'alliance franco-ottomane dure pourtant plus de deux siècles. Une délégation diplomatique permanente s'installe à Istanbul, activant échanges commerciaux et culturels et développant l'étude des langues orientales en France.

La mosquée de Soliman le Magnifique (Süleymaniye) à Istanbul

Achevé par l'architecte Sinan en 1557, l'édifice s'inspire du dôme monumental de la basilique Sainte-Sophie (► p. 126) tout en fixant les canons de l'architecture ottomane. La mosquée domine l'estuaire de la Corne d'Or.

550 1600 1650 1700 1750 1800

Empire safavide

Empire moghol

1539

Nanak choisit son successeur à la tête de la communauté sikhe

En quête d'un rapprochement entre les communautés religieuses, Nanak propose une synthèse entre islam et hindouisme, qui donne naissance à une nouvelle religion : le sikhisme.

Concilier islam et hindouisme

Né en 1469 dans une famille hindoue de caste marchande, Nanak découvre très jeune l'enseignement du poète Kabir (► p. 220) et conçoit le désir de faire coexister harmonieusement islam et hindouisme. Si l'Inde est alors sous la domination des Moghols islamisés (► p. 248), la population reste en effet largement hindouiste.

Après une expérience mystique, Nanak compose le *Jap Ji Sahib* et prêche ce poème en chantant, accompagné par un musicien musulman. Il voyage en Inde, au Népal, au Tibet, au Sri Lanka et se rend même à La Mecque. À son retour, il fonde une communauté à Kartarpur (actuel Pakistan) dont il devient le guide spirituel (*guru* en sanskrit).

Le dieu qu'il professe (Waheguru) se rapproche du dieu de l'islam, tandis que sa dévotion emprunte à l'hindouisme. Selon Nanak, l'homme peut échapper au cycle des renaissances par une vie de charité et de fraternité, pour atteindre l'éternité auprès de Dieu.

La succession de Nanak

Ceux qui suivent l'enseignement de Nanak deviennent ses « disciples », les *sikhs*. Avant sa mort en 1539, ce dernier nomme le guru qui guidera la communauté à sa suite. Ainsi se succèdent, par désignation, les dix gurus du sikhisme.

Parmi eux, Angad (1539-1552) fait établir l'alphabet gurmukhi permettant de retranscrire les langues populaires et de diffuser la nouvelle religion dans le Pendjab. Amar Das (1552-1574) confie quant à lui aux femmes la conduite de certaines communautés. Ram Das (1574-1581) fonde la ville d'Amritsar ; son successeur, Arjan (1581-1606), y fait construire le temple d'Or et compile le livre sacré, le Guru Granth Sahib.

Enfin, Gobind Singh (1675-1708) crée l'ordre chevaleresque des sikhs, le Khalsa, et impose les « cinq K » : le kirpan (dague à double tranchant), le kesha (cheveux longs enveloppés dans un turban et barbe longue), le kangha (peigne), le kara (bracelet d'acier, symbole d'unité et de fraternité) et le kaccha (caleçon court). Avant sa mort en 1708, il sacre le Sri Guru Grant Sahib comme ultime successeur et guru perpétuel.

Les dix gurus du sikhisme

Nanak est représenté au centre, entouré de ses neuf successeurs. En bas à gauche, sans barbe, figure Har Krishnan qui devient le huitième guru en 1661 à l'âge de 5 ans mais meurt de la variole trois ans plus tard.

Miniature, XIXe siècle (Thanjavur, Inde).

Le sikhisme en quelques dates

1716	Face à la persécution moghole, la communauté sikhe se réfugie dans les montagnes du Pendjab.
1799	Création d'un État indépendant sikh.
1849	Annexion par les Britanniques.
1947	La province du Pendjab est divisée entre l'Inde et le Pakistan.
1966	Le Pendjab indien est scindé en trois États : l'Himachal Pradesh et l'Haryana, où l'on parle hindi, et le Pendjab, à majorité sikhe où l'on parle pendjabi.
1984	Sanglante répression par l'armée indienne d'extrémistes sikhs réclamant la création d'un État indépendant ; en représailles, Indira Gandhi, Premier ministre de l'Inde, est assassinée. Quatre jours de massacres de sikhs à Delhi font 3 000 morts.
2004	Un sikh, Manmohan Singh, est nommé Premier ministre de l'Inde.

Le livre sacré et les rites sikhs

Le livre sacré des sikhs, le Guru Granth Sahib, réunit 3 384 hymnes mystiques composés par les cinq premiers gurus, mais aussi des saints musulmans et hindous. Écrits majoritairement en hindi ou pendjabi, les hymnes, psalmodiés dans les temples, compilent également des textes en sanskrit, persan et arabe, témoignant du syncrétisme de la nouvelle religion. L'adoration du livre sacré est le rite majeur du sikhisme. Placé au centre des temples (*gurdwara*), il est l'objet de dévotions quotidiennes. C'est également dans les réfectoires des temples qu'ont lieu les repas communautaires (végétariens), sans distinction de sexe ni de caste.

Le temple d'Or à Amritsar

50 | 1600 | 1650 | 1700 | 1750 | 1800

Empire safavide

Empire moghol

1549

Le père jésuite François Xavier débarque à Kagoshima

Participant de l'élan d'évangélisation porté par la création de la Compagnie de Jésus, François Xavier pose les bases d'une première implantation du christianisme au Japon.

Au service du pape et du roi du Portugal

À la fin du XVe siècle, Rome affirme que la diffusion de la foi chrétienne est l'une des justifications principales de la conquête des terres nouvellement découvertes en Amérique, en Asie et en Afrique. Peu de temps après la fondation de la Compagnie de Jésus, le roi du Portugal Jean III demande que des pères jésuites participent à l'évangélisation de son empire ultramarin.

L'un des fondateurs de l'ordre, François Xavier, est choisi pour cette mission : il prend la mer à Lisbonne en avril 1541 et, au terme de plus d'un an de navigation, débarque dans la colonie portugaise de Goa, en Inde.

Il décide en 1545 de poursuivre son périple vers l'est et, après une étape à Malacca, fait route vers le Japon, avec lequel les Portugais commercent depuis peu.

Convertir les Japonais à la « vraie foi »

François Xavier débarque le 15 août 1549 à Kagoshima, au sud de l'île de Kyushu. Il pense pouvoir mener au salut ce peuple qu'il juge accessible à la raison. Il multiplie alors les échanges avec des bonzes et des seigneurs, revêtant, selon les coutumes locales, un costume en soie pour être mieux considéré. S'appuyant sur les premiers convertis, il fait en outre traduire en japonais un résumé de la doctrine chrétienne.

En novembre 1551, François Xavier quitte le Japon avec l'idée de rejoindre la Chine dont il espère convertir l'empereur. Mais le pays est fermé aux Européens et l'« apôtre des Indes et du Japon » meurt à ses portes le 3 décembre 1552.

La fondation de la Compagnie de Jésus

En 1540, le pape Paul III approuve la fondation de la Compagnie de Jésus, créée par un gentilhomme espagnol venu étudier la théologie à l'université de Paris, Ignace de Loyola (► p. 256), et neuf de ses compagnons dont François Xavier. Il s'agit d'une communauté de prêtres liés par des vœux de pauvreté, de chasteté et d'obéissance au pape – dont les membres de la Compagnie dépendent directement. La visée de cet ordre nouveau est à la fois de contribuer à la réforme de l'Église (► p. 237) et de propager la foi, tant en terre protestante que dans les espaces nouvellement découverts.

Occident

1400 – 1450 – 1500 – 1550

Voyages de découverte

Épanouissement de l'humanisme

Réforme

Contre-Réforme

Guerres de religion en Europe

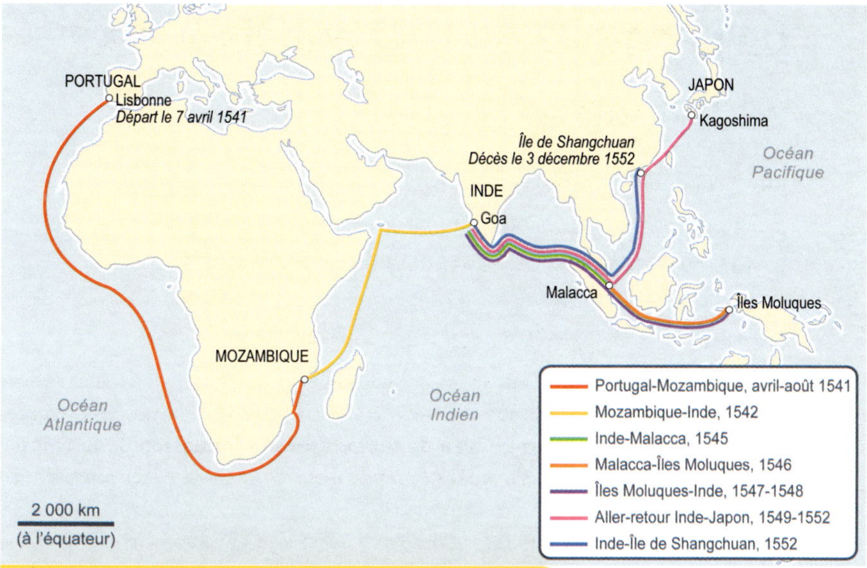

Les voyages de François Xavier

À Goa, François Xavier œuvre, aux côtés des franciscains et des dominicains, à la conversion des païens mais il est déçu par les premiers résultats obtenus. En Inde, l'évangélisation se limite en effet pratiquement aux Portugais, à leurs épouses indiennes et à leurs esclaves : seul le groupe des Paravas se convertit, pour des raisons notamment politiques. François Xavier reprend donc la mer avec l'espoir que l'œuvre missionnaire sera plus fructueuse au Japon. Il y débarque au terme de quatre mois et demi de navigation.

La controverse de Valladolid

En 1550, Charles Quint ordonne la tenue à Valladolid, en Espagne, d'un débat sur la légitimité des guerres de conquête menées en Amérique. Le chapelain de l'empereur, le frère Juan Ginés de Sepúlveda, justifie la soumission des Indiens et leur conversion forcée au nom de leur prétendue infériorité : dans une logique aristotélicienne, il les considère en effet comme « esclaves par nature ». Face à lui, le dominicain (► p. 196) Bartolomé de las Casas, qui fut colon à Hispaniola (actuel Haïti) avant de s'engager contre les injustices faites aux Indiens, défend la liberté de tous les hommes et, de là, l'idée d'une conversion pacifique.

Cette controverse n'aboutit pas à une décision officielle mais elle inspire néanmoins la législation ultérieure. En 1542, Charles Quint édicte les *Leyes nuevas* qui prévoient l'interdiction de l'esclavage des Indiens et la remise en cause du système d'exploitation colonial. Mais la révolte armée des colons contre le pouvoir royal l'amène à renoncer à les faire appliquer.

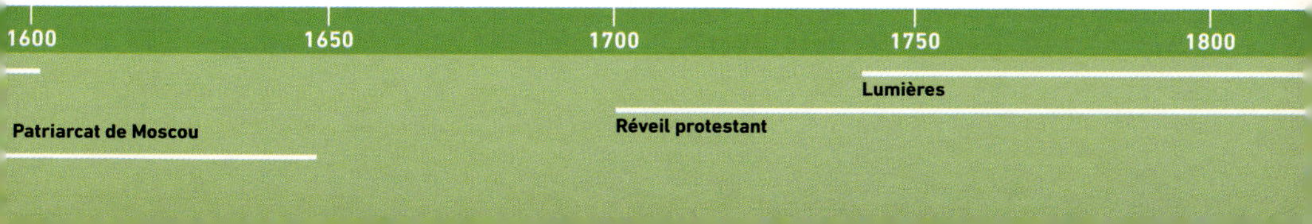

1572

Des milliers de huguenots sont massacrés lors de la Saint-Barthélemy

En 1572, après plus d'une décennie de guerres de religion, les protestants sont victimes de tueries de masse qui ensanglantent Paris et le royaume de France.

Un difficile retour à la paix

Depuis le massacre de Wassy en 1562 (► p. 236), trois guerres de religion ont eu lieu en France. L'édit de Saint-Germain-en-Laye du 8 août 1570, qui reconnaît la liberté de culte aux protestants dans certains lieux, n'a que superficiellement rétabli la paix. Pour consolider cette dernière et assurer à la monarchie le soutien des huguenots (► p. 237), Catherine de Médicis, la mère du roi Charles IX, décide de marier sa fille Marguerite de Valois (« la reine Margot ») à Henri de Navarre, un prince de sang qui est le chef du parti protestant.

L'union est célébrée à Paris le 18 août 1572. Au cours des festivités, une tentative d'assassinat est perpétrée contre l'une des grandes figures huguenotes, l'amiral Gaspard de Coligny. Elle suscite l'exaspération des protestants qui réclament justice.

Massacre politique et massacre populaire

Dans l'entourage du roi, on craint en retour une conjuration des réformés. Charles IX et son Conseil prennent alors la décision de faire exécuter une trentaine de chefs protestants dans la nuit du 23 au 24 août.

La nouvelle se répand dans Paris, écrasée par une chaleur caniculaire et traversée de rumeurs annonçant aussi bien la conversion du roi à la religion réformée que l'imminence du châtiment divin. Elle débouche sur un massacre populaire qui dure trois jours : ceux qui se considèrent comme des « guerriers de Dieu » s'en prennent aux protestants de tous milieux, considérés comme des incarnations de l'Antéchrist.

À travers le royaume

Les événements parisiens déclenchent des tueries à Orléans, Bourges, Saumur, Lyon, Rouen, Toulouse, Bordeaux, Orange... Ces violences perdurent jusqu'à l'automne et font entre 5000 et 10000 morts, dont 2000 à Paris – soit 2 % de la population de la capitale.

Le parti protestant est décapité et une vague de conversions au catholicisme s'ensuit. Les réformés reprennent néanmoins les armes : la Saint-Barthélemy est le point de départ d'une quatrième guerre de religion.

Occident

1400 1450 1500 1550

Voyages de découverte

Épanouissement de l'humanisme

Réforme

Contre-Réforme

Guerres de religion en Europe

L'assassinat de Coligny et le massacre de la Saint-Barthélemy

Lors de la Saint-Barthélemy, la violence atteint un niveau extrême : les cadavres sont démembrés, éviscérés, traînés dans les rues, jetés dans la Seine... au premier rang desquels celui de l'amiral de Coligny.

Gravure de Franz Hogenberg, 1572 (Bibliothèque publique et universitaire de Genève).

> « [...] l'air résonnait des hurlements des mourants ou de ceux qu'on dépouillait à la mort ; les corps détranchés tombaient des fenêtres ; les portes cochères et autres étaient bouchées de corps achevés ou languissants [...]. »

Théodore Agrippa d'Aubigné, *Histoire universelle*, livre VI, chapitre 4, 1616-1620.

L'édit de Nantes, un édit de tolérance religieuse

Au terme de longues négociations, l'édit de Nantes est signé le 30 avril 1598 par le roi Henri IV, converti au catholicisme en 1593. Après huit guerres de religion, il est destiné à ramener la concorde entre tous les chrétiens de France. Le culte catholique est rétabli partout dans le royaume, mais les protestants obtiennent le droit de pratiquer leur religion, selon des règles strictes. Ils deviennent ainsi une minorité dotée d'un statut spécifique et accèdent à l'égalité civile.

Une fois l'édit enregistré par les différents parlements, la France devient un cas particulier en Europe : tandis que prédomine largement à la fin du XVIe siècle le principe de « *Cujus regio, ejus religio* » (► p. 236), deux confessions coexistent dans le royaume.

Pour autant, l'espoir d'une réconciliation nationale dans la foi catholique perdure et la situation des huguenots demeure précaire (► p. 270).

1600 | 1650 | 1700 | 1750 | 1800

Lumières

Réveil protestant

Patriarcat de Moscou

1580

Le Conseil des Quatre Pays consacre l'autonomie juive en Pologne

Au XVIe siècle, après leur expulsion de la péninsule Ibérique, les juifs trouvent en Pologne une terre d'accueil où ils bénéficient d'une relative liberté.

Une instance communautaire centrale

La vie des juifs en Pologne s'organise sur un modèle d'autonomie économique, sociale et religieuse garantie dans des chartes octroyées par les autorités locales. Les communautés sont ainsi régies selon la Halakha (► p. 100). Favorable à la mise en place d'une structure centralisée facilitant notamment la perception de l'impôt, le pouvoir polonais reconnaît en 1580 la création du Conseil des Quatre Pays.

Siégeant à Lublin, l'instance est composée de délégués des différentes communautés juives du royaume. Outre le prélèvement des taxes, elle contrôle la législation économique et sociale, les associations caritatives, le système éducatif, gère certains contentieux et représente les juifs auprès du roi et de la diète.

Le cœur du judaïsme ashkénaze

En forte expansion numérique dès la fin du Moyen Âge, les communautés juives de Pologne connaissent au XVIe siècle et dans la première moitié du XVIIe siècle un dynamisme économique et culturel inédit.

Les nombreuses académies religieuses (*yeshivot*) qu'abrite désormais le pays contribuent à un rayonnement intellectuel et religieux, et attirent les étudiants et rabbins de toute l'Europe. Véritable foyer spirituel, le judaïsme polonais jouit d'un grand prestige, tandis que le yiddish s'impose comme la langue vernaculaire de tous les juifs d'Europe centrale et orientale (► p. 163).

Des massacres à l'éclatement du judaïsme polonais

Cette réussite connaît cependant un coup d'arrêt dès 1648 avec la grande révolte ukrainienne menée par Bogdan Chmielnicki et les guerres successives qui minent la République des Deux Nations (royaume de Pologne et Grand-Duché de Lituanie). Un tiers des juifs polonais est massacré par les Cosaques tandis qu'une autre partie d'entre eux est capturée par les Tartares avant d'être vendue comme esclaves.

Le Conseil des Quatre Pays disparaît en 1764 et les juifs, divisés entre plusieurs États après la partition de la Pologne à la fin du XVIIIe siècle, subissent de nouvelles restrictions de leurs droits.

Occident

1400 — 1450 — 1500 — 1550

Voyages de découverte

Épanouissement de l'humanisme

Réforme

Contre-Réforme

Guerres de religion en Europe

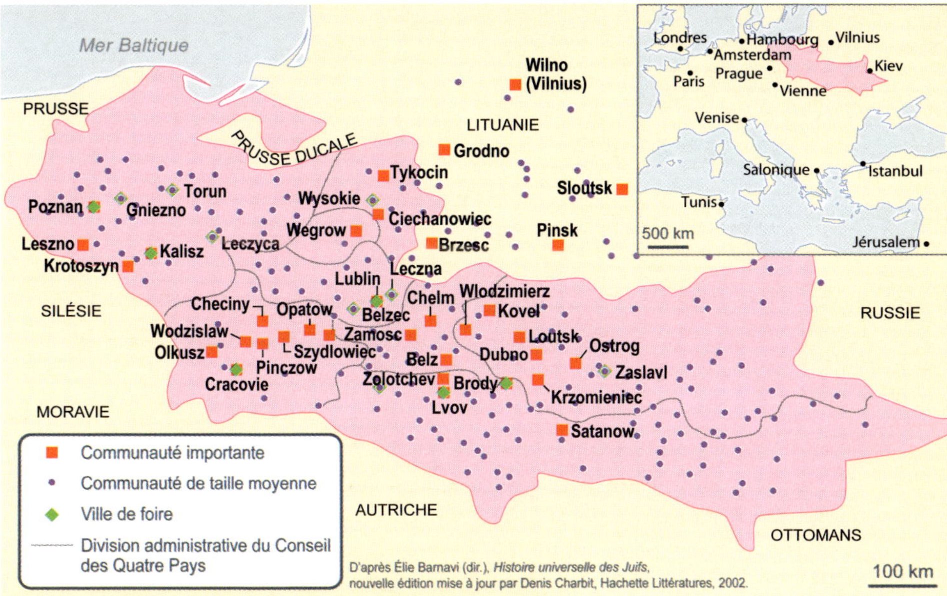

Le territoire des Quatre Pays

Le Conseil des Quatre Pays comprend des représentants juifs de la Grande Pologne, la Petite Pologne, la Ruthénie et la Volhynie.

Une législation religieuse pour l'ensemble du monde juif

Codification de la Loi juive élaborée à Safed (actuel Israël) au XVIe siècle par Joseph Karo (1488-1575), le *Choulhan Aroukh* (littéralement « la table dressée ») fixe la législation relative à quatre sphères principales de l'existence juive : la vie quotidienne et les fêtes, la vie religieuse et rituelle, la vie conjugale, le droit civil et criminel. Parvenu en Pologne, il est complété et adapté par Moïse ben Israël Isserles (vers 1525-1572) dans sa *Mappa* – soit une « nappe » sur la « table dressée ». Ainsi se trouvent rassemblées les deux traditions ashkénaze et sépharade (► p. 162 et p. 193) autour d'un même code halakhique.

La Zone de résidence

Après l'annexion d'une partie de la Pologne par la Russie à la fin du XVIIIe siècle, l'impératrice Catherine II et ses successeurs contraignent l'importante population juive de leur empire à demeurer à l'intérieur des limites – qui évoluent au fil du temps – de la Zone de résidence. En dehors de quelques dérogations ponctuelles, il est ainsi interdit aux juifs, jusqu'en 1917, de s'établir dans d'autres régions. Cette mesure coercitive s'ajoute à des restrictions nombreuses. Cependant, la vie dans les villages (*shtetls*) de ce périmètre est, malgré la pauvreté, le creuset d'une activité religieuse, intellectuelle et culturelle extrêmement riche qui se prolonge jusqu'à l'extermination de la population juive durant la Seconde Guerre mondiale (► p. 330).

1582

Akbar prône le « divin monothéisme » en Inde

Sous les Moghols, l'Inde devient le siège du troisième empire musulman de l'ère moderne, aux côtés des Ottomans et des Safavides, et le berceau d'une culture florissante. Le sultan Akbar y met en place une politique de tolérance religieuse inédite.

Le fondateur de l'État moghol

Petit-fils de l'empereur Babur, Akbar naît dans un contexte difficile, son père Humayun ayant été chassé du trône et contraint de se réfugier dans le Sind, au sud du Pakistan actuel.

Arrivé au pouvoir en 1556, Akbar se préoccupe d'abord de la reconquête des territoires perdus en Inde. À sa mort, son domaine s'étend du nord-est de l'Afghanistan au Bengale. En réorganisant complètement l'administration et en imposant le persan comme langue officielle, il stabilise l'empire moghol.

La coexistence pacifique des religions de l'empire

Bien qu'il soit lui-même un musulman convaincu, profondément imprégné par les préceptes du soufisme (► p. 214), Akbar règne sur un pays très majoritairement acquis à l'hindouisme (► p. 66) et au jaïnisme (► p. 62).

Dans ce contexte, l'empereur décide de supprimer la taxe imposée aux non-musulmans (*jiziya*), ce qui lui assure la fidélité de la population. Sa politique de « tolérance universelle » vise en effet à pacifier des territoires conquis par la force et à leur faire accepter sa souveraineté.

Un syncrétisme religieux ?

Akbar cultive un véritable intérêt pour les religions, dans toute leur diversité. Dans sa nouvelle capitale de Fatehpur Sikri (dans l'actuel État d'Uttar Pradesh), chef-d'œuvre de la symbiose entre les arts indien et persan, il organise des débats entre les représentants de toutes les confessions. Il entre aussi en contact avec les missionnaires jésuites (► p. 242), installés dans les enclaves portugaises de la côte.

En 1582, il tire de ces rencontres une vision œcuménique de la religion, où toutes les croyances convergent vers une forme de monothéisme universel, le *Tawhid-i Ilahi*. Cette ouverture intellectuelle joue en même temps un rôle politique, l'empereur étant élevé au rang de guide religieux infaillible.

Le Taj Mahal, à Agra (Inde)

Les « Grands Moghols » ont légué à l'art islamique le Taj Mahal, achevé en 1640. Recouvert de marbre blanc, la couleur du deuil en Inde, ce « tombeau illuminé » abrite la dépouille funéraire de l'épouse bien aimée de l'empereur Shah Jahan (1628-1658), qui vint la rejoindre à sa mort.

Grandeur et déclin moghols en Inde

Dès le VIIe siècle, les musulmans atteignent la frontière de l'Indus, donnant naissance à la province islamique du Sind. Le Pendjab, où est créée Lahore en 1022, est ensuite occupé. Les expéditions contre les principautés hindoues du nord-ouest aboutissent à la création du sultanat de Delhi en 1206. Après avoir pris Delhi en 1526, Babur, descendant de Gengis Khan (► p. 208), inaugure le règne des Moghols en Inde. Leur empire s'étend grâce à Akbar et ses successeurs jusqu'à Aurangzeb. Ce dernier conquiert le Deccan, mais réinstaure l'islam comme religion d'État, un islam rigoriste, hostile au soufisme et discriminant à l'égard de l'hindouisme. Adepte de l'ascétisme, Aurangzeb fait fuir les artistes de la cour impériale jusque-là brillante. Après sa mort en 1707, des révoltes font éclater l'empire qui est divisé en petits royaumes gouvernés par des maharadjahs.

L'arrivée des premiers missionnaires jésuites, tout de noir vêtus, à la cour d'Akbar, en 1580

Miniature, dans Nar Singh, *Akbarnama*, vers 1605 (Chester Beatty Library, Dublin).

1550 1600 1650 1700 1750 1800

Empire safavide

Empire moghol

Les religions en Mésoamérique

Située au centre du continent, la Mésoamérique désigne une vaste région qui s'étend du centre du Mexique jusqu'au Costa Rica, en passant par le Bélize, le Guatemala, le Honduras et le Nicaragua. À la fin du Moyen Âge, les Aztèques dominent cet espace et réalisent une synthèse des religions des différents peuples qui y vivent. Puis les Européens conquièrent le continent et imposent le christianisme à toutes les civilisations précolombiennes.

Les croyances

Le mythe des origines

Selon la légende, les Aztèques, issus des peuples nomades chichimèques du nord du Mexique, ont migré vers le sud pendant plusieurs siècles, conduits par Huitzipochtli, dieu du Soleil et de la guerre, divinité principale de la tribu.

Ils s'arrêtent à l'emplacement où, suivant la prophétie, ils voient un aigle, emblème d'Huitzipochtli, sur un cactus en train de dévorer un serpent. C'est là, dans cet endroit inhospitalier, qu'ils fondent une cité lacustre, Mexico-Tenochtitlan. Celle-ci devient une capitale prospère et rayonnante, base de la domination aztèque.

Les Olmèques à l'origine de la Mésoamérique

Les Olmèques semblent originaires du golfe du Mexique. Cette civilisation très ancienne, dont les premières traces remontent vers 1200 av. J.-C., rayonne dans l'espace mésoaméricain jusqu'au Ve siècle avant notre ère. Ils bâtissent de hautes pyramides et des têtes gigantesques en basalte. Ces sculptures colossales, édifiées entre 800 et 400 av. J.-C., représentent des chefs olmèques ou des ennemis capturés et décapités, peut-être un témoignage des premiers sacrifices.

Un panthéon fourni

Polythéistes, les Aztèques associent à leurs dieux, qui évoluent avec le temps, les divinités des autres peuples de Mésoamérique. Leur panthéon se divise ainsi en deux grandes familles.

Les dieux issus des peuples sédentaires et agricoles du sud, comme les Mayas, sont tournés vers la Terre et la fertilité. Il s'agit, par exemple, du dieu de la pluie Tlaloc et de sa sœur et/ou compagne Chalchiuhtlicue, déesse de l'eau et de la végétation, indispensables aux bonnes récoltes.

Tlaloc, le dieu de la pluie
Détail d'un calendrier solaire et divinatoire de scènes religieuses et mythologiques.
Codex Borbonicus, 14 m × 39 cm, fin XVe-début XVIe siècle (Bibliothèque de l'Assemblée nationale, Paris).

Les divinités vénérées par les peuples nomades et conquérants du Nord, comme les Aztèques, sont quant à elles liées aux astres et au Ciel. C'est le cas de Tezcatlipoca, dieu de la Grande Ourse et des sorciers, qui récompense la vertu et punit les vices.

Une conception cyclique du temps

Comme les Mayas, les Aztèques utilisent un double calendrier. Le premier est un calendrier solaire de 365 jours composé de 18 mois de 20 jours, auxquels on ajoute 5 jours. Le second, calendrier divinatoire, comprend 260 jours répartis en 20 mois de 13 jours. C'est ce dernier qui permet de donner son nom à un enfant et détermine aussi son caractère et sa fonction.

Tous les 52 ans, les deux calendriers coïncident, ce qui marque la fin d'un cycle et le début d'un nouveau. De fréquentes fêtes religieuses, dédiées aux nombreuses divinités, rythment le calendrier.

Les Mayas dans la péninsule du Yucatan

La civilisation maya, dont les origines remontent à la Préhistoire, connaît son apogée du VIIe au IXe siècle. Elle est mieux connue que celle des Aztèques car elle maîtrise une écriture qui a pu être déchiffrée. Elle excelle aussi dans l'arithmétique et l'astronomie, base indispensable pour établir les calendriers.
À l'âge classique (250-950 ap. J.-C.), les Mayas vénèrent leurs rois. Mais à partir du Xe siècle, le morcellement politique entraîne l'effacement du culte dynastique et l'adoption d'un panthéon foisonnant.
À partir du Xe siècle, les Mayas se mélangent aux Toltèques, peuple nomade venu des hautes terres au nord du Mexique. Les Toltèques dominent la Mésoamérique jusqu'au XIIe siècle, à partir de leur capitale, Tula.

Les rituels

Les sacrifices humains

Les sacrifices humains sont très fréquents, en particulier chez les Aztèques, car ils accompagnent les fêtes religieuses lors desquelles plusieurs dizaines, voire des centaines de victimes peuvent être tuées en l'honneur d'une divinité. Il s'agit essentiellement de soldats capturés lors des « guerres fleuries » dont le but est de faire des prisonniers en vue des sacrifices, et plus rarement d'esclaves.

Ces cérémonies apportent l'énergie nécessaire aux dieux pour assurer l'existence de l'univers et des hommes. Le cœur est offert au Soleil et le sang qui ruisselle le long de la pyramide nourrit la Terre. Une partie du cadavre est mangée, ce qui renforce la communauté. Ces pratiques d'extraction du cœur et d'anthropophagie sont attestées dans une grande partie de l'Amérique du Sud.

Une scène de sacrifice aztèque

Au sommet du temple, le prêtre incise la poitrine et en extrait le cœur qui bat encore. Puis, le corps roule au bas de la pyramide, tandis que la victime suivante s'avance. Les têtes des cadavres sont placées sur de longues piques et les membres consommés bouillis pour transmettre l'énergie vitale.

Codex Magliabecchiano, XVIe siècle (Collection Loubat).

Le rôle du clergé

Chaque divinité a ses propres prêtres, formés dans des écoles, certaines pour les fils de guerriers, d'autres pour ceux de paysans, artisans ou marchands. Les enfants sont sélectionnés par les prêtres en partie d'après leur date de naissance qui détermine leur destin.

On consulte les prêtres pour savoir si, d'après le calendrier, on peut se marier, entreprendre un voyage ou construire sa maison. De même, on les convie dans des moments de la vie quotidienne comme les banquets offerts aux amis. Les prêtres sont rémunérés pour chacune de leurs actions et forment donc une caste influente, puissante et riche.

Teotihuacan

Classée au patrimoine mondial de l'Organisation des Nations unies pour l'éducation, la science et la culture (Unesco), la cité se situe à environ 50 kilomètres au nord de Mexico. Abandonnée au VIIe siècle, la ville est parée de temples monumentaux. Les Aztèques considèrent en effet que c'est là que les dieux ont créé les hommes. Sans l'habiter, ils continuent d'y pratiquer des rites religieux et notamment des sacrifices, des corps ayant été découverts lors de fouilles archéologiques.

L'imposition du catholicisme à partir du XVIe siècle

L'évangélisation accompagne la colonisation des territoires de Mésoamérique au XVIe siècle. Les Espagnols, emmenés par Hernán Cortès, imposent la religion catholique, détruisent les temples et les représentations des divinités et interdisent tous les autres cultes.

Désireux de s'approprier terres et richesses, les Européens justifient leurs conquêtes par la nécessité de mettre fin aux sacrifices humains qu'ils considèrent inspirés par le diable et contraires à la foi catholique. Ces pratiques sont par ailleurs l'objet de débats, notamment à l'occasion de la controverse de Valladolid en 1550 (► p. 243). Pour sa part, le voyageur français Jean de Léry (1536-1613) explique les sacrifices comme un moyen d'inspirer la terreur aux ennemis, et en relativise le caractère « barbare ».

Les Incas au Pérou

Au sud de la Mésoamérique, sur les hauts plateaux des Andes, les Incas s'imposent progressivement face aux autres peuples. À la fin du XVe siècle, ils dominent ainsi un vaste empire de près d'un million de kilomètres carrés depuis leur capitale Cuzco, établie au Pérou actuel, à 3 300 mètres d'altitude. Les Incas prétendent descendre du Soleil (Inti) et imposent ce culte, sans pour autant supprimer les religions locales existantes. Ils sont polythéistes et vénèrent notamment Virocha, considéré comme le créateur du monde et des hommes. Les Incas pratiquent également les sacrifices humains. À partir de 1532, les Espagnols, conduits par Francisco Pizzaro, entreprennent la conquête de l'empire inca et évangélisent les Amérindiens.

1620

Le *Mayflower* aborde les côtes américaines

En 1620, des puritains britanniques quittent l'Europe dans le but de fonder en Amérique une nouvelle société conforme à leurs convictions religieuses.

Divisions religieuses et persécutions en Europe

À partir du milieu du XVIe siècle, des divisions apparaissent au sein du protestantisme en Grande-Bretagne (► p. 237). Face à la modération de la reine Élisabeth Ire, les puritains se distinguent par leur volonté de pratiquer une religion très épurée et d'obéir strictement aux commandements divins.

Une communauté, qui avait émigré dans un premier temps en Hollande pour fuir les persécutions du roi Jacques Ier, décide de gagner l'Amérique. Ces « Pères pèlerins » font étape en Angleterre puis prennent la mer à Plymouth le 16 septembre 1620 à bord du *Mayflower*. D'autres dissidents religieux ainsi que des artisans et des ouvriers se joignent à eux.

Une « nouvelle Jérusalem »

Le 21 novembre 1620, quelques jours avant d'arriver sur ce qu'ils pensent être la Terre promise du récit biblique, les Pères pèlerins rédigent un accord, le *Mayflower Compact*, auquel souscrivent les chefs de famille.

Y sont posées les bases de la vie dans ce pays neuf. Les signataires s'engagent, par-delà leur fidélité au roi d'Angleterre, à ne suivre que les lois qu'ils se seront données : chacun se conformera ainsi strictement aux enseignements de Dieu et une démocratie locale égalitariste sera établie.

Des débuts difficiles

Autour du 26 novembre, après plus de deux mois de navigation, les immigrants débarquent dans ce qui deviendra la Nouvelle-Angleterre et y fondent (New) Plymouth. Ils découvrent une terre peu hospitalière et un climat rigoureux ; la moitié d'entre eux périssent au cours du premier hiver, décimés par les épidémies et la famine.

> « Ayant entrepris, pour la gloire de Dieu, pour la propagation de la foi chrétienne, et l'honneur de notre roi et de notre pays, un voyage pour implanter la Première Colonie dans les régions septentrionales de Virginie… »
>
> *Mayflower Compact*, 21 novembre 1620.

La communauté s'étoffe néanmoins suite à une deuxième vague d'émigration : le Nouveau Monde attire en effet d'autres victimes des persécutions en Europe, aspirant à une vie en accord avec leurs convictions religieuses.

Le Premier Thanksgiving à Plymouth

En novembre 1621, ceux des passagers du *Mayflower* qui ont survécu – grâce aux Indiens qui leur ont appris notamment à faire pousser du maïs – célèbrent une journée d'action de grâces. En 1863, le président Abraham Lincoln fait de ce *Thanksgiving Day* une fête nationale, ce qui traduit l'importance des Pères pèlerins dans la construction de l'identité américaine.

Jennie A. Brownscombe, huile sur toile, 1914 (Pilgrim Hall Museum, Plymouth, Massachussetts).

Les « sorcières » de Salem

En 1692, le village de Salem (abréviation de Jérusalem), dans l'actuel État du Massachussetts, est marqué par une vague de dénonciations : des jeunes filles accusent certains habitants de pratiquer la sorcellerie. Un tribunal – sorte d'Inquisition (► p. 207) locale – est instauré, plusieurs dizaines de personnes sont torturées et 19 pendues. On compte parmi elles une majorité de femmes.

Cet épisode, qui provoque la fuite de nombreux habitants craignant d'être accusés à leur tour, révèle les limites de la mise en œuvre du projet initial des Pères pèlerins.

En 1953, le dramaturge américain Arthur Miller consacre à ces persécutions une pièce de théâtre, *Les Sorcières de Salem*. Il écrit cette œuvre, dans laquelle il dénonce le fanatisme, alors que se déroule aux États-Unis une violente campagne anticommuniste, le maccarthysme, aussi appelé « chasse aux sorcières ».

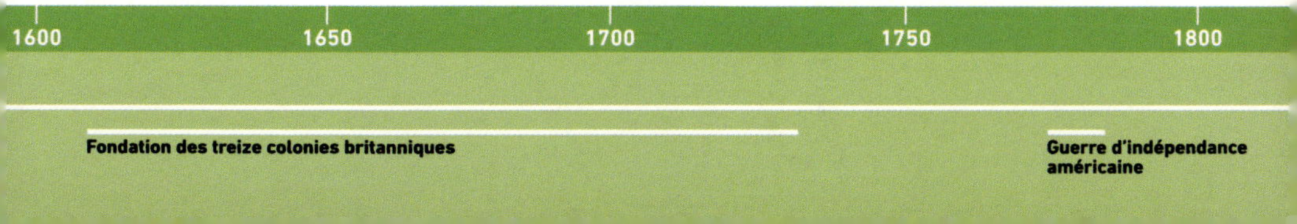

1622

Le pape Grégoire XV canonise cinq saints

En 1622, le souverain pontife inscrit dans le catalogue des saints cinq figures qui incarnent l'esprit du catholicisme tel qu'il a été défini lors du concile de Trente.

La reprise des canonisations

Le culte des saints étant largement dénoncé par les protestants en raison des excès superstitieux auquel il peut donner lieu (► p. 235), aucune canonisation n'est prononcée entre 1523 et 1588. Peu à peu néanmoins, les inscriptions dans le catalogue des saints reprennent.

L'objectif est de proposer aux fidèles des figures qui soient à la fois des modèles de vertu et des intercesseurs, c'est-à-dire des intermédiaires susceptibles de transmettre leurs prières à Jésus ou à Dieu.

> « On ne canonise pas les saints légèrement, mais lentement, à pied de plomb… »
>
> Père jésuite Pierre Morin, *La Vie du glorieux S. Ignace de Loyola, fondateur de l'ordre de la Compagnie de Jésus*, 1622.

Une sainteté exemplaire

En 1622, cinq saints sont canonisés par Grégoire XV lors d'une cérémonie fastueuse organisée dans la basilique Saint-Pierre de Rome. Quatre d'entre eux sont des contemporains : les trois fondateurs d'ordre, Ignace de Loyola (► p. 242), Thérèse d'Avila et Philippe Néri, ainsi que l'« apôtre des Indes et du Japon », François Xavier (► p. 242). Le cinquième est un saint médiéval, Isidore le Laboureur.

Ces cinq figures sont des défenseurs de la foi catholique, artisans de la rénovation de l'Église (► p. 237). Au-delà, religieux ou laïcs, hommes ou femme ils symbolisent une conception plus accessible de la sainteté.

Une codification progressive de la procédure de canonisation

Dès l'Antiquité, la mémoire des martyrs est honorée pour qu'ils puissent servir d'exemples à la communauté des fidèles. Fondés sur la *fama sanctitatis* (la « réputation de sainteté »), ces cultes sont locaux et dépendent de la seule autorité de l'évêque du lieu (► p. 135). À partir du XIIe siècle, la papauté a la mainmise sur la reconnaissance de la sainteté, établie après enquête sur la vie, les vertus et les miracles des candidats. Peu à peu, de véritables procès de canonisation sont institués. Les critiques formulées par les protestants participent de la mise en place, au cours du second XVIe siècle, de normes très strictes pour l'inscription dans le monde des saints. La procédure est simplifiée au XXe siècle et les règles assouplies, notamment par Jean-Paul II (► p. 358).

Occident

1400 — 1450 — 1500 — 1550

Voyages de découverte

Épanouissement de l'humanisme

Réforme

Contre-Réforme

Guerres de religion en Europe

La basilique Saint-Pierre le 12 mars 1622

Pour célébrer cette quintuple canonisation, une cérémonie grandiose est organisée à Rome. Des représentants des principaux royaumes catholiques, au premier rang desquels la France et l'Espagne, y assistent selon un ordre de préséance très strict. Ceci reflète le caractère également politique des canonisations, les princes intervenant auprès du pape pour obtenir que certains de leurs sujets soient déclarés saints et ainsi montrer que leur peuple est élu par Dieu.

Gravure, XVIIe siècle.

Thérèse d'Avila (1515-1582)

Née en Vieille Castille en 1515, Thérèse d'Avila entre au couvent au début des années 1530. La règle de la clôture, c'est-à-dire de la séparation entre le monde sacré et le monde profane, y est alors peu respectée. Marquée par des expériences mystiques et des visions, elle prend conscience de l'importance de travailler à son salut et établit, en 1562, un premier monastère où la règle originelle du Carmel est strictement suivie. Elle réalise par la suite une quinzaine de fondations et rédige des ouvrages inspirés par sa vie spirituelle, tels *Le Chemin de perfection* et *Le Château intérieur*, dans lesquels elle donne une place centrale à la lecture de l'Évangile et à l'imitation du Christ.

En 1970, elle est la première femme à recevoir le titre de «docteur de l'Église».

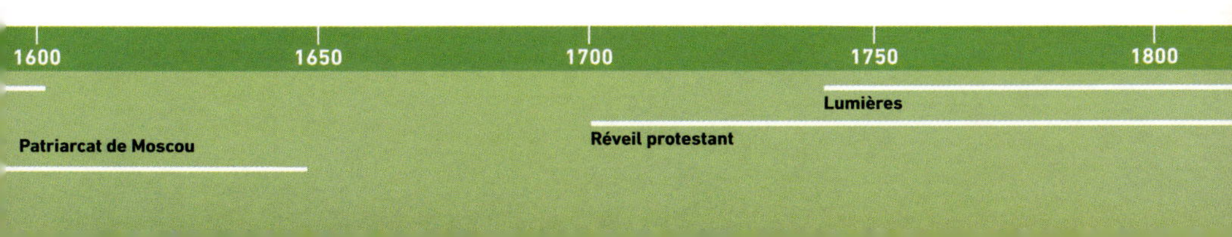

1633

Galilée est condamné par l'Inquisition

Dans un contexte de réaffirmation des fondements de la foi catholique, Galilée est reconnu coupable d'hérésie pour avoir repris les thèses formulées au siècle précédent par Nicolas Copernic et défendu l'idée que la Terre n'est pas immobile au centre de l'univers.

Le télescope à l'appui de l'héliocentrisme

En 1609, Galileo Galilei, dit Galilée, professeur de mathématiques à l'université de Padoue en Italie, met au point une lunette dont le grossissement est supérieur à celui des instruments de l'époque. Grâce à elle, il se plonge dans l'étude des astres.

Par ses observations, il est bientôt en mesure d'étayer la théorie établie près d'un siècle plus tôt par Nicolas Copernic. Ce savant polonais affirmait – sans pouvoir le démontrer scientifiquement – que le Soleil est au centre de l'univers, et non la Terre, et que cette dernière n'est pas immobile mais qu'elle tourne.

Une théorie qui s'oppose aux Saintes Écritures

La thèse héliocentrique est lourde de conséquences sur les plans scientifique, philosophique et, surtout, religieux. De fait, elle remet en cause l'interprétation du monde qui est tirée d'une lecture littérale de la Bible.

Galilée justifie sa position en mettant en avant que l'étude de la nature et la théologie sont deux sciences distinctes et que les Écritures n'ont pas pour visée de donner aux hommes des connaissances sur les phénomènes naturels, mais de leur permettre de faire leur salut.

Le tribunal de l'Inquisition

En 1616, Galilée est sommé de ne plus enseigner la théorie copernicienne. Néanmoins, il la défend de nouveau en 1632 dans son *Dialogue sur les deux grands systèmes du monde*. Il doit alors se rendre à Rome pour être jugé devant le tribunal de l'Inquisition (▶ p. 207).

« *Et pourtant, elle tourne !* »

Propos qu'aurait tenu Galilée après avoir prétendu, devant l'Inquisition, qu'il reconnaissait ses erreurs.

Le 22 juin 1633, dans la grande salle du couvent des dominicains, Galilée est condamné à la prison et son livre est interdit. Après avoir reconnu son « erreur », il voit sa peine allégée. Toutes les universités sont informées de la sentence et l'enseignement des thèses coperniciennes est ainsi officiellement interdit par l'Église.

Occident

1400 — 1450 — 1500 — 1550

Voyages de découverte

Épanouissement de l'humanisme

Réforme

Contre-Réforme

Guerres de religion en Europe

Le procès de Galilée

La condamnation de Galilée est révélatrice de la conception pontificale selon laquelle la théologie prime sur les acquis scientifiques de l'expérience. La censure permet d'imposer cette idée.

Anonyme italien, huile sur toile, 1680 (Collection particulière, New York).

Dialogue sur les deux grands systèmes du monde

Sur la page de titre de l'ouvrage de Galilée figurent les trois grands philosophes et astronomes dont il reprend et discute les thèses : Aristote (384-322 av. J.-C.), Claude Ptolémée (v. 90-168) et Nicolas Copernic (1473-1543). Galilée rédige ce texte en italien pour diffuser ces idées nouvelles auprès d'un public plus large que celui des seuls universitaires et théologiens.

Imprimé par Giovanni Battista Landini, Florence, 1632 (Bibliothèque nationale, Florence).

1600 | 1650 | 1700 | 1750 | 1800

Lumières

Réveil protestant

Patriarcat de Moscou

1642

Lobsang Gyatso, 5e dalaï-lama, devient chef temporel du Tibet

Le cinquième dalaï-lama, surnommé le « Grand Cinquième » pour son sens politique exceptionnel, réunit pour la première fois au Tibet l'autorité spirituelle de la lignée bouddhiste gelugpa et le pouvoir temporel.

Un supérieur de monastère investi par un chef mongol

Né en 1617 au Tibet central, Lobsang Gyatso est reconnu à l'âge de 6 ans comme le cinquième représentant de la lignée des dalaï-lamas. Ce titre, qui signifie « océan de sagesse » en mongol, s'attache alors au supérieur du monastère de Drepung, près de Lhassa, l'un des trois grands monastères de la branche bouddhiste gelugpa (► p. 218).

À cette époque, le Tibet est divisé en principautés indépendantes et en proie à des rivalités entre les différentes écoles du bouddhisme. Pour s'imposer, Lobsang Gyatso fait appel à un chef mongol protecteur des gelugpa, Gushri Khan. Celui-ci conquiert la région et, en 1642, place à sa tête le dalaï-lama.

Quarante ans d'un règne décisif pour l'histoire du Tibet

Le règne de Lobsang Gyatso, jusqu'à sa mort en 1682, correspond à une phase d'unification du Tibet. Le pays devient un acteur politique central en Haute Asie et s'insère dans le jeu diplomatique : en 1652-1653, le dalaï-lama se rend ainsi à Pékin pour rencontrer l'empereur de Chine, Shunzhi. L'État est restructuré et le palais du Potala à Lhassa est édifié pour devenir le cœur symbolique du pouvoir.

Sur le plan spirituel, la prééminence de la lignée des gelugpa, les « bonnets jaunes », est établie au détriment de celle des « bonnets rouges ». C'est en son sein que sont choisis les successeurs de Lobsang Gyatso jusqu'à l'actuel dalaï-lama, Tenzin Gyatso.

Un régime théocratique

Le Grand Cinquième met en place un système politique sans équivalent dans le monde et qui perdure jusqu'en 1959, date de la fuite de Tenzin Gyatso en Inde. L'aristocratie laïque y est subordonnée à l'autorité des hiérarques monastiques. Le dalaï-lama est assisté d'un régent en charge de l'administration et d'un gouvernement, le Ganden Phodrang, divisé en deux organes, le Conseil religieux et le Conseil des ministres, chacun dirigé par un Premier ministre.

En réalité, seulement un petit nombre de dalaï-lamas ont exercé leur pouvoir temporel, les autres étant décédés à un âge précoce.

Le palais du Potala à Lhassa

Achevé à la fin du XVIIe siècle, le palais du Potala domine, avec ses treize étages et ses mille pièces, la ville de Lhassa. Jusqu'à la chute du régime en 1959, le palais blanc abrite les appartements et l'administration du dalaï-lama tandis que le palais rouge, où est conservée la dépouille embaumée du Grand Cinquième, est voué à l'étude religieuse.

Le processus de reconnaissance d'un dalaï-lama

Lorsque le dalaï-lama décède, des régents sont chargés de reconnaître un enfant qui devient *tulkou* ou « corps de manifestation » du disparu. Le processus s'appuie sur d'éventuelles indications laissées par le précédent titulaire concernant sa future incarnation, ainsi que sur des oracles de devins ou des prédictions astrologiques permettant d'orienter la recherche. Un enfant pressenti comme *tulkou* doit ensuite réussir des épreuves d'identification de personnes ou d'objets rencontrés dans sa vie précédente. Une fois reconnu, le *tulkou* est éduqué par des précepteurs afin d'être en mesure de prendre possession de sa charge.

Le Tibet unifié en quelques dates

1642	Le Grand Cinquième reçoit des Mongols l'autorité spirituelle et temporelle sur le Tibet central.
1720	L'empereur mandchou Kangxi chasse les Mongols du Tibet et installe le septième dalaï-lama : début du protectorat de la dynastie mandchoue sur le Tibet.
1792	La Chine contrôle la politique extérieure du Tibet et s'immisce dans le processus de désignation des *tulkous*.
1904	Les Britanniques envahissent le Tibet.
1913	Le treizième dalaï-lama déclare l'indépendance du pays.
1950	L'Armée populaire de libération chinoise prend le contrôle du territoire tibétain.
1959	Un soulèvement à Lhassa contre le pouvoir chinois entraîne une violente répression. Le quatorzième dalaï-lama, suivi par plus de 80 000 Tibétains, s'enfuit en Inde où il fonde à Dharamsala un gouvernement en exil.

1648

Sabbataï Tzvi prétend être le messie d'Israël

Dans la deuxième moitié du XVIIe siècle, le monde juif est agité par des mouvements d'essence mystique et messianique. Le sabbatéisme est sans doute le plus important d'entre eux, par son ampleur et par l'empreinte profonde qu'il laisse dans la conscience et l'histoire juives.

Un contexte favorable au messianisme

L'activité messianique n'est pas indépendante du contexte européen général, marqué à la fois par les guerres de religion (► p. 236) et la guerre de Trente Ans, puis par les massacres perpétrés contre les juifs par les Cosaques en Europe orientale au milieu du XVIIe siècle (► p. 246).

Elle rencontre également un terrain particulièrement favorable dans l'existence du marranisme (► p. 229) qui facilite le développement de libertés vis-à-vis des règles strictes de la Loi juive.

Le faux messie

Né à Smyrne (actuelle Izmir en Turquie) en 1626 dans un milieu juif traditionnel, Sabbataï Tzvi est un étudiant brillant qui accède très jeune au statut de rabbin et s'adonne à l'étude de la kabbale (► p. 212). Persuadé d'être investi d'un destin messianique, il fédère autour de lui des adeptes de plus en plus nombreux jusqu'à se proclamer en 1648 messie d'Israël (► p. 45).

Condamné au bannissement (*herem*) par sa communauté d'origine, mais soutenu par des figures importantes du judaïsme, Tzvi parcourt l'Empire ottoman. Préoccupé par son succès croissant et l'agitation que ses discours occasionnent, les autorités le contraignent à se convertir à l'islam pour éviter la condamnation à mort. Tzvi s'y soumet en 1666 tout en conservant vraisemblablement, en secret, des pratiques juives.

Le prolongement du sabbatéisme

L'apostasie, puis la mort de Tzvi en 1676, n'empêchent pas la survie d'un courant qui se réclame de lui : le sabbatéisme. Pourtant confronté à des réactions virulentes de la part des dignitaires rabbiniques, celui-ci se prolonge dans des mouvements divers.

C'est le cas du groupe des dönme, adeptes de Tzvi convertis à l'islam, mais demeurés attachés à des pratiques juives et dont subsistent quelques représentants dans la Turquie contemporaine. De même, l'incidence du frankisme – du nom d'un partisan de Tzvi, Jacob Frank, converti au christianisme – est perceptible jusqu'au XIXe siècle en Europe centrale.

Occident

1400 1450 1500 1550

Voyages de découverte

Épanouissement de l'humanisme

Réforme

Contre-Réforme

Guerres de religion en Europe

« Le futur auquel le Messie appartient est permanent. Pour parler de la venue du Messie, on utilise l'expression "la fin des temps" : autrement dit, cela ne se produira jamais. Tout Messie qui vient est un faux Messie. »

Yechayahou Leibovitz, *La Mauvaise Conscience d'Israël*, 1994.

Sabbataï Tzvi se proclamant le Messie

Gravure tirée de *Hutchinson's History of the Nations*, 1915.

Les différentes tendances du monde ultra-orthodoxe : hassidim et mitnagdim

Les péripéties de Sabbataï Tzvi inaugurent une méfiance nouvelle des autorités religieuses à l'égard du messianisme et des pratiques mystiques de la kabbale dont l'usage est désormais plus encadré. En réaction à cette relative austérité, se développe au XVIIIe siècle en Europe orientale un mouvement de renouveau piétiste, le hassidisme. Son initiateur, Israël ben Eliezer, dit le Baal Shem Tov (1698-1760), revendique une observance joyeuse de la religion par le chant, la danse et l'enthousiasme.

Les hassidim suscitent immédiatement l'opposition de certains rabbins, les mitnagdim (littéralement les « opposants »), réunis autour d'Eliahou ben Shlomo Zalman Kramer, dit le *gaon* de Vilna (1720-1797), qui dénoncent l'exaltation et privilégient l'érudition talmudique. Face à l'émergence de la modernité dans le monde juif, ces deux courants ultra-orthodoxes (*haredim*, les « craignants Dieu »), qui connaissent une grande diversité interne, opèrent un rapprochement à compter du XIXe siècle.

1600	1650	1700	1750	1800

Lumières

Réveil protestant

Patriarcat de Moscou

Blaise Pascal prend part à la controverse qui oppose **jansénistes et jésuites**

Au XVIe siècle, l'humanisme, qui met en avant la dignité de l'homme, amène à questionner le rapport à Dieu. Le débat sur les questions de la grâce, du salut et du libre arbitre est relancé par Blaise Pascal qui, dans ses *Provinciales*, défend les positions jansénistes.

Grâce efficace ou suffisante ?

Selon saint Augustin (► p. 114), l'homme, intrinsèquement corrompu depuis le péché originel, est sauvé par la grâce que Dieu choisit de lui accorder. Face à cette position, le jésuite (► p. 242) Luis de Molina développe en 1588 l'idée que la grâce divine, « suffisante », est accordée à tous les hommes auxquels il appartient ensuite d'obtenir leur salut par l'exercice de leur libre arbitre.

Cette thèse est vigoureusement contestée par l'évêque d'Ypres Cornelius Jansen, dit Jansenius, qui défend l'idée d'une grâce « efficace », d'une prédestination divine, laquelle rend inefficaces les œuvres humaines. En 1640, deux ans après sa mort, est publié l'*Augustinus* qui développe ces thèmes.

La diffusion des idées jansénistes en France

Cette vision pessimiste du salut, qui va de pair avec une foi rigoriste et ascétique, trouve un certain écho au sein des élites françaises. Cependant l'*Augustinus* est condamné par Rome en 1642, puis de nouveau en 1653.

Le théologien de l'abbaye de Port-Royal, Antoine Arnauld, prend alors la plume, à la fois pour réfuter les accusations d'hérésie et justifier la conception janséniste de la grâce, ce qui lui vaut d'être exclu de la Sorbonne le 14 janvier 1656.

Les Provinciales, une œuvre de combat

Pour porter le débat devant l'opinion publique, les jansénistes font appel au mathématicien et physicien Blaise Pascal, proche de leurs idées. Ce dernier rédige entre janvier 1656 et mai 1657 une série de dix-huit lettres. La forme dialoguée et le style incisif de cette correspondance fictive permettent de défendre les idées jansénistes.

Ces lettres sont diffusées une à une, clandestinement et de façon anonyme. Tirées à peu d'exemplaires au départ, elles rencontrent rapidement un grand écho. Elles véhiculent une image orientée de la Compagnie de Jésus, présentée comme laxiste. Néanmoins, le but poursuivi n'est pas totalement atteint : le Conseil du roi ordonne en effet en 1660 que l'ouvrage de Jansen soit brûlé.

Contre le jansénisme

Cette gravure illustre la condamnation par le pape Innocent X (en arrière-plan, au centre) de l'*Augustinus* en 1653. À gauche, Louis XIV chasse Cornelius Jansen du royaume de France. Celui-ci, représenté avec des ailes de chauve-souris dans le dos, trouve refuge chez les protestants (à droite) dont ses idées seraient proches (► p. 232).

Jean Gannière, *La Déroute et la confusion des jansénistes*, gravure, 1653 (BnF, Paris).

L'abbaye de Port-Royal, bastion du jansénisme en France

L'abbaye de Port-Royal est fondée au XIIIe siècle dans la vallée de Chevreuse (département des Yvelines). Elle connaît un essor important au XVIIe siècle lorsqu'une jeune abbesse, mère Angélique (Jacqueline Arnauld), décide d'y rétablir la règle de saint Benoît (► p. 133) et d'y imposer la pauvreté et la clôture, c'est-à-dire l'isolement par rapport au monde profane. La maison est transférée en 1625 à Paris. Sa réforme religieuse y est poursuivie par celui qui en devient le directeur spirituel, Jean-Ambroise Duvergier de Hauranne, abbé de Saint-Cyran : il instaure à Port-Royal un modèle de piété sévère et exigeant, centré sur l'oraison et la pénitence. Antoine Arnauld, le frère de mère Angélique, donne une large audience à cette conception du rapport à Dieu en publiant en 1643 *De la fréquente communion*.

Mère Angélique Arnauld

Philippe de Champaigne, huile sur toile, 60 × 73 cm, 1648 (Musée du château de Versailles).

1600 1650 1700 1750 1800

Lumières

Réveil protestant

Patriarcat de Moscou

1656

Le philosophe Baruch Spinoza est banni pour hérésie

Disciple de l'école cartésienne, Baruch Spinoza revendique une approche critique des fondements du judaïsme. Honni autant qu'acclamé, il exerce une influence considérable sur la théorie philosophique moderne et sur l'exégèse biblique qu'il a impulsée.

Un esprit indépendant qui inquiète

Né en 1632 à Amsterdam dans une famille d'anciens *conversos* espagnols (► p. 228), Baruch Spinoza grandit dans la tradition juive et en suit les enseignements religieux. Très tôt attiré par les sciences naturelles et les travaux de René Descartes (1596-1650), il est soupçonné d'hérésie et subit le 27 juillet 1656 le bannissement définitif hors de sa communauté (*herem*).

Alors qu'il n'a encore rien publié, Spinoza est notamment accusé de contester le rôle de Moïse dans la mise par écrit de la Torah (► p. 100), de réfuter la prééminence d'Adam dans l'histoire de l'humanité ou d'accorder la primauté aux lois naturelles sur les normes du judaïsme.

L'affranchissement de la communauté

Ayant abandonné son activité professionnelle dans l'entreprise familiale, Spinoza se consacre alors à l'étude de la philosophie et à l'écriture. Il quitte Amsterdam vers 1660 et multiplie les échanges avec des protestants libéraux.

Deux de ses œuvres seulement paraissent de son vivant : *Les Principes de la philosophie de Descartes* en 1663 et *Le Traité théologico-politique* qui est publié de façon anonyme en 1670.

L'initiateur du rationalisme religieux moderne

Dénonçant l'usage néfaste des croyances religieuses par les pouvoirs politiques, influencé à la fois par la méthode de Descartes et par la philosophie juive médiévale (► p. 178 et p. 192), Spinoza revendique une vision rationnelle selon laquelle il n'existe pas de distinction entre les lois divines et celles de la nature. Il n'y a ainsi pas de place pour une connaissance révélée, et seule la pensée permet d'appréhender la pluralité des expressions de la substance unique et infinie qu'est Dieu.

C'est au nom de cette rationalité que Spinoza revendique la nécessité d'une nouvelle lecture des textes bibliques, fondée non plus sur leur interprétation, mais sur la prise en compte du contexte historique et social dans lequel ils ont été produits, et sur les intentions de leurs auteurs.

Occident

1400 | 1450 | 1500 | 1550

Voyages de découverte

Épanouissement de l'humanisme

Réforme

Contre-Réforme

Guerres de religion en Europe

Le *herem* prononcé à l'encontre de Spinoza

Le *herem* qui frappe Spinoza implique son exclusion de la communauté juive d'Amsterdam mais aussi du peuple d'Israël pour l'éternité. Il est placardé dans tout Amsterdam et envoyé dans les principales villes d'Europe où vivent d'importantes communautés juives.

Samuel Hirszenberg, *Spinoza*, huile sur toile, 1907 (Musée de Kursk, Russie).

« *Comprendre est le commencement d'approuver.* »

Baruch Spinoza, *Traité théologico-politique*, 1670.

L'Amsterdam juive au XVIIe siècle

Terre d'accueil, à partir du XVIe siècle, pour de nombreux juifs de la péninsule Ibérique fuyant l'Inquisition puis les expulsions (► p. 228), la capitale des Provinces-Unies offre à ces derniers, du fait de sa prospérité et de la tolérance qui y règne, un cadre propice à leur développement économique, religieux et culturel. Au XVIIe siècle, des populations ashkénazes (► p. 162) étant venues rejoindre les sépharades, la « Nouvelle Jérusalem » est le théâtre de l'essor des juifs dans le domaine de l'imprimerie, des arts et de l'industrie diamantaire, un lieu d'échanges religieux et intellectuels très riches avec les chrétiens, mais aussi le point de départ de l'expansion de communautés juives vers le Nouveau Monde.

1600	1650	1700	1750	1800

Lumières

Réveil protestant

Patriarcat de Moscou

1667

Un schisme divise l'Église orthodoxe russe

Depuis la chute de Constantinople en 1453, la « Sainte Russie » est le centre principal de l'orthodoxie. Cependant, au XVIIe siècle, la révision des livres sacrés provoque un schisme, le *raskol*.

Pour ou contre la modernisation de l'Église russe

En 1653, un an après sa nomination, le nouveau patriarche de Moscou, Nikita Minine, dit Nikon, décide de réformer les rites et de corriger les textes liturgiques. Il impose le signe de croix avec trois doigts au lieu de deux, modifie plusieurs prières dont le *Credo* et ordonne la saisie de certaines icônes.

Ces réformes sont rejetées à cause du rapprochement qu'elles créent entre l'Église russe et l'Église grecque, mal considérée par beaucoup d'orthodoxes (► p. 166), mais aussi en raison de l'attachement à la piété russe traditionnelle. L'archiprêtre de la cathédrale Kazan à Moscou, Avvakum Petrovich, devient le fer de lance de ce mouvement : par ses écrits, il enjoint aux Russes de refuser ces innovations. Le pays se divise alors sur le plan religieux.

La réunion du « grand concile »

Pour mettre un terme à cette confusion, le tsar Alexis Ier réunit en 1660 un concile qui dépose Nikon, sans régler la situation. Puis en 1666, est convoqué un concile œcuménique auquel participent non seulement les dignitaires de l'Église russe mais aussi les patriarches d'Alexandrie et d'Antioche. Au terme de plus d'un an de débats, les pères conciliaires confirment l'exil de Nikon tout en condamnant les positions des « vieux-croyants » (*starovery*).

Cette décision provoque un schisme, le *raskol* : des millions de fidèles, pour beaucoup des membres du bas clergé, des paysans et des artisans, refusent en effet de renoncer à la « vieille foi ».

Une répression violente

Le monastère de Solovki, sur la mer Blanche, devient le bastion de la résistance : les moines y soutiennent un siège durant neuf ans. En 1682, Avvakum est brûlé avec ses compagnons.

Malgré les discriminations et les persécutions, de très nombreux « vieux-croyants » restent fidèles à leur foi et s'exilent soit dans le nord ou l'est du pays, soit à l'étranger. Parallèlement, des communautés entières, traversées par des angoisses eschatologiques, choisissent de s'immoler par le feu dans des suicides collectifs.

Occident

1400 | 1450 | 1500 | 1550

Voyages de découverte

Épanouissement de l'humanisme

Réforme

Contre-Réforme

Guerres de religion en Europe

Révolte du monastère de Solovki contre les nouveaux livres imprimés en 1666

Les moines rédigent de nombreux textes inspirés de l'Apocalypse qu'ils parviennent, malgré le siège, à diffuser. Le tsar Alexis Ier meurt en février 1676 dans les jours qui suivent la chute du monastère, ce qui est interprété par les « vieux-croyants » comme un châtiment divin.

Sergeï Miloradovich, huile sur toile, 189 × 135 cm, 1885 (Galerie Tretiakov, Moscou).

« Comme cela est écrit dans les vieux livres, comme cela je le crois et le maintiens [...]. Je le garde jusqu'à la mort comme je l'ai reçu. Et celui qui y changera même un iota, qu'il soit maudit. »

Dernière profession de foi d'Avvakum.

L'Église orthodoxe russe en quelques dates

988	Le prince Vladimir Ier de Kiev est baptisé et impose le christianisme à son peuple.
1328	L'évêque de Moscou devient le chef de l'Église russe.
1448	L'Église russe se déclare autocéphale (elle a dès lors sa propre hiérarchie et définit ses rites).
1589	Le patriarcat de Moscou est créé par le régent Boris Godounov.
1721	Pierre le Grand supprime le patriarcat et crée un Saint-Synode, principal organe d'administration de l'Église russe, désormais assujettie au pouvoir de l'État.
1764	Catherine II nationalise les biens du clergé et fait fermer plus de 400 monastères.
1904	Le patriarcat de Moscou est rétabli.

1600 1650 1700 1750 1800

Lumières

Réveil protestant

Patriarcat de Moscou

1685

Louis XIV révoque l'édit de Nantes

Afin de réaffirmer la place de la France en tant que « fille aînée de l'Église », Louis XIV abolit l'édit de tolérance religieuse adopté par Henri IV en 1598.

Un « Roi Très Chrétien »

Le règne de Louis XIV est marqué par un affermissement du pouvoir royal qui va de pair avec une lutte contre les particularismes religieux. La lecture qui est faite de l'édit de Nantes (► p. 245) est ainsi de plus en plus restrictive et l'exercice de la foi réformée peu à peu limité.

Les conversions au protestantisme sont ainsi interdites puis, dès la fin des années 1670, nombre de huguenots sont contraints, par l'intimidation ou par la force, d'abjurer leur religion.

L'édit de Fontainebleau

Le 18 octobre 1685, Louis XIV, arguant du fait qu'il ne resterait qu'une minorité de protestants dans le royaume, prend un nouvel édit par lequel il révoque celui qu'avait signé son grand-père en 1598.

Seule la religion catholique est dès lors autorisée en France ; tous les enfants à naître devront être baptisés dans cette foi. Les protestants sont forcés de se convertir, leurs temples et leurs écoles sont détruits. Si les pasteurs qui refusent d'abjurer sont chassés hors des frontières, il est en revanche interdit aux nouveaux convertis au catholicisme de quitter le royaume, sous peine d'être condamnés aux galères ou de voir leurs biens confisqués.

Une application difficile

Un quart des huguenots – soit environ 200 000 personnes – s'exilent et gagnent l'Angleterre, la Suisse , l'Allemagne et surtout les Provinces-Unies (► p. 237), ce qui affaiblit la France sur le plan économique et intellectuel.

Parallèlement, une résistance protestante s'organise au sein du royaume. Celle-ci prend la forme d'« assemblées du Désert » mais aussi d'affrontements armés, à l'image de la guerre des camisards qui oppose entre 1702 et 1710 les troupes royales à des paysans et des artisans des Cévennes et du Bas-Languedoc.

Si la communauté huguenote est profondément affaiblie, la portée de cet édit doit néanmoins être nuancée, l'interdiction du protestantisme conduisant à des conversions qui ne sont souvent que de façade.

Les dragonnades

À partir de 1681, des régiments de cavalerie sont logés chez des protestants : les soldats (les « dragons ») recourent à la force et multiplient les exactions pour contraindre leurs hôtes à se convertir. Ces violences se poursuivent jusqu'en 1686.

Gottfried Engelmann, *Les Nouveaux Missionnaires*, gravure d'après un dessin de 1686, XIXe siècle (Musée international de la Réforme protestante, Genève).

Les assemblées du Désert

Suite à l'édit de Fontainebleau, des protestants qui restent fidèles à leur foi se rassemblent pour célébrer clandestinement le culte, soit chez des particuliers là où ils sont peu nombreux, soit de nuit dans des lieux isolés (forêts, grottes, fermes abandonnées, etc.) dans les régions où l'implantation protestante demeure importante. Ces réunions, qui peuvent compter plusieurs milliers de croyants, sont particulièrement nombreuses dans le Languedoc, les Cévennes, le Vivarais et le Dauphiné. En l'absence de pasteurs, le prêche est assuré par des laïcs, souvent itinérants : les prédicants. Ces assemblées sont dites « du désert » en référence aux quarante ans d'exode durant lesquels les Hébreux errèrent dans le désert, guidés par la parole de Dieu et des prophètes.

Une lampe sourde

Utilisées pour rejoindre les assemblées du Désert, les lampes sourdes permettaient de voir sans être vu et de cacher entièrement la lumière en cas de besoin.

1600	1650	1700	1750	1800

Lumières

Réveil protestant

Patriarcat de Moscou

1741

Jonathan Edwards, figure du Grand Réveil, fait trembler les pécheurs

Au XVIIIe siècle aux États-Unis, le Grand Réveil (*Great Awakening*) vise à renouer avec la ferveur religieuse des débuts de la Réforme et des Pères pèlerins. Défenseur du puritanisme, le pasteur Jonathan Edwards établit alors les fondements théologiques des mouvements évangéliques américains.

Le théologien de l'évangélisme

Issu d'un milieu de pasteurs puritains, Jonathan Edwards officie comme pasteur de l'église presbytérienne de Northampton. Opposé au libéralisme doctrinal et au relâchement des mœurs, il refuse d'administrer les sacrements aux fidèles ne donnant pas les preuves d'une conversion personnelle. En 1750, il est révoqué.

L'année suivante, Edwards part comme missionnaire dans le Massachusetts auprès des Indiens mohicans. Il y écrit l'essentiel de son œuvre.

Le « prédicateur de l'enfer »

Luttant contre l'influence de la philosophie rationnelle, Edwards réaffirme le dogme calviniste (► p. 236). Prononcé en 1741, son sermon *Sinners in the Hands of an Angry God* (« Les pécheurs entre les mains d'un Dieu en colère »), devenu un classique de la littérature américaine, cherche à « raviver la foi endormie » des fidèles trop tièdes et des pécheurs en leur rappelant les tourments que leur réserve l'enfer.

Lors de ses prédications, Edwards affirme l'importance de la « nouvelle naissance » (*new birth*) et la nécessité de se convertir pour recevoir l'eucharistie.

Un des acteurs du Grand Réveil

La prédication d'Edwards prend place dans un contexte de foisonnement confessionnel au sein des colonies américaines, le Grand Réveil. L'émigration européenne favorise alors l'implantation de nouvelles Églises issues du protestantisme.

Comme Edwards, de nombreux prédicateurs sillonnent le territoire, haranguant les foules, usant d'images terrifiantes dans des sermons énergiques restés sous le nom de *fire and brimstone* (« le feu et le soufre »), et misant sur l'émotion pour obtenir des conversions. Le mouvement est à l'origine de la création de nombreuses écoles, universités, sociétés missionnaires et œuvres sociales.

Amérique

1400 | 1450 | 1500 | 1550

Premiers voyages de découverte

Empires coloniaux européens

John Wesley (1703-1791), père du méthodisme, prêchant

Autre mouvement du Grand Réveil, le méthodisme naît au XVIIIe siècle sous l'impulsion du pasteur britannique John Wesley. Un nouveau style de piété se manifeste alors, marqué par des grands rassemblements et des phénomènes collectifs de transe.

École anglaise, XIXe siècle (Collection privée).

« *Put on thy beautiful garments, O America the Holy City.* »

Jonathan Edwards, *Sinners in the Hands of an Angry God*, 1741.

Le paysage religieux américain au XVIIIe siècle

Dès le XVIIe siècle, la Nouvelle-Angleterre offre l'asile aux victimes des persécutions religieuses en Europe (► p. 236). Mais face à la montée de l'intolérance des puritains (► p. 254), des dissidents créent de nouvelles colonies, plus ouvertes comme le Rhodes Island et le Connecticut. La Pennsylvanie fondée par le quaker William Penn accueille ainsi toutes les confessions tandis que le Maryland abrite la minorité catholique anglaise. Des huguenots français (► p. 270) s'installent à New York, Philadelphie et Charleston. Dans les colonies du sud (Virginie, Caroline, Géorgie), l'Église anglicane est la confession officielle.

Après la révolution américaine et la guerre d'indépendance, le premier amendement de la Déclaration des droits de 1791 déclare la liberté de conscience tout en instaurant une stricte séparation entre les Églises et l'État fédéral. Aucune religion ne peut être avantagée. L'État américain est donc laïc, au sens d'une séparation entre la sphère politique et l'autorité religieuse, et veille seulement à assurer la liberté de chaque culte contre toute mesure restrictive.

1744

Le premier État saoudien fait du wahhabisme sa doctrine

C'est dans l'oasis de Dariya, en plein désert du Najd, que se noue l'alliance entre la dynastie locale des Saoud et un prédicateur religieux nommé Ibn Abd al-Wahhab. Les bases théoriques du wahhabisme saoudien sont alors posées.

Un prédicateur fondamentaliste

Vers 1740, Muhammad ibn Abd al-Wahhab, descendant d'une famille d'oulémas locaux, commence à prêcher la réforme de l'islam dans sa région natale, le Najd, dans le cœur désertique de l'Arabie. Adepte de l'école sunnite hanbalite qui prône l'origine divine du droit en réaction au mutazilisme (► p. 154), il fustige les pratiques religieuses des Bédouins, qu'il juge païennes.

Ibn Abd al-Wahhab s'en prend ainsi au culte des saints, à la visite des tombes et des arbres sacrés, à la confection d'amulettes et de talismans, à l'astrologie et à tout ce qui relève pour lui de la superstition. Cette religiosité populaire lui apparaît comme une forme de polythéisme contraire au dogme musulman du *tawhid*, l'unicité divine. Violemment opposé au soufisme (► p. 214), il se montre également hostile au chiisme (► p. 145).

L'alliance avec les Saoud

La prédication d'Ibn Abd al-Wahhab s'étend à plusieurs oasis du Najd avec le soutien de certains émirs locaux, et en particulier de Muhammad ibn Saoud de Dariya. Les deux hommes font alliance pour répandre, y compris par l'emploi de la force, un islam conforme à leurs croyances, le wahhabisme. La modeste principauté des Saoud évolue ainsi vers une structure de gouvernement double, qui reconnaît à Ibn Abd al-Wahhab l'autorité suprême en matière de religion.

En retour, le wahhabisme légitime la politique de conquête des Saoud qui étendent leur emprise sur l'Arabie et lancent des raids vers Oman et le Qatar. Riyad tombe en 1773 et l'immense territoire du Najd passe sous le contrôle exclusif des Saoud.

La conquête des villes saintes

Des attaques sont ensuite lancées contre le Hijaz, où se trouvent les deux villes saintes de l'islam. La région dépend alors de l'Empire ottoman et elle est administrée par les Hachémites, chérifs, c'est-à-dire descendants du Prophète (► p. 138), et gardiens des lieux saints. La Mecque est finalement prise par Ibn Saoud en 1803, quelques années après la mort d'Ibn Abd al-Wahhab.

Les vestiges de la vieille ville de Dariya
Première capitale de la dynastie saoudienne, Dariya est détruite en 1818 par les Ottomans.

Les trois États saoudiens

Le premier État saoudien occupe La Mecque en 1803, puis Médine en 1805. Sur place, les wahhabites détruisent les tombes vénérées par les pèlerins, notamment celles des califes Abu Bakr et Ali (► p. 144). L'Empire ottoman envoie des troupes égyptiennes qui chassent les Saoud et détruisent Dariya, leur capitale, en 1818.
Un deuxième État saoudien se reforme en 1824, avec pour capitale Riyad, mais il est annihilé par une famille rivale en 1891.
En 1902, Abdelaziz al-Saoud reprend pourtant pied dans son fief. En s'alliant aux Britanniques contre les Ottomans pendant la Première Guerre mondiale, il obtient la reconnaissance de sa souveraineté sur le Najd et le Hijaz. En 1932, la naissance de l'Arabie saoudite est proclamée.

« La plupart des musulmans […] sont retournés aux ténèbres préislamiques. Ignorants, à la merci de potentats égarés, privés de la lumière de la bonne direction, ils ont tourné le dos au livre de Dieu, imitant ainsi la coutume de leurs ancêtres. Ils ont alors adoré des marabouts, morts et vivants, ils ont vénéré des arbres et ont substitué à Dieu de nouvelles idoles. »

Husayn ibn Ghanam (disciple d'Ibn al-Wahhab, mort en 1810), *Tarikh Najd* (*L'Histoire du Najd*).

1550 | 1600 | 1650 | 1700 | 1750 | 1800

Empire safavide

Empire moghol

1762

Le protestant Jean Calas est supplicié pour crime de religion

Dans un siècle gagné par les idées de tolérance et de raison, la condamnation à mort de Jean Calas par le parlement de Toulouse apparaît comme l'ultime expression du fanatisme religieux. Elle inspire à Voltaire, qui obtient la réhabilitation de l'accusé, le *Traité sur la tolérance*.

Un crime de religion ?

Le 13 octobre 1761, le jeune Marc-Antoine Calas est retrouvé mort par strangulation dans la maison paternelle à Toulouse. La famille cherche à dissimuler ce qui semble être un suicide, alors condamné par l'Église. De confession protestante, le père, Jean, est rapidement suspecté d'avoir assassiné son fils qui s'apprêtait à abjurer sa religion pour le catholicisme.

Arrêté, soumis à la question, Jean Calas crie en vain son innocence. Le 10 mars 1762, reconnu coupable par le parlement de Toulouse du meurtre de son fils, crime aggravé par son caractère religieux, il est condamné à être rompu vif, étranglé et son corps jeté au bûcher.

Voltaire s'en mêle

Informé de l'affaire, Voltaire prend fait et cause pour Jean Calas, qu'il présente comme un martyr de l'intolérance. Pendant trois ans, le philosophe mène une campagne virulente contre le parlement de Toulouse qu'il accuse d'avoir commis une erreur judiciaire et de s'être laissé influencer par le fanatisme antiprotestant entretenu par l'Église catholique. En décembre 1763, il publie le *Traité sur la tolérance*.

Six mois plus tard, le Conseil du roi casse le jugement et, l'année suivante, le parlement de Paris réhabilite Jean Calas et restitue ses biens à sa famille.

La lutte pour la tolérance au siècle des Lumières

L'affaire Calas met en évidence une nouvelle conception de la tolérance, devenue une valeur à défendre au XVIIIe siècle. Les protestants, bien qu'interdits de culte depuis la révocation de l'édit de Nantes (▶ p. 270), bénéficient de ce nouveau climat et d'une relative liberté dans le royaume.

Il n'en reste pas moins que la crainte d'un réveil du « parti » réformé, et des guerres qui pourraient en découler, est toujours latente. Le sentiment antiprotestant fait ainsi des réapparitions sporadiques. Il faut attendre l'édit de tolérance de 1787 pour que les réformés de France obtiennent un état civil et le droit d'exister dans le royaume sans y être troublés sous le prétexte de religion.

Occident

1400 1450 1500 1550

Voyages de découverte

Épanouissement de l'humanisme

Réforme

Contre-Réforme

Guerres de religion en Europe

Pour la réhabilitation de Jean Calas

En 1764, la veuve et les enfants Calas reçoivent, à la prison de la Conciergerie, l'annonce de la révision du verdict ayant entraîné l'exécution de Jean. Cette gouache a servi d'original pour une gravure vendue en soutien à la famille Calas.

Louis Carrogis, dit Louis de Carmontelle, *La Malheureuse Famille Calas*, lavis de sanguine, pierre noire, rehauts de gouache, 48,5 × 37,2 cm, 1761 (Musée du Louvre, Paris).

« Toute la jeunesse du parlement de Toulouse est devenue philosophe [...] mais les vieux sont encore des druides barbares. »

Lettre de Voltaire, 1770.

Le déisme ou la religion naturelle

La philosophie des Lumières affirme le primat de la raison sur la foi et remet en cause la Révélation ainsi que l'emprise de l'Église. Les attaques contre les jésuites (► p. 242) sont particulièrement violentes et entraînent la suppression de la Compagnie de Jésus par le pape Clément XIV en 1773. Opposés au fanatisme religieux, les philosophes n'en sont pas pour autant athées. Comme beaucoup de ses contemporains, Voltaire se définit comme déiste, c'est-à-dire qu'il croit en l'existence d'un Être suprême, « horloger de l'univers », mais réfute toute idée de providence, de péché originel, de dogmes et d'Églises. À la religion révélée et surnaturelle, les déistes opposent une religion naturelle, voire laïque, dont se réclame Maximilien de Robespierre lors de l'instauration du culte de l'Être suprême en 1793 (► p. 288).

600	1650	1700	1750	1800

Lumières

Réveil protestant

Patriarcat de Moscou

1771

Anquetil-Duperron traduit en français l'Avesta attribué à Zoroastre

L'orientaliste Abraham Hyacinthe Anquetil-Duperron met à disposition des savants européens des textes sacrés du zoroastrisme et de l'hindouisme.

Un aventurier érudit en Orient

Destiné au départ à une carrière ecclésiastique, le jeune Abraham Hyacinthe Anquetil-Duperron étudie l'arabe et le persan dans l'espoir de devenir interprète. À 23 ans, il s'engage comme soldat de la Compagnie française des Indes orientales afin de parcourir l'Inde et d'y étudier les langues indiennes et iraniennes.

À Surate, grand port de l'ouest de l'Inde où vit une importante communauté parsie (nom indien des zoroastriens), il s'initie à l'avestique, langue iranienne ancienne dans laquelle est rédigé l'Avesta, le livre sacré du zoroastrisme (► p. 54). Introduit auprès de dignitaires parsis, il parvient à surmonter leurs réticences et se fait montrer les manuscrits, expliquer leur écriture et dicter leur contenu.

Le pionnier de l'orientalisme français

Anquetil-Duperron passe le reste de sa vie à étudier les manuscrits zoroastriens et brahmaniques. En 1771 paraît sous le titre de *Zend-Avesta* la relation de son expédition à Surate, suivie de sa traduction en français de l'Avesta. On lui doit également l'*Oupnek' hat* (1802), première traduction d'une cinquantaine d'Upanishad, les textes spéculatifs du brahmanisme (► p. 66).

Pionnier de l'orientalisme français, Anquetil-Duperron est aussi un défenseur de l'Inde libre et un précurseur de l'anticolonialisme.

La réception ambiguë de ses traductions

À la fin du XVIIIe siècle, la figure de Zoroastre fascine les philosophes encyclopédistes qui voient dans l'enseignement du mage perse la preuve que la tradition chrétienne n'a pas le monopole de la révélation monothéiste. Cependant, le texte du *Zend-Avesta*, peu philosophique et surtout riche de recettes liturgiques, déçoit leur attente. Anquetil-Duperron est en butte aux sarcasmes, accusé de s'être laissé duper par des prêtres parsis faussaires.

Il faut attendre le travail de traduction d'Eugène Burnouf, qui publie de 1829 à 1843 le *Vendidad Sadé*, pour que le zoroastrisme échappe au domaine de la querelle philosophique et devienne objet de science et de philologie.

Occident

1400 — 1450 — 1500 — 1550

Voyages de découverte

Épanouissement de l'humanisme

Réforme

Contre-Réforme

Guerres de religion en Europe

Les funérailles des zoroastriens dans le regard occidental du XVIIIe siècle

Le regard orientaliste préscientifique s'intéresse aux religions de l'Orient proche ou lointain sous l'angle de leurs textes fondateurs et valorise le passé de ces civilisations au détriment de leur état présent considéré comme décadent. La fascination pour un Orient souvent fantasmé s'exprime également dans la littérature et les arts européens.

Eau forte extraite de Gottlieb Tobias Wilhelm, *Encyclopédie d'histoire naturelle*, article « Humanité », 1804 (Collection privée).

« L'Oupnek'hat est la lecture la plus enrichissante, la plus exaltante qui soit au monde. Elle a été la consolation de ma vie et le sera encore à l'heure de ma mort. »

Arthur Schopenhauer, *Parerga et Paralipomena*, 1851.

Les enjeux de la traduction des textes religieux asiatiques

Les premières tentatives pour traduire les textes religieux de la Perse antique, de l'Inde et de la Chine sont souvent le fait de missionnaires catholiques ou protestants qui veulent comprendre les pensées non chrétiennes afin de prouver la supériorité de leur propre religion sur le paganisme.

De la fin du XVIIe siècle au début du XIXe siècle, des précurseurs comme William Jones en Angleterre ou Anquetil-Duperron posent les jalons d'une connaissance plus scientifique de ces textes.

À partir des années 1830, les méthodes philologiques et la critique des sources s'affirment : les études orientalistes modernes sont nées et les contours de chaque tradition religieuse se précisent. Néanmoins, tout au long du XIXe siècle, philosophes et essayistes se saisissent des religions d'Asie pour en faire un argument de défense ou d'attaque face au christianisme.

600	1650	1700	1750	1800

Lumières

Réveil protestant

Patriarcat de Moscou

السلام
МИР
PAIX
和平

L'époque contemporaine

Du XVIIIe siècle à nos jours

Entre le XIXe et le XXIe siècle, de profondes transformations politiques, économiques et sociales placent les religions face à de nouveaux questionnements. Les progrès du rationalisme et du libéralisme menacent le magistère des Églises. Pour autant, à l'orée du XXIe siècle, le retour du religieux prend des formes multiples.

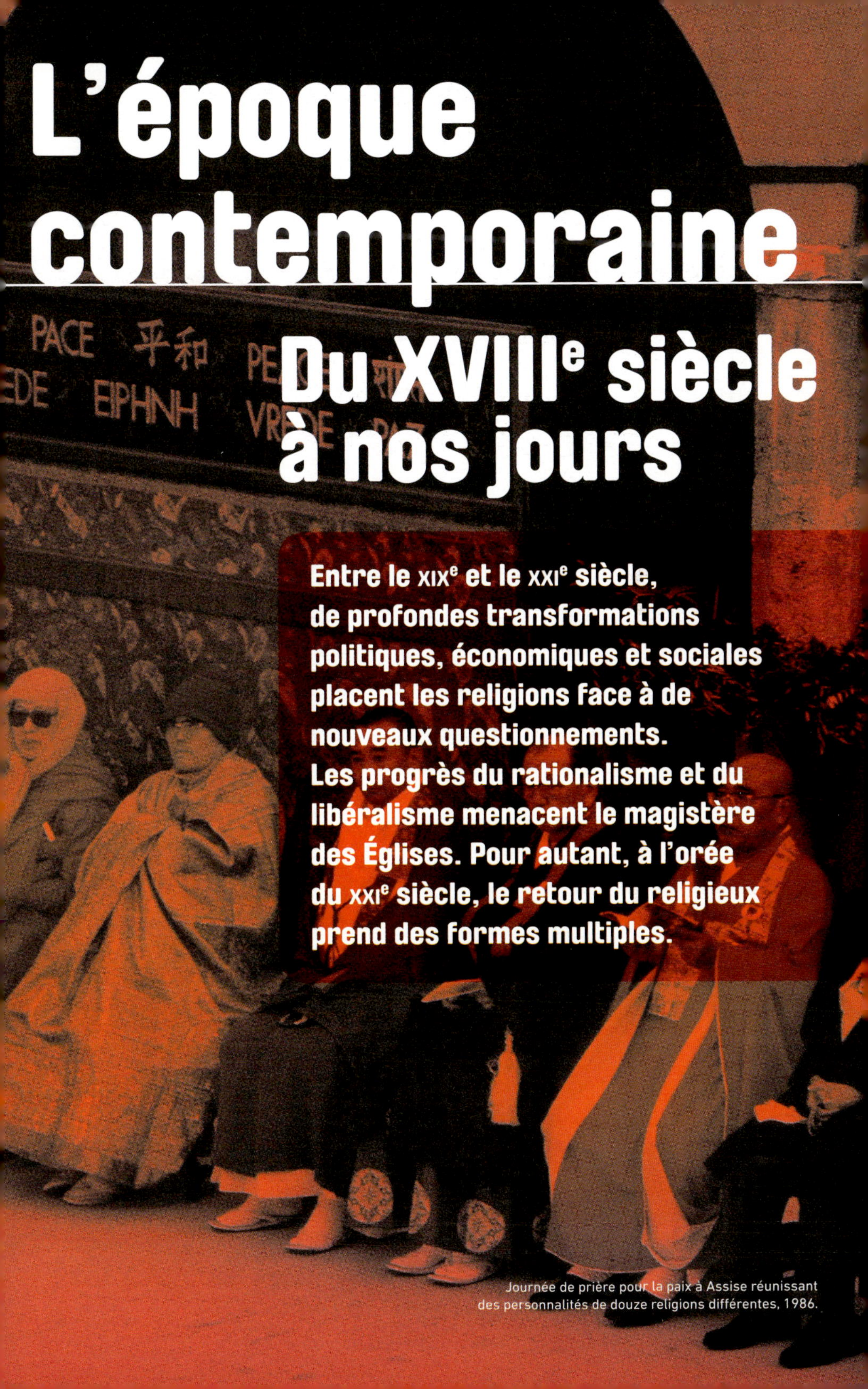

Journée de prière pour la paix à Assise réunissant des personnalités de douze religions différentes, 1986.

La sécularisation progressive des sociétés occidentales

En Occident, au XIXe siècle, l'essor du libéralisme, les mutations sociales induites par l'industrialisation et la révolution scientifique accélèrent le déclin des pratiques religieuses. L'idée de laïcité accompagne la sécularisation des sociétés. Ce phénomène perdure et s'accélère dans la deuxième moitié du XXe siècle, marqué par une individualisation du religieux.
Pour autant, le développement de nouvelles formes de piété et de nouvelles religions, notamment aux États-Unis, ne se tarit pas et traduit les inquiétudes devant les mutations des sociétés. Parallèlement, la colonisation s'accompagne d'un nouvel élan missionnaire en Afrique et en Asie.
La crainte de la déchristianisation suscite des initiatives en direction des milieux populaires gagnés par les idéologies matérialistes. Le christianisme social, apparu au XIXe siècle, critique les conséquences du libéralisme. Au XXe siècle, cette préoccupation se prolonge dans l'action syndicale et politique et perdure dans le magistère moral que les Églises entendent jouer dans les sociétés contemporaines.

La recomposition du monde juif

Le mouvement juif des Lumières promeut l'entrée des populations juives dans la modernité et une plus grande intégration des juifs dans les sociétés environnantes. Il se traduit par un processus d'émancipation et entraîne l'émergence d'un judaïsme progressiste. Cependant, les préjugés antisémites ne disparaissent pas. À la fin du XIXe siècle, l'aire culturelle ashkénaze est touchée par des massacres de grande ampleur,

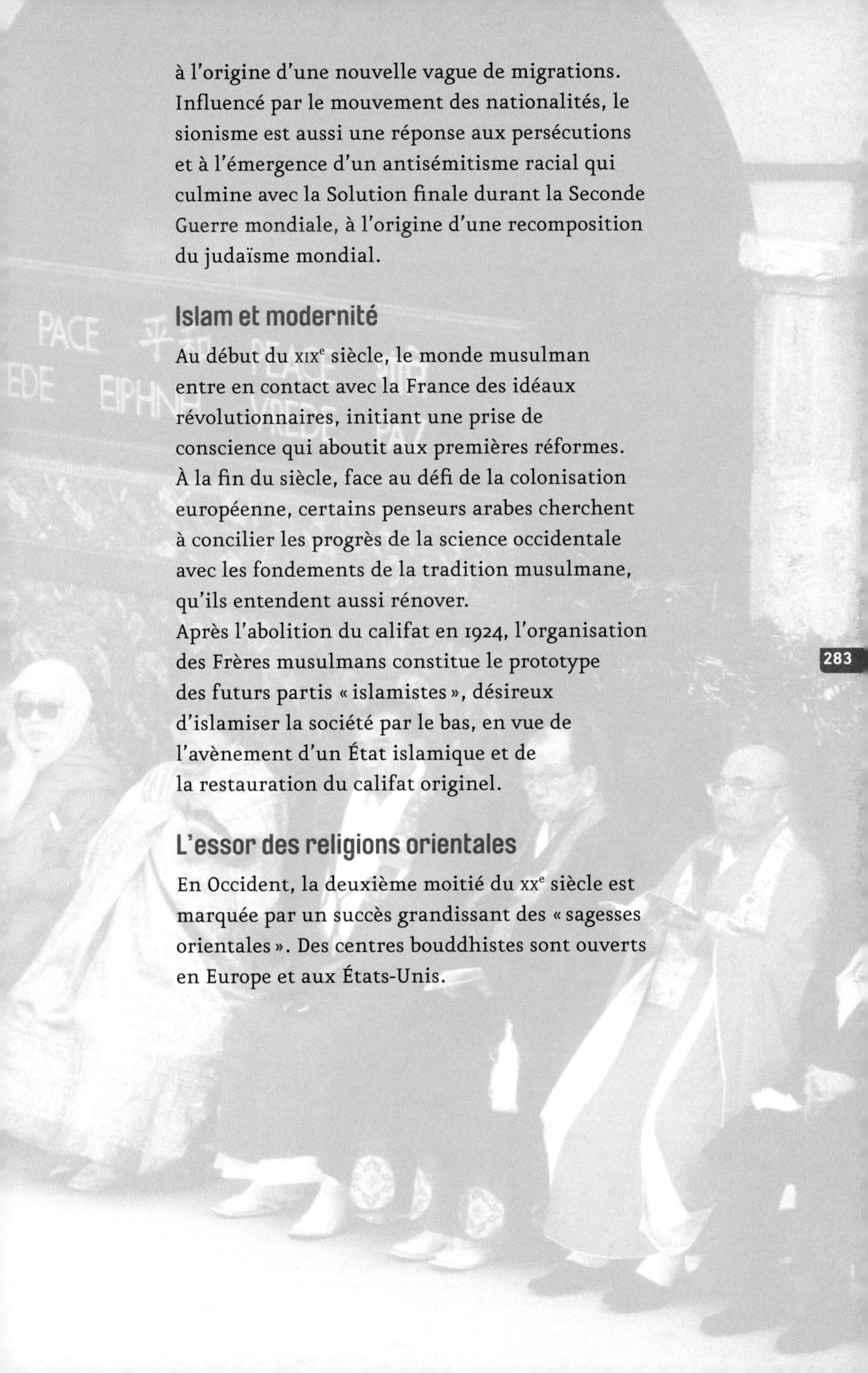

à l'origine d'une nouvelle vague de migrations. Influencé par le mouvement des nationalités, le sionisme est aussi une réponse aux persécutions et à l'émergence d'un antisémitisme racial qui culmine avec la Solution finale durant la Seconde Guerre mondiale, à l'origine d'une recomposition du judaïsme mondial.

Islam et modernité

Au début du XIXe siècle, le monde musulman entre en contact avec la France des idéaux révolutionnaires, initiant une prise de conscience qui aboutit aux premières réformes.
À la fin du siècle, face au défi de la colonisation européenne, certains penseurs arabes cherchent à concilier les progrès de la science occidentale avec les fondements de la tradition musulmane, qu'ils entendent aussi rénover.
Après l'abolition du califat en 1924, l'organisation des Frères musulmans constitue le prototype des futurs partis « islamistes », désireux d'islamiser la société par le bas, en vue de l'avènement d'un État islamique et de la restauration du califat originel.

L'essor des religions orientales

En Occident, la deuxième moitié du XXe siècle est marquée par un succès grandissant des « sagesses orientales ». Des centres bouddhistes sont ouverts en Europe et aux États-Unis.

1791
Décret sur les droits civils et politiques des juifs de France

1801
Concordat entre la France et le Saint-Siège

1854
Dogme de l'Immaculée Conception

1903
Pogrom de Kichinev

1897
Fondation de la mission Ramakrishna

1891
Encyclique *Rerum novarum*

1888
Arrivée de missionnaires belges au Congo

1800 | 1820 | 1840 | 1860 | 1880 | 1900

1789-1799
Révolution française

1848
Printemps des peuples et progression des idées libérales en Europe

1800-1914
Industrialisation et émigration européenne dans le monde

1830-1914
Colonisation de l'Afrique et de l'Asie par les puissances européennes

1868
Adoption du shinto comme religion d'État au Japon

1794
Culte de l'Être suprême en France

1878
Création de l'Armée du salut

1897
Adoption d'un programme pour la création d'un État juif

1899
Muhammad Abduh devient grand mufti d'Égypte

1905
Loi de séparation des Églises et de l'État en France

06
issance du pentecôtisme

1915
Génocide des Arméniens

1928
Fondation des Frères musulmans

1957
Croisade évangélique de Billy Graham

1965
Deuxième concile œcuménique du Vatican

2013
Déplacement du pape François à Lampedusa

1920 | 1940 | 1960 | 1980 | 2000 | 2020

1914-1918
Première Guerre mondiale

1939-1945
Seconde Guerre mondiale

1945-2018
Mondialisation et triomphe du libéralisme

1945-1975
Décolonisation

1947-1991
Guerre froide

1924
Avènement d'une république laïque en Turquie

1942
Mise en place de la Solution finale

1948
Création de l'État d'Israël

1950
Création de l'organisation mondiale des bouddhistes

1966
Fondation du mouvement « Hare Krishna »

1979
Révolution islamique en Iran

2001
Attentats du 11 septembre 2001

1791

Tous les juifs de France deviennent des citoyens

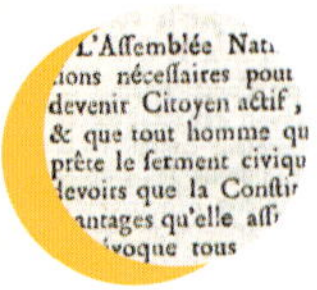
L'Affemblée Nati
ions néceffaires pour
devenir Citoyen actif,
& que tout homme qu
prête le ferment civiqu
levoirs que la Conftit
ntages qu'elle aff
voque tous

Soumis à des statuts d'infériorité durant des siècles, les juifs accèdent progressivement, en Europe, à l'égalité des droits avec leurs concitoyens. Ce processus d'intégration transforme profondément, et de façon inédite, la vie juive.

Des citoyens à part entière

À la veille de la Révolution, les « nations juives » de France sont encore soumises à des statuts variés. L'édit de tolérance de Louis XVI, publié en 1787 (► p. 276), permet aux populations non catholiques de bénéficier de l'état civil. Puis, le 28 janvier 1790, les juifs sépharades du Sud-Ouest et Avignonnais accèdent à la qualité de citoyens actifs. Par un décret daté du 27 septembre 1791, l'émancipation est étendue à l'ensemble des juifs du pays qui obtiennent alors la pleine égalité de droits.

> *« Il faut tout refuser aux juifs comme nation et tout accorder aux juifs comme individus […] il faut qu'ils soient individuellement citoyens. »*
>
> Stanislas de Clermont-Tonnerre, discours à l'Assemblée nationale, séance du 23 décembre 1789.

Vers l'émergence d'un « franco-judaïsme »

Si le Premier Empire réintroduit le serment *more judaico* – littéralement « à la manière juive », c'est-à-dire prononcé la tête couverte, sur la Bible hébraïque – (► p. 293), toutes les mesures discriminatoires sont supprimées sous la Restauration et la monarchie de Juillet.

Dans ce contexte, la séparation entre le politique et le religieux permet aux juifs d'entrer pleinement dans la nation française. Elle les amène également, à partir de la deuxième moitié du XIXe siècle, à revendiquer une convergence entre les valeurs de la France issues de la Révolution et celles du judaïsme. Le « franco-judaïsme », combine ainsi un attachement très fort à la patrie et à la tradition religieuse.

Un monde juif européen bouleversé

Parallèlement, dans les pays d'Europe orientale touchés par les Lumières, les juifs participent à la modernisation économique et sociale. Les guerres napoléoniennes étendent l'émancipation qui, malgré le reflux français, rejaillit dans les décennies qui suivent.

Si une partie des juifs, à l'exemple de Moses Mendelssohn, plébiscitent ce mouvement, d'autres dénoncent un risque d'assimilation. Vers 1870, la plupart des États européens ont émancipé leurs populations juives, même si, en Russie, il faut attendre la révolution de 1917.

1800 | 1820 | 1840 | 1860 | 1880 | 1900

Révolution française
Printemps des peuples
Industrialisation et émigration européenne
Colonisation

Décret qui révoque tous ajournemens, réſerves & exceptions inſérés dans les Décrets, relativement aux individus Juifs qui prêteront le ſerment civique.

Du 27 Septembre 1791.

L'Aſſemblée Nationale, conſidérant que les conditions néceſſaires pour être Citoyen français, & pour devenir Citoyen actif, ſont fixées par la Conſtitution, & que tout homme qui, réuniſſant leſdites conditions, prête le ſerment civique, & s'engage à remplir tous les devoirs que la Conſtitution impoſe, a droit à tous les avantages qu'elle aſſure :

Révoque tous ajournemens, réſerves & exceptions inſérés dans les précédens Décrets relativement aux individus Juifs qui prêteront le ſerment civique, qui ſera regardé comme une renonciation à tous priviléges & exceptions introduits précédemment en leur faveur.

Sanctionné le 13 Novembre.

Décret sur les droits civils et politiques des juifs (27 septembre 1791)

L'émancipation des juifs par l'Assemblée constituante a été précédée, dès avant la Révolution, par des débats portant sur leur accès à la citoyenneté. L'un des principaux défenseurs de la cause émancipatrice est l'abbé Grégoire, élu aux états généraux puis à l'Assemblée constituante, où ne figure aucun représentant juif.

Archives départementales de Meurthe-et-Moselle.

Moses Mendelssohn

Philosophe juif allemand, grand érudit, chantre de la tolérance et du dialogue inter-religieux, Moses Mendelssohn (1729-1786) fut le défenseur de l'émancipation et le premier traducteur de la Bible en langue germanique.

Anton Graff, huile sur toile, 65 × 53 cm, 1771 (Université de Leipzig).

La Haskalah (« éducation », « culture »)

Ce mouvement juif des Lumières naît à la fin du XVIIIe siècle en Europe centrale et occidentale, dans le contexte de l'émancipation, et s'étend, dans la deuxième moitié du XIXe siècle, aux communautés d'Europe orientale, des Balkans et d'Afrique du Nord. Les *maskilim* (les tenants de la Haskalah) défendent l'entrée des populations juives dans la modernité par une meilleure intégration dans les sociétés environnantes, l'usage des langues des pays dans lesquels elles vivent, l'éducation au judaïsme mais aussi aux matières profanes. Ils promeuvent la *Wissenschaft des Judentums* (c'est-à-dire l'approche scientifique du judaïsme), mais aussi le développement d'une littérature sécularisée. Sur le plan religieux, la Haskalah influence un courant modernisateur au sein du judaïsme orthodoxe, animé notamment par Samson Raphaël Hirsch (1808-1888). Elle facilite surtout l'émergence d'un judaïsme progressiste, appelé aussi judaïsme réformé ou judaïsme libéral, né en Allemagne au XIXe siècle autour d'Abraham Geiger (1810-1874) et qui revendique une adaptation doctrinale et rituelle de la religion aux contraintes de l'époque.

1920 1940 1960 1980 2000 2020

Mondialisation

Décolonisation

Première Guerre mondiale

Seconde Guerre mondiale

1794

La Convention adopte le culte de l'Être suprême

En France, la Révolution entame à partir de 1792 une entreprise de déchristianisation, en même temps qu'elle impose la création d'un nouveau culte civique.

De la laïcisation à la déchristianisation

Dès le début de la Révolution, la nationalisation des biens du clergé en novembre 1789 crée une fracture entre le nouveau pouvoir et l'Église catholique. Elle s'aggrave avec la constitution civile du clergé de juillet 1790 qui prévoit la subordination des évêques et des curés à l'État. Dès lors, le clergé se divise entre « constitutionnels » et « réfractaires ».

Avec la proclamation de la République le 21 septembre 1792, les révolutionnaires entament une politique de laïcisation : adoption du calendrier républicain, diffusion de catéchismes civiques, culte des martyrs de la liberté.

La religion de l'Être suprême ou le triomphe de l'ordre jacobin

Le 18 floréal an II (7 mai 1794), à l'instigation de Maximilien de Robespierre, la Convention met en place par décret un culte à l'Être suprême auquel sont associées plusieurs fêtes révolutionnaires : 14 juillet 1789, 10 août 1792, 21 janvier 1793, 31 mai 1793.

Dans son discours, Robespierre présente alors le nouveau culte comme l'expression de la religion naturelle (► p. 277) et reprend la conception rousseauiste d'une religion civile. Celle-ci vise à donner une morale au peuple, mettant en avant la vertu et l'intérêt général.

La sacralisation du politique

Religion sans dieu révélé ni dogme, elle opère cependant un transfert de religiosité symbolisé par le recours à des textes sacrés (catéchisme républicain) et des cérémonies collectives autour d'autels de la patrie. C'est ainsi que le 8 juin 1794 se déroule aux Tuileries la fête de l'Être suprême.

> *« L'idée de l'Être suprême et de l'immortalité de l'âme est un rappel continuel à la justice : elle est donc sociale et républicaine [...]. »*
>
> Maximilien de Robespierre, discours du 18 floréal an II.

La nouvelle religion ne survit cependant pas à la chute de Robespierre et de ses partisans, les Montagnards, en juillet 1794 ; et les églises sont rendues au culte catholique en 1795.

Fête de l'Être suprême au Champ-de-Mars le 20 prairial an II (8 juin 1794)

Organisée par le peintre Jacques-Louis David, la cérémonie débute aux Tuileries où Robespierre met le feu à la statue de l'Athéisme, dévoilant l'effigie de la Sagesse. La fête se termine au Champ-de-Mars où ont été édifiés une montagne symbolique, une colonne, quatre tombeaux étrusques, une pyramide, un temple grec et un autel.

Thomas Charles Naudet, aquarelle, gouache et pastel sur traits de plume et mine de plomb, 73 × 48,5 cm, 1793 (Musée Carnavalet, Paris).

Déchristianisation et vandalisme antireligieux

Les premières initiatives de fermeture d'églises sont le fait de représentants en mission ou de comités de surveillance. La campagne de déchristianisation varie selon les régions, mais elle bat son plein de septembre 1793 à septembre 1794. Le culte catholique est interdit, les cérémonies supprimées, les églises transformées en temples de la Raison. Parallèlement, des mascarades antireligieuses, fêtes populaires profanes, sont l'occasion de violences contre le clergé, notamment lors de mariages forcés entre prêtres et religieuses. La haine du catholicisme se manifeste également par des actes de vandalisme – terme forgé en 1794 par l'abbé Grégoire pour dénoncer les violences : cloches fondues, destruction des reliques, profanation des tombeaux royaux de la basilique de Saint-Denis.

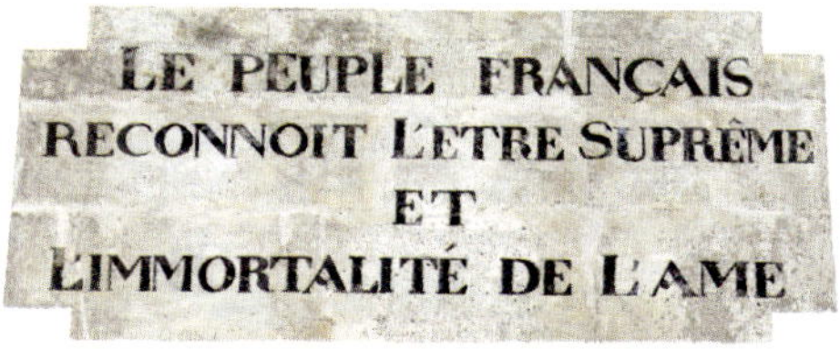

Inscription sur le portail nord de la cathédrale de Clermont-Ferrand

1798

Bonaparte prétend apporter en Égypte les lumières de l'Occident

La conquête de l'Égypte par le jeune général Bonaparte met le monde musulman en contact avec la France des Lumières et les idéaux révolutionnaires. Malgré des rapports conflictuels, des échanges ont lieu entre Orient et Occident.

Le rêve oriental de Bonaparte

En 1798, Napoléon Bonaparte, alors général du Directoire, entend conquérir l'Égypte afin de rétablir le commerce avec le Levant et barrer la route des Indes aux Britanniques. Celui qui se voit comme le nouvel Alexandre est aussi porté par un rêve de réunification de l'Orient et de l'Occident.

Partie de Toulon le 19 mai, l'armée française, forte de 35 000 hommes, débarque à Alexandrie et s'empare de la ville sans difficultés. Le 21 juillet, les Mamelouks, soldats d'élite du *bey* qui gouverne le pays au nom des Ottomans (► p. 238), sont écrasés à la bataille des Pyramides. Le Caire tombe alors aux mains des Français.

Imposer la République aux Égyptiens

Une nouvelle administration est mise en place avec la contribution de certains oulémas (élites religieuses) de la mosquée al-Azhar. Bonaparte prétend libérer l'Égypte du despotisme ottoman en lui apportant les lumières du progrès. Fidèle à l'idée révolutionnaire de l'Être suprême comme dieu universel (► p. 288), il n'hésite pas à se dire musulman et à adopter les coutumes locales. Il impose cependant au pays une domination implacable lorsque les habitants se révoltent, le 21 octobre.

Après l'échec de son expédition en Syrie, Bonaparte retourne en France en août 1799. Le général Jean-Baptiste Kléber le remplace alors et tient tête aux Turcs qui prêchent le *djihad* (► p. 175) contre cette nouvelle croisade. En revanche, son successeur ne résiste pas face aux attaques des Britanniques et les dernières troupes françaises quittent l'Égypte en août 1801.

> *« Peuple de l'Égypte, on vous a dit que je ne suis venu ici que pour détruire votre religion. […] Dites à ces diffamateurs que je ne suis venu chez vous que pour arracher vos droits des mains des tyrans et vous les restituer, et que, plus que les mamelouks, j'adore Dieu et respecte Son Prophète et le Coran. Dites-leur aussi que tous les hommes sont égaux devant Dieu […]. »*

Déclaration de Napoléon Bonaparte au peuple égyptien à Alexandrie, juillet 1798.

1800 · 1820 · 1840 · 1860 · 1880 · 1900

Révolution française
Printemps des peuples
Industrialisation et émigration européenne
Colonisation

Napoléon Bonaparte à la mosquée al-Azhar, au Caire

Cette peinture orientaliste représente une scène fictive, l'entrée à cheval du général Bonaparte dans la Grande mosquée al-Azhar. Celle-ci a été le siège de la révolte du mois d'octobre 1798 contre les Français, qui n'hésitent pas alors à la faire bombarder et à la piller.

Henri-Léopold Lévy, huile sur toile, vers 1890 (Musée des Beaux-Arts, Mulhouse).

L'Orient et les Lumières

À bord des navires de l'armée d'Égypte, embarque aussi un grand nombre de savants de l'Institut, chargés d'étudier le pays. Leurs travaux aboutissent à la monumentale *Description de l'Égypte* qui contribue à l'essor de l'orientalisme savant (► p. 278). Sur place, des lettrés, comme Abd al-Rahman al-Jabarti qui tient un journal durant l'occupation française, admirent la curiosité encyclopédique et les connaissances scientifiques et technologiques des Occidentaux. Après l'échec de Bonaparte, le nouveau gouverneur nommé par Istanbul en 1804, Muhammad Ali, prend acte de cette avance occidentale. Il entreprend alors de moderniser l'Égypte tant sur le plan économique (extension de l'irrigation, développement de l'industrie et du commerce) que politique et social (réforme de l'administration, création d'écoles).

Rifaa al-Tahtawi, un imam à Paris

Rifaa al-Tahtawi (1801-1873) participe en tant qu'imam à une mission d'étude égyptienne envoyée en France par Muhammad Ali entre 1826 et 1831. Il raconte son séjour dans *L'Or de Paris* où il appelle à réconcilier la religion et la « loi naturelle », dont découlent les sciences. Il critique cependant la tiédeur religieuse des Parisiens et leur culte de la raison.

1801

Bonaparte signe un **concordat** avec Rome

Entre 1801 et 1808, Napoléon Bonaparte réaménage les relations entre l'État et la religion, mises à mal pendant la Révolution française. Ne se limitant pas au culte catholique, cette réorganisation prend en compte la diversité confessionnelle.

La rupture avec la période révolutionnaire

La chute de Maximilien de Robespierre et la mise en place du Directoire en 1795 n'améliorent guère les rapports entre l'État et l'Église catholique (► p. 288). Au lendemain du coup d'État du 18 brumaire (9 novembre 1799), Napoléon Bonaparte voit dans un compromis avec Rome un élément essentiel de la réconciliation nationale et du retour à l'ordre.

Profitant de l'avènement du pape Pie VII en 1800, Bonaparte engage des négociations avec les cardinaux Ercole Consalvi et Giuseppe Spina en vue de la conclusion d'un concordat, c'est-à-dire une convention réglant les rapports entre l'État et la papauté.

Le concordat de 1801

Les discussions durent 13 mois et voient les deux parties faire des concessions communes : la France abandonne la constitution civile du clergé et Rome reconnaît la nationalisation des biens de l'Église. Le catholicisme devient « la religion de la majorité des Français », et non plus celle de l'État, ce qui légitime l'existence d'autres confessions et jette les bases d'une laïcisation des pouvoirs publics.

L'exercice du culte est réorganisé : le nombre des diocèses est réduit de moitié ; le gouvernement nomme les évêques, que le pape investit religieusement ensuite ; les prêtres reçoivent un traitement de l'État et lui prêtent serment de fidélité. Le compromis est très favorable aux vues françaises, mais Pie VII l'accepte, non sans réticences, pour rétablir en France la paix religieuse.

Contrôler toutes les religions

En revanche, le pape refuse de reconnaître les articles organiques que le ministre des Cultes Jean-Étienne-Marie Portalis ajoute une fois le Concordat signé. Ceux-ci sont révélateurs des vraies intentions du pouvoir, à savoir placer le clergé et l'exercice de la religion sous le contrôle de l'État, quelle que soit la confession concernée. Au grand dam du pape, les protestants puis les juifs bénéficient ainsi des mêmes prérogatives que l'Église romaine.

Sans tenir compte des réserves de Rome, les assemblées du Consulat votent la totalité des textes le 8 avril 1802.

1800 | 1820 | 1840 | 1860 | 1880 | 1900

Révolution française
Printemps des peuples
Industrialisation et émigration européenne
Colonisation

La Signature du Concordat entre la France et le Saint-Siège, le 15 juillet 1801

De part et d'autre du Premier consul Bonaparte, figurent deux des négociateurs : à gauche son frère Joseph, à droite le cardinal Spina ; en arrière, le ministre Portalis.

François Gérard, lavis bistre, rehauts de blanc, 60 × 40 cm, 1801 (Musée du château de Versailles).

Le Premier Empire et les juifs de France

En 1807, Napoléon Ier réunit un Grand Sanhédrin chargé de juger des propositions élaborées, un an plus tôt, par une assemblée de notables juifs convoquée en vue de s'assurer de la compatibilité du judaïsme avec les règles du Code civil. Puis, en 1808, l'empereur institue le Consistoire central israélite de France, relayé par des consistoires départementaux, qui a vocation à administrer le culte des Français de confession israélite. L'autorité des rabbins y est soumise à celle des représentants laïcs des communautés. Cette organisation centralisée, étrangère au fonctionnement traditionnel du judaïsme, perdure de nos jours, assurant la représentation des juifs auprès des autorités de l'État. Elle masque cependant la pluralité religieuse contemporaine, certains courants, comme le judaïsme libéral (► p. 287) ou le judaïsme ultra-orthodoxe (► p. 263), n'y étant pas représentés.

1920 1940 1960 1980 2000 2020

Mondialisation

Décolonisation

Première Guerre mondiale **Seconde Guerre mondiale**

1854

Pie IX proclame le dogme de l'Immaculée Conception

Résultat de siècles de débats théologiques, la bulle papale *Ineffabilis Deus* établit que la Vierge a été préservée du péché originel. Cette affirmation accompagne le développement de la dévotion populaire à la Vierge.

Une croyance médiévale

La virginité de la mère du Christ a été reconnue lors du concile de Nicée (► p. 106). Selon ce dogme, Jésus n'a pas été marqué par le péché originel qui, pour saint Augustin notamment (► p. 114), entache toute naissance.

L'idée selon laquelle la conception de Marie aurait elle aussi été immaculée – c'est-à-dire littéralement « sans tache » – émerge à partir du VIIIe siècle dans l'Église byzantine. Elle se diffuse ensuite en Occident où s'opposent, à partir du XIIe siècle, « immaculistes » et « maculistes ».

Malgré les débats liturgiques et dogmatiques, la fête grecque de la conception de la Vierge vient s'ajouter aux différentes fêtes mariales : elle est célébrée à travers la chrétienté le 8 décembre (soit 9 mois avant la naissance de Marie) et une solennité particulière lui est octroyée au fil des siècles. Néanmoins, une telle conception n'a pas de fondements doctrinaux : elle n'est en effet pas attestée par la Bible.

Des apparitions et des miracles

Au XIXe siècle, les témoignages attestant d'apparitions mariales se multiplient. Ainsi Catherine Labouré, novice de la compagnie des Filles de la charité, affirme en 1830 avoir eu, rue du Bac à Paris, une vision de la Vierge immaculée auréolée de l'invocation : « Ô Marie, conçue sans péché, priez pour nous qui avons recours à vous. » Figure et inscription sont alors reproduites sur une « médaille miraculeuse » frappée à des milliers d'exemplaires.

L'élévation au rang de dogme

Pour répondre aux demandes qui lui sont adressées afin de reconnaître officiellement l'Immaculée Conception, le pape Pie IX met en place en 1848 deux commissions, l'une composée de théologiens, l'autre de cardinaux. Parallèlement, il consulte l'ensemble des évêques par le biais de l'encyclique *Ubi primum* publiée le 2 février 1849.

Suite aux avis positifs de ces différentes instances, Pie IX promulgue le 8 décembre 1854 la bulle *Ineffabilis Deus* par laquelle il fait de l'Immaculée Conception de la Vierge un dogme.

1800 1820 1840 1860 1880 1900

Révolution française

Printemps des peuples

Industrialisation et émigration européenne

Colonisation

« Nous déclarons, prononçons et définissons que la doctrine, qui tient que la bienheureuse Vierge Marie a été, au premier instant de sa conception, par une grâce et une faveur singulière du Dieu tout-puissant, en vue des mérites de Jésus-Christ, Sauveur du genre humain, préservée intacte de toute souillure du péché originel, est une doctrine révélée de Dieu [...]. »

Bulle *Ineffabilis Deus*, 1854.

L'Immaculée Conception

La figure de la Vierge immaculée est présente dans l'art à partir de la fin du Moyen Âge. Au XVIIe siècle, nombre d'artistes espagnols, s'inspirant du texte de l'Apocalypse et du Cantique des cantiques, peignent Marie vêtue de blanc et de bleu, couronnée d'étoiles, debout sur un croissant de lune.

Francisco de Zurbarán, huile sur toile,1630 (Musée diocésain, Sigüenza).

Apparitions et cultes mariaux en France au XIXe siècle

Reflets de la prégnance du culte marial, les témoignages faisant état de visions de la Vierge se multiplient en France au XIXe siècle. Ainsi deux jeunes bergers affirment avoir vu la Vierge à La Salette (dans les Alpes) en 1846. De même, en 1858, la Vierge serait apparue à 18 reprises à Bernadette Soubirous dans la grotte de Massabielle à Lourdes et lui aurait déclaré en occitan « *Que sòi era Immaculada Concepcion* » (« Je suis l'Immaculée Conception »). Des basiliques sont alors rapidement édifiées sur les lieux des apparitions. Lourdes, dont l'eau de la source de la grotte de Massabielle est rapidement réputée miraculeuse, devient en moins de quinze ans le premier pèlerinage de France et d'Europe.

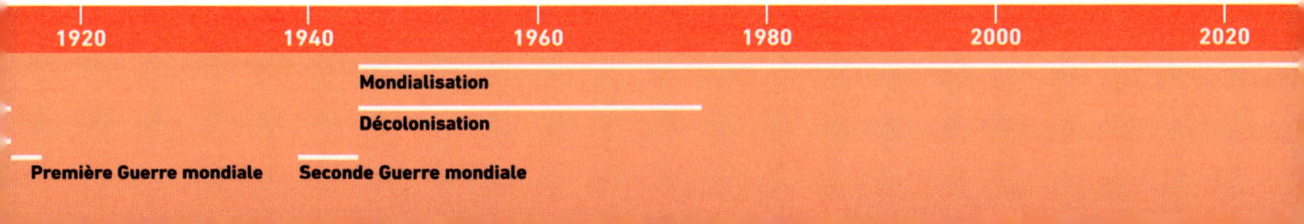

1868

L'empereur Meiji fait du shinto la religion nationale japonaise

En renversant le régime des shoguns Tokugawa, protecteurs du bouddhisme, le nouveau pouvoir constitué autour de l'empereur Meiji fait du shinto une idéologie officielle qui glorifie la nation japonaise et la dynastie impériale.

Le shinto, religion animiste du Japon

Le shinto, littéralement « la voie des *kami* », n'est pas une religion organisée, mais un ensemble de croyances et de rites relatifs aux *kami*, c'est-à-dire à tout ce qui apparaît comme une force mystérieuse ou redoutable : puissances de la nature, hommes exceptionnels ou encore certains animaux. Parmi eux, Amaterasu, *kami* du Soleil, joue un rôle prépondérant en tant qu'ancêtre de la famille impériale. Le grand sanctuaire d'Ise, qui lui est dédié, est le lieu le plus sacré du shinto et donne lieu à un important pèlerinage. Le shinto est alors étroitement imbriqué avec le bouddhisme (► p. 136).

La réforme religieuse de Meiji

En 1868, une faction nationaliste redonne à l'empereur le pouvoir effectif : c'est la restauration de Meiji (du nom de règne du nouvel empereur Mutsuhito). Les idéologues du nouveau régime entendent doter le Japon d'une religion nationale : le shinto, présenté comme le culte autochtone au détriment du bouddhisme, déclaré étranger et même persécuté pendant quelques années.

Progressivement, une religion civile centrée sur la figure impériale est instituée, le « shinto d'État », auquel tous les Japonais doivent adhérer, quelle que soit leur religion par ailleurs. Il vient se superposer aux cultes shinto traditionnels.

« Le Japon est le pays des dieux. Les ancêtres célestes en ont tout d'abord établi les fondations, la Divinité du Soleil y a assuré dans la suite des temps la succession de sa lignée. Cela n'est vrai que pour notre pays. »

Kitabatake Chikafusa, *Jinno Shotoki* (*Traité de la droite succession des dieux et des souverains*), 1339.

1800	1820	1840	1860	1880	1900

Révolution française
Printemps des peuples
Industrialisation et émigration européenne
Colonisation

L'empereur Meiji, avec sa femme et les divins ancêtres impériaux

Durant la période du shinto d'État, l'empereur, être divin, incarne l'essence de la nation japonaise. Ce triptyque représente l'empereur Meiji (assis au centre, en uniforme occidental, en compagnie de son épouse), entouré de plusieurs souverains illustres et de *kami*, dont Amaterasu portant le trésor impérial du Japon (en haut sur le panneau de droite).

Toyohara Chikanobu, estampe, 1878.

Hirohito et l'abolition du shinto d'État

Le poids du shinto d'État se renforce sous le règne de l'empereur Hirohito, notamment à partir des années 1930 lorsque le Japon se lance dans une politique de conquêtes en Asie. Il devient une arme idéologique pour exalter l'unité du peuple autour de la figure impériale : le concept de *kokutai* amalgame ainsi l'essence de la nation japonaise à la souveraineté du *tenno* (l'empereur).

Après la capitulation du Japon le 15 août 1945, les Américains imposent le démantèlement du shinto d'État et font promulguer la Constitution de 1947 qui garantit le libre exercice des cultes et interdit à l'État de patronner une quelconque religion. Le 1er janvier 1946, Hirohito, sans renoncer expressément à l'ascendance divine de la dynastie, doit déclarer officiellement erronée la croyance selon laquelle il serait un dieu à forme humaine et que le Japon aurait pour mission de gouverner le monde.

L'empereur Hirohito en tenue de prêtre du shinto d'État (1926)

1920 1940 1960 1980 2000 2020

Mondialisation

Décolonisation

Première Guerre mondiale **Seconde Guerre mondiale**

1870

Le décret Crémieux octroie la citoyenneté française aux juifs d'Algérie

Les progrès civiques et juridiques dont bénéficient les juifs français atteignent les territoires colonisés. Le monde musulman devient ainsi à son tour le théâtre d'une émancipation juive dont les effets à terme se révèlent considérables.

Deux familles juives d'Algérie

L'européanisation se fait aussi par les vêtements : les nouvelles générations abandonnent les vêtements traditionnels pour s'habiller à l'européenne.

Les familles Safar et Bouchara, v. 1900 (Musée d'art et d'histoire du judaïsme, Paris).

L'entrée dans la communauté française

Alors qu'une partie du territoire français est occupée par les armées prussiennes, le gouvernement républicain de Défense nationale prend le 24 octobre 1870 une série de décrets relatifs à l'Algérie.

À l'initiative du ministre de la Justice Adolphe Crémieux, la citoyenneté française est accordée aux quelques 35 000 juifs d'Algérie – à l'exception des habitants du Mzab, région qui n'est à cette date pas encore soumise à la loi coloniale. Contestée par certains colons européens comme par les musulmans, cette décision demeure néanmoins en vigueur – excepté durant la période du régime de Vichy – jusqu'en 1962.

Une portée considérable

Le mode de vie des juifs d'Algérie, jusque-là proche de celui de la population musulmane, se transforme dès lors sous l'effet de la fréquentation des écoles françaises, de l'intégration dans l'armée et de l'encadrement par les instances communautaires de métropole. Francisés, ils adhèrent massivement – plus encore que les juifs du Maroc et de Tunisie – à la culture de leur nouvelle patrie, comme en témoigne leur choix de plus en plus systématique de porter des prénoms français.

Même l'antisémitisme souvent prompt à se réveiller ou encore la politique de collaboration avec l'Allemagne nazie (► p. 330) menée par le maréchal Pétain durant la Seconde Guerre mondiale ne remettent pas en cause leur foi en la France. Ils choisissent d'ailleurs dans leur quasi-totalité, après l'indépendance algérienne en 1962, de traverser la Méditerranée pour s'installer en métropole.

1800 1820 1840 1860 1880 1900

Révolution française

Printemps des peuples

Industrialisation et émigration européenne

Colonisation

L'émancipation des juifs en monde musulman

Plus tardif qu'en Europe, le processus d'émancipation s'étend dans le sillage des puissances coloniales et de l'affaiblissement de l'Empire ottoman. En 1855, ce dernier abolit le statut des *dhimmis* (► p. 186) auquel les juifs, comme les chrétiens, sont soumis depuis des siècles. En dehors du Yémen et de l'Iran, la situation politique des communautés juives s'améliore dans les premières décennies du XXe siècle, creusant dans le même temps le fossé qui les sépare des populations musulmanes.

La création de l'État d'Israël en 1948 (► p. 336), puis les décolonisations contribuent à vider presqu'entièrement les pays musulmans de leurs populations juives. En France, l'afflux de juifs arrivés d'Afrique du Nord dans les années 1950 et 1960 donne un nouvel élan et une physionomie inédite au judaïsme hexagonal.

Isaac-Jacob Adolphe Crémieux

Avocat, député, ministre, Adolphe Crémieux (1796-1880) est issu d'une famille juive de Carpentras. Il est engagé dans la vie politique de son pays, tout en demeurant soucieux des problèmes affectant ses coreligionnaires. Il incarne l'émancipation et l'entrée pleine et entière des juifs dans la communauté nationale. Dans le même temps, il n'hésite pas à défendre ces derniers lorsque leurs droits sont bafoués, comme en 1840 lors de « l'affaire de Damas », une accusation de meurtre rituel qui déclenche une violente campagne antisémite. En 1863, il devient président de l'Alliance israélite universelle.

1878

William Booth crée l'Armée du salut

Pasteur méthodiste sensibilisé à la misère ouvrière dans l'Angleterre de la révolution industrielle, William Booth fonde à Londres une organisation calquée sur le modèle militaire, dans un double but d'assistance et d'évangélisation des plus démunis.

Un produit du méthodisme

Inscrit dans le mouvement de réveil spirituel du protestantisme au XVIIIe siècle (► p. 272), le méthodisme est une dissidence de l'Église anglicane, issue des prédications de George Whitefield (1714-1770) et John Wesley (► p. 273). Il doit son nom à l'ordonnance minutieuse du culte, mais se signale surtout par des préoccupations sociales et humanitaires.

C'est cette Église méthodiste que William Booth, après une enfance parmi les ouvriers de Nottingham, rallie et dont il devient pasteur. Pour lui, l'adhésion aux principes de l'Évangile constitue un gage de salut et le moteur d'un futur progrès politique et social. Cependant le préalable doit en être l'accession à une vie décente, ce qu'il résume dans la formule *Soup, Soap, Salvation* (« Soupe, savon, salut »). La foi n'est rien sans l'action.

Une organisation de type militaire

En 1865, Booth installe une mission dans l'East End, les quartiers pauvres de Londres. Puis, le 7 août 1878, il la transforme en un organisme beaucoup plus ambitieux : l'Armée du salut (*The Salvation Army*). Son nom montre la volonté de s'inspirer des structures militaires dont il imite la hiérarchie et la discipline. Un général commande, des officiers encadrent des soldats, tous portent l'uniforme et la congrégation se dote même d'un drapeau.

Le mouvement est financé par l'appel aux dons, organisant des quêtes dans la rue. Le succès est rapide : très vite, l'Angleterre est quadrillée en territoires (*commands*) régis par un officier supérieur.

Une expansion internationale

En 1881, sous la direction de la fille de Booth, Catherine, le mouvement s'implante en France. Il s'installe également aux États-Unis.

Dès lors, la diffusion s'étend progressivement à l'échelle mondiale. L'Armée du salut apparaît ainsi comme le précurseur des organisations non gouvernementales (ONG), caritatives, qui se multiplieront au XXe siècle. Elle regroupe aujourd'hui 1 700 000 personnes et poursuit son action dans 128 pays.

1800 — 1820 — 1840 — 1860 — 1880 — 1900

Révolution française
Printemps des peuples
Industrialisation et émigration européenne
Colonisation

Affiche pour une levée de fonds de l'Armée du salut

Cette affiche met en scène la figure caractéristique du soldat de l'Armée du salut : une femme en uniforme. Le slogan « Un homme peut être à terre mais il n'est jamais vaincu ! » rappelle la vocation missionnaire de l'organisation. Dès sa création, l'épouse et la fille aînée de William Booth jouent un rôle central dans sa diffusion, confirmant la place importante prise par les femmes, portées par le mouvement des Réveils, au sein du protestantisme. Elles sont ainsi nombreuses dans les mouvements d'éducation et de secours.

Affiche de Frederick Duncan, 1919.

*« Tant que des femmes pleureront,
je me battrai,
Tant que des enfants auront faim et froid,
je me battrai,
Tant qu'il y aura un alcoolique,
je me battrai,
Tant qu'il y aura dans la rue une fille qui se vend,
je me battrai,
Tant qu'il y aura des hommes en prison et qui n'en sortent que pour y retourner,
je me battrai,
Tant qu'il y aura un être humain privé de la lumière de Dieu,
je me battrai. »*

William Booth, quelques semaines avant sa mort, 1912.

Les modes d'action de l'Armée du salut

Partout où elle agit, l'Armée du salut vise à aider les exclus et les personnes en situation de fragilité : jeunes en déshérence, handicapés, personnes dépendantes, sans domicile fixe, réfugiés. Elle travaille à mettre à l'abri, apporte une aide alimentaire, cherche à favoriser la réinsertion. Parallèlement à son statut d'Église, elle crée une fondation laïque qui l'introduit plus aisément dans les pays de tradition non chrétienne et lui permet souvent – c'est le cas en France depuis 1931 – d'être reconnue d'utilité publique.

1920 1940 1960 1980 2000 2020

Mondialisation

Décolonisation

Première Guerre mondiale **Seconde Guerre mondiale**

Systèmes animistes et religions traditionnelles

Désignant les croyances traditionnelles qui ne relèvent pas des religions universalistes et dont le savoir et les pratiques se transmettent oralement, l'animisme a existé en tout temps dans le monde. Il a irrigué tous les systèmes religieux et donné naissance à de nombreux syncrétismes.

Les croyances et les mythes

Une vision de la nature et des forces qui l'habitent

Le terme d'animisme (du latin *animus* « âme ») est utilisé par l'anthropologue britannique Edward B. Tylor pour désigner la croyance des peuples « primitifs » en une nature régie par des esprits identiques à la volonté humaine (*Primitive Culture*, 1871). Tylor y voyait la forme première ayant engendré toutes les religions, thèse aujourd'hui abandonnée.

Les croyances animistes, qui remontent au début de l'humanité, attribuent à tous les êtres présents dans la nature la même subjectivité, leur différence étant fondée sur leurs propriétés et manifestations physiques (formes, attributs). Les animaux, les éléments naturels sont vénérés comme des « esprits » animés de la même force vitale que l'homme. Sans dogme ni texte sacré, les pratiques animistes s'appuient sur une expérience personnelle du divin.

Le culte des ancêtres en Chine

En Chine, le culte des ancêtres, rendu dans chaque foyer aux parents décédés, est au fondement des croyances traditionnelles. Lors de la fête des Morts célébrée chaque année au mois d'avril, les familles se rendent sur les tombes pour y partager leur repas avec les esprits ancestraux.

Gravure sur bois coloriée, dynastie Qing, 1850 (Collection particulière).

Le couple primordial : les jumeaux (frère et sœur) au jardin d'Eden

Chez les Dogons (Niger), le dieu créateur Amma donne naissance à des jumeaux, Nommo, à la fois féminin et masculin, expression de l'unité parfaite, qui enseignent aux huit premiers ancêtres des hommes.

Sculpture en bois et métal, hauteur 66 cm, XXe siècle (Musée Dapper, Paris).

Une continuité entre vivants et morts

Dans la plupart des systèmes animistes, il n'y a pas de distinction entre le séjour des vivants et celui des morts, lesquels ont un pouvoir d'influence qu'il faut savoir gagner. Le culte des ancêtres d'un même lignage assure la cohésion sociale et attire la protection du défunt. Mais la notion d'ancêtre peut s'élargir également à des personnages importants (rois, prêtres, chefs). Les ancêtres peuvent être à l'origine de divinités, comme dans la religion traditionnelle chinoise.

Des mythologies complexes

Bien que les croyances animistes prennent des formes différentes, on peut distinguer des éléments communs à certaines aires géographiques. Dans les religions traditionnelles africaines, chez les Indiens d'Amérique du Nord et les Aborigènes d'Australie, le monde a été créé par un être suprême (d'où leur perméabilité aux monothéismes) : Amma chez les Dogons, Faro chez les Bambara, Manitou chez les peuples algonquins. Celui-ci est invoqué par l'intermédiaire de dieux secondaires et d'esprits bons ou malfaisants très nombreux ayant le pouvoir d'influer sur la vie des vivants. Les Yorubas prient ainsi plus de 600 « esprits naturels » (*orishas*). Le panthéon des religions traditionnelles chinoise et japonaise (► p. 296) est peuplé d'esprits, de démons et de divinités.

Les pratiques et les syncrétismes

Une pratique largement diffusée : le chamanisme

« Chaman », terme d'origine toungouse, signifie « sorcier ». Le chamanisme désigne un ensemble de pratiques extatiques et thérapeutiques permettant, à un homme ou à une femme, d'entrer en relation avec le monde des esprits. Ces rites, très anciens, apparus en Asie centrale et septentrionale, se sont ensuite diffusés en Corée, au Japon, en Indochine et en Amérique.

Le chaman est celui auquel on s'adresse pour appeler la pluie ou le gibier, accompagner l'âme des morts, se protéger des esprits maléfiques. Soumis à des rites d'initiation secrets et détenteur d'un savoir ancestral transmis oralement, il est réputé posséder des pouvoirs magiques.

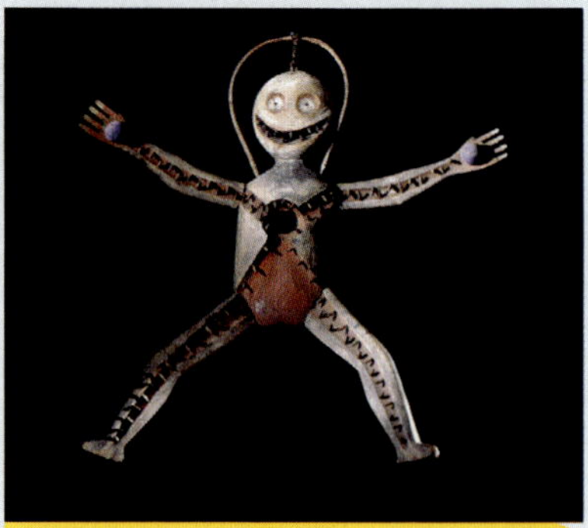

Figurine de chaman inuit

Cette figurine est une représentation symbolique de la capacité du chaman à voir à l'intérieur de son propre corps.

Alaska, XIXe siècle (George Terasaki Collection, New York).

Des rites qui rythment le quotidien

Les rites laissent une large place aux femmes, qu'il s'agisse de l'entretien des autels, du don d'offrandes (étoffes, coquillages, vin, huile), voire des sacrifices d'animaux. Ils passent également par la consultation d'oracles ainsi que par des pratiques divinatoires et magiques.

Les rites funéraires, souvent complexes, s'organisent autour des reliques prélevées sur des morts importants. Pratique immémoriale en Chine, elle avait une place essentielle dans la religion traditionnelle des Égyptiens (► p. 39) et des Romains (► p. 50).

Enfin, des cérémonies collectives en l'honneur d'un dieu ou lors de sacrifices rituels rythment les saisons.

La danse du Soleil : un sacrifice à Wakan Tanka

Ce rite est l'un des plus sacrés et secrets de la religion des Indiens des plaines d'Amérique du Nord. Il vise à accomplir un vœu ou à obtenir du « Grand Esprit » un pouvoir surnaturel. L'homme-médecine (chaman) joue un rôle central dans son accomplissement.

Dessin, vers 1890 (Detroit Institute of Arts).

Les *egungun*, danses masquées en l'honneur des morts

Les Yorubas, présents au Nigeria et au Bénin, croient à la présence des ancêtres (*egun*) parmi les vivants. Pour leur rendre hommage et s'attirer leur bienveillance, ils organisent des danses masquées (*egungun*) à la tombée de la nuit. La musique, les danses et les chants (invocations) occupent une place majeure dans les pratiques animistes.

Les syncrétismes afro-américains

Les pratiques animistes et chamaniques se retrouvent dans de nombreuses religions. La plupart des esclaves africains transférés en Amérique étaient originaires des régions de l'ouest du continent et de la région Congo-Angola (Mandike, Yorubas, Ibos, Bakongos, Éwés, Fons). Adeptes de diverses religions autochtones, certains adoptent le christianisme protestant. Parallèlement, des pratiques magiques perdurent, se mêlant parfois aux croyances et aux pratiques amérindiennes.

Ainsi se créent des systèmes religieux syncrétiques. Au Brésil, le candomblé réunit trois millions d'adeptes qui vénèrent, selon les groupes, l'Immaculée Conception (► p. 294), la déesse de la mer, Jésus-Christ et les *orishas* de la mythologie yoruba. La même influence est visible dans la santeria à Cuba.

Le vaudou haïtien

Le vaudou haïtien est une synthèse entre le catholicisme et la religion des premiers esclaves africains des Caraïbes. Ce culte, qui reconnaît l'existence d'un dieu (ou « Grand Maître »), est fondé sur des cérémonies de possession. L'initié, qui a au préalable reçu le baptême catholique, entre en transe et devient l'instrument d'un esprit (*lwa*) qui le chevauche. En poursuivant son initiation, le fidèle devient membre d'une société symbolique, parallèle à celle qui l'humilie et l'exploite. Les esclaves à l'époque moderne, puis les catégories sociales les plus populaires aujourd'hui sont les principaux adeptes du vaudou souvent assimilé à de la sorcellerie par les chrétiens.

1888

Les missionnaires belges arrivent au Congo

En 1885, à l'issue de la conférence de Berlin qui organise le partage de l'Afrique entre les puissances coloniales, le roi des Belges Léopold II obtient la souveraineté, à titre personnel, sur l'État indépendant du Congo. Le monarque entend « civiliser » et exploiter le territoire, avec le soutien des missionnaires catholiques, les scheutistes.

L'appui de Rome

Un an après la conférence de Berlin, Léopold II reçoit du pape Léon XIII le monopole de l'évangélisation de l'État indépendant du Congo (EIC). Le roi sollicite alors la collaboration des scheutistes – ou pères de la Congrégation du Cœur immaculé de Marie fondée en 1862.

Si Léopold II fait appel à des missionnaires catholiques belges, c'est pour lutter contre l'influence des missions protestantes installées dans la décennie précédente. Le souverain belge ne peut cependant pas s'opposer à la présence des Pères blancs à qui la papauté a assigné l'évangélisation du Haut-Congo.

Quand les missions légitiment la colonisation

Arrivés au Congo en 1888, les scheutistes installent leur première mission à Kwamouth. De là, ils fondent en 1889 celle de Boma, la première capitale du pays. Mais, sous prétexte de mettre un terme à l'esclavage, Léopold II exploite sa colonie en autorisant les pires violences (travail forcé, mutilations, incendies de villages), sans que les missions catholiques interviennent.

En effet, partout en Afrique, les missions accompagnent et légitiment l'entreprise coloniale.

L'œuvre scolaire

Le 26 mai 1906, une convention signée entre le Saint-Siège et l'EIC établit que ce dernier met des terres à disposition des missions catholiques qui s'engagent en retour à construire des écoles en vue de la prise en charge de l'instruction primaire des colonisés.

Quand le Congo devient une colonie belge en 1908, le gouvernement renforce l'alliance entre l'Église et l'État dans le domaine de l'enseignement, lequel est vu comme un moyen de « moraliser » et « discipliner » les Congolais.

1800 1820 1840 1860 1880 1900

Révolution française

Printemps des peuples

Industrialisation et émigration européenne

Colonisation

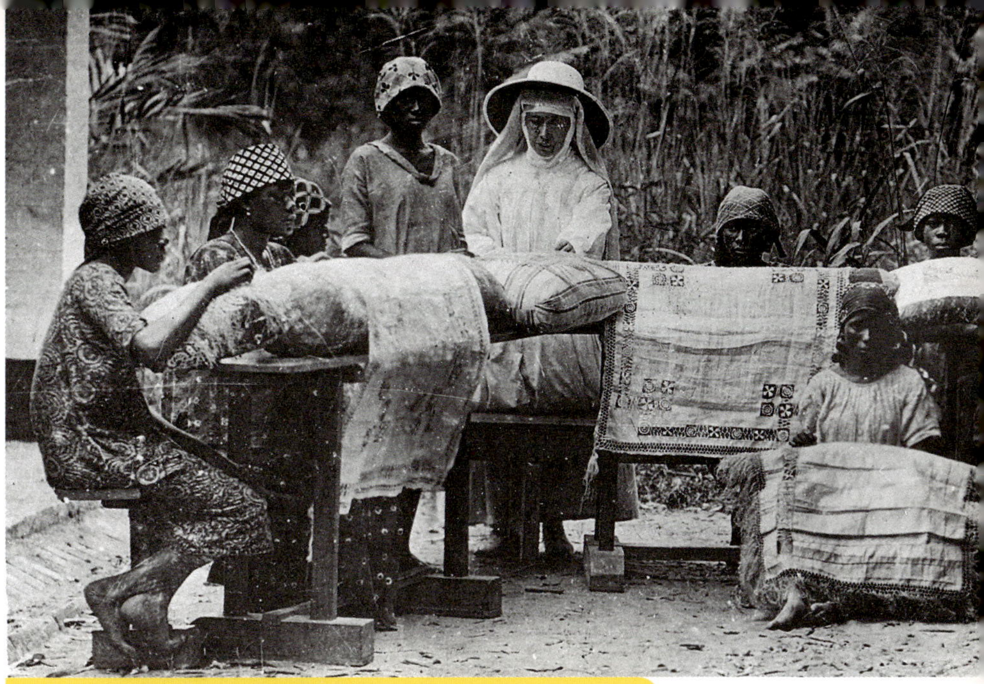

Religieuse enseignant la broderie à des Congolaises (XIXe siècle)
Pour beaucoup de Congolais, l'instruction ne dépasse par le niveau primaire et l'accent est mis sur les travaux manuels.

Le développement du christianisme en Afrique jusqu'en 1914

Sous l'influence des Réveils (► p. 272), des organisations protestantes s'intéressent à l'Afrique subsaharienne dès la fin du XVIIIe siècle. En 1804, la Church Missionary Society y fonde une première mission.
Dans la seconde moitié du XIXe siècle, la colonisation entraîne la multiplication des congrégations missionnaires, à l'instar des Pères blancs créés en 1868. C'est en Afrique équatoriale, où dominent les religions traditionnelles (► p. 303), que le christianisme renforce le plus sa présence, notamment au Congo, en Ouganda, au Tanganyika et au Zambèze.

William Henry Sheppard dénonce les crimes coloniaux

Le révérend William Sheppard (1865-1927) établit la première mission presbytérienne au Congo en 1890. Il y découvre les exactions commises contre les Congolais par l'administration de l'EIC. Avec d'autres — Mark Twain évoque en 1905 « le roi avec 10 millions de morts sur la conscience » —, Sheppard témoigne de cette entreprise de décimation de la population du Congo, initiant la mise en place d'une commission d'enquête internationale en 1904 à l'origine de la cession de la colonie à la Belgique en 1908.

1891

Léon XIII promulgue l'encyclique *Rerum novarum*

En sensibilisant les fidèles aux problèmes sociaux, Léon XIII met fin au refus de la modernité et au conservatisme politique qui avaient caractérisé l'Église de Rome au XIXe siècle. Il donne naissance au catholicisme social.

L'Église face aux « erreurs du temps »

Au XIXe siècle, l'Église catholique mène un combat contre le libéralisme et la modernité. Dans son encyclique *Mirari vos* de 1832, le pape Grégoire XVI qualifie la liberté de conscience d'« erreur » et celle de la presse de « liberté la plus funeste ». En 1864, son successeur, Pie IX, établit dans le *Syllabus* un catalogue des « erreurs de notre temps ». Et, en 1870, le concile Vatican I proclame le dogme de l'infaillibilité du pape en matière de foi et de mœurs.

L'encyclique *Rerum novarum*

Élu en 1878, Léon XIII prend progressivement ses distances à l'égard du conservatisme de ses prédécesseurs. Le 15 mai 1891, il promulgue l'encyclique *Rerum novarum* (« Les choses nouvelles ») qui, prenant acte des transformations intervenues au XIXe siècle, fonde une nouvelle doctrine sociale de l'Église.

Sensible à la misère ouvrière, le pape condamne, dans l'esprit de l'Évangile, la cupidité et la concentration des richesses par une minorité de possédants. Il dénonce l'exploitation (pénibilité et durée du temps de travail, bas salaires, travail des enfants) et se dit favorable au syndicalisme.

Prolongements et limites de l'ouverture

Accueillie diversement par l'opinion catholique, l'encyclique ouvre néanmoins la porte au syndicalisme chrétien – le mouvement de la Jeunesse ouvrière chrétienne est créé en 1925 – et à la formation de partis politiques chrétiens-démocrates. En 1892, Léon XIII invite par ailleurs les catholiques français, majoritairement monarchistes, à se rallier à la IIIe République.

Si ses positions témoignent d'une compréhension du monde moderne, Léon XIII n'en demeure pas moins très hostile à d'autres courants humanistes qu'il juge agnostiques, telle la franc-maçonnerie qu'il condamne violemment dans l'encyclique *Humanum genus* de 1884. Quant au communisme, il en fait « une peste mortelle qui s'attaque à la moelle de la société humaine et qui l'anéantirait » dans son encyclique *Quod apostolici muneris* de 1878.

1800 1820 1840 1860 1880 1900

Révolution française

Printemps des peuples

Industrialisation et émigration européenne

Colonisation

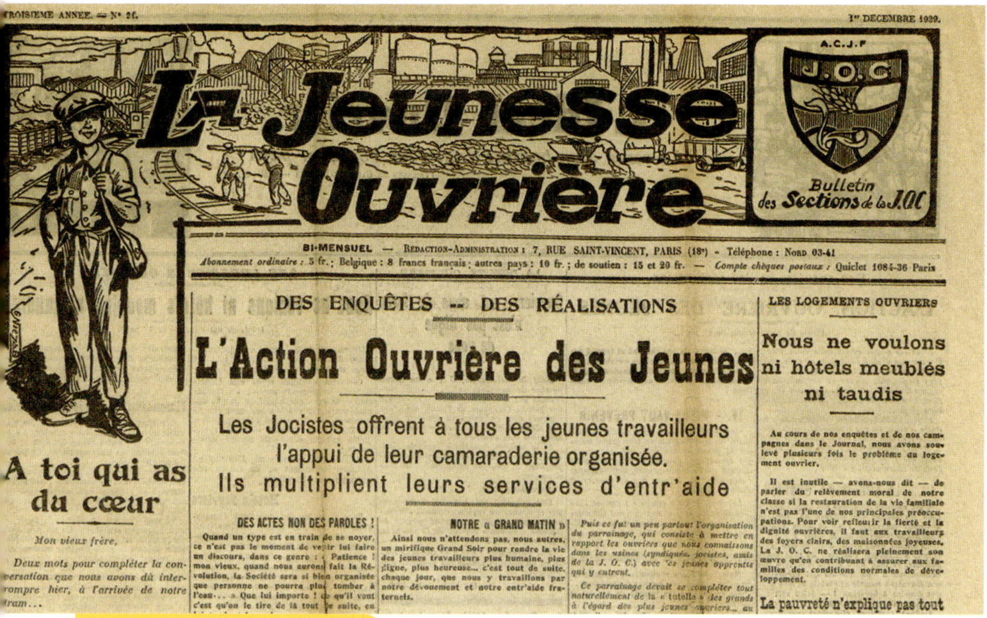

TROISIÈME ANNÉE. — N° 24. 1er DÉCEMBRE 1929.

La Jeunesse Ouvrière

A.C.J.F — J.O.C — Bulletin des Sections de la J.O.C

BI-MENSUEL — RÉDACTION-ADMINISTRATION : 7, RUE SAINT-VINCENT, PARIS (18e) - Téléphone : NORD 03-41
Abonnement ordinaire : 3 fr. ; Belgique : 8 francs français ; autres pays : 10 fr. ; de soutien : 15 et 20 fr. — *Compte chèques postaux :* Quiclet 1084-36 Paris

A toi qui as du cœur

Mon vieux frère,

Deux mots pour compléter la conversation que nous avons dû interrompre hier, à l'arrivée de notre tram...

DES ENQUÊTES — DES RÉALISATIONS

L'Action Ouvrière des Jeunes

Les Jocistes offrent à tous les jeunes travailleurs l'appui de leur camaraderie organisée. Ils multiplient leurs services d'entr'aide

DES ACTES NON DES PAROLES !

Quand un type est en train de se noyer, ce n'est pas le moment de venir lui faire un discours, dans ce genre : « Patience ! mon vieux, quand nous aurons fait la Révolution, la Société sera si bien organisée que personne ne pourra plus tomber à l'eau... » Que lui importe ! ce qu'il veut c'est qu'on le tire de là tout de suite, en

NOTRE « GRAND MATIN »

Ainsi nous n'attendons pas, nous autres, un mirifique Grand Soir pour rendre la vie des jeunes travailleurs plus humaine, plus digne, plus heureuse... c'est tout de suite, chaque jour, que nous y travaillons par notre dévouement et notre entr'aide fraternels.

Puis ce fut un peu partout l'organisation du parrainage, qui consiste à mettre en rapport les ouvriers que nous connaissons dans les usines (syndiqués, jocistes, amis de la J. O. C.) avec les jeunes apprentis qui y entrent.

Ce parrainage devait se compléter tout naturellement de la « tutelle » des grands à l'égard des plus jeunes ouvriers... au

LES LOGEMENTS OUVRIERS

Nous ne voulons ni hôtels meublés ni taudis

Au cours de nos enquêtes et de nos campagnes dans le Journal, nous avons soulevé plusieurs fois le problème du logement ouvrier.

Il est inutile — avons-nous dit — de parler du relèvement moral de notre classe si la restauration de la vie familiale n'est pas l'une de nos principales préoccupations. Pour voir refleurir la fierté et la dignité ouvrières, il faut aux travailleurs des foyers clairs, des maisonnées joyeuses. La J. O. C. ne réalisera pleinement son œuvre qu'en contribuant à assurer aux familles des conditions normales de développement.

La pauvreté n'explique pas tout

Une de *La Jeunesse ouvrière*, journal de la Jeunesse ouvrière chrétienne, 1er décembre 1929

La JOC, mouvement de jeunesse catholique né en 1925 en Belgique, est l'une des associations nées dans le sillage du catholicisme social.

Archives départementales des Hauts-de-Seine.

> *« La première loi de l'Histoire est de ne pas oser mentir ; la seconde, de ne pas craindre d'exprimer toute la vérité. »*

Léon XIII, 18 août 1883.

Contre le *Syllabus*

C'est contre la position très conservatrice du *Syllabus*, qui tend à figer le catholicisme, que Léon XIII conçoit *Rerum novarum*. Le *Syllabus* (« Recueil renfermant les principales erreurs de notre temps... ») de Pie IX complète l'encyclique *Quanta Cura* publiée par l'Église catholique le 8 décembre 1864. C'est une condamnation en règle de toute la modernité. Sont ainsi rejetés pêle-mêle le rationalisme, le libéralisme, la démocratie, la séparation de l'Église et de l'État, l'indifférentisme, le laïcisme, le socialisme.

1897

La mission Ramakrishna est fondée par Vivekananda

Mystique hindou, Ramakrishna prône l'unité de toutes les religions. Sa pensée, inspiratrice d'une renaissance néo-hindoue, est diffusée dans le monde par son disciple Vivekananda qui fonde un mouvement missionnaire.

Un mystique qui prône une spiritualité universaliste

Gadadhar Chattopadhyaya, de son nom de religion Ramakrishna Paramahamsa, naît en 1836 dans une famille de brahmanes du Bengale, près de Calcutta. Dès l'enfance, il est marqué par des visions : prêtre d'un temple consacré à Kali, il prétend avoir vu la déesse puis, au cours de différentes extases, Krishna, Bouddha, Jésus et le prophète Muhammad.

Convaincu d'avoir atteint l'Absolu à travers chacune des grandes religions, Ramakrishna professe que toutes ces voies mènent à une même réalité divine.

Une influence sur des penseurs indiens et occidentaux

Sa vision universalisante de la spiritualité hindoue rencontre l'intérêt des milieux lettrés de Calcutta, alors capitale de l'Inde britannique. Ramakrishna reçoit ainsi la visite d'intellectuels bengalis occidentalisés tels que Debendranath Tagore, père du poète Rabindranath Tagore.

Son enseignement oral touche une audience plus large que son cercle de disciples directs jusqu'à des penseurs européens, comme l'indianiste Max Müller ou l'écrivain Romain Rolland. Ramakrishna apparaît ainsi comme l'un des contributeurs de la renaissance bengalie.

Une diffusion mondiale grâce à Vivekananda

Ramakrishna est entouré de disciples qui le tiennent pour un maître spirituel de premier plan, voire pour un avatar du dieu Krishna lui-même. Parmi eux, figure Narendranath Datta, dit Vivekananda (1863-1902). Ce dernier, ayant bénéficié d'une éducation occidentale, franc-maçon influencé par des conceptions ésotériques et marqué par la vision du Brahmo Samaj, est d'abord rétif à l'enseignement de Ramakrishna avant de devenir pleinement son disciple en 1882.

Après la mort du maître en 1886, Vivekananda mène une vie monastique puis voyage autour du monde. En 1897, il fonde la mission Ramakrishna afin de propager une spiritualité néo-hindoue qui entend combiner tradition et modernité, mysticisme et action internationale.

1800 1820 1840 1860 1880 1900

Révolution française

Printemps des peuples

Industrialisation et émigration européenne

Colonisation

Ramakrishna Paramahamsa en 1879

En pleine extase, Ramakrishna est entouré de disciples de Keshub Chandra Sen. Cet intellectuel dirige le Brahmo Samaj, un mouvement néo-hindou qui veut « purifier » l'hindouisme de ce qu'il considère comme des superstitions polythéistes et s'oppose au système des castes.

Vivekananda en 1893

Vivekananda est le premier missionnaire hindou en Occident où il fait connaître la philosophie du vedanta et celle du yoga (► p. 68).

Le Parlement mondial des religions de Chicago en 1893

Le Parlement mondial des religions qui se réunit à Chicago en septembre 1893 en marge d'une exposition universelle est le premier sommet interreligieux de l'histoire moderne. Organisé par des protestants libéraux désireux de mettre en avant le principe d'une convergence essentielle des grandes traditions religieuses, il accueille Vivekananda en tant que représentant du monachisme hindou, à côté d'Anagarika Dharmapala, penseur réformateur bouddhiste cinghalais, et de membres de la Société théosophique, mouvement situé à la jonction de l'ésotérisme occidental et des religions orientales. Ce congrès apparaît ainsi comme le précurseur des dialogues interreligieux qui se multiplient dans la seconde moitié du XXe siècle (► p. 359).

1920 · 1940 · 1960 · 1980 · 2000 · 2020

Mondialisation

Décolonisation

Première Guerre mondiale

Seconde Guerre mondiale

1897

Le premier congrès sioniste adopte un programme pour la création d'un État juif

Né dans le sillage des Lumières et de l'émancipation juive, le sionisme s'appuie sur les valeurs de liberté et d'égalité véhiculées par la modernité politique. Influencé par le mouvement des nationalités, il est aussi une réponse aux persécutions qui touchent les juifs, particulièrement en Europe orientale d'où sont originaires ses premiers adeptes.

Origine et diversité de l'idéologie sioniste

L'acte de naissance du sionisme moderne se situe dans les années 1880, avec l'appel de Léon Pinsker pour une émigration massive, la constitution du groupe des Amants de Sion qui organise l'installation en Palestine, ou encore l'élaboration du sionisme culturel d'Ahad Ha'am qui défend l'idée d'un refuge spirituel pour le peuple juif.

Les sionistes suscitent alors l'ire des juifs orthodoxes qui dénoncent une attitude blasphématoire et n'éveillent que peu d'intérêt parmi les juifs occidentaux, à l'exception de quelques philanthropes qui financent des projets concrets en Palestine.

Un mouvement qui s'organise

Idéal d'affirmation nationale, le sionisme est également un mouvement politique au sein duquel les partisans d'une approche pragmatique, symbolisée par Theodor Herzl, l'emportent au tournant du siècle. À l'occasion de la tenue de leur premier congrès, du 29 au 31 août 1897 à Bâle, les délégués sionistes définissent ainsi des objectifs nationaux, adoptent un programme et fondent l'Organisation sioniste qui centralise leurs activités. D'autres congrès se réunissent ensuite régulièrement, formant une sorte d'assemblée qui détermine les ambitions et les modalités d'action de la collectivité.

Les réalisations du sionisme

À partir de 1881-1882, les vagues d'immigration (*aliyah*) se succèdent, les nouveaux arrivants rejoignant les membres du vieux *yischouv* (la communauté juive ancestrale de Palestine). Le Fonds national juif, créé en 1901, organise par ailleurs l'achat et la gestion des terres.

Les dirigeants du mouvement multiplient également les efforts diplomatiques, afin de peser sur les décisions des puissances présentes dans la région. Ils obtiennent ainsi leur premier grand succès avec la déclaration Balfour publiée en 1917.

1800 1820 1840 1860 1880 1900

Révolution française

Printemps des peuples

Industrialisation et émigration européenne

Colonisation

Theodor Herzl préside le premier congrès sioniste

L'écrivain et journaliste juif de nationalité austro-hongroise réunit des délégués venus de nombreux pays afin de leur soumettre son programme pour un foyer national, exposé un an auparavant dans *L'État des Juifs*.

Le sionisme en quelques dates

1881-1882	Vague de pogroms meurtriers et de mesures gouvernementales antijuives dans l'empire russe (► p. 316). Première *aliyah* (litt. « montée », immigration).
1882	Léon Pinsker publie *Autoémancipation*, dans le sillage duquel est fondé le groupe des Amants de Sion (*Hovevei Tzion*).
1897	Le premier congrès sioniste laisse apparaître une grande pluralité idéologique interne au mouvement.
1903-1905	Crise au sein du mouvement sioniste suite à la proposition britannique d'implantation juive en Ouganda. L'option de la création future d'un État en terre d'Israël l'emporte définitivement.
1917	La déclaration Balfour confirme le soutien britannique à « l'établissement en Palestine d'un foyer national pour les juifs ».
1929	Création de l'Agence juive représentant le mouvement sioniste auprès des instances internationales.
1936-1939	Grande révolte arabe en Palestine et limitation drastique de l'immigration juive par les Britanniques.
14 mai 1948	Proclamation de l'État d'Israël (► p. 336).

La renaissance de l'hébreu

La langue hébraïque, avant tout langue de la Bible et de la pratique religieuse, connaît au XIXe siècle un renouveau, d'abord littéraire à travers le développement de romans et de titres de presse. C'est ensuite un philologue sioniste et pionnier installé en Palestine, Eliezer Ben Yehouda (1858-1922), qui en fait, au prix d'un travail colossal et malgré les oppositions du monde religieux, une langue parlée, condition nécessaire selon lui de la renaissance nationale. L'hébreu moderne se diffuse ainsi progressivement dans la population juive de Palestine avant de devenir la langue officielle (avec l'arabe moderne jusqu'en 2018) de l'État d'Israël en 1948.

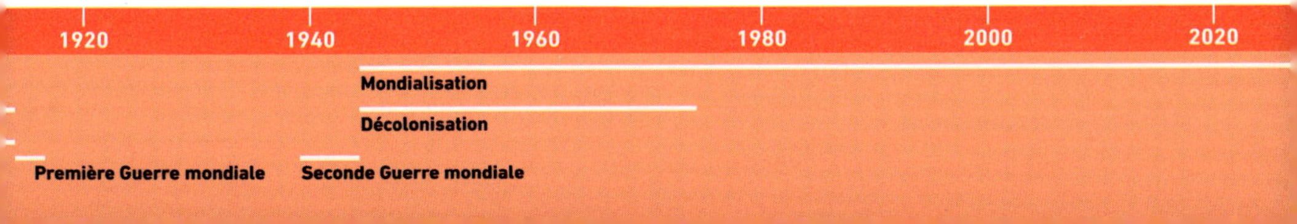

1899

Muhammad Abduh devient grand mufti d'Égypte

Face au défi de la colonisation européenne, certains penseurs arabes tentent de concilier les progrès de la science occidentale avec les fondements de la tradition musulmane, qu'ils entendent aussi rénover. Muhammad Abduh est l'un des piliers de ce mouvement réformiste.

Un maître réformiste

Fils d'une famille de paysans de Basse-Égypte, Muhammad Abduh suit au Caire les cours de Jamal al-Din al-Afghani dont il devient un fervent disciple. Ce maître à penser de la génération réformiste, familier de la culture occidentale, rallié à la franc-maçonnerie, défend l'unité des pays musulmans face aux puissances coloniales. Il milite également pour que l'islam se réconcilie avec le progrès scientifique.

Un militant du réformisme panislamique

Après ses études à l'université al-Azhar, Abduh devient professeur puis journaliste. Ses articles font la promotion d'une réforme de l'éducation fondée sur les valeurs morales de l'islam et sur les acquis de la science moderne. En 1882, il est accusé d'avoir soutenu la révolte anti-anglaise d'Urabi Pacha et expulsé du pays.

Son exil dure six ans, pendant lesquels il séjourne au Liban, en Tunisie et en France. À Paris, il fonde avec al-Afghani une société secrète, Al-Urwa al-wuthqa (« Le lien indissoluble »), qui œuvre pacifiquement à la renaissance du monde musulman et à la résistance contre l'hégémonie occidentale. En 1888, Abduh obtient l'autorisation de rentrer en Égypte.

Un projet de rénovation du droit et de la société

Après avoir exercé le métier de juge, Abduh est totalement réhabilité auprès de la monarchie qui le consacre grand mufti d'Égypte en 1899. Il devient ainsi la principale autorité religieuse du pays, habilité à donner des avis juridiques (*fatwas*) au gouvernement et à agir sur la législation.

À ce titre, Abduh défend la modernisation du droit musulman et son adaptation aux défis du présent, rénove al-Azhar et se prononce pour la monogamie et le dialogue entre l'islam et les autres religions. Son exégèse du Coran, commencée sous forme de cours à l'université et complétée par son disciple Rashid Rida, devient le texte de référence des réformistes.

1800 | 1820 | 1840 | 1860 | 1880 | 1900

Révolution française

Printemps des peuples

Industrialisation et émigration européenne

Colonisation

Le Caire au début du XXe siècle
Cette photographie colorisée de la Grande mosquée al-Azhar a été prise vers 1910. Au premier plan, la place aménagée dans le goût européen témoigne des grands travaux de modernisation de la ville au XIXe siècle.

« Le Coran et le hadith ont dicté des règles spécifiques sur l'adoration. Sur les relations avec les autres hommes, ils n'ont dicté dans l'ensemble que des principes généraux, laissant le soin aux hommes de les appliquer à toutes les circonstances de la vie. »

Muhammad Abduh, cité par A. Hourani, *La Pensée arabe et l'Occident*, 1991.

Rashid Rida (1865-1935)

Rashid Rida est, avec Jamal al-Din al-Afghani et Muhammad Abduh, le troisième des grands penseurs réformistes. Pour lui, « l'islam, en même temps qu'un principe spirituel, est un idéal social et politique ». Ce Syrien, disciple de Muhammad Abduh, fonde en 1898 la revue *al-Manar* qui diffuse les idées réformistes dans le reste du monde musulman. À partir des années 1920, son projet de restauration d'un califat arabe, son soutien au wahhabisme (► p. 274), sa réhabilitation de la pensée d'Ibn Taymiyya (1263-1328) et ses attaques contre les chiites lui valent d'être critiqué par les intellectuels libéraux. Les courants néo-fondamentalistes revendiquent au contraire son autorité.

1903

Le pogrom de Kichinev éclate

Dans la deuxième moitié du XIXe siècle, l'antisémitisme moderne prend le pas sur le vieil antijudaïsme traditionnel. Un grand nombre de personnes fuit alors les persécutions étatiques et populaires en Europe orientale, qui prennent parfois la forme de massacres comme à Kichinev en 1903.

Des persécutions de plus en plus violentes

Depuis la partition de la Pologne (► p. 246) et jusqu'à la Première Guerre mondiale, l'empire russe abrite la plus grande communauté juive du monde. Tout au long du XIXe siècle, les tsars alternent à son égard entre mesures discriminatoires et dispositions plus libérales. L'antisémitisme s'exprime à travers la presse, la littérature ou les discours politiques.

La situation se détériore encore au lendemain de l'assassinat d'Alexandre II en 1881 : s'ouvre alors une ère de persécutions étatiques et populaires marquée par une série de décrets répressifs et par des pogroms particulièrement meurtriers.

Le pogrom de Kichinev

Fondée sur une fausse rumeur de crime rituel sur un enfant, prétendument perpétré par des juifs, l'agitation populaire s'étend sur plusieurs jours à Kichinev en avril 1903, et fait de nombreuses victimes sans que la police et les autorités n'interviennent pour y mettre un terme. Le massacre des populations juives s'accompagne du saccage de leurs maisons et de leurs biens. En octobre 1905, la ville est le théâtre d'un second pogrom.

Trois grandes vagues d'émeutes violentes ensanglantent les communautés juives du pays entre 1881 et 1921.

La tentation révolutionnaire juive

L'horreur de ces persécutions renforce la déception ressentie par ceux des juifs qui s'imaginaient bénéficier, dans le contexte de leur intégration progressive, du soutien du pouvoir russe. Une grande partie d'entre eux est tentée par le radicalisme politique et les courants révolutionnaires.

Dans ce contexte est fondée, en 1897, l'Union générale des travailleurs juifs de Lituanie, de Pologne et de Russie, le Bund. Cette organisation défend l'émancipation juive au sein de la lutte plus large pour le socialisme, et revendique la reconnaissance d'une nationalité juive laïque et yiddishophone dans le cadre de l'empire.

Contestés par le mouvement sioniste naissant (► p. 312) tout comme par les juifs attachés à la tradition religieuse, ces juifs révolutionnaires illustrent la très grande pluralité qui caractérise désormais le judaïsme en Europe orientale.

1800 1820 1840 1860 1880 1900

Révolution française

Printemps des peuples

Industrialisation et émigration européenne

Colonisation

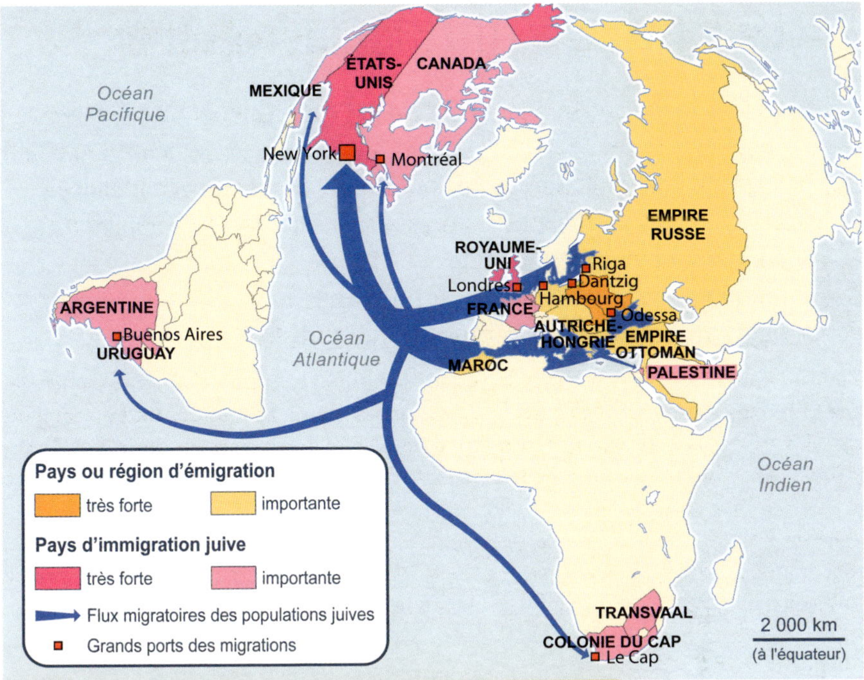

Les migrations juives à la fin du XIXe siècle

Face à l'oppression et à la misère économique, plus de trois millions de juifs quittent l'Est européen entre 1881 et 1925, attirés par la France, patrie des Lumières et de l'émancipation (► p. 286), mais aussi par le Nouveau Monde, notamment les États-Unis ou dans une moindre mesure l'Argentine.

L'antisémitisme moderne

Apparu pour la première fois en 1879, le terme « antisémitisme » recouvre des thèmes nouveaux qui s'ajoutent à ceux de l'antijudaïsme traditionnel (► p. 204). Encouragés par l'intégration croissante des juifs d'Europe occidentale, puis orientale, alimentés par les théories racialistes alors en vogue, les discours antisémites se nourrissent de fantasmes attribuant aux juifs des pouvoirs occultes, ainsi qu'un désir de domination sur les nations. L'antisémitisme s'exprime par exemple dans *La France juive*, un pamphlet d'Édouard Drumont (1886), ou dans *Les Protocoles des sages de Sion*, un faux publié au début du XXe siècle.

Les juifs aux États-Unis

Terre d'accueil pour près de 90 % des juifs fuyant l'Europe orientale, le pays voit émerger une communauté importante (4 millions en 1920), concentrée dans les grandes villes et rapidement organisée. Malgré les campagnes xénophobes des premières décennies du XXe siècle, les juifs américains bénéficient d'une ascension sociale rapide et d'une intégration réelle au sein de la société. Ils constituent aujourd'hui la première communauté juive de diaspora.

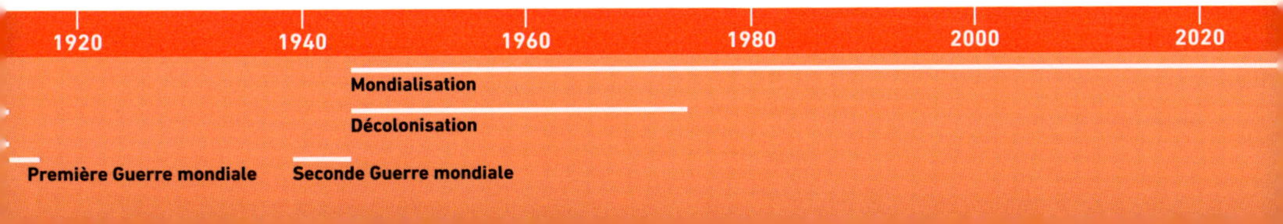

1905

La loi de séparation des Églises et de l'État est votée en France

En posant que « la République assure la liberté de conscience », qu'« elle garantit le libre exercice des cultes » et « ne reconnaît, ne salarie ni ne subventionne aucun culte », l'État français instaure une laïcité fondée sur sa propre neutralité et le respect de la liberté religieuse.

Un conflit latent

L'Église catholique du XIXe siècle n'a pas accepté les principes de la Révolution française (► p. 288) sur lesquels se construit la IIIe République des années 1880. Pour les contrer, elle s'appuie sur l'opinion populaire et sur l'audience des établissements scolaires tenus par des congrégations. Dès lors, l'institution en 1882 de l'école primaire gratuite, laïque et obligatoire lui apparaît comme une déclaration de guerre.

À l'attitude hostile du clergé, la gauche républicaine répond par un virulent anticléricalisme. Elle se radicalise dans les années 1890, lors de l'affaire Dreyfus exigeant la révision du procès du capitaine juif. En face, les défenseurs de la raison d'État sont soutenus par un déferlement d'antisémitisme auquel s'associe une partie du clergé catholique.

La rupture avec Rome

En 1902, le Bloc des gauches remporte les élections. Le gouvernement d'Émile Combes passe alors à l'offensive : les congrégations religieuses sont interdites d'enseignement en juillet 1904 et des centaines de religieuses et religieux sont expulsés.

Les relations diplomatiques sont rompues avec le Vatican où le nouveau pape Pie X se montre beaucoup plus intransigeant que Léon XIII (► p. 308). Cette rupture avec Rome revient à dénoncer le concordat de 1801 (► p. 292).

La loi de séparation

Une commission parlementaire est réunie pour reconsidérer les relations avec l'Église. Présidée par Ferdinand Buisson, grand défenseur de l'enseignement laïc, elle a pour rapporteur le député Aristide Briand. Prudent et conciliateur, ce dernier veille à contenir les extrémismes et à rassurer les modérés.

S'appliquant aux quatre confessions (catholique, luthérienne, calviniste, juive), la nouvelle loi garantit la liberté de conscience et de culte. Elle est promulguée le 9 décembre 1905, mais les tensions persistent jusqu'en 1914, quand l'union nationale consécutive à l'entrée en guerre tend à les apaiser.

L'application de la loi

Bien acceptée des protestants et des juifs, la loi de 1905 se heurte à un refus de l'Église romaine. Condamnée par le pape, mobilisant contre elle la droite catholique, elle se met difficilement en place. La nécessité d'inventorier les biens des Églises, y compris les objets sacrés, provoque des résistances dans les campagnes qui vont parfois jusqu'à de sanglantes émeutes. Cependant, après la guerre et le rétablissement des relations diplomatiques avec le Vatican en 1921, l'Église comprend que, séparée de l'État, elle gagne en indépendance, sans compter qu'elle n'a plus à sa charge l'entretien de monuments coûteux. La séparation ne sera jamais remise en cause, même sous le régime réactionnaire de Vichy (1940-1944).

En revanche, n'étant pas françaises en 1905, l'Alsace et la Moselle ne sont pas concernées par la loi de séparation. Lors de leur retour à la France en 1919, elles conservent l'ancien statut concordataire (► p. 286) : les ministres du culte y sont assimilés à des fonctionnaires et appointés par l'État.

L'apparition dans la seconde moitié du XXe siècle d'une importante communauté musulmane pose la question du rapport à l'islam. Des aménagements sont alors apportés à la loi, par exemple en 2004 à propos du port de signes religieux ostensibles à l'école.

La séparation de l'Église et de l'État

Illuminé par l'esprit de Voltaire (dans le nuage), Émile Combes coupe la corde qui lie la République à l'Église.

Anonyme, lithographie, 1904 (Musée Jean-Jaurès, Castres).

« La loi que nous aurons faite sera une loi de bon sens et d'équité, combinant justement les droits des personnes et l'intérêt des Églises avec les intérêts et les droits de l'État. »

Aristide Briand, extrait du discours qui a précédé le vote de la loi, 3 juillet 1905.

1920 1940 1960 1980 2000 2020

Mondialisation

Décolonisation

Première Guerre mondiale **Seconde Guerre mondiale**

1906

Le pentecôtisme naît sous la direction du pasteur afro-américain William J. Seymour

Issu du courant évangélique, le mouvement pentecôtiste, centré sur l'idée que le Saint-Esprit manifeste sa présence au croyant au travers de dons particuliers, hérite à la fois de la piété méthodiste et de la spiritualité afro-américaine.

Une synthèse de différentes influences

William Joseph Seymour, né en Louisiane en 1870, est le fils d'esclaves affranchis. Devenu pasteur baptiste, il connaît en 1895 une « nouvelle naissance » (► p. 272).

Seymour est également influencé par le Mouvement de sanctification (*Holiness Movement*) qui défend l'idée d'une infusion des dons de l'Esprit saint par un nouveau baptême. Le pasteur blanc Charles Fox Parham, que Seymour a écouté à Houston, fait du miracle du « parler en langues » – ou glossolalie, le fait de prier dans une langue inconnue – la preuve de ce baptême.

Un nouveau Réveil

En février 1906, Seymour est invité à Los Angeles où ses sermons attirent très vite des fidèles de plus en plus nombreux. Il y prêche durant trois ans son expérience du « baptême de l'Esprit », seconde naissance offerte à tous, sans distinction de « races » et de genres, prônant le retour aux sources des premiers temps apostoliques et annonçant le retour imminent du Christ.

Le mouvement prend le nom de pentecôtisme, en rappel des miracles qui touchent les apôtres le jour de la Pentecôte. Mais, en octobre 1906, la visite de Parham, en désaccord avec certaines positions théologiques de Seymour et hostile au mélange racial, entraîne une rupture au sein du mouvement naissant.

La diffusion du pentecôtisme

L'évangélisation, au cœur du message pentecôtiste, et la part importante laissée à la communication orale expliquent le succès et la diffusion de la nouvelle confession aux États-Unis mais aussi au Brésil, en Afrique et en Europe.

En 1914 se tient à Hot Springs en Arkansas la première réunion des pasteurs et laïcs pentecôtistes venus de 20 pays. Le mouvement s'affirme comme une confession séparée. Prêché à l'origine par un pasteur afro-américain, il ne parvient cependant pas à surmonter le ségrégationnisme et les Assemblées de Dieu sont blanches.

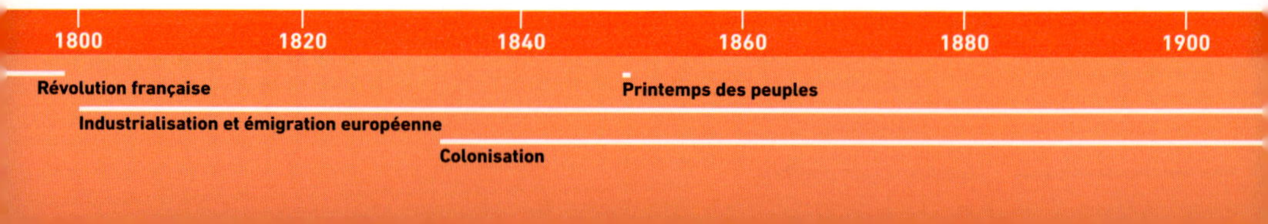

« Sauvetage des pêcheurs » dans le Mississippi

Comme les baptistes, les pentecôtistes prônent la nouvelle naissance grâce au baptême par immersion pratiqué à l'âge adulte.

Carte postale, vers 1905.

« 6. Le baptême du Saint-Esprit dont le signe initial est le parler en langues. (Actes 2 : 4-8 ; 10 : 44-46 ; 19 : 6) »

Sixième des Douze Vérités fondamentales des Assemblées de Dieu pentecôtistes qui se constituent dès 1914.

La naissance des Églises afro-américaines

Le Grand Réveil (► p. 272) favorise la christianisation des esclaves. En 1816, l'Église épiscopale méthodiste africaine est la première dénomination religieuse afro-américaine. Naissent ensuite des Églises baptistes au Sud et méthodistes (► p. 300) au Nord, qui deviennent le principal cadre d'organisation religieuse et sociale des communautés noires. Les révoltes d'esclaves sont souvent dirigées par des prédicateurs qui identifient le peuple noir à celui d'Israël durant l'Exode. Les *negro spirituals*, tel le célèbre *Go Down Moses*, relaient le message émancipateur de l'Évangile.

À partir de 1845, baptistes et méthodistes se divisent sur la question de l'esclavage. Dans la deuxième moitié du xxe siècle, les Églises afro-américaines vont prendre part à la lutte pour les droits civiques avec le pasteur Martin Luther King comme figure tutélaire.

1915

L'Empire ottoman promulgue une loi de déportation des Arméniens

Les chrétiens arméniens constituent l'une des nombreuses minorités ethniques et religieuses vivant dans l'Empire ottoman. Ils sont en butte à des persécutions qui culminent lors du génocide perpétré durant la Première Guerre mondiale.

Des persécutions anciennes et répétées

Dans le dernier tiers du XIXe siècle, dans un contexte d'affaiblissement de l'Empire ottoman, le sultan Abdul Hamid entend lutter contre les nationalismes centrifuges, notamment arménien. Entre 1894 et 1896, des massacres font près de 300 000 morts et entraînent l'exil de 100 000 personnes.

Le coup d'État des Jeunes-Turcs de 1908 (► p. 325) ne met pas un terme à ces persécutions. Le nouveau pouvoir défend en effet un « panturquisme radical » passant par l'assimilation forcée ou l'élimination des minorités.

Les conditions d'un génocide

Allié de l'Allemagne et de l'Autriche-Hongrie, l'Empire ottoman entre en guerre en octobre 1914. Suspectée d'intelligence avec l'ennemi russe, la population arménienne est la cible de représailles. En janvier 1915, 250 000 soldats arméniens de l'armée ottomane sont désarmés, puis assassinés par petits groupes. Le 24 avril, plus de 200 intellectuels et notables arméniens de Constantinople sont arrêtés, déportés puis massacrés. C'est le point de départ du génocide.

Le 26 mai, le ministre de l'Intérieur Mehmet Talaat fait promulguer une loi autorisant la déportation des populations suspectées de trahison envers la patrie.

La disparition du cœur historique de l'Arménie chrétienne

La loi dissimule en réalité un projet d'extermination. Si les déportés sont officiellement « réinstallés » dans les provinces de Syrie-Mésopotamie, en réalité la longue marche dans le désert est une première étape d'« élimination naturelle ». Des massacres sont ensuite organisés dans les camps.

Fin 1916, les deux tiers des Arméniens de l'empire, soit environ 1,5 million de personnes, ont été exterminés. Les provinces orientales, cœur de l'Arménie historique depuis des millénaires, sont vidées de leur population arménienne. Survivent encore les minorités de Constantinople et de Smyrne, ceux ayant réussi à se réfugier en Arménie russe et des milliers de femmes et d'enfants raptés à des fins de conversion.

Camp de réfugiés arméniens en Syrie (vers 1922)
La Syrie, hostile au pouvoir turc, accueille les Arméniens et les Assyriens chrétiens qui fuient le génocide.

Le sort des autres communautés chrétiennes

En 1915, plus de 20 % de la population turque appartient à des minorités ethniques, parmi lesquelles les Arméniens mais aussi les Assyro-Chaldéens, un peuple chrétien du Proche-Orient parlant une langue syriaque proche de l'araméen. Entre 1915 et 1918, entre 300 000 et 700 000 d'entre eux, soit 70 % de la communauté, disparaissent à la suite de massacres opérés en Anatolie orientale, au nord de l'Iran et dans la province de Mossoul, ou meurent de faim et d'épuisement sur les routes.
Les Grecs pontiques subissent également une politique de persécution systématique qui fait environ 350 000 victimes entre 1916 et 1923.
En 2015, le pape François a assimilé le sort réservé aux Assyro-Chaldéens pendant la Première Guerre mondiale à celui des Arméniens.

1924

La Turquie devient une république laïque

Du côté des vaincus au sortir de la Première Guerre mondiale, l'Empire ottoman est démembré lors du traité de Sèvres en 1920. Le pouvoir du sultan Mehmed VI est alors contesté par un mouvement nationaliste avec à sa tête Mustapha Kemal.

Une révolution politique

Brillant général, Mustafa Kemal organise la résistance dès 1920 à la fois contre l'application du traité de Sèvres mais également contre le pouvoir théocratique du sultan. En avril, est organisée l'élection d'une Grande Assemblée nationale. Deux ans plus tard, Mehmed VI s'exile et la fonction de sultan est abolie le 1er novembre 1922.

Kemal choisit prudemment de maintenir la prestigieuse institution du califat, qu'il réduit cependant à un rôle purement religieux. La charge est confiée à un prince ottoman, Abdülmecid II, à qui il est rappelé que la souveraineté appartient désormais au peuple.

Le 29 octobre 1923, la Grande Assemblée nationale proclame la République turque ; Kemal en devient le premier président. Puis, le 1er mars 1924, est votée la suppression du califat : c'est la fin de l'Empire ottoman.

Hormis une révolte kurde vite réprimée dans l'Est anatolien, le changement est bien accepté dans le pays, en ruine.

> *« Le moment est maintenant venu d'extirper les erreurs du passé. […] Notre nation montrera, par son écriture et son intelligence, qu'elle a sa place dans le monde civilisé. »*
>
> Mustafa Kemal, 9 août 1928.

Vers une Turquie « moderne »

Kemal, désigné Atatürk (« père des Turcs »), transforme la Turquie en une « nation civilisée », alignée sur le modèle occidental. En guerre contre ceux qu'il appelle les « réactionnaires », il met au pas les oulémas, décide de fermer les madrasas (► p. 170) et les couvents soufis (► p. 214) et fait des imams des fonctionnaires de l'État. L'État turc prend ainsi le contrôle du système éducatif et neutralise l'opposition des milieux religieux.

La justice est elle aussi laïcisée par la suppression des tribunaux régis par la *charia*. En septembre 1924, le code civil est totalement refondu en prenant pour modèle la législation suisse.

La révolution est culturelle également : le port du couvre-chef traditionnel (le fez) est interdit, le dévoilement des femmes encouragé, le calendrier de l'hégire remplacé par le calendrier grégorien et l'alphabet latin substitué à l'alphabet arabe.

La « révolution des signes »

Lors d'une tournée dans le pays afin de promouvoir la « révolution des signes » de 1928, Mustafa Kemal pose devant un tableau noir où sont tracés les caractères latins du nouvel alphabet turc, adopté en remplacement de l'alphabet arabe en usage sous les Ottomans.

Le Petit Journal
illustré
Le dernier calife

La déposition du dernier calife ottoman, Abdülmecid II

Couverture du supplément illustré du *Petit Journal*, mars 1924.

Les Jeunes-Turcs

Le terme désigne le mouvement réformiste ottoman apparu à la fin du XIXe siècle, réclamant l'établissement d'une constitution et cherchant à remédier au déclin de l'Empire ottoman. Il est à l'origine de la création en 1889 d'un parti politique clandestin, le Comité ottoman Union et Progrès (CUP), composé à l'origine de Turcs mais aussi de représentants des minorités kurde, albanaise, grecque, arménienne, etc. En 1908, le CUP mène la révolution qui met fin au pouvoir absolu du sultan. Jusqu'en 1918, il dirige la politique de l'Empire, assumant un nationalisme turc de plus en plus radical, à l'origine du génocide arménien à partir de 1915 (► p. 322).

1920 1940 1960 1980 2000 2020

Mondialisation

Décolonisation

Première Guerre mondiale **Seconde Guerre mondiale**

1928

Hassan al-Banna fonde l'organisation des Frères musulmans

La fondation des Frères musulmans en Égypte signe l'acte de naissance de l'islam politique. L'organisation, dont l'audience s'étend rapidement, entend en effet lutter à la fois contre l'influence étrangère et pour la réislamisation de la société.

Un instituteur militant

Hassan al-Banna naît en 1906 dans une famille modeste de Basse-Égypte. Il reçoit de son père une éducation religieuse conservatrice, marquée par l'influence du hanbalisme (► p. 143). Il est aussi très marqué par le soufisme (► p. 214), auquel il adhère adolescent.

En 1923, al-Banna va pourtant faire ses études au Caire dans une institution progressiste, Dar al-Ulum (la « Maison des sciences »). Il en sort instituteur en 1927 et commence à enseigner à Ismaïlia, entre Suez et Port-Saïd. Vêtu à l'européenne, la barbe courte et bien taillée, il adopte alors les codes de la nouvelle bourgeoisie progressiste de l'époque, mais porte aussi le couvre-chef national, le tarbouche.

La confrérie des Frères musulmans

En 1928, al-Banna fonde, avec six autres compagnons, la société secrète des Frères musulmans. Il s'agit d'un mouvement de réforme religieuse, sociale et culturelle et non d'un parti politique traditionnel. S'inspirant des ordres soufis, l'organisation regroupe des « frères » qui prêtent allégeance au fondateur comme les disciples à leur maître spirituel. Al-Banna est un organisateur et un « éducateur » hors pair. Sa mutation au Caire en 1932 facilite son intense activité politique.

Islamiser la société par le bas

Contre le colonialisme et la présence britannique en Égypte, le mouvement promeut l'éducation islamique du peuple et l'unité des musulmans. Les objectifs des Frères sont ainsi clairement politiques : libérer le pays de « l'emprise laïque occidentale » et le réislamiser. Leur « organisation spéciale », tenue secrète, s'engage militairement en Palestine à partir de 1936.

En 1943, le mouvement compte déjà 200 000 membres. Très structuré, il exerce une forte influence sur la société, ce qui ne manque pas d'inquiéter le pouvoir monarchique égyptien. L'association est alors interdite une première fois en 1948 et al-Banna assassiné l'année suivante.

1800 1820 1840 1860 1880 1900

Révolution française
Printemps des peuples
Industrialisation et émigration européenne
Colonisation

Les Frères musulmans lors d'un défilé en Jordanie en 2004
La bannière des Frères musulmans souligne leur militantisme. Elle arbore la couleur verte de l'islam et l'on y voit un Coran placé au-dessus de deux sabres entrecroisés, symboles du *djihad*. En bas du cercle figure d'ailleurs l'injonction coranique qui appelle les fidèles à se préparer au combat contre les ennemis de Dieu.

« Je crois que le secret du retard des musulmans réside dans leur éloignement de la religion, que la base de la réforme consistera à faire retour aux enseignements de l'islam et à ses jugements. »

Septième point de la profession de foi des Frères musulmans au début des années 1930.

Sayyid Qutb, un théoricien du djihadisme

Professeur et homme de lettres, Sayyid Qutb (1906-1966) rejoint les Frères musulmans en 1953. Il théorise la nécessité du *djihad* armé pour rompre avec l'ordre établi, qu'il assimile au paganisme du temps du Prophète (► 138). D'abord proche de Gamal Abdel Nasser qui renverse la monarchie en 1952, il finit par s'opposer à lui. Les Frères musulmans sont à nouveau interdits en 1954 et des centaines de militants arrêtés, dont Qutb. Libéré en 1964, ce dernier est de nouveau emprisonné en 1965 et exécuté l'année suivante.

1920 1940 1960 1980 2000 2020

Mondialisation

Décolonisation

Première Guerre mondiale **Seconde Guerre mondiale**

1929

L'Union soviétique met en œuvre une virulente politique antireligieuse

Dès janvier 1918, le pouvoir bolchevique décrète la séparation de l'Église et de l'État et la confiscation des biens ecclésiastiques. L'édification d'une religion de l'humanité socialiste et les mesures répressives qui s'ensuivent visent à éradiquer l'influence de l'orthodoxie russe.

Renforcer le « travail antireligieux »

Le 24 janvier 1929, le Comité central du Parti communiste d'Union soviétique (PCUS) adopte un décret préparé par Iemelian Iaroslavski, en charge de la politique antireligieuse. Des « mesures de renforcement du travail antireligieux » entérinent une politique d'arrestations massives de prêtres et la fermeture d'églises. La même année, une loi rend obligatoire l'enregistrement de toute association religieuse. Seule reste affirmée la liberté de célébration du culte.

La moitié des lieux de culte en activité en 1929 est fermée en 1933. Le nombre de prêtres passe de 79 000 en 1926 à 31 000 en 1937. Une campagne de destructions et de profanations est orchestrée dans tout le pays.

Le pouvoir promeut ses propres fêtes : 1er mai, Journée internationale de la femme, etc. Les jeûnes qui rythment la vie des croyants sont condamnés au nom de la santé publique.

Une logique d'anéantissement

La brutalité de la politique antireligieuse n'empêche pas la résistance qui se caractérise notamment par un fort absentéisme les jours de fête religieuse. En 1936, l'article 124 de la nouvelle Constitution qui affirme la liberté de conscience et de culte donne des armes à ceux qui espèrent une renaissance de la pratique. Lors du recensement de 1937, 57 % des Soviétiques se disent croyants.

Dès lors, le pouvoir passe à une logique d'anéantissement. Entre 1937 et 1939, 50 000 religieux sont arrêtés, 8 000 églises fermées, 60 évêques fusillés, dont le métropolite de Petrograd (actuelle Saint-Pétersbourg). Il faut attendre 1943 pour que Joseph Staline, dans le cadre de la Grande Guerre patriotique, imprime un tournant à sa politique religieuse et permette à l'Église d'élire un nouveau patriarche.

1800 | 1820 | 1840 | 1860 | 1880 | 1900

Révolution française

Printemps des peuples

Industrialisation et émigration européenne

Colonisation

Une du magazine *Bezbojnik* (1929)

L'hebdomadaire *Bezbojnik* (« Le Sans-Dieu ») est fondé en 1922. La Société des amis du journal est à l'origine de la création de l'Union des militants athées qui revendique 5 millions de membres en 1940.

La destruction de la cathédrale du Christ-Sauveur à Moscou

Le 5 décembre 1931, la cathédrale, construite en souvenir de la victoire de 1812 sur les armées napoléoniennes, est dynamitée sur ordre de Staline. Elle est reconstruite entre 1995 et 2000.

Tikhon de Moscou (1865-1925)

■ Élu patriarche de Moscou et de l'Église orthodoxe de Russie (► p. 268) en novembre 1917, Vassili Ivanovitch Bellavine, Tikhon de son nom religieux, critique sévèrement la politique antireligieuse du nouveau gouvernement bolchevique et condamne l'assassinat de la famille impériale. Durant la guerre civile, il est emprisonné pendant un an au monastère Donskoï à Moscou. Son arrestation déclenche des protestations à l'étranger. Libéré sous la condition d'une déclaration de loyauté au pouvoir, il est finalement déposé en 1923. Après sa mort le 7 avril 1925, son siège est laissé vacant par le régime soviétique. Tikhon, considéré comme un martyr de l'Église orthodoxe, est canonisé en 1989. ■

1942

À Wannsee, des dignitaires nazis organisent la Solution finale

L'arrivée au pouvoir d'Adolf Hitler, le 30 janvier 1933, ouvre un chapitre inédit dans les persécutions antijuives. Le point culminant est atteint avec l'extermination systématique de près de 6 millions de juifs qui met fin à une histoire pluriséculaire en Europe.

Les premières mesures antijuives

Dans l'Allemagne nazie, l'antisémitisme, théorisé dans *Mein Kampf* (1925), se manifeste dès 1933 par la mise au ban des juifs de la société, le boycott de leurs biens et les assassinats arbitraires dont ils font l'objet. En septembre 1935, les lois de Nuremberg institutionnalisent leur exclusion. En novembre 1938, le pogrom de la nuit de Cristal fait des milliers de victimes. La situation des juifs allemands – et autrichiens depuis l'*Anschluss* – devient tragique.

Des ghettos à la Solution finale

Avec le déclenchement de la Seconde Guerre mondiale, les juifs d'Europe orientale sont regroupés dans des ghettos où règnent la terreur, la famine et les exécutions sommaires, tandis que les législations antisémites s'étendent en Europe occidentale. L'invasion de l'Union soviétique en 1941 signe le début d'une destruction de masse, soutenue par les *Einsatzgruppen* (« groupes spéciaux ») qui assassinent près d'1,5 million de personnes, dont 90 % sont juives.

Le 20 janvier 1942, quinze hauts fonctionnaires nazis se réunissent à Wannsee, dans la banlieue de Berlin, pour discuter de la mise en œuvre de la Solution finale.

Des millions de personnes, amenées de toute l'Europe dans des trains à bestiaux, sont ainsi gazées et brûlées dans des camps d'extermination. Cette industrialisation de la mort donne naissance, au lendemain de la guerre, aux notions de « génocide » et de « crime contre l'humanité ».

Le monde juif après la Shoah

Près de 6 millions de juifs, parmi les 9,5 millions que comptait l'Europe en 1939, ont été assassinés. Au lendemain de la guerre, les déplacements de population contribuent, en plus de la Shoah, à modifier la physionomie du judaïsme mondial. Alors qu'en 1933, 60 % de la population juive vivait en Europe, ils ne sont plus qu'un tiers en 1950.

Confrontés au questionnement moral et philosophique suscité par la barbarie nazie, une partie des juifs européens réintègrent leurs sociétés d'origine et reconstruisent un judaïsme vivace sur le plan religieux et culturel.

1800 1820 1840 1860 1880 1900

Révolution française

Printemps des peuples

Industrialisation et émigration européenne

Colonisation

Le Triomphe de la mort

Ultime œuvre du peintre allemand Felix Nussbaum avant sa déportation et son assassinat au camp d'Auschwitz-Birkenau, ce tableau évoque une danse funèbre et traduit le désespoir face à la catastrophe en cours, l'omniprésence de la mort et l'écroulement d'une civilisation.

Felix Nussbaum, huile sur toile, 150 × 100 cm, avril 1944 (Felix Nussbaum Hauss, Osnabrück).

« Seuls ceux qui ont connu Auschwitz savent ce que c'était. Les autres ne le sauront jamais. Au moins comprendront-ils ? »

Élie Wiesel, *La Nuit*, 1955.

Le soulèvement du ghetto de Varsovie

Au début de l'année 1943, les nazis intensifient la déportation de la population qui vit dans le ghetto de la capitale polonaise, constitué en 1940. Cette décision renforce la détermination des membres de la résistance juive, formée quelques mois auparavant, qui lancent, entre le 19 avril et le 16 mai 1943, un soulèvement contre les forces d'occupation. Si celui-ci échoue, il demeure l'acte de rébellion le plus symbolique de la résistance des juifs au nazisme. En 1949, des survivants du ghetto de Varsovie fondent, en Galilée, un kibboutz appelé Beit Lohemai Ha-Getaot (« La maison des combattants du ghetto ») qui abrite un musée de la résistance juive.

1920 | 1940 | 1960 | 1980 | 2000 | 2020

Mondialisation

Décolonisation

Première Guerre mondiale — Seconde Guerre mondiale

1942

Les membres de La Rose blanche s'élèvent contre le nazisme

Entre juin 1942 et février 1943, de jeunes Allemands diffusent des tracts dénonçant le IIIe Reich au nom d'arguments éthiques et religieux.

Un mouvement de résistance initié par deux étudiants

En Allemagne, depuis l'arrivée au pouvoir d'Adolf Hitler en janvier 1933, toutes les libertés sont suspendues, la population est soumise à une propagande omniprésente et des lois antisémites et racistes sont mises en œuvre. En 1939, le pays bascule dans une guerre totale, menée au nom de l'idéologie nazie.

À Munich, au printemps 1942, deux étudiants en médecine, Hans Scholl et Alexander Schmorell, créent le groupe La Rose blanche (*Die Weiße Rose*) afin de s'opposer au totalitarisme nazi. Avec l'aide de condisciples dont Sophie Scholl, la sœur de Hans, Christoph Probst ou encore Willi Graf, ils réalisent à partir du mois de juin 1942 une série de tracts dans lesquels ils engagent les Allemands à entrer en résistance.

Contre le nazisme et la guerre menée par le IIIe Reich

Profondément chrétiens (catholiques, protestants ou orthodoxes), les membres de La Rose blanche dénoncent la violence de la campagne menée à l'Est et la persécution contre les juifs (► p. 330) au nom d'arguments moraux, culturels et religieux. Ils citent ainsi de grands auteurs allemands, tels Goethe et Schiller, ou la Bible.

Ils distribuent tout d'abord des tracts autour d'eux ou les envoient à des intellectuels et à des personnalités cultivées, les appelant à reproduire et à diffuser leurs textes. Peu à peu, leur cercle s'étend : ils obtiennent l'appui de Kurt Huber, professeur de philosophie à l'université de Munich, nouent des contacts dans plusieurs autres facultés d'Allemagne et se rapprochent de réseaux de résistance.

Condamnés à mort

Le 18 février 1943, deux semaines après la défaite allemande de Stalingrad, Hans et Sophie Scholl se rendent à l'université pour y déposer des centaines d'exemplaires d'un nouveau tract exhortant les étudiants à se soulever contre le régime.

Dénoncés par le concierge, ils sont arrêtés, ainsi que Christoph Probst, par la Gestapo, jugés sommairement, puis guillotinés le jour même de leur condamnation, le 22 février. Dans les mois qui suivent, la plupart des membres du réseau et nombre de résistants ayant été en contact avec eux sont à leur tour exécutés.

1800 | 1820 | 1840 | 1860 | 1880 | 1900

Révolution française

Printemps des peuples

Industrialisation et émigration européenne

Colonisation

De jeunes Munichois
Sur cette photographie prise en juin 1942, Sophie Scholl fait ses adieux à des étudiants envoyés se battre sur le front de l'Est, comme le furent plusieurs membres du réseau de La Rose blanche.

« Aussi faut-il que tout individu prenne conscience de sa responsabilité en tant que membre de la civilisation occidentale chrétienne ; […] qu'il combatte ce fléau de l'humanité, le fascisme, ou tout autre système de dictature semblable. »

Extrait du premier tract de La Rose blanche, juin 1942.

L'Église catholique face au nazisme

La signature, le 20 juillet 1933, d'un concordat entre le IIIe Reich et Rome – aboutissement d'un projet né dès 1920 – vise notamment à préserver les diverses structures catholiques allemandes (organisations de jeunesse, etc.). Néanmoins, en mars 1937, face aux persécutions subies par l'Église et à la politique raciste et antisémite mise en œuvre par les nazis, l'encyclique *Mit brennender Sorge* (« Avec une brûlante inquiétude ») du pape Pie XI, rédigée de façon exceptionnelle en allemand, dénonce l'idéologie national-socialiste. Elle est adressée secrètement aux ecclésiastiques allemands afin d'être lue publiquement dans toutes les églises du pays le dimanche des Rameaux. À l'été 1941, l'évêque de Münster, monseigneur von Galen, prononce trois homélies contre le nazisme, où il dénonce en particulier l'euthanasie des handicapés physiques et mentaux. Cependant, ni le pape Pie XII ni l'épiscopat allemand ne condamnent publiquement l'extermination des juifs, pourtant connue alors.

1947

La **partition de l'Inde** s'opère selon des critères religieux

Le projet d'une Inde indépendante, unifiée et non confessionnelle, échoue et deux nouveaux États, l'Union indienne et le Pakistan, sont créés. Au fil des décennies, le poids du nationalisme hindou et de l'islamisme s'accroît dans chacun des deux pays.

Les prémices d'une revendication musulmane

Communauté dominante jusqu'à la chute de l'empire moghol en 1857 (► p. 248), les musulmans perdent leur pouvoir en Inde sous la domination britannique. Ils constituent alors une minorité (24 % de la population) face à une majorité hindoue.

À partir des années 1930, la perspective de l'indépendance amène les élites musulmanes à s'interroger sur leur place dans l'Inde future : la Ligue musulmane, créée en 1906, défend l'idée que musulmans et hindous forment deux « nations » distinctes et revendique des corps électoraux séparés.

De la théorie des deux nations à la création du Pakistan

À partir de 1940, sous l'influence du poète et philosophe Muhammad Iqbal, la « théorie des deux nations » évolue vers le projet d'un État musulman distinct dans les provinces à majorité musulmane (vallée de l'Indus et Bengale oriental) et dénommé Pakistan. En 1947, Muhammad Ali Jinnah, leader de la Ligue musulmane, négocie en ce sens avec le parti du Congrès national indien dirigé par Jawaharlal Nehru et avec les autorités coloniales britanniques.

D'abord réticent, le Congrès se résout à la partition entre l'Union indienne et le Pakistan, officielle les 14 et 15 août 1947. Le 30 janvier 1948, Mohandas Karamchand Gandhi, qui plaidait pour la réconciliation entre les communautés, est assassiné par un extrémiste hindou.

La montée des idéologies communautaristes

En Inde, l'État est non confessionnel sous l'influence du parti du Congrès dominé par les élites laïques et au pouvoir sans interruption de 1947 à 1977. Cependant, malgré la partition, le pays conserve une forte communauté musulmane et fait face à des tensions intercommunautaires périodiques qui dégénèrent parfois en de véritables massacres entre musulmans et hindous.

En outre, se développe une idéologie nationaliste qui promeut l'idée selon laquelle l'Inde est fondamentalement hindoue (l'*hindutva*) (► p. 368). Au Pakistan, le poids des partis politiques islamistes se fait de plus en plus prégnant sur la vie politique, au plan local comme national.

1800 | 1820 | 1840 | 1860 | 1880 | 1900

Révolution française
Printemps des peuples
Industrialisation et émigration européenne
Colonisation

Rassemblement de réfugiés à New Dehli en septembre 1947

La partition entre l'Union indienne et le Pakistan s'effectue dans la violence et dans le sang : plus de 500 000 musulmans et hindous périssent dans des massacres entre communautés, principalement au Bengale et au Penjab, tandis que 15 millions de réfugiés franchissent les frontières des nouveaux États.

Le Pakistan : la première république islamique (1956)

Constitué en 1947 à partir des provinces indiennes à majorité musulmane, le Pakistan est dépourvu d'unité linguistique et même géographique. Jusqu'en 1971, il est séparé en deux régions distantes de plus de 1 500 kilomètres : le Pakistan occidental à l'ouest et le Pakistan oriental à l'est, ce dernier devenant, au prix d'une guerre de sécession, indépendant sous le nom de Bangladesh.
En 1956, la nouvelle Constitution fait du Pakistan une république islamique. Sous la présidence du général Muhammad Zia ul-Haq (1977-1988), la *charia* est proclamée source du droit en matière familiale et pénale (► p. 143).

1920 1940 1960 1980 2000 2020

Mondialisation

Décolonisation

Première Guerre mondiale **Seconde Guerre mondiale**

1948

David Ben Gourion proclame la création de l'État d'Israël

Aboutissement du mouvement sioniste, l'État hébreu voit le jour au lendemain de la plus grande catastrophe qu'a connue le monde juif. Immédiatement confronté à la guerre et au défi de sa survie, il offre, sept décennies plus tard, l'image d'une société plurielle en proie à des questionnements multiples.

La lutte pour un État

Les tensions entre populations juives et arabes s'intensifient dans la Palestine sous mandat britannique. En 1942, l'Organisation sioniste (► p. 312) adopte le programme de Biltmore qui revendique une « communauté politique » souveraine (Jewish Commonwealth). Si, durant la guerre, le *yischouv* (la communauté juive de Palestine) se mobilise aux côtés des Britanniques, ses différentes organisations armées (Haganah, Irgoun et Lehi) s'unissent, dès 1945, contre la puissance mandataire.

L'action diplomatique menée parallèlement aboutit, le 29 novembre 1947, à l'approbation par l'Organisation des nations unies (ONU) d'un plan de partage en trois entités : deux États indépendants et la ville de Jérusalem placée sous contrôle international. La proposition, rejetée par les représentants arabes, est acceptée par les sionistes, permettant la naissance d'Israël le 14 mai 1948, alors même qu'éclate une première guerre avec les armées arabes.

Le « rassemblement des exilés »

Ouvert à l'immigration juive du monde entier, le jeune État voit sa population augmenter et se diversifier. Aux habitants autochtones ou issus des précédentes vagues d'*aliyot* (immigrations) viennent se joindre des juifs européens rescapés de la Shoah (► p. 330) puis, de plus en plus, des juifs en provenance du monde musulman. La Loi du retour, votée en juillet 1950, plusieurs fois complétée et amendée, offre à tout individu pouvant attester de sa judéité – ainsi qu'à sa famille, juive ou non – le droit d'immigrer en Israël. Aujourd'hui, le pays compte plus de 8 millions d'habitants, dont 75 % environ sont juifs.

L'État et la religion

Démocratie parlementaire laïque reposant sur la séparation des pouvoirs, État du peuple juif plutôt qu'État juif, Israël présente néanmoins un caractère spécifique dans les relations entre religion et politique. Les débats entre séculiers et religieux animent la société israélienne et pèsent sur les clivages qui la traversent. De même, la question du règlement du conflit avec les Palestiniens demeure un enjeu majeur.

1800 1820 1840 1860 1880 1900

Révolution française

Printemps des peuples

Industrialisation et émigration européenne

Colonisation

La naissance de l'État d'Israël

Le 14 mai 1948, David Ben Gourion, président du Conseil national juif et futur Premier ministre, lit la déclaration d'indépendance de l'État d'Israël dans la galerie principale du musée de Tel-Aviv, au milieu des membres du gouvernement provisoire et devant une assemblée de plusieurs centaines de personnes.

La Nakba, « catastrophe » palestinienne

La création de l'État d'Israël souligne l'échec du mouvement national palestinien. La guerre qui s'ensuit en 1948-1949 provoque l'exode massif de plusieurs centaines de milliers de Palestiniens. Installés dans des camps provisoires – devenus pérennes – dans les pays voisins, sans droit au retour en raison de l'impossibilité de trouver un accord de paix, le sort de ces réfugiés et de leurs descendants constitue jusqu'à aujourd'hui l'une des questions les plus aiguës du conflit israélo-palestinien, sur laquelle butent les tentatives d'accords de paix.

La guerre des Six-Jours

Véritable tournant dans l'histoire d'Israël et de la région, ce conflit éclair déclenché en juin 1967 se solde par la victoire de l'État juif face aux armées coalisées de ses voisins arabes. Israël s'empare alors des territoires de la bande de Gaza et du Sinaï, du plateau du Golan, de la Cisjordanie, de la vieille ville et de la partie est de Jérusalem. Le résultat de cette guerre favorise notamment l'affirmation d'un courant sioniste messianique, à l'origine très minoritaire au sein du monde orthodoxe juif, dont l'activisme croissant et la conception religieuse de l'histoire jouent un rôle de plus en plus décisif sur les décisions politiques et sur la conception de la nature du conflit avec les Palestiniens.

1920 1940 1960 1980 2000 2020

Mondialisation

Décolonisation

Première Guerre mondiale

Seconde Guerre mondiale

Le judaïsme contemporain

Les juifs sont appelés les « bâtisseurs du temps », expression soulignant l'importance qu'ils accordent à la capacité de l'homme à maîtriser le temps en sanctifiant des moments particuliers. Ce temps ritualisé s'incarne à travers des pratiques dont les modalités varient, attestant d'une grande diversité religieuse et culturelle.

Le temps juif

Le cycle de la vie

L'existence juive est scandée par des rites de passage qui relient l'individu à sa communauté : la circoncision (*brit milah*) ; la *bar mitzvah* marquant l'entrée du garçon dans la majorité religieuse – et la *bat mitzvah* pour les filles dans le judaïsme libéral, reconstructioniste et massorti (courant situé entre le judaïsme orthodoxe et le judaïsme réformé) – ; le mariage qui, associé à la procréation, constitue l'un des commandements majeurs de la Torah (► p. 100). Après le décès, la prière du *kaddish* est récitée en présence d'un *minyan*.

Le *minyan*

Composé de dix hommes – et femmes dans le judaïsme libéral – tous majeurs religieusement, le *minyan* est indispensable à la récitation des prières importantes lors des offices ou des cérémonies. S'il ne parvient pas à être réuni, la célébration ne peut pas se dérouler. C'est le cas par exemple pour la lecture du *kaddish* lors d'un décès. Le *minyan* illustre la dimension communautaire de la religion juive.

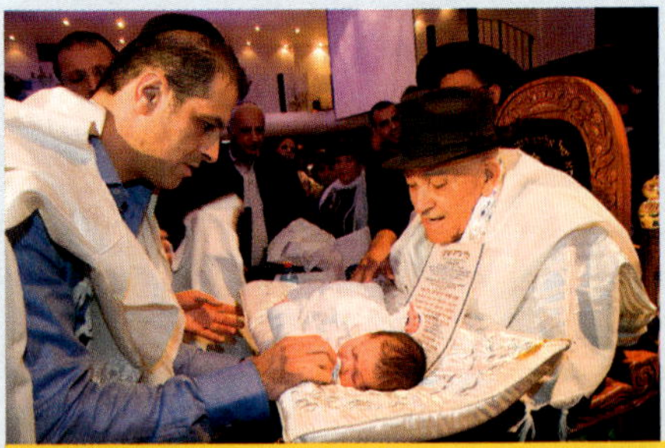

Cérémonie de *brit milah* en Israël

Pratique répandue parmi de nombreuses populations de l'Antiquité, la circoncision est, dans le judaïsme, le signe de l'Alliance éternelle entre Dieu et son peuple. L'ablation du prépuce des petits garçons à l'âge de huit jours est effectuée par un spécialiste, le *mohel*, et se déroule en présence d'un *minyan*. À cette occasion, l'enfant reçoit son prénom hébraïque.

Le mariage juif

La cérémonie du mariage se déroule sous la *houppa* (dais nuptial), symbole du foyer. La *ketoubbah* (le contrat de mariage) est lue aux époux avant que le consentement soit prononcé devant les témoins et l'anneau du marié offert à son épouse. Sept bénédictions nuptiales sont ensuite prononcées sous le *talit* (châle blanc dont les quatre coins sont pourvus de franges), avant que la célébration ne se conclue par le bris d'un verre.

Emmanuel Mané-Katz, *Le Mariage*, huile sur toile, 96 × 74 cm, 1959 (Collection particulière).

Le cycle annuel

Le point de départ du calendrier hébraïque se situe en - 3761 avant le calendrier grégorien, en référence à la Genèse, chaque mois débutant avec la nouvelle lune. L'année commence par le Nouvel An (Rosh Hashana) qui rappelle la création du monde et qui est suivi, après dix jours de pénitence, par la journée la plus sainte du calendrier, le Yom Kippour (jour du Grand Pardon).

L'année comporte une vingtaine de solennités et de commémorations : les trois fêtes de pèlerinage (Pessah, Chavouot, Soukkot) (► p. 44), les fêtes rabbiniques de Hanoukka (► p. 87) et Pourim (► p. 61), ainsi que d'autres journées renvoyant à des circonstances particulières. Quelques célébrations ont été introduites à l'époque contemporaine, tel que le jour du souvenir de la Shoah (► p. 330).

Le cycle quotidien et hebdomadaire

La semaine juive, qui commence le dimanche, est tournée vers le temps sacré du *shabbat*, seul jour à porter véritablement un nom, les autres étant notifiés par des numéros. Mentionné dans le Décalogue, le *shabbat* glorifie l'accomplissement de la Création et rappelle la liberté retrouvée au lendemain de la délivrance du joug égyptien (► p. 40). Il commence le vendredi à la tombée de la nuit et se termine le lendemain soir. Son observance comporte 39 activités prohibées et leurs dérivés.

Dans la pratique journalière, la prière et l'étude religieuse remplacent les cultes sacrificiels de l'époque du Temple (► p. 44). Trois prières quotidiennes sont prescrites.

Un judaïsme pluriel

La diversité culturelle

Issues d'exils et de déracinement successifs, les communautés juives ont adopté les langues et les pratiques culturelles de leur environnement. Les 14 millions de juifs recensés dans le monde aujourd'hui présentent des apparences et des modes de vie bien différents.

Les deux grandes composantes culturelles sont celles des juifs ashkénazes (► p. 162) et des juifs sépharades (► p. 228), deux mondes eux-mêmes traversés par des spécificités locales perceptibles dans les airs liturgiques, la prononciation de l'hébreu ou les traditions associées à certaines fêtes.

D'autres communautés se sont développées en dehors de ces deux branches principales, en Afrique et en Asie, comme l'atteste la présence de populations juives en Éthiopie, en Inde, en Chine ou en Asie centrale. Néanmoins, les échanges intellectuels et les influences mutuelles entre les communautés juives n'ont jamais cessé, permettant de maintenir l'unité du judaïsme à travers les siècles.

La *kacherout*

Les lois de la *kacherout* reposent sur plusieurs passages bibliques et concernent la nourriture « convenable », propre à la consommation, mais aussi la manière de la préparer et de la manger. Elles s'appliquent à tout ce qui est en contact avec les aliments (vaisselle, etc.). Pour être *kacher*, la viande doit provenir d'animaux ruminants dont les sabots sont fendus, et abattus rituellement. Les produits de la mer autorisés sont ceux pourvus de nageoires et d'écailles. Les mets carnés sont consommés séparément des plats lactés, plusieurs heures devant séparer l'ingestion de l'un ou l'autre. Le vin est soumis à une réglementation stricte pour être *kacher*.

Deux façades de synagogues

L'architecture des synagogues (*beit knesset* en hébreu) varie selon les périodes et les espaces géographiques et culturels. Une synagogue abrite en revanche toujours une arche sainte, orientée vers le Temple de Jérusalem et contenant les rouleaux de la Torah qui sont lus lors des offices.

À gauche, la grande synagogue de Pilsen, République tchèque, 1892.
À droite, la grande synagogue de la paix, Strasbourg, 1962.

Alina Treiger, femme rabbin en Allemagne
La première femme rabbin a été ordonnée en Allemagne en 1935. Non reconnu par le judaïsme orthodoxe, l'accès au rabbinat féminin est possible dans les mouvements libéraux, reconstructionnistes et massortis. On en compte aujourd'hui environ un millier dans le monde, dont l'essentiel aux États-Unis.

La diversité religieuse

L'émancipation (► p. 286) et l'entrée dans la modernité ont bouleversé le monde juif, en élargissant le sens de la judéité et la manière de se définir comme juif. Certains se conçoivent alors en dehors d'une identité religieuse, soit comme appartenant à un peuple ou à une nation, soit comme les produits d'une histoire et d'une culture particulières. Les juifs laïcs ont ainsi en commun leur attachement à la dimension universaliste des valeurs du judaïsme.

La modernité favorise aussi la diversification du judaïsme religieux et l'émergence de courants nouveaux. La palette est large, des ultra-orthodoxes aux juifs réformés (ou libéraux), en passant par le monde orthodoxe et néo-orthodoxe, les traditionalistes ou encore le mouvement Conservative Judaism (appelé massorti en France). Ces écoles diffèrent par leur interprétation plus ou moins littérale des textes, mais aussi par leur adaptation aux évolutions du monde contemporain. Les exigences requises pour la conversion au judaïsme, ou encore la place des femmes dans le rituel et le rabbinat sont par exemple des lignes de clivage importantes entre orthodoxes et réformés.

Les juifs éthiopiens

Se nommant eux-mêmes *Beta Israël* (« la maison d'Israël »), appelés *Falachas* (« étrangers ») par leurs voisins en Éthiopie, les juifs éthiopiens ont des origines controversées. Les sources les concernant ne sont pas antérieures au XIIIe siècle. Et il faut attendre 1973 pour que le rabbinat israélien admette leur identité juive. En 1984-1985 puis en 1991, plusieurs dizaines de milliers d'entre eux émigrent en Israël. Leur intégration au sein de l'État hébreu n'est pas simple, des voix s'étant élevées pour exiger qu'ils soient soumis à une circoncision symbolique et à une immersion dans un bain rituel.

1950

L'Organisation mondiale des bouddhistes est créée

Organisé sur une base nationale, le monde bouddhiste est marqué par une très grande diversité. Le congrès fondateur du World Fellowship of Buddhists (WFB) à Colombo au Sri Lanka cherche à lui donner une unité à travers des institutions et des symboles communs.

Un vaste mouvement de réforme

À partir de la fin du XIXe siècle, les milieux intellectuels bouddhistes cinghalais appellent à des changements au sein de leur religion. Dans le même contexte, l'hindouisme et l'islam sont également touchés par des courants réformistes.

En réaction à la colonisation et à l'occidentalisation, ces mouvements cherchent à moderniser la religion en mettant en avant sa dimension universelle, à la fois éthique, sociale, philosophique et spirituelle, contre la dimension traditionnelle et les particularismes locaux.

Le congrès de Colombo

C'est en 1950 que des délégués de 27 pays se réunissent à Colombo (Sri Lanka) et fondent le 25 mai l'Organisation mondiale des bouddhistes (WFB), à l'initiative de l'intellectuel et diplomate cinghalais Gunapala Piyasena Malalasekera.

Affirmant l'unité du bouddhisme, l'organisation cherche à rendre celle-ci plus visible à travers une fête et un emblème (le drapeau) fédérateurs. Dans cet esprit est promue au niveau mondial la fête de Vesak pour commémorer, le jour de la pleine lune du mois de mai, la naissance, l'Éveil et la mort du Bouddha Gautama (► p. 58).

Un drapeau pour les bouddhistes

Cet emblème, conçu en 1884 par un groupe de militants bouddhistes nationalistes cinghalais, est adopté par le WFB en 1952. Il associe cinq bandes verticales qui symbolisent des qualités liées à l'Éveil du Bouddha : le bleu pour la méditation, le jaune pour la pensée juste, le rouge pour l'énergie spirituelle, le blanc pour la foi sereine, le orange – qui peut varier – pour l'intelligence. Quant à la colonne formée par les bandes horizontales, elle symbolise la non-discrimination entre ces qualités, donc le principe d'harmonie.

1800 1820 1840 1860 1880 1900

Révolution française
Printemps des peuples
Industrialisation et émigration européenne
Colonisation

La fête de Vesak

Vesak est la seule fête d'origine religieuse célébrée par l'Organisation des Nations unies (ONU) depuis 1999, pour saluer la contribution du bouddhisme à la spiritualité de l'humanité.

Temple bouddhiste Maha Vihara à Kuala Lumpur, Malaisie, 29 mai 2018.

Le sixième concile bouddhique de Rangoun

Le souci d'unité dépasse le cadre du WFB. Le sixième concile du bouddhisme réuni à Rangoun (Birmanie) en 1954 rassemble ainsi des moines du courant du theravada (► p. 79) venant de huit pays afin de produire une version unifiée du canon bouddhique en pali, la langue des premiers textes du bouddhisme.
Pendant deux ans, les participants récitent les textes du *dharma* et examinent soigneusement les différentes transcriptions avec pour résultat l'édition d'une version homologuée en langue palie. Celle-ci est ensuite imprimée dans les différentes écritures du monde bouddhiste : birmane, latine, devanagari, thaï, cinghalaise, khmère et mongole.

Anagarika Dharmapala, penseur du réveil bouddhiste

Érudit et activiste bouddhiste désireux de revivifier le bouddhisme au Sri Lanka, Dharmapala (1864-1933) fonde la Mahabodhi Society en 1891 pour aider les bouddhistes à reprendre le contrôle de leurs lieux saints en Inde. En 1893, il représente le bouddhisme d'Asie du Sud au Parlement mondial des religions de Chicago (► p. 311). Sa pensée reflète l'ambiguïté des réformismes religieux qui valorisent la dimension spirituelle de la religion, présentée comme universelle, tout en nourrissant des tendances nationalistes hostiles au colonialisme et aux autres religions.

Nouvelles religions et mouvements sectaires

La période contemporaine est marquée par une diversification du paysage religieux, notamment dans le monde anglo-saxon. Au XXe siècle, l'élargissement de l'offre spirituelle est une réponse à la perte d'influence des Églises et illustre l'individualisation progressive des croyances.

Un dynamisme religieux maintenu

De nouveaux mouvements religieux

Une nouvelle religion se définit par plusieurs critères : une doctrine qui diverge par rapport au dogme d'origine, parfois jusqu'à la rupture (schisme), et une volonté de gouverner tous les aspects de la vie des adeptes. Si certaines nouvelles religions restent incluses dans la tradition originelle (mormons, Témoins de Jéhovah), d'autres se constituent en entités indépendantes (bahaïsme, caodaïsme).

Afin de circonscrire l'évolution du paysage spirituel contemporain, le concept de nouveaux mouvements religieux (NMR) a été introduit dans les années 1970.

Traditions protestantes et millénarisme

Aux États-Unis, le revivalisme (► p. 272) encourage la dissension religieuse, marquée par un fort millénarisme. Il est à l'origine de l'Église de Jésus-Christ des saints des derniers jours, ou mormonisme, qui entend préparer le retour imminent du Christ. D'autres mouvements millénaristes se développent outre-Atlantique : c'est le cas de l'Église adventiste, fondée en 1831, et dont se détachent les Adventistes du septième jour, qui essaiment peu à peu en Europe à partir des années 1870.

Les Témoins de Jéhovah, mouvement né d'un groupe d'étude de la Bible à Pittsburgh en 1872, annoncent quant à eux la fin prochaine du monde et la restauration du royaume de Dieu sur Terre. La prédication est au centre des activités religieuses des Témoins de Jéhovah qui prônent par ailleurs l'isolement social. Ils revendiquent aujourd'hui plus de 8 millions de fidèles dans le monde.

Trois « saints » caodaïstes : Sun Yat-sen, Victor Hugo et le poète vietnamien Nguyen Binh Khiem

Les pratiques spirites permettent aux caodaïstes d'entrer en contact avec les guides spirituels de la communauté, figures religieuses comme Moïse et Muhammad, références morales ou héroïques tels Jeanne d'Arc, Victor Hugo ou Louis Pasteur.

Peinture murale (Temple de Cao Dai Holy Sea, Vietnam).

Entre syncrétisme et prétentions universelles

De nouveaux mouvements s'érigent en traditions religieuses spécifiques, parfois issues d'une volonté de synthèse. Le bahaïsme, fondé en 1863 par Mirza Husayn Ali Nuri – surnommé Baha Allah (« Gloire ou Splendeur de Dieu ») –, est ainsi une religion abrahamique qui prône l'unicité de Dieu et l'union de tous les peuples dans une foi commune. Sans culte ni rites, il défend la non-violence, l'égalité des sexes, l'abolition des discriminations, la complémentarité entre science et religion. Basé à Haïfa (Israël), il compte plus de 7 millions d'adeptes dans le monde.

En 1919, dans le contexte de l'Indochine coloniale, apparaît une nouvelle religion qui tire son nom de Cao Daï (« Palais suprême »), dieu nouveau et salvateur, avec lequel Ngo Van Chieu, un fonctionnaire vietnamien taoïste, déclare avoir été mis en contact par le spiritisme. Le caodaïsme se propose d'unifier les traditions asiatiques orientales (confucianisme, taoïsme, bouddhisme, culte des ancêtres) et le christianisme. Après l'arrivée des communistes au pouvoir en 1975, ses adeptes sont persécutés et leur nombre est en déclin.

Les mormons

Fondateur de l'Église de Jésus-Christ des saints des derniers jours en 1830, Joseph Smith annonce qu'il a reçu de Dieu la mission de rétablir l'Église primitive. Le Livre de Mormon – du nom du prophète qui l'aurait compilé – que Smith affirme avoir traduit de tablettes reçues d'un ange, considéré comme le « Troisième Testament », présente le peuple américain comme élu de Dieu, envoyé dans la nouvelle terre promise que sont les États-Unis. Smith tente d'installer en Utah une théocratie et fixe des normes sociales spécifiques, dont les « mariages pluriels ». En 1847, des pionniers mormons fondent Salt Lake City où ils prospèrent. L'Église connaît un essor important au XXe siècle et revendique aujourd'hui 16 millions d'adeptes dans le monde, dont 6 aux États-Unis.

La concurrence du modèle culturel dominant

L'individualisation du « croire »

À partir des années 1950, prolifèrent de nouvelles pratiques et de nouvelles croyances, qui révèlent les besoins et les manques des sociétés consuméristes. Aux États-Unis notamment, l'absence d'attachement rigide à la doctrine permet tous les syncrétismes. Le Jesus Movement, né de la contre-culture californienne des années 1960, vise ainsi à diffuser l'Évangile dans le monde hippie, tandis que la première Église gay est créée en 1968 par Troy Perry.

L'individualisme religieux transforme ainsi les Églises en outil d'accomplissement personnel et objet de consommation de masse dont témoigne la multiplication des « méga-églises », supermarchés du religieux, ou autre « télévangélisme » (► p. 348).

La multiplication des mouvements sectaires

Depuis les années 1970, des mouvements s'appuient sur le succès d'une nébuleuse parareligieuse, le New Age, qui promeut des pratiques magico-thérapeutiques pour atteindre le bonheur individuel. Constitués le plus souvent autour d'un personnage charismatique (maître yogi, médecin, guru, guérisseur), ils vendent à leurs adeptes des recettes ésotériques dans le cadre de stages de méditation, conférences, cours plus ou moins fermés.

D'autres groupes théorisent la séparation et la rupture avec la société, pouvant aller jusqu'au suicide collectif. En 1993, 82 membres de la secte des Davidiens périssent avec leur « prophète » David Koresh dans l'incendie de leur ranch de Waco (Texas) assiégé par la police.

Qu'est-ce qu'une secte ?

Défini au début du XXe siècle par le sociologue allemand Max Weber, le terme désigne les mouvements religieux dissidents. La notion se charge peu à peu d'une connotation négative et est utilisée pour nommer les groupes minoritaires à prétention spirituelle dont les méthodes (manipulation, dépersonnalisation) visent à séparer leurs adeptes de leur environnement d'origine (travail, famille) et utilisent la contrainte. En France, le premier rapport parlementaire sur les risques sectaires paraît en 1983. En 2010, la Mission interministérielle de vigilance et de lutte contre les dérives sectaires (Miviludes) décompte dans l'Hexagone 500 sectes et 500 000 adeptes.

Devant le tribunal de Marseille en 1999, des membres de la scientologie revendiquent le statut de religion pour leur mouvement.

Festivités lors du Big Green Gathering Maizey UK Summer, en 1998

Issu de la contre-culture américaine des années 1960, le New Age emprunte à toutes les traditions (occultisme, ésotérisme, chamanisme) pour proposer à ses adeptes un retour à la nature, une quête corporelle et spirituelle visant à libérer le « potentiel humain ».

Sectes ou religions ?

Certaines sectes revendiquent, et obtiennent selon les législations nationales, le statut de religion.

C'est le cas, aux États-Unis, de l'Association internationale de scientologie, fondée par L. Ron Hubbard. Ce dernier publie en 1950 *Dianetics*, qu'il présente comme le livre de la science de la vie et de l'amélioration de l'homme ordinaire. Il transforme l'association en Église et bénéficie des protections accordées par l'État américain pour diffuser son message, mélange de spiritualité et de haute technologie. La scientologie fait des adeptes parmi les cols blancs, séduits par son programme de développement personnel, et de nombreuses stars hollywoodiennes constituent la vitrine brillante d'un mouvement pourtant dénoncé pour ses pratiques (manipulation mentale, escroquerie).

En 1954 en Corée du Sud, le « révérend Moon » fonde l'Église de l'Unification dont il se proclame avec son épouse « messies ». Dans le contexte de la guerre froide, la secte bénéficie, du fait de son anticommunisme, de la bienveillance des États-Unis où Moon s'adresse à des foules immenses. Il annonce être envoyé par Dieu pour mettre fin aux souffrances de l'humanité. Aujourd'hui, la secte ne compterait plus que 200 000 adeptes.

1957

Billy Graham organise une croisade évangélique à New York

Durant plusieurs semaines, le pasteur Billy Graham prêche la « nouvelle naissance » dans le Christ devant plus de deux millions de personnes, témoignant du succès du protestantisme évangélique aux États-Unis.

Le « pape » de l'Amérique

Quand « Billy » s'avance, la Bible à la main brandie comme une arme, devant une foule de 20 000 personnes réunies pour l'écouter au Madison Square Garden à New York, le défi est immense dans la métropole la plus laïque des États-Unis. Pourtant, la croisade de Billy Graham est une réussite : prévue pour durer six semaines, elle est prolongée deux fois.

Pasteur de l'Église évangélique, Graham renoue avec la tradition du Grand Réveil (► p. 272). Ses sermons sont accessibles et optimistes, mettant l'accent sur le respect de l'autorité absolue de la Bible, le développement d'une « relation » personnelle avec Jésus-Christ et le respect des valeurs morales. Il s'agit de susciter la conversion, la « nouvelle naissance » en religion.

Le président Richard Nixon, lui-même présent à New York, est un proche de Graham. Celui-ci occupe d'ailleurs la fonction de conseiller spirituel à la Maison Blanche jusque dans les années 1980.

L'essor des évangéliques

> « *La Bible, rien que la Bible. La foi sincère n'a que faire d'une raison par essence défaillante.* »
>
> Billy Graham, 1957.

Dans le contexte de la guerre froide, le protestantisme évangélique est en effet populaire aux États-Unis. Se réclamant des valeurs spirituelles face au matérialisme communiste, il séduit les classes moyennes et populaires blanches urbanisées du Sud et de l'Ouest.

Les évangéliques veulent façonner le monde contemporain à l'image de leur religion. Inquiets des évolutions en faveur de l'interdiction de la prière à l'école (1962), du mouvement des droits civiques (1964) et de l'avortement (1973), ils mènent une guerre culturelle conservatrice et s'allient au Parti républicain qui embrasse leurs positions en matière morale.

Il y aurait aujourd'hui 64 000 missionnaires protestants dans le monde, pour la plupart évangéliques. C'est l'une des religions qui croît le plus rapidement, en particulier en Chine et en Amérique latine.

30 000 personnes sont réunies à Wall Street pour écouter Billy Graham, le 10 juillet 1957

Annoncés à grand renfort de publicité, les rassemblements évangéliques sont spectaculaires : 1 500 choristes entourent ainsi Billy Graham à New York en 1957. Ils annoncent les « méga-églises » et le « télévangélisme » qui se développent fortement dans les années 1960.

Le procès du singe

L'essor du courant évangélique aux États-Unis coïncide avec la baisse d'audience des fondamentalistes chrétiens. Ces derniers, attachés à une lecture littérale de la Bible, sont hostiles au savoir moderne et notamment à l'enseignement de la théorie darwinienne de l'évolution, lui préférant la vision d'un monde créé *ex nihilo* par Dieu (créationnisme).

Vente de l'ouvrage anti-évolutionniste *L'Enfer dans les lycées* à l'ouverture du procès Scopes

En juillet 1925, le Tennessee est le théâtre d'un procès rocambolesque. Après le vote d'une loi interdisant l'enseignement de l'évolutionnisme, l'American Civil Liberties Union (ACLU) demande à un professeur de sciences naturelles, John Thomas Scopes, de se faire inculper pour avoir transgressé la loi et prend en charge sa défense. Le pays se passionne pour le procès dit « du singe », au cours duquel le représentant de l'État du Tennessee doit reconnaître les limites d'une interprétation littérale de la Bible.

1965

Vatican II ouvre l'Église catholique au monde moderne

Inauguré en octobre 1962 par le pape Jean XXIII, le deuxième concile œcuménique du Vatican marque un tournant capital pour l'Église catholique. En dépit des oppositions et des débats, celle-ci décide de s'ouvrir à la modernité.

Vers un *aggiornamento*

Dès le pontificat de Léon XIII à la fin du XIXe siècle (► p. 308), l'Église catholique amorce un changement d'attitude face au monde moderne. Ralentie sous Pie X (1903-1914), contrariée par les désordres politiques des années 1930, cette volonté réapparaît après la Seconde Guerre mondiale.

L'idée de réunir un concile œcuménique pour une « mise à jour » (*aggiornamento*) précisant la doctrine de l'Église se dégage alors. Elle prend corps dès l'élection de Jean XXIII en novembre 1958, qui annonce la convocation du concile.

Une assemblée mondiale

Vatican II, qui débute le 11 octobre 1962, réunit plus de 2 000 participants, les prélats « pères conciliaires », auxquels se joignent – et c'est une nouveauté – des observateurs non catholiques et même quelques laïcs.

Entre 1962 et 1965, quatre sessions annuelles se succèdent à l'automne au Vatican. Seule la première est présidée par Jean XXIII – qui décède en juin 1963 –, les suivantes le sont par Paul VI. Si le concile donne lieu à de virulents débats entre traditionalistes et modernistes, tous les textes y sont votés à l'unanimité.

Une révolution dans l'Église catholique

Dès l'ouverture du concile, les pères conciliaires rejettent le programme préétabli par la curie romaine en faveur de leur propre ordre du jour. Durant quatre années, ils vont s'attacher à un réexamen complet du rôle de l'Église catholique. Le concile simplifie la liturgie : afin de permettre une plus grande participation des fidèles, le latin est ainsi abandonné des célébrations au profit des langues vernaculaires.

La déclaration *Dignitatis humanae* admet la liberté religieuse, tandis que *Nostra Aetate* pose que Dieu peut se faire connaître de multiples façons et qu'en conséquence l'hindouisme, le bouddhisme, l'islam, le judaïsme méritent le respect. Toute trace d'antijudaïsme doit disparaître de la prédication, et la déclaration insiste sur les racines juives du christianisme, considéré comme un prolongement de la Révélation faite au peuple hébreu.

L'ouverture de Vatican II, le 11 octobre 1962
La cérémonie se déroule dans l'immense nef de la basilique Saint-Pierre de Rome.

> *« Même si, au cours des siècles, de nombreuses dissensions et inimitiés se sont manifestées entre les chrétiens et les musulmans, le saint Concile les exhorte tous à oublier le passé et à s'efforcer sincèrement à la compréhension mutuelle. »*
>
> Déclaration *Nostra Aetate*, promulguée par Paul VI le 28 octobre 1965.

L'*aggiornamento* contesté

Dès l'ouverture du concile, une minorité de l'assemblée défend des positions traditionalistes, tant dans le domaine liturgique que face aux nouveautés touchant à la liberté religieuse et aux relations avec les autres religions. Récusés, les plus déterminés vont jusqu'au schisme. Derrière Mgr Marcel Lefebvre, ex-archevêque de Dakar, ils fondent en 1970 au séminaire d'Écône (Suisse) la Fraternité sacerdotale Saint-Pie-X, qui refuse les décisions du concile. La rupture intervient en 1988 quand le Vatican excommunie plusieurs de ses membres, dont Mgr Lefebvre.

1920 1940 1960 1980 2000 2020

Mondialisation

Décolonisation

Première Guerre mondiale **Seconde Guerre mondiale**

1966

Le mouvement « Hare Krishna » est fondé à New York

Considéré comme la huitième manifestation du dieu Vishnou, Krishna est parfois adoré en tant que dieu suprême dans le courant Gaudiya Sampradaya. C'est dans cette filiation que se situe le moine missionnaire A. C. Bhaktivedanta Swami Prabhupada, fondateur de l'Association internationale pour la conscience de Krishna (AICK).

Un mouvement missionnaire néo-hindou

Au milieu des années 1960, Prabhupada s'installe aux États-Unis pour répandre la dévotion à Krishna. Il y crée l'AICK, connue également sous l'acronyme anglais ISKCON (International Society for Krishna Consciousness) ou plus familièrement les « Hare Krishna ».

L'AICK devient en quelques années l'un des mouvements néo-hindous les plus importants et fonde plus de 150 temples dans le monde, principalement dans les pays à forte communauté indienne.

Entre contre-culture et conservatisme

L'AICK rencontre en Occident le mouvement de la contre-culture qui s'oppose au modèle religieux conventionnel hérité du christianisme (▶ p. 346). Elle reçoit en particulier le soutien de personnalités telles que George Harrison ou Allen Ginsberg.

Cependant, contrairement à certains mouvements néo-hindous valorisant l'amour libre et l'expérience des drogues hallucinogènes comme moyen d'accès au divin, l'AICK impose à ses adeptes une conception très stricte des rapports sexuels limitée à la recherche de la procréation et prohibe l'usage de toute substance enivrante ou excitante, y compris l'ail, le tabac ou le café.

Le néo-hindouisme aujourd'hui

Au début du XXIe siècle, l'attrait pour les religions orientales ne s'exprime plus tellement sur un mode contestataire dans des communautés organisées, mais de façon plus individuelle et consumériste à travers des stages psycho-spirituels animés par des maîtres indiens ou occidentaux qui enseignent des techniques méditatives ou de transformation de soi empruntées à l'arsenal religieux hindou ou bouddhiste.
Le point commun, cependant, entre ces deux époques est l'idée que la recherche spirituelle incarnée par des maîtres transcenderait les limites propres à chaque religion.

1800 — 1820 — 1840 — 1860 — 1880 — 1900

Révolution française
Printemps des peuples
Industrialisation et émigration européenne
Colonisation

Des adeptes d'« Hare Krishna » à New York en 1970

La notoriété de l'AICK est favorisée par certaines de ses pratiques publiques, notamment la récitation du mantra par ses adeptes dans les rues des grandes villes occidentales : « Hare Krishna, Hare Krishna, Krishna Krishna, Hare Hare. Hare Rama, Hare Rama, Rama Rama, Hare Hare ».

Les Beatles avec Mahesh Yogi à Rishikesh, en février 1968

Les Beatles en Inde

Le voyage du groupe britannique en Inde en 1968 illustre l'attrait de la spiritualité néo-hindoue auprès d'une partie de la jeunesse occidentale en pleine période hippie. Les Beatles fréquentent d'abord à Rishikesh l'ashram (communauté) d'un guru, le Maharishi Mahesh Yogi, fondateur du Mouvement de méditation transcendantale, et y composent certaines de leurs chansons.

Sans être formellement membre de l'AICK, George Harrison, le plus impliqué du groupe, lui apporte son soutien et contribue au développement du mouvement au Royaume-Uni en lui offrant une propriété en guise de temple près de Londres, et surtout grâce à ses chansons dont certaines, comme le tube *My Sweet Lord* (1970), intègrent les paroles du mantra de Krishna.

1920 1940 1960 1980 2000 2020

Mondialisation

Décolonisation

Première Guerre mondiale **Seconde Guerre mondiale**

1972

Le prêtre péruvien Gustavo Gutiérrez publie la *Théologie de la libération*

Dans le contexte de liberté théologique insufflée par le concile Vatican II (1962-1965), des prélats d'Amérique latine proposent de redéfinir le rôle de l'Église catholique auprès des pauvres.

Un prêtre engagé auprès des pauvres

L'effervescence politique des années 1960, entre critique du capitalisme, émergence du tiers-mondisme et révolution castriste, ne laisse pas indifférents certains membres de l'Église catholique latino-américaine. Parmi eux, Gustavo Guttiérez, un prêtre d'une paroisse pauvre de Lima qui a suivi des études de philosophie et de théologie à Louvain (Belgique) et à Lyon.

En 1968, Guttiérez est présent comme conseiller théologique à la conférence épiscopale latino-américaine de Medellin en Colombie, qui affirme « l'option préférentielle pour les pauvres ». Trois ans plus tard, il publie *Teologia de la liberacion*, rapidement traduite dans de nombreuses langues.

Une théologie latino-américaine

La théologie de la libération est l'héritière du catholicisme social apparu à la fin du XIXe siècle (► p. 308) et revivifié dans l'entre-deux-guerres par des philosophes français comme Jacques Maritain. Elle emprunte au marxisme sa lecture de la lutte des classes et légitime la volonté de libération des dominés. Le chrétien doit se tenir au milieu d'eux et soutenir leur combat.

Dans des sociétés latino-américaines marquées par de très fortes inégalités sociales et où l'Église catholique favorise traditionnellement les pouvoirs en place, cette théologie émancipatrice connaît un vif succès. Évêques et prêtres s'engagent dans le combat social, syndical, voire politique.

La réponse du Vatican, entre critique et acceptation

La théologie de la libération suscite des débats au Vatican. Ses contempteurs lui reprochent son approche marxiste des rapports sociaux et une interprétation politique de la Bible qui fait de Jésus un révolutionnaire.

D'abord hostile, la Congrégation pour la doctrine de la foi finit par intégrer en 1986 la théologie de la libération au magistère de l'Église. Jean-Paul II, quant à lui, critique vivement la participation de prêtres au gouvernement révolutionnaire sandiniste au Nicaragua (1979-1990).

Enfants dans une manifestation chrétienne en soutien à la révolution au Nicaragua, le 19 juillet 1984

Sur l'affiche à gauche : « Le voleur ne vient que pour dérober, et pour tuer et pour détruire ; moi, je suis venu afin que les brebis aient la vie, et qu'elles l'aient en abondance. Jean 10:10 ». Sur la pancarte à droite : « Tu suivras strictement la justice, afin que tu vives et que tu possèdes le pays que te donne Yahweh, ton Dieu. Deutéronome 16:20. »

> *La théologie de la libération dit aux pauvres que la situation qu'ils vivent actuellement n'est pas voulue par Dieu.»*

Gustavo Gutiérrez, *Théologie de la libération*, 1972.

Les prêtres ouvriers en France

Apparus en France dans les années 1940, les prêtres ouvriers illustrent l'élan missionnaire d'une partie du clergé catholique auprès des catégories populaires déchristianisées. Une centaine de prêtres décident de vivre leur ministère en travaillant en usine avec les ouvriers dont ils souhaitent partager le quotidien et les luttes. L'expérience des « prêtres au travail » est suspendue par Pie XII en 1954, par crainte d'un engagement auprès des communistes, avant d'être à nouveau autorisée en 1965 par Paul VI.

Un prêtre ouvrier dans les années 1950

1920 | 1940 | 1960 | 1980 | 2000 | 2020

Mondialisation

Décolonisation

Première Guerre mondiale **Seconde Guerre mondiale**

1979

L'Iran devient une république islamique

En 1979, le chah d'Iran est renversé à la suite d'une longue contestation populaire. Après l'élimination des autres acteurs de la révolution, la nouvelle république évolue rapidement vers un régime islamique dirigé par l'ayatollah Khomeyni.

La contestation contre la monarchie

Au pouvoir depuis 1941, Muhammad Reza Pahlavi règne d'une main de fer sur l'Iran, avec l'appui de sa police secrète, la Savak. Ses projets de modernisation du pays sont critiqués par les milieux religieux qui y voient des concessions inacceptables aux États-Unis, le grand protecteur du régime, et à la culture laïque occidentale.

Les manifestations qui éclatent en 1963 sont violemment réprimées et l'ayatollah Rouhollah Moussavi Khomeyni, la plus haute autorité religieuse du pays, est contraint à l'exil. L'opposition, menée par des mouvements laïcs, par des marxistes et par des courants proches des oulémas, s'intensifie à partir de 1977, attisée depuis l'étranger par le révolutionnaire chiite Ali Shariati ou par Khomeyni lui-même.

Le triomphe de la révolution

En 1978, les manifestations reprennent et le mouvement gagne les classes populaires. Depuis la France où il s'est réfugié, Khomeyni diffuse ses appels à la révolte. En décembre, deux millions de manifestants défilent à Téhéran. Débordé, le chah quitte précipitamment le pays le 16 janvier 1979.

Un gouvernement provisoire est nommé et, le 1er février, Khomeyni revient d'exil, triomphalement. Il ne tarde pas à prendre le pouvoir, aux côtés de Mehdi Bazargan, son Premier ministre.

Une république islamique

Soutenu par la milice des Gardiens de la révolution, Khomeyni élimine les autres acteurs de la révolution et force finalement Bazargan à démissionner en novembre. La nouvelle Constitution instaure le principe du *velayat-e faqih*, le « gouvernement des juristes », c'est-à-dire des clercs chiites.

L'Iran est défini comme une république islamique où la souveraineté appartient au peuple mais découle de la volonté et des lois de Dieu. Le président de la République est le garant de la Constitution et du fonctionnement de l'État, mais le pouvoir véritable appartient au « Guide suprême de la révolution », nommé à vie, qui exerce une sorte de magistère moral et religieux. Khomeyni occupe cette charge jusqu'à sa mort en 1989.

1800 1820 1840 1860 1880 1900

Révolution française

Printemps des peuples

Industrialisation et émigration européenne

Colonisation

Une manifestation contre le régime du chah dans le centre de Téhéran en 1978

Les opposants au chah défilent devant la tour Azadi, édifiée en 1971 par Reza Pahlavi pour commémorer les 2500 ans de l'empire persan. Ils brandissent un portrait géant de Khomeyni, devenu le symbole de la résistance à la monarchie.

Ali Shariati et le chiisme révolutionnaire

Fils d'un prédicateur, Ali Shariati (1933-1977) fait ses études à Mashhad, ville sainte du chiisme iranien. Il concilie une formation religieuse traditionnelle avec des convictions révolutionnaires et un cursus de sociologie qu'il poursuit en France en 1959. À Paris, il se lie à Jean-Paul Sartre et à Frantz Fanon, soutient le Front de libération nationale (FLN) algérien et la lutte anticoloniale. Emprisonné à son retour en Iran en 1964, il émigre à Londres en 1975 et meurt deux ans après, sans doute assassiné. Ses écrits proposent une relecture révolutionnaire de la tradition religieuse chiite et sa biographie d'Ali (► p. 144) fait du dernier calife un martyr socialiste opposé à l'absolutisme.

1920 1940 1960 1980 2000 2020

Mondialisation

Décolonisation

Première Guerre mondiale **Seconde Guerre mondiale**

1995

L'encyclique *Ut unum sint* affirme l'engagement œcuménique de Jean-Paul II

Au cours de son pontificat, le pape Jean-Paul II renouvelle le cadre du dialogue entre les religions, en particulier entre les Églises chrétiennes.

Un pape tourné vers l'action œcuménique

Élu en 1978, le pape Jean-Paul II mène une activité missionnaire intense qui le conduit dans 129 pays durant son pontificat. Au cours de ses voyages, des manifestations œcuméniques sont régulièrement organisées.

Le 27 octobre 1986, à son initiative, a lieu la première rencontre interreligieuse d'Assise : 130 responsables de douze religions se réunissent dans cette ville italienne afin de prier pour la paix.

Le dialogue entre les Églises

L'engagement œcuménique de Jean-Paul II est confirmé par la parution le 25 mai 1995 de l'encyclique *Ut unum sint* (« Qu'ils soient un ») qui invite à une redéfinition de la primauté du pape (► p. 198).

Le texte met ainsi en avant la doctrine des Églises sœurs : catholiques et orthodoxes se reconnaissent co-responsables du maintien de l'unité de l'Église de Dieu « dans la fidélité au dessein divin ». Avec les protestants, Jean-Paul II prône la réconciliation par la « purification de la mémoire historique ».

Des réactions mesurées

Plusieurs Églises (anglicane, luthérienne suédoise, presbytérienne américaine) répondent favorablement à l'encyclique. Cependant, la question uniate – terme désignant les chrétiens de rites orientaux reconnaissant la primauté du pape de Rome – divise toujours les chrétiens orientaux et les chrétiens occidentaux, tandis que les orthodoxes russes critiquent le prosélytisme catholique.

Par ailleurs les divergences de dogme avec les protestants ne sont pas effacées et se focalisent sur cinq points : les Écritures et la Tradition, l'eucharistie, l'ordination et la place des femmes, le magistère de l'Église, le statut de Marie.

> « Le Christ appelle tous ses disciples à l'unité. Le désir ardent qui m'anime est de renouveler aujourd'hui cette invitation et de la reprendre résolument. »
>
> Encyclique *Ut unum sint*, 25 mai 1995.

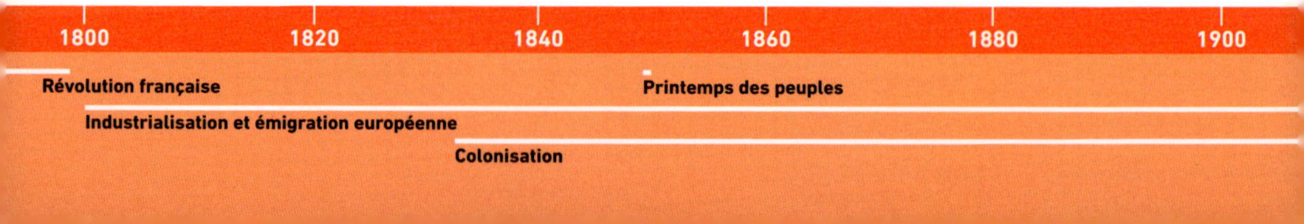

Jean-Paul II, entre le représentant de l'Église orthodoxe et l'archevêque anglican de Cantorbéry lors de la journée mondiale de la paix à Assise en 1986
La ville d'Assise abrite plusieurs rencontres interreligieuses qui sont aussi l'occasion de dialogues entre le Vatican et les représentants orthodoxes.

Le Conseil œcuménique des Églises (COE)

Créé en 1948 à Amsterdam avec 351 délégués issus de 147 Églises et 44 pays, le Conseil œcuménique des Églises est un organisme international et interconfessionnel dont le siège est à Genève. Il rassemble les Églises orthodoxes et celles issues de la Réforme, qui « confessent le Seigneur Jésus-Christ comme Dieu et Sauveur ». Tous les sept ans, une assemblée plénière se réunit sous la supervision d'un secrétariat général. L'Église catholique y détient un statut d'observatrice. Lieu d'échange et de réflexion entre chrétiens, le COE agit également dans le domaine caritatif et social ainsi qu'en faveur de l'aide au développement.

Le dialogue œcuménique et interreligieux sous le pontificat de Jean-Paul II

30 novembre 1979	Première visite au patriarche Dimitrios de Constantinople.
29 mai 1982	Célébration œcuménique à la cathédrale de Cantorbéry (Angleterre).
11 décembre 1983	Première homélie d'un pape dans l'église luthérienne de Rome.
12 juin 1984	Visite au Conseil œcuménique des Églises à Genève.
Avril 1986	Première visite d'un pape dans une synagogue (Rome).
27 octobre 1986	Première rencontre interreligieuse d'Assise.
10 janvier 1993	Deuxième rencontre interreligieuse d'Assise.
25 mai 1995	Lettre encyclique *Ut unum sint*.
25-28 octobre 1999	Assemblée interreligieuse au Vatican réunissant 50 pays et 20 traditions religieuses.
7 mai 2001	Jean-Paul II se rend pour la première fois dans une mosquée (Damas).
24 janvier 2002	Troisième rencontre interreligieuse d'Assise.

2001

En frappant les États-Unis, le terrorisme islamiste se mondialise

Les attentats du 11 septembre 2001, par leur poids symbolique et le nombre inédit de victimes civiles qu'ils provoquent, marquent l'irruption d'un terrorisme islamiste de masse en plein cœur du monde occidental.

L'ascension d'al-Qaïda

Dès 1993, une charge explosive explose dans le parking du World Trade Center à New York. L'attentat est inspiré par l'organisation djihadiste al-Qaïda (la « base » en arabe), dirigée par le fils d'un millionnaire saoudien, Oussama ben Laden.

Le groupe a été créé dans les années 1980 pour récolter des fonds destinés au combat contre les Soviétiques en Afghanistan, où Ben Laden fait ses armes. Démobilisé en 1989 après le retrait russe, ce dernier continue de financer les combattants djihadistes dans le monde entier, avec l'appui du pouvoir saoudien.

Mais l'installation des troupes américaines en Arabie saoudite, après l'invasion du Koweït par l'Irak en 1991, fait de lui un ennemi de la monarchie. Il se réfugie alors au Soudan puis en Afghanistan, d'où il commandite plusieurs attentats contre les intérêts américains dans le monde.

L'explosion des tours jumelles du Word Trade Center et l'attaque contre le Pentagone près de Washington, percutés le 11 septembre 2001 par des avions détournés par ses commandos, démontrent la puissance inédite d'al-Qaïda.

Le *djihad* contre les « croisés »

Organisée à l'image des mafias transnationales, et comme elles impliquée dans divers trafics, al-Qaïda justifie sa violence indiscriminée par un discours religieux aux accents messianiques. Inspirés par la pensée de Sayyid Qutb (► p. 327), les théoriciens du djihadisme mondialisé considèrent que le monde est engagé par une lutte à mort entre les vrais musulmans et les « croisés » occidentaux et israéliens, soutenus par les faux musulmans des régimes alliés.

Le *djihad*, qui dans l'islam ancien limite et encadre la violence guerrière (► p. 175), devient chez eux un devoir individuel et un combat total qui n'épargne pas les civils et se déploie sur tous les fronts. Le but affiché est de rétablir l'unité des musulmans par l'instauration du califat. Passé maître dans l'art de la mise en scène médiatique, Ben Laden devient une icône de la lutte contre l'Occident.

Les tours jumelles du World Trade Center juste avant le second impact
L'impact des avions puis l'effondrement des deux tours fait 2 753 victimes parmi les 17 400 personnes présentes dans les bureaux au moment de l'attentat, ainsi que parmi les pompiers et les policiers venus les secourir.

« *La conséquence positive la plus importante des attaques de New York et Washington a été de montrer la réalité du combat entre les croisés et les musulmans. […] Le monde entier s'est réveillé, […] la fraternité entre musulmans s'est renforcée, ce qui est un pas vers l'unification des musulmans […].* »

Ousama ben Laden, décembre 2002.

D'al-Qaïda à l'organisation État islamique

En réponse aux attentats, les États-Unis interviennent militairement en Afghanistan et chassent les talibans qui soutenaient la logistique d'al-Qaïda. En 2003, ils justifient l'invasion de l'Irak par des liens supposés entre le régime de Saddam Hussein et le groupe terroriste. La déstabilisation du Proche-Orient commence. Elle aboutit à l'émergence de l'organisation rivale État islamique (ou Daech) qui proclame la restauration du califat à Mossoul en 2014, trois ans après l'élimination d'Oussama ben Laden.

2013

Le pape François consacre son premier déplacement à la visite de réfugiés à Lampedusa

À la tête d'une Église en crise qu'il s'est donné pour mission de réformer, le nouveau pape veut replacer l'institution au centre des enjeux mondiaux et multiplie les actes symboliques.

Un déplacement politique

Élu le 13 mars 2013, Jorge Mario Bergoglio est le premier pape jésuite (► p. 242) et non européen. Souhaitant réaffirmer l'idéal de pauvreté promue par l'Église primitive, il prend le nom de François en référence à saint François d'Assise (► p. 194).

Pour son premier déplacement en dehors du Vatican, il se rend le 8 juillet 2013 à Lampedusa, une île italienne située au sud-ouest de la Sicile, à 130 kilomètres des côtes tunisiennes. C'est là qu'ont été accueillis des dizaines de milliers de réfugiés en provenance d'Afrique. Ce choix de François vise à braquer les yeux du monde sur le drame qui se déroule, alors que l'on estime à 20 000 le nombre de migrants ayant péri en mer Méditerranée.

Une Église en prise avec le monde

Dès le début de son pontificat, François veut réaffirmer la voix de l'Église face aux grands enjeux mondiaux : migrations, mondialisation, environnement. Voyant dans le réfugié l'incarnation par excellence de la figure du pauvre, il défend une « théologie de l'accueil et de l'altérité ».

Après Lampedusa, le pape multiplie les visites symboliques comme autant d'occasions de rappeler aux chrétiens leur devoir d'accueil et aux États celui de solidarité. En avril 2016, il rentre de son voyage sur l'île grecque de Lesbos accompagné de trois familles de réfugiés syriens musulmans.

Un pape face à la crise de l'Église

Face aux scandales de pédophilie qui touchent l'Église romaine, François met en place une commission pour la protection des mineurs en mars 2014. Lors de ses voyages, il rencontre des victimes d'abus sexuels, marquant ainsi sa volonté de réparation. En mai 2018, il accepte la démission de tous les évêques chiliens : pour la première fois est reconnue une responsabilité collective de l'Église dans la non-dénonciation de crimes sexuels commis par des prélats catholiques.

François à Lampedusa le 8 juillet 2013
Lors de son voyage sur l'île italienne, le pape, après s'être rendu auprès des réfugiés du centre de rétention et avoir remercié les habitants de l'île pour leur humanité, dénonce dans son homélie la « globalisation de l'indifférence » face à la crise migratoire et appelle à « réveiller les consciences », témoignant ainsi de la place qu'il entend accorder aux questions sociales lors de son pontificat.

La recherche de la paix dans le dialogue interreligieux

En avril 2017, le pape est invité à prendre la parole lors de la Conférence internationale pour la paix organisée par l'université al-Azhar au Caire. Dans un contexte marqué par les progrès de l'islamisme et la recrudescence des attentats commis par Daech (► p. 361), il affirme, au côté de l'imam Ahmed al-Tayeb, l'une des plus hautes autorités de l'islam sunnite, l'incompatibilité entre foi et violence.
Pour les représentants d'al-Azhar, l'enjeu de la rencontre est aussi interne. Face au succès du salafisme et du djihadisme, l'institution est en effet accusée d'avoir perdu son autorité sur l'islam sunnite et critiquée pour sa lenteur à moderniser le discours religieux. Il s'agit donc de replacer al-Azhar au centre du dialogue interreligieux international.

Le pape François est reçu par le cheikh Ahmed al-Tayeb, imam de la mosquée et recteur de l'université al-Azhar, en avril 2017

1920 1940 1960 1980 2000 2020

Mondialisation
Décolonisation
Première Guerre mondiale **Seconde Guerre mondiale**

Panorama religieux du monde au XXIe siècle

De nos jours, une immense majorité de la population mondiale se dit attachée à une tradition religieuse, le plus souvent héritée. L'implantation actuelle des religions souligne le poids de l'histoire mais montre aussi des dynamiques plus récentes. Dans le contexte de la mondialisation, les religions institutionnalisées déclinent au profit d'une diversification des pratiques mais aussi d'une progression des fondamentalismes. Les conflits incluant des dimensions religieuses restent nombreux dans le monde contemporain.

Les religions dans le monde

Un monde religieux ?

Plus de 80 % de la population mondiale se déclarent affiliés à une tradition religieuse. La plupart vit dans des pays où sa religion est majoritaire. Les Philippines comptent ainsi plus de 80 % de catholiques, les Thaïlandais sont bouddhistes à plus de 90 %.

Majoritaires à hauteur de 31 %, les chrétiens sont présents sur tous les continents. Deuxième confession dans le monde, l'islam est prédominant dans le monde arabe, mais les Arabes ne représentent que 20 % de l'ensemble des musulmans. Les plus grands pays musulmans en termes de population se trouvent en Asie : Indonésie, Pakistan, Inde. Le bouddhisme reste une religion essentiellement asiatique. Quant à l'hindouisme, il ne s'est guère diffusé au-delà des frontières de la péninsule Indienne. Les 14 millions de juifs sont répartis pour 43 % en Israël et 39 % aux États-Unis.

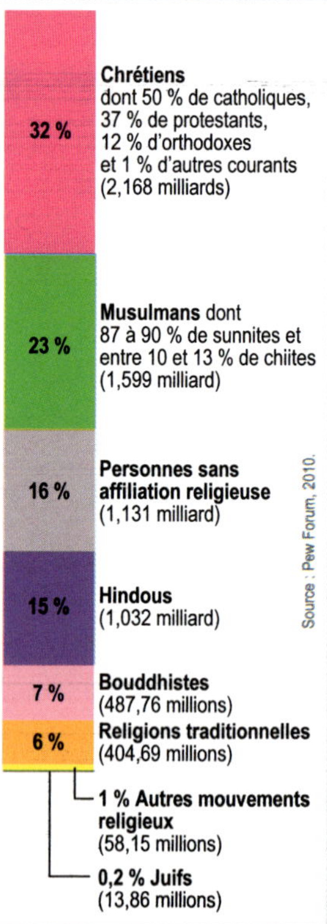

Les affiliations religieuses dans le monde

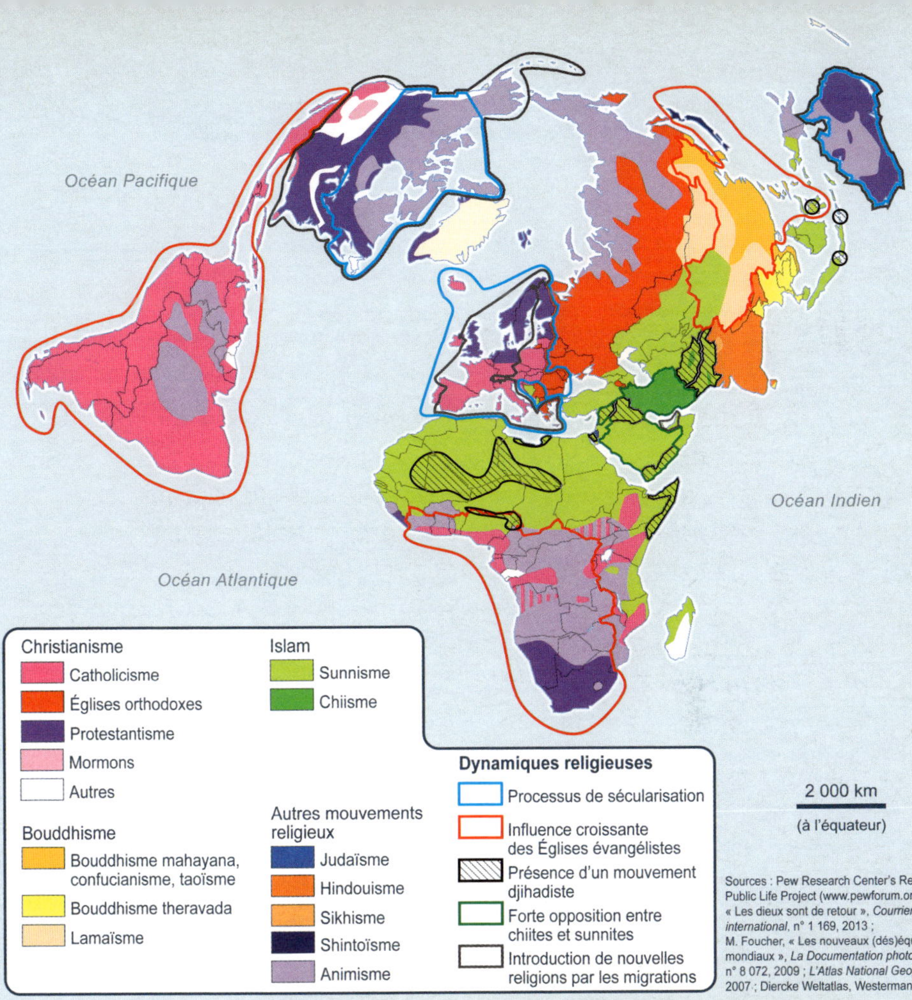

Sources : Pew Research Center's Religion & Public Life Project (www.pewforum.org) ; « Les dieux sont de retour », *Courrier international*, n° 1 169, 2013 ; M. Foucher, « Les nouveaux (dés)équilibres mondiaux », *La Documentation photographique*, n° 8 072, 2009 ; *L'Atlas National Geographic*, 2007 ; Diercke Weltatlas, Westermann, 1988.

Les dynamiques religieuses dans le monde actuel

Des pratiques animistes se retrouvent en Amazonie, chez les Indiens d'Amérique du Nord, en Afrique subsaharienne, dans le *bush* australien, en Papouasie-Nouvelle-Guinée, au Canada, au Groenland et en Sibérie orientale.

Des sociétés sécularisées ?

La vitalité des religions n'empêche pas la sécularisation des sociétés occidentales. Le déclin de l'emprise des Églises sur les pratiques, la baisse du nombre des candidats au sacerdoce dans l'Église catholique, par exemple, sont autant de signes qui révèlent une privatisation et une individualisation du religieux (► p. 346). On assisterait ainsi, selon la formule du sociologue français Jean-Paul Willaime, à une « reconfiguration globale du religieux, du politique et du culturel ».

Pour autant, les Églises ne renoncent pas à affirmer leur magistère moral dans des sociétés qui connaissent des transformations majeures liées à la fois aux avancées scientifiques et à l'évolution des mœurs.

La liberté religieuse dans le monde

Laïcité et pluralisme religieux

La Déclaration universelle sur la laïcité au XXe siècle, signée en 2005 par 248 universitaires d'une trentaine de pays, définit la laïcité à partir de trois principes : « respect de la liberté de conscience et de sa pratique individuelle et collective ; autonomie du politique et de la société civile à l'égard des normes religieuses et philosophiques particulières ; non-discrimination directe ou indirecte envers des êtres humains ».

Au cours du XXe siècle, un grand nombre d'États démocratiques ont abandonné toute référence à une religion d'État, soit que la laïcité ait été intégrée dans la Constitution comme aux États-Unis ou en France, soit que la loi stipule la liberté de croyances et l'égalité des droits. Aujourd'hui, plus de la moitié des pays du monde sont laïcs ou séculiers, mais son application peut donner lieu à différentes lectures, source parfois de tensions entre individus ou communautés entretenant des rapports différents avec la religion.

États et religions dans le monde

Pays à religion d'État	43 dont : - 23 États musulmans - 14 États chrétiens - 2 États bouddhistes - 1 État juif
Pays où une religion est favorisée	40 dont : 5 États musulmans 31 États chrétiens
Pays officiellement athées	10
Pays indifférents sur le plan religieux	106

Source : Pew Research Center, 2017.

Le rôle politique de la religion

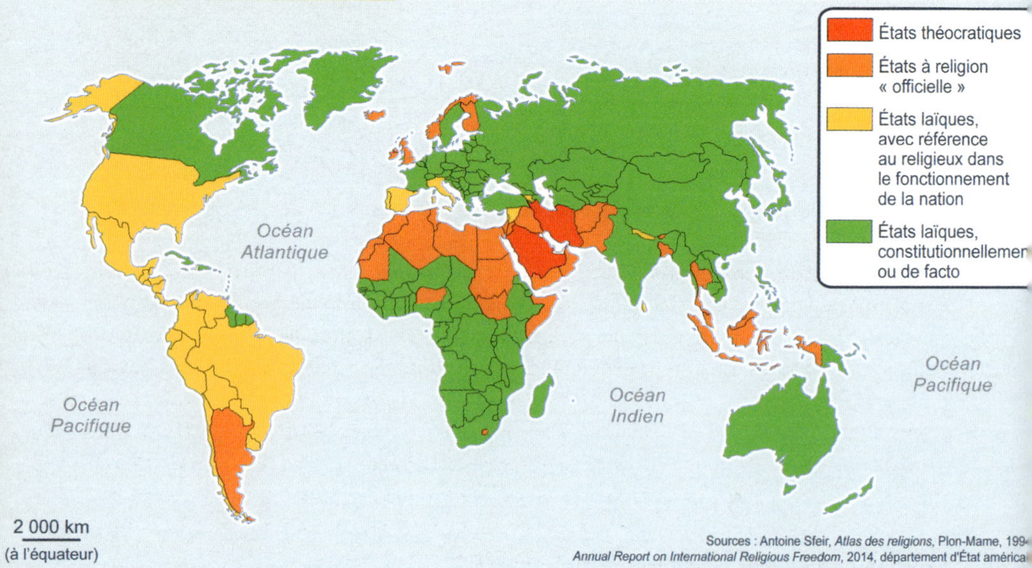

Sources : Antoine Sfeir, *Atlas des religions*, Plon-Mame, 199
Annual Report on International Religious Freedom, 2014, département d'État américa

Discriminations et persécutions

Il existe encore de nombreux pays où la liberté de croyance est interdite. Les persécutions à l'égard de groupes religieux sont le plus souvent le fait d'États qui professent une religion officielle ou en privilégient une. En Arabie saoudite, par exemple, le droit de professer une autre religion que l'islam est interdit et le Coran est la seule Constitution du pays. Dans de nombreux pays (Russie, Allemagne, Pologne, Inde, Algérie, Tunisie…), le blasphème est sanctionné par une peine de prison. L'apostasie est punie de mort en Arabie saoudite, Afghanistan ou encore au Pakistan.

En Chine, pays officiellement athée mais où la liberté religieuse est reconnue, les pratiques sont encadrées par l'État. Les groupes religieux non officiels – bouddhistes tibétains, Ouïghours sunnites, catholiques suivant le pape, pratiquants du Falun Gong – sont réprimés. En Corée du Nord, la religion est interdite.

À Washington, le 20 avril 2006, une manifestation de soutien aux pratiquants du Falun Gong et aux Tibétains réprimés en République populaire de Chine est organisée devant la Maison Blanche, alors que le président américain George W. Bush reçoit en visite officielle le président chinois Hu Jintao.

Les dynamiques religieuses contemporaines

La théorie du désenchantement du monde

En 1917, le sociologue allemand Max Weber croit déceler dans l'évolution spirituelle contemporaine une disparition des croyances au profit d'une vision plus rationnelle et scientifique. Il évoque alors un « désenchantement du monde ». Cette théorie accompagne la sécularisation des sociétés occidentales, c'est-à-dire la marginalisation de la religion dans la vie sociale et culturelle, et perdure pendant tout le xxe siècle.

Les dynamiques actuelles tendent cependant à infirmer la thèse wéberienne. La vitalité des Églises chrétiennes prosélytes (évangéliques et pentecôtistes notamment), l'essor de l'islam, l'explosion de l'offre spirituelle (mouvements sectaires, ► p. 346), mais aussi l'émergence du fondamentalisme, témoignent de l'omniprésence de la question religieuse dans les sociétés.

L'essor des fondamentalismes

Au XXe siècle, le monde chrétien (catholique, protestant et orthodoxe) voit émerger des mouvements intégristes, tandis que le fondamentalisme islamique s'exprime dans la progression du wahhabisme (► p. 274) et du salafisme. Ces courants ont en commun de dénoncer la corruption morale des sociétés modernes, la perte des solidarités et des valeurs traditionnelles, et de prôner un retour à la « pureté des origines ». Ils contestent le caractère inévitable de la sécularisation et souhaitent revivifier les traditions sacrées.

C'est le cas, par exemple, du courant traditionaliste de Mgr Lefebvre, figure de l'opposition à Vatican II (► p. 350), excommunié en 1988. Dans le protestantisme, le fondamentalisme doctrinal de certains courants évangéliques entraîne un rejet des théories modernes – dont celle de l'évolution (► p. 349) – au profit d'une lecture littérale de la Bible. En Inde, fondamentalistes sikhs et hindous contestent la nature séculière de l'État (► p. 334).

L'instrumentalisation du religieux

La religion est souvent mobilisée pour justifier une politique, une revendication nationale ou identitaire. En Birmanie, le moine Ashin Wirathu est le leader religieux d'un bouddhisme radical et antimusulman, à l'origine des persécutions contre la minorité musulmane des Rohingya contrainte à un exode massif depuis 2016.

L'« islamisme », conçu comme un projet de société mêlant dimensions religieuse, sociale et politique, se diffuse dans différents mouvements nationalistes en Afghanistan, au Liban ou encore en Palestine. Il alimente un *djihad* mondialisé (► p. 360). Au Moyen-Orient depuis 2011, l'organisation État islamique (EI), hostile aux chiites et prétendant rétablir un califat sunnite qui s'étendrait de l'Afrique du Nord à l'Asie centrale, attire des milliers de combattants étrangers, dont beaucoup en provenance d'Europe occidentale. En Inde, le président Narenda Modi, élu en 2014, se revendique de l'*hindutva* (« hindouïté ») qui cherche à définir la culture indienne en termes de valeurs hindoues.

En Birmanie, le 22 janvier 2015, des moines bouddhistes protestent contre la visite à Rangoun de la rapporteure spéciale des Nations unies pour la question des droits humains, venue évaluer notamment la situation de la minorité rohingya.

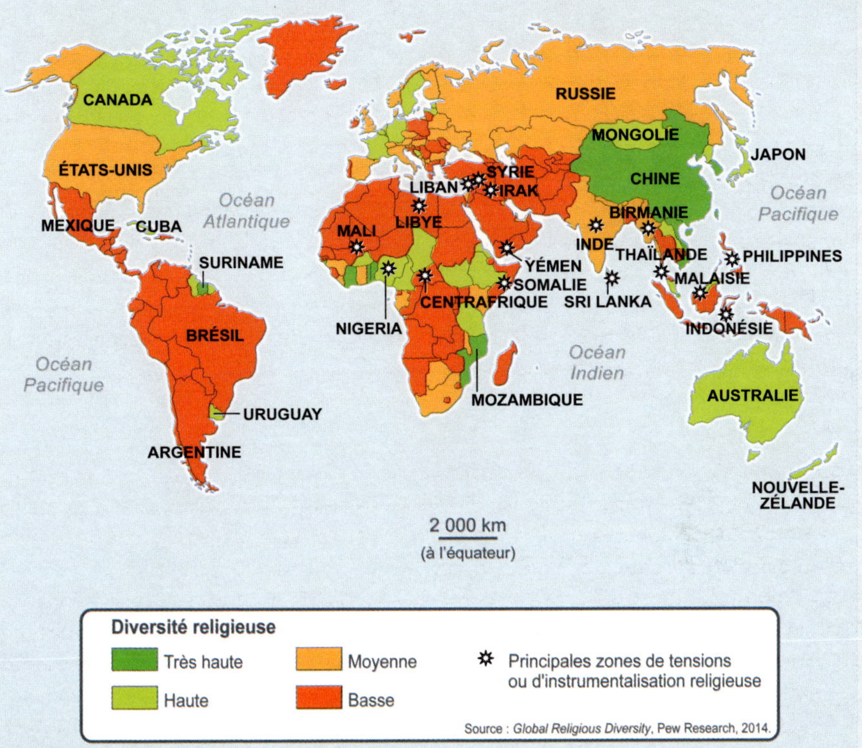

Les zones de conflit religieux dans le monde

Jérusalem, ville trois fois sainte, au centre des tensions

Jérusalem acquiert une dimension religieuse et politique inédite à partir de la construction du Temple par les Israélites (► p. 44). Pour les chrétiens, la ville est le lieu de la mort et de l'ensevelissement du Christ avant la Résurrection (► p. 93). Pour les musulmans, al-Qods («la Sainte») est la troisième ville sainte où aurait eu lieu l'expérience mystique de Muhammad (► p. 146).
En 1950, l'État d'Israël fait de Jérusalem-ouest sa capitale. Les Palestiniens défendent la même revendication pour Jérusalem-est. Depuis la guerre de 1967 (► p. 331), la ville «unifiée» est passée sous le contrôle de l'État hébreu qui s'engage à maintenir la liberté d'accès aux lieux saints. L'imbrication des dimensions religieuse et politique s'étant accrue, Jérusalem se situe au cœur de la lutte nationale entre Israéliens et Palestiniens, sa dimension allégorique contribuant à faire sortir le conflit de ses frontières.

Index des noms, des lieux et des notions

Index des noms, des lieux et des notions

Les numéros de pages en violet renvoient à un encadré thématique.

D

E

F

Les numéros de pages en violet renvoient à un encadré thématique.

K

L

M

Les numéros de pages en violet renvoient à un encadré thématique.

Q

R

S

Les numéros de pages en violet renvoient à un encadré thématique.

Crédits iconographiques

4 h ph © Aisa/Leemage
4 b ph © Raphaël Chipault/Musée du Louvre, Dist. RMN-Grand Palais
6 ph © CCI/Bridgeman Images
7 ph © The British Library Board/Leemage
8 ph © STAFF/AFP
10 & 11 ph © Aisa/Leemage
12 & 13 ph © Aisa/Leemage
13 h d ph © Skyscan Photolibrary/Alamy Stock Photo
13 b g ph © age fotostock/Alamy Stock Photo
14 b dt ph © age fotostock/Alamy Stock Photo
14 ph © Pascal Goetgheluck/Biosphoto
15 ph © Pascal Goetgheluck/Biosphoto
16 ph © Skyscan Photolibrary/Alamy Stock Photo
17 ph © Skyscan Photolibrary/Alamy Stock Photo
18 ph © Jean-Gilles Berizzi/RMN-Grand Palais (musée d'Archéologie nationale)
19 ph © Akg-Images/Pictures From History
20 ph © Jean-Gilles Berizzi/RMN-Grand Palais (musée d'Archéologie nationale)
21 ht ph © Stéphane Jaillet/Edydem/CNRS/Ministère de la Culture
21 b ph © www.bridgemanimages.com
22 et 23 ph © Raphaël Chipault/Musée du Louvre, Dist. RMN-Grand Palais
24 & 25 ph © Raphaël Chipault/Musée du Louvre, Dist. RMN-Grand Palais
26 & 27 ph © Raphaël Chipault/Musée du Louvre, Dist. RMN-Grand Palais
26 h d ph © Akg-Images/Pictures From History
26 b d Jastrow/Wikimedia
26 h g ph © BPK, Berlin/RMN-Grand Palais
26 b g ph © akg-images/Andrea Jemolo
27 b g ph © Alamy Stock Photo
27 h g ph © The Granger Collection, New York
27 m h d ph © G. Dagli Orti/De Agostini Picture Library/Akg-Images
27 h d Dante Alighieri/Wikimedia
28 h ph © BPK, Berlin/RMN-Grand Palais
29 b ph © Prisma/Album/Akg-images
29 h ph © BPK, Berlin/RMN-Grand Palais
30 ph © Luisa Ricciarini/Leemage
31 ph © akg-images/Andrea Jemolo
32 ph © Akg-Images/Pictures From History
33 ph © Akg-Images/Pictures From History
34 ph © Andrea Jemolo/Akg-Images
35 d ph © Akg-Images/Pictures From History
35 g ph © Andrea Jemolo/Akg-Images
36 ph © G. Dagli Orti/De Agostini Picture Library/Akg-Images
37 ph © Photo Josse/Leemage
38 ph © Néfermaât/Wikimedia
39 ph © MARTY - stock.adobe.com
40 ph © Bible Land Pictures/Akg-Images
41 ph © Bible Land Pictures/Akg-Images
42 ph © Costa/Leemage
43 h d ph © Olaf M. Tessmer/BPK, Berlin, Dist. RMN-Grand Palais
43 b g ph © Costa/Leemage
44 h ph © Mel Longhurst/Akg-Images
44 b ph © Zev Radovan/Bridgeman Images
45 Coll. Hachette
46 Jastrow/Wikimedia
47 ht © Jean-Claude Golvin/Éditions Errance.
47 b ph © Jastrow/Wikimedia
48 ph © De Agostini Picture Library/Scala, Florence
49 ph © De Agostini Picture Library/Scala, Florence
50 Jebulon/Wikimedia
51 ph © Aisa/Leemage
52 ph © Zev Radovan/www.bridgemanimages.com
54 ph © Science Photo Library/Akg-Images
55 ph © Science Photo Library/Akg-Images
56 ph © BnF, Paris/Bridgeman Images
57 ph © BnF, Paris/Bridgeman Images
58 ph © Alamy Stock Photo
59 ph © Alamy Stock Photo
60 ph © Z. Radovan, Jérusalem/Bible Land Pictures/Akg-Images
61 ph © Z. Radovan, Jérusalem/Bible Land Pictures/Akg-Images
62 b ph © CanStockPhoto
62 h ph © The British Museum, Londres, Dist. RMN-Grand Palais/The Trustees of the British Museum
63 ph © The British Museum, Londres, Dist. RMN-Grand Palais/The Trustees of the British Museum
64 ph © The Granger Collection, New York
65 h ph © Werner Forman Archive/Bridgeman Images
65 b Gregory Maxwell/Wikimedia
66 ph © Andrey Khrobostov/Alamy Stock Photo
67 ph © Andrey Khrobostov/Alamy Stock Photo
68 ph © iStock/Getty Images
69 h ph © Alessio Mamo/hemis.fr
69 b ph © Roland et Sabrina Michaud/Akg-Images
70 ph © British Library/Akg-Images
71 ph © British Library/Akg-Images
72 ph © Erich Lessing/Akg-Images
73 ph © Erich Lessing/Akg-Images
74 ph © Historica Graphica Collection/Heritage Images/Getty Images
75 ph © Historica Graphica Collection/Heritage Images/Getty Images
76 ph © http://blog.mesindesgalantes.com/stupa-chaitya/ashoka
77 ph © Priyadasi/wikimedia
78 ph © Pictures From History/Bridgeman Images
80 h ph © Roland et Sabrina Michaud/Akg-Images
80 et 81 g ph © Christophe Boisvieux/hemis.fr
81 m ph © Hervé Hughes/hemis.fr
81 d ph © Jon Arnold Images/hemis.fr
82 ph © Erich Lessing/Akg-Images
83 h © Jean-Claude Golvin/Éditions Errance.
83 b ph © Erich Lessing/Akg-Images
84 ph © Alfredo Dagli Orti/DEA/Leemage
85 h ph © Droberta/Wikimedia
85 b ph © De Agostini Picture Library/Scala, Florence
86 ph © brat82 - stock.adobe.com
87 ph © brat82 - stock.adobe.com
88 ph © Jappalang/Wikimedia
89 ph © Pictures From History/Bridgeman Images
90 h ph © Akg-Images/Pictures From History
90 b ph © Akg-Images/Pictures From History
91 ph © Philophoto - stock.adobe.com
92 ph © G. Dagli Orti/De Agostini Picture Library/Akg-Images
93 ph © G. Dagli Orti/De Agostini Picture Library/Akg-Images

94 ph © Erich Lessing/Akg-Images
95 ph © Erich Lessing/Akg-Images
96 ph © A. Dagli Orti/Scala, Florence
98 ph © Foto Scala, Florence - su concessione Ministero Beni e Attività Culturali e del Turismo
99 ph © Foto Scala, Florence - su concessione Ministero Beni e Attività Culturali e del Turismo
100 ph © BnF, Paris
101 ph © BnF, Paris
102 ph © The Jewish Museum, New York/Godong/UIG/Bridgeman Images
103 ph © www.bridgemanimages.com
103 © Adagp, Paris, 2018
104 ph © Mladifilozof/Wikimedia
105 ph © Pictures From History/Bridgeman Images
106 Dante Alighieri/Wikimedia
107 Dante Alighieri/Wikimedia
108 Dominator1453/Wikimedia
109 ph © SuperStock/Alamy Stock Photo
110 ph © Jean-François Peiré - DRAC Midi-Pyrénées
111 ph © Nikreates/Alamy Stock Photo
112 ph © Sharon Davis/Alamy Stock Photo
113 ph © https://www.livemaster.com/item/26070589-watercolour-two-buddhist-monks-of-the-caves-of-a-thousand-bud
114 ph © BnF, Paris
115 ph © BnF, Paris
116 ph © Hervé Lewandowski/Musée du Louvre, Dist. RMN-Grand Palais
117 ph © Musée Jouve et Juif Comtadin, Cavaillon
117 b ph © Pictures From History/Bridgeman Images
118 et 119 ph © CCI/Bridgeman Images
120 et 121 ph © CCI/Bridgeman Images
122 et 123 ph © CCI/Bridgeman Images
122 h g ph © werusq/iStock
122 b g ph © Akg-images
122 h d ph © Roland and Sabrina Michaud/akg-images
122 b d ph © Picavet/Getty Images
123 b g ph © BnF, Paris
123 h m ph © Granger Coll NY/Aurimages
123 b d ph © Josse/Leemage
123 h d ph © Ivan Vdovin/Getty Images
124 h ph © werusq/iStock
124 ph © www.bridgemanimages.com
125 h ph © werusq/iStock
125 b ph © Roland & Sabrina Michaud/akg-images
126 h ph © Emad Aljumah/Getty Images
127 h ph © Emad Aljumah/Getty Images
127 b ph © Imagebroker/Leemage
128 ph © Bibliothèque Municipale de Valenciennes
128 h ph © Bibliothèque Municipale de Valenciennes
129 ph © Heritage Images/Fine Art Images/Akg-images
130 ph © www.bridgemanimages.com
132 ph © BnF, Paris
133 ph © BnF, Paris
134 ph © DeA/Ambrosiana/Leemage
136 663highland /Wikimedia
137 b ph © bennnn - stock.adobe.com
137 h 663highland /Wikimedia
138 ph © Akg-images
139 ph © Akg-images
140 ph © The British Library Board/Leemage
141 ph © akg-images/Jean-Louis Nou
142 ph © The British Library Board/Leemage
143 ph © Efesenko/Getty Images
144 h ph © Josse/Leemage
144 b ph © Trip/www.agefotostock.com
145 ph © Piero M. Bianchi/Getty Images
146 ph © Piero M. Bianchi/Getty Images
148 ph © Roland and Sabrina Michaud/akg-images
149 ph © Roland and Sabrina Michaud/akg-images
150 ph © Jean Soutif/LookatSciences
151 ph © Jean Soutif/LookatSciences
152 ph © Jean-Gilles Berizzi/RMN-GP
153 h ph © BnF, Paris
153 b ph © Prisma/ Album/Akg-images
154 ph © Pictures From History/Akg-images
155 h ph © Pictures From History/Akg-images
155 b ph © C. Sappa/De Agostini Picture Lib./Akg-images
156 ph © Picavet/Getty Images
157 ph © Picavet/Getty Images
158 ph © Werner Forman/UIG/Leemage
159 ph © Heritage Images/Fine Art Images/Akg-images
160 ph © Werner Forman/UIG/Leemage
160 ph © Hendrik Schmidt/Alamy/Photo12
161 ph © Akg-images
162 ph © Hendrik Schmidt/Photo12/Alamy
164 ph © Gianni Dagli Orti/Aurimages
165 b ph © BnF, Paris
165 h ph © Gianni Dagli Orti/Aurimages
166 ph © Granger Coll NY/Aurimages
168 ph © Dimitrios Tilis/Getty Images
169 ph © Paul Ancenay/Akg-images
170 ph © B.O'Kane/Alamy Stock Photo
171 b ph © BnF, Paris
171 h ph © B.O'Kane/Alamy Stock Photo
172 ph © AISA/Leemage
173 ph © AISA/Leemage
174 ph © CSP_vanille/www.agefotostock.com
175 ph © CSP_vanille/www.agefotostock.com
176 ph © BnF, Paris
177 ph © BnF, Paris
178 ph © Fototeca/Leemage
179 ph © Photo extraite du livre de J.-S. Klein, /La Maison Sublime, l'Ecole rabbinique et le Royaume juif de Rouen (2006) - éditions points de vue
180 b ph © Atlantis/stock.adobe.com
180 h ph © Lemaitre/Artedia/Leemage
181 ph © Lemaitre/Artedia/Leemage
182 ph © Asf/Album/Akg-images
183 h ph © Johncopland/iStock
183 b ph © Raffael/Leemage
183 ph © Katja Kreder/Getty Images
184 ph © Roland and Sabrina Michaud/Akg-images
185 ph © Roland and Sabrina Michaud/akg-images
186 ph © Roland and Sabrina Michaud/Akg-images
187 ph © SeanPavonePhoto/iStock
188 ph © Granger Coll NY/Aurimages
189 ph © Granger Coll NY/Aurimages
190 ph © BnF, Paris
191 ph © BnF, Paris

192 ph © Jeff Graham/www.bridgemanimages.com
193 ph © Granger Coll NY/Aurimages
194 ph © Luisa Ricciarini/Leemage
195 ph © Luisa Ricciarini/Leemage
196 ph © Luisa Ricciarini/Leemage
197 ph © Heritage Images/Fine Art Images/Akg-images
198 ph © Aisa/Leemage
199 ph © Aisa/Leemage
200 ph © Deagostini/Leemage
201 ph © Seb_Pochet/stock.adobe.com
202 Coll. christophel © Mosfilm
203 b Coll. christophel © Mosfilm
204 h ph © Michael Freeman /Corbis/Getty Images
204 b Historiograf/Wikimedia
205 ph © Michael Freeman /Corbis/Getty Images
206 ph © Akg-images
207 h ph © Hervé Tardy/hemis.fr
207 b ph © Akg-images
208 h ph © BnF, Paris
208 b ph © Pictures From History/Akg-images
209 h ph © BnF, Paris
209 b ph © Roland and Sabrina Michaud/Akg-images
210 ph © Josse/Leemage
211 h ph © Josse/Leemage
211 b ph © Erich Lessing/Akg-images
212 ph © www.bridgemanimages.com
213 ph © www.bridgemanimages.com
214 ph © British Library Board. All Rights Reserved/www.bridgemanimages.com
215 h ph © ihsanGercelman/Getty Images
215 b ph © ralucahphotography/Getty Images
216 ph © BnF, Paris
217 ph © BnF, Paris
218 ph © Gilles Mermet/Akg-images
219 b ph © Ivan Vdovin/Getty Images
219 h ph © hyperallergic.com/Wikimedia
220 ph © Roland and Sabrina Michaud/Akg-images
221 h ph © Roland and Sabrina Michaud/Akg-images
221 b ph © Collection Dagli Orti/British Museum Londres/Aurimages
222 et 223 ph © The British Library Board/Leemage
224 et 225 ph © The British Library Board/Leemage
226 et 227 ph © The British Library Board/Leemage
226 b g ph © Akg-images
226 h d ph © Pictures From History/Akg-images
226 b m ph © DeAgostini/Leemage
226 b d ph © De Agostini/Leemage
226 h g ph © Taolmor/AdobeStock.com
227 h g ph © Granger NYC/Rue des Archives
227 bas g ph © www.bridgemanimages.com
227 h d ph © Gerard Degeorge/Akg-images
227 b d Lucarelli/Wikimedia
228 ph © Aisa/Leemage
229 h ph © Aisa/Leemage
229 b ph © Jordi Puig/www.agefotostock.com
230 ph © www.bridgemanimages.com
231 ph © Paule Seux/hemis.fr
232 ph © Akg-images
233 ph © Austrian Archives/Imagno/Akg-images
234 ph © akg-images/André Held
235 ph © akg-images/André Held
236 ph © DeAgostini/Leemage
238 hg ph © Oronoz/Album/Akg-images
238 ph © Erich Lessing/Akg-images
239 hd ph © Erich Lessing/Akg-images
239 b ph © Jochen Helle/Bildarchiv Monheim/Akg-images
240 ph © Pictures From History/Akg-images
241 h ph © Pictures From History/Akg-images
241 b ph © Yvan Travert/Akg-images
242 ph © Veneranda Biblioteca Ambrosiana/Dea/Leemage
244 ph © DeAgostini/Leemage
245 ph © DeAgostini/Leemage
246 ph © Werner Forman/UIG/Leemage
248 ph © De Agostini/Leemage
249 b ph © De Agostini/Leemage
249 h ph © Taolmor/AdobeStock.com
250 ph © G. Dagli Orti/De Agostini Picture Lib./Akg-images
251 ph © G. Dagli Orti/De Agostini Picture Lib./Akg-images
252 ph © Science Source/Akg-images
253 ph © V. Korostyshevskiy/stock.adobe.com
254 ph © Granger NYC/Rue des Archives
255 ph © Granger NYC/Rue des Archives
256 ph © Pictorial Press Ltd/Alamy Stock Photo
257 h ph © Pictorial Press Ltd/Alamy Stock Photo
257 b ph © Aisa/Leemage
258 © Erich Lessing/Akg-images
259 h © Erich Lessing/Akg-images
259 b ph © Luisa Ricciarini/Leemage
260 ph © Paris, musée Guimet - musée national des Arts asiatiques: Photo (c) hierry Ollivier/RMN-Grand Palais
261 ph © bbbar/stock.adobe.com
262 ph © Bildarchiv Pisarek/Akg-images
263 ph © www.bridgemanimages.com
264 ph © Erich Lessing/Akg-images
265 h ph © Akg-images
265 b ph © Photo Josse/Leemage
266 ph © Erich Lessing/Akg-images
267 ph © Deineka Picture Gallery, Kursk, Russie
268 ph © www.bridgemanimages.com
269 ph © www.bridgemanimages.com
270 ph © Akg-images
271 b ph © antiquitesjemesouviens.ca
271 h ph © Akg-images
272 ph © North Wind Pictures/Leemage
273 ph © www.bridgemanimages.com
274 ph © Gerard Degeorge/Akg-images
275 ph © Gerard Degeorge/Akg-images
276 ph © Bianchetti/Leemage
277 ph © Erich Lessing/Akg-images
278 Lucarelli/Wikimedia
279 ph © Florilegius/Leemage
280 et 281 ph © STAFF/AFP
282 et 283 ph © STAFF/AFP
284 et 285 ph © STAFF/AFP
284 b g ph © Photo Josse/Leemage
284 h ph © Akg-images
284 b m ph © Art Collection 3/Alamy Stock Photo
284 b d ph © Ville de Castres (Tarn), Centre national et musée Jean-Jaurès
285 h d ph © Marcello Paternostro/CPP/Ciric

285 b g ph © Akg-images
285 bas d ph © Chris Jung/NurPhoto/AFP Photo
285 h g ph © STR/AFP PHOTO
286 ph © Arch. dép. de Meurthe-et-Moselle, cote 1K16
287 h ph © Arch. dép. de Meurthe-et-Moselle, cote 1K16
287 b ph © Akg-images
288 ph © Photo Josse/Leemage
289 h ph © Photo Josse/Leemage
289 b ph © Patrice Cartier - ©Gusman/Leemage
290 ph © De agostini/Leemage
291 h ph © De agostini/Leemage
291 b ph © Historic Collection/Alamy Stock Photo
292 ph © Akg-images
293 ph © Akg-images
294 ph © Akg-images
295 ph © Akg-images
296 b ph © World History Archive/Alamy Stock Photo
296 h ph © Art Collection 3/Alamy Stock Photo
297 ph © Art Collection 3/Alamy Stock Photo
298 ph © Liszt Collection/Photo12
299 ph © Musée d'art et d'histoire du Judaïsme
300 ph © Akg-images
301 ph © Akg-images
302 b ph © Roland and Sabrina Michaud/Akg-images
302 h ph © Dan Kitwood/Getty Images/AFP
303 ph © Guillemot/CDA/Akg-images
304 h ph © Werner Forman/UIG/Leemage
304 b ph © www.bridgemanimages.com
305 ph © Dan Kitwood/Getty Images/AFP
306 ph © Selva/Leemage
307 h ph © Roger-Viollet
307 b Recognizance/Wikimedia
308 ph © Jean Bernard/Leemage
309 ph © Archives départementales des Hauts-de-Seine/fonds de la JOC 44J1052/2
310 ph © Historic Images/Alamy Stock Photo
311 m g ph © Pictures from History/Bridgeman Images
311 h d ph © Historic Images/Alamy Stock Photo
312 ph © Akg-images
313 ph © Universal History Archive/UIG/www.bridgemanimages.com
314 ph © www.bridgemanimages.com
315 h ph © Carl Simon/UA/Leemage
315 b ph © The History Collection/Alamy Stock Photo
316 ph © WhiteImages/Leemage
318 ph © Ville de Castres (Tarn), Centre national et musée Jean-Jaurès
319 ph © Ville de Castres (Tarn), Centre national et musée Jean-Jaurès
320 Raphael Figueira/Wikimedia
321 ph © Transcendental Graphics/Getty Images
322 ph © www.bridgemanimages.com
323 ph © www.bridgemanimages.com
324 ph © Luisa Ricciarini/Leemage
325 h ph © Luisa Ricciarini/Leemage
325 b Coll. KHARBINE-TAPABOR.
326 ph © Historic Collection/Alamy Stock Photo
327 h ph © STR/AFP PHOTO
327 b ph © Historic Collection/Alamy Stock Photo
328 ht Equipe du magazine Bezbozhnik/Wikimedia
329 bg ph © Sovfoto/UIG/Leemage
329 b d Michael Goltz/Wikimedia
329 h Equipe du magazine Bezbozhnik/Wikimedia
330 ph © Akg-images
331 ph © Akg-images
332 ph © George (Jürgen) Wittenstein/Akg-images
333 ph © George (Jürgen) Wittenstein/Akg-images
334 ph © ullstein bild/Akg-images
335 ph © ullstein bild/Akg-images
336 ph © Bildarchiv Pisarek/Akg-images
337 ph © Akg-images
338 b ph © Eitan Simanor/Alamy Stock Photo
338 h ph © Pool/Odd Andersen/Reuters
339 h ph © www.bridgemanimages.com
339 h ph © Adagp, Paris 2018
340 g ph © Rodemann/Schütze/Bildarchiv Monheim/Akg-images
340 d ph © dpa picture alliance archive/Alamy Stock Photo
341 ph © Pool/Odd Andersen/Reuters
342 b Jon Harald Søby/Wikimedia
342 h ph © Chris Jung/NurPhoto/AFP Photo
343 h ph © Chris Jung/NurPhoto/AFP Photo
343 b ph © Pacific Press/Alamy Stock Photo
344 ph © UIG via Getty Images
345 ph © Pascal deloche/Godong
347 ph © UIG via Getty Images
348 ph © Mirrorpix/Leemage
349 h ph © Bettmann/Getty-Images
349 b ph © Topical Press Agency/Getty Images
350 ph © Farabola/Leemage
351 ph © Farabola/Leemage
352 ph © Wojtek Laski/Getty Images
353 b ph © Hulton Archive/Getty Images
353 h ph © Hervé Gloaguen/Gamma-Rapho
354 ph © Ciric
355 b ph © Robert DOISNEAU/Gamma-Rapho
355 h ph © Vincent FOURNIER/Gamma-Rapho via Getty Images
356 ph © Angelo Cozzi/Archivio Angelo Cozzi/Mondadori Portfolio/ Getty Images
357 h ph © Angelo Cozzi/Archivio Angelo Cozzi/Mondadori Portfolio/ Getty Images
357 b ph © Historic Collection/Alamy Stock Photo
358 ph © CPA2/Rue des Archives
359 ph © CPA2/Rue des Archives
360 ph © Robert Clark
361 ph © Robert Clark
362 ph © Galazka/MP/Leemage
363 h ph © Marcello Paternostro/CPP/Ciric
363 b ph © Gregorio Borgia/AP/SIPA
367 ph © Brendan SMIALOWSKI/AFP PHOTO/BRENDAN SMIALOWSKI
368 ph © SOE THAN WIN/AFP

Malgré nos efforts, il nous a été impossible de joindre certains photographes ou leurs ayants-droit, ainsi que des éditeurs ou leurs ayants-droit de certains documents, pour solliciter l'autorisation de reproduction, mais nous avons naturellement réservé en notre comptabilité des droits usuels.

Dépôt légal 04567-5/01 - Octobre 2018
Imprime en Italie par Rotolito S.p.A.